Humanocracy

Creating Organizations as Amazing as the People Inside Them

ヒューマノクラシー

「人」が中心の組織をつくる

ゲイリー・ハメル
Gary Hamel
ミケーレ・ザニーニ
Michele Zanini

訳｜東方雅美
日本語版序文｜嘉村賢州

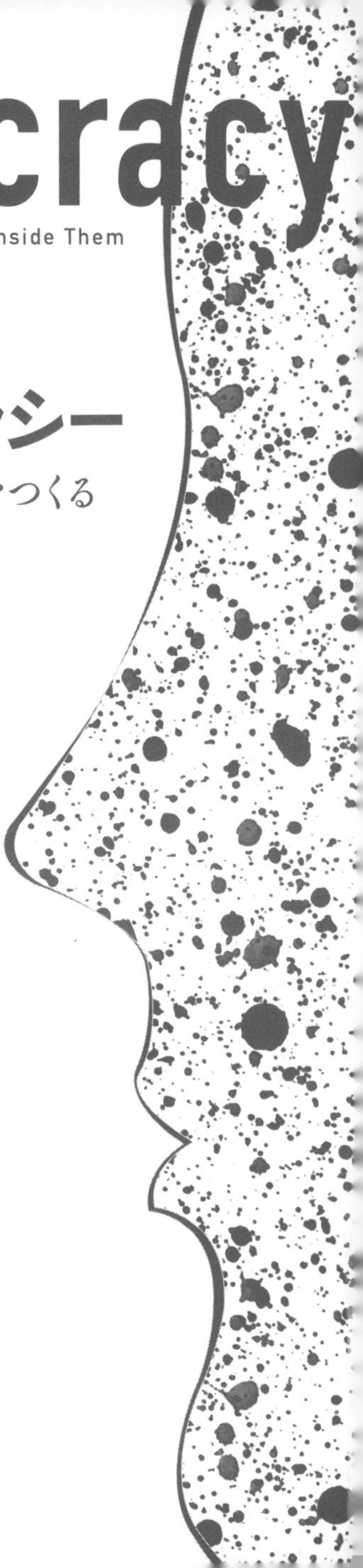

英治出版

ケリー・ドゥハメルへ。
人生、愛、人であることの意味を、あふれるほどに教えてくれている。

ゲイリー

ルドヴィカ、クララ、ルイージへ。
その愛と行いに励まされ、私は日々自分を高めることができる。

ミケーレ

日本語版序文

パラダイムシフトを促す挑戦的な啓発書

――嘉村賢州

近年、「組織」のパラダイムに大きな転換が起こりつつある。これまで組織は、人や組織を「機械」のように見立て、上意下達で統治してきた。だが、新たなパラダイムでは、人や組織を複雑に変容していく「生命体」と見なし、人や組織の〈いま・ここ〉に息づく物語《ストーリー》を共有する。そこでは、権限を組織全体に分散させ、現場レベルで柔軟に意思決定を行う。まさに、パーパスに向かって共鳴しながら協働する自己組織化のかたちをとる。

日本でも、2018年に出版された『ティール組織』（英治出版）がきっかけとなり、その考えが脚光を浴び、実践する企業も続々と登場してきた。本書は、このような潮流を〈官僚主義〉対〈ヒューマノクラシー〉という視点から徹底的に解き明かす。

著者のゲイリー・ハメルは、ロンドン・ビジネススクールの客員教授で、コア・コンピタンスの概念の提唱者として知られている。〈世界で最も影響力のある経営思想家（Thinkers 50）〉の常連で、２０２２年には殿堂入りを果たした。これまでも鋭い視点で先進的な知見を論文や書籍で発表してきたが、本書は難攻不落の官僚主義に真っ向から挑戦したという点で、注目すべき代表作となるだろう。

私は15年以上にわたって、組織開発のコンサルティングやファシリテーションを行ってきた。大企業からスタートアップ、ＮＰＯなどさまざまな組織で、階層や部門を越えて多様な人たちの創発を促す〈対話の場〉をデザインしてきた。そこでは、新しい関係性が生まれ、課題意識が共有され、ビジョンや革新的なアイデアが立ち現れる。とてもエキサイティングで意義深いプロセスだ。

一方で、必ずといっていいほど起こる軋轢も経験してきた。勇気をふりしぼって一歩を踏み出そうとする人が現れても、上層部がヒエラルキーの強固な力を使って立ちはだかる。あるいは、すでに諦めた人から「会社を変えるなんて無理だよ」と水を差される場面に何度も遭遇した。そんな体験を繰り返すうちに、私には大きな疑問が湧き起こる。

「人類は、組織のつくり方を根本的に間違えたのではないか？」

そこで私は、官僚主義とは異なる新たな方法論や実践事例の探求を始めた。やがてゲイリー・ハメルの思想やティール組織、ホラクラシーを始めとする進化型組織の考え方と出合い、それらの叡智を探求し普及しようと努めてきた。彼らの組織論は机上の空論などではなく、世界中で実践事例が続々と生まれている。

ヒューマノクラシーがもたらす2つの希望

社会の進展に取り残される組織、自分の可能性を封印して部品のように働く従業員、多くの時間を共に過ごす同僚との冷ややかな人間関係、挑戦よりもリスクを避ける文化……みなさんの多くは、こうした組織のあり方にうんざりしつつ、徒労感に苛まれているかもしれない。

その問題の根本的な原因こそが官僚主義だ。そこでハメルは官僚主義を歴史的に掘り下げ、徹底的に解剖し、その実体を白日のもとにさらしていく。

「公式な階層がある」
「権力が上から下へと流れていく」
「全員が昇進を奪い合う」

こうしたマネジメントは、産業革命以降の飛躍的な経済成長を牽引したことは間違いない。しかし、今では時代の進化に取り残され、悪弊を助長するだけだ。組織の動脈硬化を起こし、環境の変化にまったく対応できず、イノベーションも起こせず、働く人々の意欲も熱意も高まらず、官僚制を維持するためだけに膨大なコストを垂れ流していることを、詳細なデータで証明している。

ヒューマノクラシーとは、「人間（human）」と「支配・統治・制度（-cracy）」を組み合わせたハメルの造語で、まさに「人を中心に据えた組織」を意味する。「官僚主義」との違いを最もよく表しているのが次の言葉だ。

官僚主義では「人間＝道具」であり、製品やサービスを生産するために雇用される。ヒューマノクラシーでは「組織＝道具」となる。人間が自分の人生や、顧客となる人たちの人生をより良くするために使う道具となるのだ。

ハメルは膨大な事例研究から、実践企業に共通する〈7つの原則〉を導き出した。それが、「オーナーシップ」「市場」「健全な実力主義」「コミュニティ」「オープンであること」「実験」「パラドックスを超える」だ。

この原則を実践することによって、変化の激しい時代において「真にレジリエントな組織」が実現可能になるという。何か重大な問題が起こる前から変化を生み出すことができるようになり、顧客のニーズを現場レベルで敏感に察知することで、持続的な成長を実現する。そして何よりも重要なのは、従業員の意欲や情熱が引き出され、活き活きと輝いてくることだ。

とはいえ、こんな疑問を感じる人もいるだろう。

「いやいや、ここまで大胆に変えることなんて、至難のわざだ」

実際に私も「大企業では難しい」「トップが変わらないと無理だ」という声を多くの人から聞いてきた。しかし本書では、こうした声に対して2つの希望を示していることに意義がある。それが「大企業の変革」と「ボトムアップの変革」だ。

大企業×ボトムアップの変革

本書の特長は事例の豊富さにあるが、特に大企業の事例が詳細に盛り込まれている。先進的な組織モデルは、中小企業やスタートアップ、あるいは設備投資が少なくてすむIT企業のような業種でしか実現できないと思われやすい。しかし、重厚長大なイメージのある巨大メーカーでも実現可能なことをハメルは実証したのだ。

アメリカの鉄鋼業界の最大手のニューコア――従業員2万6000人
中国トップの家電メーカーであるハイアール――同8万4000人
世界中にブランドが知られる多国籍タイヤメーカーのミシュラン――同11万7000人

こうした事例が、「大企業でも変革は可能なのだ」ということを教えてくれる。しかも、変革によって経済性が損なわれるどころか、さらなる成長発展につながっている。

特に興味深いのは、ボトムアップで組織を変革していったミシュランの事例だ。従来、このような組織の抜本的な変革は、「トップが変わらないかぎり不可能だ」と言われてきた。実際に、トップの組織に与える影響力は絶大で、それが原因となった成功や失敗の事例は無数にある。

だが、「現場からも組織を変えられる」とハメルは主張する。たとえば既存のシステムの穴をつくハッカー集団（悪質なブラックハッカーではなく、ホワイトハッカーと呼ばれる善意の人たち）や、非営利企業で活動する人たちは、絶大な権力構造に従属することなく、内部からでも外側からでも大きな変化を引き起こす。その知恵を活かして「ハッカーのように」組織を変えようとハメルは呼びかける。

これらの知恵は経営層にも勇気を与えるだろう。なぜなら、ミドルマネジメント層の抵抗にぶつかっても、現場から発する変革に対してどう支援すればいいか、貴重な手がかりとなるからだ。

小さな行動が大きな変化を巻き起こす

ハメルは、私たち一人ひとりにも鋭い眼差しを投げかけてくる。私たちは「変化を生み出したい」と心から望んでいるが、実はその私たち自身がどっぷりと官僚主義に染まって、現行のシステムに加担しているというのだ。

たとえば、本書を読んで感動し、上司に紹介したが無視されたとしよう。そのとき、私たちはその上司を「1人の人間」としてではなく、「1個の障害物」という「モノ」として捉えてしまう。それこそ、まさに相手を制御しようとする機械的な振る舞いだ。だからこそ、まず自分自身の変容に取り組むべきだとハメルは言う。とはいえ、これは依存症から抜け出すのと同じくらい厄介なプロセスだ。

しかし逆に考えれば「私たち自身の変容こそが、大きな変容に向けての偉大なる一歩だ」と言えよう。人類史を見ればわかる。かつて、天動説や君主制、奴隷制度や家父長制は社会の常識だった。だが、長い歳月のなかで、多くの人が一歩を踏み出したことによって微細な変化が起こり、今やそれらは歴史の過誤という烙印を押されている。

新しいパラダイムを唱え、行動することは、孤独で危険を感じるかもしれない。だがそれは、ヒューマノクラシーの原則の1つである〈コミュニティ(仲間)〉の力によって乗り越えられる。その先に、新しい常識が広がった未来が待っている。

その変化は、誰か特別なヒーローではなくて、一人ひとりがどう行動するかにかかっているのだ。ハメルの挑戦状を全身で受けとめ、小さくとも大きな一歩を踏み出す人が増えることを心より願っている。

二〇二三年一〇月三一日　嘉村賢州

場とつながりラボ home's vi 代表理事
『ティール組織』(英治出版)解説者

凡例

・原本の「図」と「表」は、「図表」で統一し、章ごとに通し番号を付した。
・本文中の［ ］内には訳注を付した。ただし、長い説明や英文などの場合は、脚注で示した。

はじめに

もし、あなたが、こんな職場で働いていたら……。

自分の仕事は自分で決める。
チームの目標も仕事のやり方も、自分たちで自由に決めていい。
スキルを磨いて、新しいことに挑戦するよう、励ましてくれる。
いっしょに働く仲間が、同僚というより家族のように思える。
意味のないルールや面倒な手続きに悩まされることがない。
いつでも最善の判断を下すと信頼してもらえる。
説明責任は、上司にではなく同僚に対して負う。
ごまをすったり社内政治に巻き込まれたりしない。
組織の戦略や方向性を決める場に参加できる。
給与や裁量は、肩書ではなく能力で決まる。
納得のいかない上下関係に縛られない。

これがぜんぶ実現したら、どんなに素晴らしいだろう。あなたが仕事に抱いているイメージが、これまでとは別次元のものに見えてくるはずだ……。が、残念なことに、そんな会社はほぼ存在しない。

中〜大規模の企業のほとんどは、社員を子ども扱いし、なまぬるい調和を求め、起業家精神を抑え込む。社員を狭い役割に押し込め、成長を妨げ、人を単なる経営資源のように扱う。その結果は？　社員は柔軟性に富み、クリエイティブで、精力的なのに、企業はその正反対になっている。

犯人は、官僚主義だ。保守的な権力構造、息苦しいルール、有害な社内政治をはびこらせる官僚主義のせいである。とはいえ誰もが、官僚主義はすでに消滅しつつあり、固定電話やガソリン車、使い捨てのプラスチックなどと同じ運命をたどっていると思っているはずだ。

「官僚主義」という言葉自体、もはや時代の遺物のように見える。それはほとんど事実だが、悲しいことに官僚主義はいまも厳然と存在している。それどころか、本書の第3章で述べるように官僚主義は拡大しており、衰えるどころではない。この官僚主義の拡大は、世界の生産性の鈍化と相関関係にあると考えられる。生活水準やビジネスチャンスにも影を落とす、生産性の伸び悩みである。

官僚的な組織は、惰性的で、動きが鈍く、働く人の意欲をそぐ。また、ひと握りの幹部だけが変化を起こす力を持っている。その幹部がたいていは否定的で、傲慢で、昔のやり方を踏襲するので、組織は方向性が定まらない。だから官僚的な組織では、根本的な変革はいつまでたっても実現されず、ある日、突発的に断行されるしかないというわけだ。

おまけに、官僚的な組織はイノベーション恐怖症に取り憑かれている。本質的にリスクを避ける傾向があり、現状を変革しようという人たちの背中を押すことはまずない。さらに、派閥に所属しないとリスクが高い。最悪なのは、官僚的な組織は死ぬほど退屈だということだ。従業員は能力を発揮する機会を奪われ、仕事から気持ちが離れていく。クリエイティブ・エコノミーで必須となる自主性やクリエイティビティや勇気は、自宅に置いたままだ。

ありがたいことに、官僚主義以外のやり方でも組織づくりは可能だ。世界には官僚主義の次の段階（ポスト官僚主義）に進むパイオニア企業が出現しており、その規模はまだ小さいながらも成長を続けている。こうした企業は官僚主義のよい面、つまり統制や一貫性や調和を取り入れつつも、一方で官僚主義の悪い面である硬直性や凡庸さや無気力感を遠ざけている。この挑戦者たちは、従来型の企業に比べると、より主体的で創意工夫に満ち、利益を上げている。本書ではそんな企業のいくつかを掘り下げていく。

これらの企業は、ある目標を抱いて設立され、場合によっては再建された。その目標とは「人の力を最大限に生かすこと」だ。この強い思いこそが、「ヒューマノクラシー*」の精神であり、官僚主義の「人のコントロールを徹底しようとする姿勢」とは対照をなす。

どちらの目標も重要だが、たいていの組織では、人の力を最大化するより、人を組織に従わせることに何倍もの労力が割かれている。この大きな差は組織にとって危険であり、ひいては経済を停滞させ、倫理的な問題も引き起こす。

官僚主義は、特に大企業で深刻だ。組織が成長すると階層が増えていき、従業員の規模は膨らみ、

＊ ヒューマノクラシー：humanocracy

「human（人間）」に「支配・統治・制度」を意味する接尾辞の「-cracy」がつけられた言葉と考えられる。本書では官僚主義（bureaucracy）と対比されている。なお、bureaucracyのbureauは元来は「机」を意味し、現在は官庁の局や一般の事務所・事務局の意味でもある。

ルールが増え、その遵守《コンプライアンス》のための費用が膨れ上がる。企業の規模がある閾値を超えると(筆者らの試算では、200~300人を超えると)、官僚主義は組織自体よりも速いスピードで成長する。だから大企業では、「従業員1人あたりの官僚主義率」が、小規模な企業よりも大きくなり、マネジメント面で規模の不経済が生じてしまう。

もし、社会のなかに大企業が少なければ、「官僚主義病」と「組織の規模」の関係はそれほど問題にはならないだろう。しかし、ギグ・エコノミー*がもてはやされている割には、従業員が5000人を超える大企業で働くアメリカの労働者の割合は、これまで以上に増えている。1987年には5000人を超える企業で働く人の割合は28・8%だったが、30年後の2017年には33・8%になった。今日では、従業員が1万人を超える企業で働く人の数は、50人以下の企業で働く人の数を上回っている。

現状を擁護したい人は、こう言うだろう。

「複雑な組織では、官僚主義を避けて通ることなどできない」

しかし筆者らの調査では、それとは逆の結果が出ている。パイオニア企業は、次のような組織をつくることが可能だと証明したのだ。

大規模でもすばやく動ける。

コントロールしながらも権限移譲が進んでいる。

効率を重視しながら起業家精神にあふれている。

＊ ギグ・エコノミー：gig economy

主にフリーランスなど、固定的な業務・組織に属さない働き方と、それに関連するインターネットを中心とした経済エコシステム。

大胆でありながら慎重でもある。

「そんな組織なんてありえない」と思っている人のために、試食用の一皿をご用意した。組織が「官僚主義よりも人間性《ヒューマニティ》を優先しよう」と決心すれば何が実現できるか、それを端的に教えてくれる事例だ。

「官僚主義よりも人を優先する」ことをモットーとしているのは、オランダで在宅ケアサービス事業を展開するビュートゾルフだ。この企業では、看護師や介護士1万1000人と、家事ヘルパー4000人が、1200以上の自主経営《セルフマネジメント》チームに組織されている。1チームは12人で構成され、人口1万人ほどの地域を担当する。このコンパクトな事業ユニットが、顧客の開拓からオフィスの賃借、新メンバーの採用、予算の管理、スタッフのスケジューリング、高い目標の達成、継続的なサービス品質と効率の改善まで、あらゆることに責任を持っている。

たいていの組織では、こうした業務は地域のマネジャーが担当する。しかし、ビュートゾルフでは、チームのメンバーが分担している。どのチームにも「オフィス管理兼会計担当」「パフォーマンス確認担当」「プランニング担当」「チームづくり担当」「メンター」がいる。看護師たちは、1日の大半を顧客と過ごしながら、これらの役割を兼務している。

ビュートゾルフでは、こうした超権限移譲された従業員を支援するため、すべての従業員にトレーニングを実施している。たとえば、

- グループでの意思決定プロセス
- アクティブ・リスニング＊
- 対立への対処法
- 従業員どうしでのコーチング

などだ。他のチームとは「ウィリンク」という社内ＳＮＳで結ばれていて、そこに看護師らが質問や仕事のコツなどを投稿する。

ビュートゾルフでは、トップダウンで在宅ケアの手順を指示することはなく、それぞれのチームで最適なやり方を見つけるよう推奨している。そのためにチームは、ネットワークにあるさまざまな知恵を活用する。現状より改善できそうな知見を見つけたら、一部の地域で試してみる。ビュートゾルフでは、チームごとの詳細な実績が全体で共有されており、この透明性が、仲間からの学びや継続的な改善の強力な動機になっているのだ。

ビュートゾルフ本社の管理部門に籍を置いているのは、地域および本社のコーチが52人、バックオフィスのスタッフ（主にＩＴ）が50人、それにシニア・ディレクターが２人で、うち１人はビュートゾルフの創業者であるヨス・デ・ブロックだ。１万５０００人の組織で、ラインのマネジャーがわずか２人、スタッフが１００人を少し超える程度とは、まさに「無駄のない《リーン》」組織だと言える。

ビュートゾルフは、ほぼすべての指標に比較対象とする基準値を設けている［図表0-1、次頁］。この図にも表れているように、ビュートゾルフは競合企業を大きく引き離している。では、それは

＊ アクティブ・リスニング：active listening

心理学用語で、日本語では「積極的傾聴」とも言われる。対話を通じて相手の考え方や感情を引き出すことで、相手の成長を促し、みずから問題解決を進める力を育む。

たとえば次のような理由があるからなのか。
優れたトップダウン戦略？
従業員を厳しく縛る業務規程？
データを大量に投入したアルゴリズム？

いずれもちがう。ビュートゾルフのパフォーマンスが優れているのは、従業員の誰もが、優れた発想でみずから問題を解決し、経営全体を理解した意思決定ができるように、権限と能力を持たせる仕組みがあるからだ。

ビュートゾルフはオランダでこれまでに5回、「雇用主として最も優れた組織」に選ばれている。2006年に創業した組織としては、まったく悪くない実績だ。しかし、本書で詳しく見ていくように、ビュートゾルフ以外にも「普通の人の才能」を活用している企業はいくつも存在する。

一方で、他の多くの企業は、こうした方法をとらない。それはなぜか。なぜ大企業は人々の努力を抑え込もうとするのか。

図表0-1　ビュートゾルフと競合企業の比較

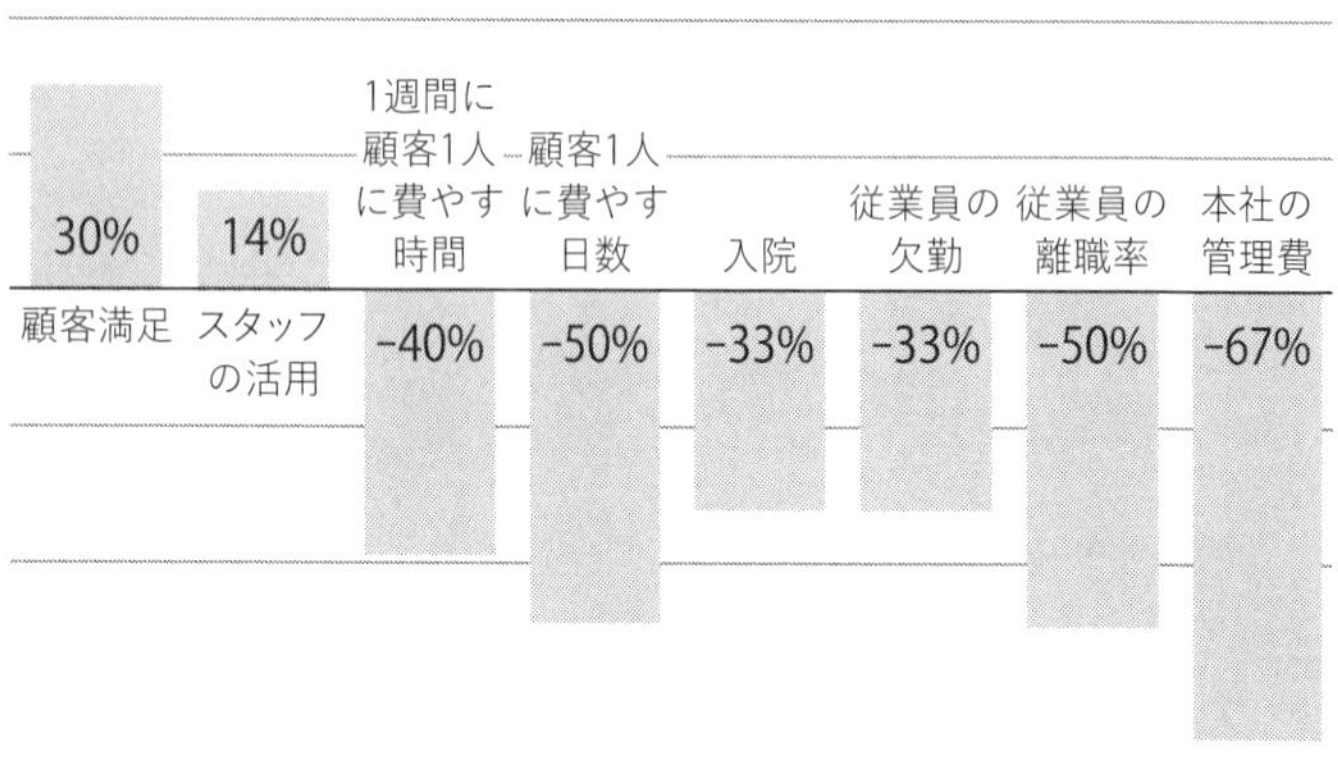

出典：Stefan Ćirković, “Buurtzorg: Revolutionizing Home Care in the Netherlands,” Center for Public Impact Case Study, November 15, 2018.

単刀直入に言えば、官僚主義を手放せば、従来型の権力構造を失ってしまうからだ。周知のように、権力を握る者は、なかなかそれを手放そうとはしない。しかも、自分の特権を守るすべも知っている。人が中心の組織を築くには、組織のピラミッドを平らにしなければならないので、これは大きな障害物となる。

官僚主義をやめるとなると、政治的にストレスの多い仕事が山のようにある。経営者はそれに取り組むのではなく、市場の支配力や規制面での優遇を追い求めることで、官僚主義のコストを相殺してきた。2015～2019年の間に、全世界で行われたM&Aの総額は約20兆ドルにも及んだ。これはニューヨーク株式市場全体と、ほぼ同じ規模だ。経済学者グスタボ・グリオン、エレーナ・ラーキン、ロニ・ミカエリの推計によれば、1972～2014年の間に、アメリカの75%以上の業界で企業の集約が進んだ。[1] 創造的破壊の波に襲われて沈没しそうになった企業で、トップが最初に思いつくことは何か？　それは、官僚主義という重い積み荷を捨てることではなく、自社と同じように揺れている別の巨大タンカーを見つけ、自社とロープで結ぶことだ。

経営者が大規模M&Aを正当化するのは、業務効率が向上するという理由からだ。しかし研究によれば、大規模M&Aの真の効果は、規模の経済よりも寡占によって生じている。[2] アメリカ経済を対象に、ジャン・ドゥ・ロエカー、ジャン・イークハウト、ガブリエル・アンガーは広範な調査を実施した。その結果、市場支配力を示す「マークアップ」、つまり価格と限界費用の差が過去数十年間で急激に上昇したことがわかった。1980年代には、企業は平均で、限界費用に21%上乗せした価格を請求していた。これが2016年には61%に上昇したのだ。この傾向は、アメリカだけでなく、他の先進国にも見られる。[3]

企業の規模が拡大すると、政治力も増大する。ワシントンやブリュッセルなどの政治の中心地で、1000億ドル規模の企業がその規模に応じてロビー活動をすれば、その10分の1の規模の企業よりもはるかに大きな影響力を発揮できる。近年、アメリカのロビー活動で、大金が投じられた例をあげてみよう。

- 自動車メーカーが、テスラの販売店の開設を阻もうとした
- 医薬品価格の引き下げに政府が影響を及ぼさないよう、製薬メーカーが約束を取りつけた
- 医療分野において価格の透明性を高めるよう政府が求めたところ、病院が抵抗を示した

CEOは規制に対して不満を言う。だが、ボストン大学のジェームズ・ベッセンによる研究では、業界単独の規制［たとえば、業界への参入規制や輸入規制など］の導入は、導入後の利益上昇と強い相関関係があることが示された。[4] ベッセンの計算では、規制によって得られる利益のために、ここ数年で企業価値が2兆ドルも上昇する一方で、消費者は毎年4000億ドルを企業に支払うことになった。だとすると、経営者はこう考えるだろう。

「政治力を使えば自社に有利な状況がつくれるのに、なぜ現場で汗をかく必要があるというんだ」

多くの企業は気づいてしまった。拡大しつづける巨大企業では、官僚主義を撤廃するより、別のM&Aを仕掛けたり、ロビイストをもっと雇ったりするほうが簡単だと。しかし、消費者や市民に

とって、これはよくない状況だ。どんな経済学者も同意するはずだが、企業の市場支配力が強すぎると、投資が抑制され、イノベーションが滞り、新規の雇用が減り、所得格差が広がる。

若くて意欲のあるスタートアップが寡占的な大企業に挑戦できれば望ましいし、実際にそんな企業もあるが、総合的に見るとスタートアップの影響力は小さい。この原稿を書いている時点で、世界の「ユニコーン」企業、すなわち、企業評価額が10億ドル以上の非上場企業の数は433社だ。これらの企業は話題にのぼることも多いが、国全体で見れば、それほど大きな存在ではない。2020年前半の段階では、アメリカのユニコーン企業の評価額は6500億ドルだった。大きな数字のように見えるが、S&P500企業の評価額合計と対比すれば、2%を少し超えるくらいだ。したがって、シリコンバレーのようなスタートアップ企業が生まれやすい場所も重要だが、私たちは、あらゆる企業で起業家精神を燃えあがらせる方法を見つける必要がある。

だが、企業幹部の多くは、まだそうは考えていないようだ。幹部たちは、基本的には、市場支配力と政治力があれば、官僚主義による不利益を補って余りあると思っている。しかし、企業の力の拡大が黙認されつづけると信じ、それに頼るのは危険だ。大統領経済諮問委員会は「市場支配力の濫用に対する確固とした対応」[5]を求めた。また、法学者のエリック・ポスナーとグレン・ワイルは、こう述べている。

「アメリカ最大規模の企業のうち数社は……分割する必要がある。……テクノロジー企業による独占、および革新的なライバル企業の吸収合併に対して、規制当局はもっと積極的に対応すべきだ」[6]

これまで数えきれないほど企業の仲を取り持ってきたゴールドマンサックスでさえも、企業の集約がこれ以上進めば、それが意味するのは「資本主義の有効性に関して、問われるべき問題が多数ある」[7]ということだと指摘した。企業の統合が行き過ぎているとあのゴールドマンサックスが言うのなら、実際そうにちがいない。

専門家だけでなく、一般市民も「行き過ぎだ」と思っている。2019年のピュー・リサーチ・センターの調査では、アメリカ人の82%が、大企業は経済面で影響力を持ちすぎていると答えた。「大きいことはよいことだ」という主張は、次第に抵抗を受けるようになっている。

こうした気運が高まり、企業による独占状態に対して政府が積極的に対応するようになると、CEOは利益と成長のための新たな道筋を探す必要に迫られるはずだ。CEOたちにとって最善の策は、従業員が官僚主義という足枷《あしかせ》から逃れて最良の成果が出せる組織を、全身全霊で創造することである。

官僚主義に宣戦布告するのは、経済的、政治的な理由だけでなく、社会的な理由もある。近年、政治家や政策決定者は、賃金格差の拡大に懸念を表明するようになっている。1979〜2016年の間に、就労者の賃金順位で上位5分の1に属する人たちは、賃金が27%上昇した。一方で、最下位の5分の1に属する人たちは1%の減少となった[8]［図表0-2］。

この格差拡大には、さまざまな要因がある。たとえば、低賃金国との競争や、大企業が契約労働者の活用を増やしていること、労働組合の力の低下、テクノロジーによる仕事の消失などだ。

こうした要因が、低〜中所得者たちに重くのしかかり、ラストベルト*におけるポピュリズムの台頭や、Z世代における社会主義への親近感の高まりなどにつながっているのではないかと言われて

＊ ラストベルト：rust belt

「錆びついた地帯」の意味で、主にアメリカ中西部の衰退する工業地帯を指す。

いる。Z世代は、自分たちが両親よりも豊かにはなれないだろうと感じている。こうした労働市場の二極化によって、社会の結束や政治的な融和がさらに失われるという危機が、いまや現実となりつつある。

さらには、ロボットやＡＩ（人工知能）が低賃金、中賃金の仕事を奪うのではないかという恐れも生じている。２０１９年のブルッキングス研究所のレポートによると、アメリカの雇用のうち、オートメーション（自動化）のために失われるリスクが「かなり高い」ものが25％、「ある程度ある」ものが36％にのぼると推計された。[9] ＯＥＣＤ（経済協力開発機構）加盟国のうちの32カ国を対象とした別の研究では、オートメーションによって3億人分の雇用が失われるリスクがあると分析された。

テスラとスペースＸのＣＥＯであるイーロン・マスクは、「人間は、自分たちよりロボットのほうが何でもうまくこなす世界に備えなければならない」[10]と述べた。こうした恐ろしい予測の数々によって、ロボット

図表0-2　五分位層別の実質賃金の変化（1979-2016）

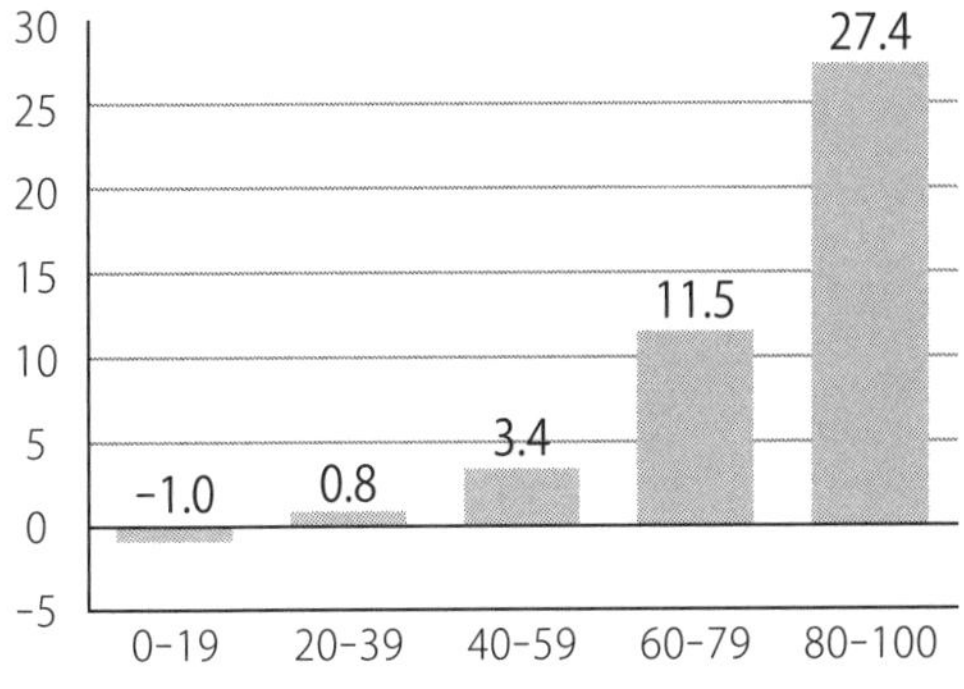

出典：Jay Shambaugh, Ryan Nunn, Patrick Liu, and Greg Nantz, "Thirteen Facts about Wage Growth," Brookings Institution report, September 2017.

に課税し、それを原資の一部に組み込んで、すべての人に所得を保証しようという考え方が出てきている。

賃金の伸び悩みや減少という問題から、さまざまな政策提案がなされるようになった。たとえば、取締役会への労働側の代表参加の義務化、業界単位での団体交渉、ギグ・エコノミーで働く人への手当の改善、人材への投資に対する減税措置、中等教育での数学や科学の強化などだ。

こうした方法にも、それなりの効果はあるだろう。だが、どの方法も、根拠のない、有害な思い込みを解消するには至っていない。すなわち、「多くの仕事はそもそも低スキルのもので、それ自体を変えることはできない」という考え方だ。「低スキル」と定義されるのは、大学教育や専門のトレーニングを必要としない仕事だ。そういう仕事は、業務に必要な知識を身につけるのが簡単なので、たいてい賃金は低い。最近のある研究によると、アメリカの労働者の44%に当たる5300万人が低賃金の仕事に就いている。[11] これは事実にはちがいないが、経済学者や政策決定者がこれを不変の事実だと見なすのは間違っている。

ある仕事が低スキルとなるのは、一般に考えられている理由とは異なり、その仕事の性質のためでも、必要とされる資格のためでもない。その仕事をしている人たちに「能力を伸ばす機会があるかどうか」「新たな問題を解決する機会があるかどうか」によって決まってくるのである。ポスト官僚主義を実践するパイオニア企業から学べる最も大切な点は、一般的には低スキルと見なされている仕事、たとえば「フォークリフトの操作」「飛行機へのバッグの積み込み」「農産物の袋詰め」といった仕事も、劇的にスキルアップできることだ。そのために、企業は何をすべきか？

- 現場のスタッフに、経営者視点での思考法を教える
- 社員どうしでトレーニングをし、彼らを小規模な多機能《マルチファンクショナル》チームに分ける
- それらのチームに、自分たちの損益についての責任を持たせる
- 新入社員に経験豊かなメンターをつける
- 社員に仕事を改善する余地を見つけさせ、それに取り組むよう促す
- 一般社員が小さな実験に取り組めるよう、時間と経営資源を提供する
- 報酬が上乗せされるチャンスを提供し、規定以外の仕事にも取り組むよう励ます
- すべての人と役割が、組織としての成功に不可欠であることを伝える

ポスト官僚主義のパイオニア企業は、従業員に平均より高い賃金を払っている。それは彼らが気前が良いからではなく、従業員が大きな価値を創造しているからだ。これらの企業には深い信念がある。それは、「普通」の従業員であっても、学び、成長し、貢献する機会を与えられると、非常に優れた成果を上げるということだ。企業にこの信念があると、やがては、深い知識を持ち、限りなく創意に富み、熱烈に顧客思いである従業員の一群が誕生する。ポスト官僚主義のパイオニアたちの経験が証明するのは、たった1つの輝く真実だ。それは、組織が自律的な「小さな起業家《マイクロプレナー》」たちで満たされると、未来に対しても、競合企業に対しても、恐れはほとんどなくなるということだ。

官僚的な企業は、「どこにでもある仕事は、どこにでもいる人たちがやっている」という誤った

認識を持っている。残念なことに、この偏見を持っているとそれが現実化してしまう。つまり、人々にクリエイティビティを駆使する機会を与えなければ、当然のことながらクリエイティビティは発揮されないのだ。なのに、そもそも一般の従業員はクリエイティブではなく、頭の回転が鈍いのだと決めつけてしまう。

オートメーションの雇用への影響を測ろうとする研究者たちも、よく同じ間違いを犯す。たとえば、オックスフォード大学のカール・フレイとマイケル・オズボーンは、アメリカ労働統計局（BLS）がまとめた702の職業の詳細な説明を分析し、アメリカの雇用の47％がオートメーションによって大きなリスクにさらされていると述べた[12]。この結論は驚くものではない。というのも、筆者らもBLSのデータを分析して、アメリカの70％の労働者が、独創性がほとんど、あるいはまったく求められない仕事に就いているという結果となったからだ。とはいえこの事実からは、そうした仕事に就いている人自身が、クリエイティビティを持っているか否かは何もわからないのである。しかし、官僚主義の価値観が、主体性とクリエイティビティを仕事から削ぎ落としたことはよくわかる。

フレイとオズボーンは、「複雑な認識や操作がからむ仕事」「創造的知性や社会的知性が求められる仕事」は、オートメーションへの抵抗力も強いと指摘する。この指摘は正しいが、彼らは「国の経済における仕事の大半は、人間に特有な能力、つまり機械と人間のちがいが出るような能力を活かす余地はほとんどない」という前提に立っており、その考え方は誤りである。同様に、人類全体のなかで、こうした能力を持っている人は少ないという考えも間違いだ。

ユーチューブや膨大なブログの世界には、クリエイティビティが無限に広がっていることに目を向けてほしい。今日のクリエイターは、以前の世代に比べて生まれつき才能が豊かなのか？　もちろんちがう。新たなデジタルツールとプラットフォームのおかげで、数十億の人たちが、これまで隠し持っていた力を発揮する機会を手にしたのだ。それと同じように、もし組織の従業員に環境やツールを提供したら、驚くべきクリエイティビティを発揮しないわけがない。

頭の回転が鈍いのは官僚主義で覆われた組織であり、そのなかにいる従業員ではない。それは推測ではなく、筆者らが実際に体験してきたことだ。10年以上前、筆者の1人が、アメリカ中西部のメーカーで大規模な研修プログラムを手がけた。そのプログラムは、1年間で3万人以上の従業員に対して、事業の改革者《イノベーター》になったつもりで考える方法を教えるものだった。研修対象者のほとんどがブルーカラーの労働者で、労働組合のメンバーだった。すると、この研修をきっかけに、何千もの革新的なアイデアが生まれた。

特に印象的だったのは、組み立てラインで働くベテランの女性従業員が出したアイデアだ。そのアイデアは、最終的には数百万ドルの利益を生み出すことになった。彼女は長年のキャリアのなかで、今回初めて広い視野で考えるように言われ、そのチャンスを逃さず大成功を収めた。悲しいことに、こうしたチャンスを得られない従業員がいかに多いことか。こうした従業員たちは、何かを改革したり、つくりだしたりする人とは見なされず、高額な機械の代替品として、アップグレードできない「ミートウェア*」と認識されるのだ。

本書の狙いの1つは、すべての仕事を「よい仕事」に変える設計図を示すことだ。そのためには、

＊ ミートウェア：meatware

ソフトウェアやハードウェアからの連想で、システムの一部になっている人間を指す。

仕事を「スキル不要」なものにするのではなく、従業員の「スキル向上」が必要だ。また、価値の低い仕事を外注《アウトソース》するのではなく、すべての役割にクリエイティブな部分を増やさなければならない。また、中間層《ミドルクラス》の仕事は、グローバル化やオートメーションによってやがて消え去ると考えるのではなく、労働環境をデザインし直して、全員から「普通の人の才能」を引き出す必要がある。

世界中どこでも「お決まりの仕事《ルーティーン》」は似たようなものかもしれないが、その一方で、解決を待っている、挑戦しがいのある課題は無限にある。こうした視点に立てば、オートメーションによる雇用への脅威も、われわれが従業員をロボットのように扱いつづけるか否かで変わってくる。

ヒューマノクラシーへの転換は簡単にはいかないだろう。2019年にギャラップがアメリカの組織従業員を対象に実施した「ジョブ・デモンストレーション調査」を見てみよう。この調査で、「毎日、自分が最も得意なことをする機会がある」という問いに「そう思う」と答えた人は全体のわずか3分の1。「仕事においてイノベーティブ(革新的・改革的)であることを期待されている」と答えた人は4分の1にも満たず、「職場で自分の意見が重視されている」と答えたのは5分の1だった。[13]こんな結果を見ると、多くの組織が従業員の能力を活用するどころか、無駄にしていると言われているのが決して誇張ではないとわかる。

この嘆かわしい現実を変えようとすると、現実的、哲学的、政治的な壁にぶつかる。筆者らも、企業支援の仕事のなかで、そんな壁にぶつかって痛い思いもした。だから、現実を甘く見ることはなくなったが、十分に希望を持てるだけの学びも得た。官僚主義は不変の宇宙定数ではない。星空のどこにも、組織は動きが鈍く、窮屈で、冷淡でなければならないとは書いてない。官僚主義は人間がつくったものだ。それなら、もっと優れたものをつくり出せるかどうかも、私たち人間にかかっている。

それなら本書でまず最初にすべきは、官僚主義を根こそぎ引っこぬくための、確固とした論拠をそろえることだ。

PART1「官僚主義からヒューマノクラシーへ」の焦点はそこにある。

第1章……ほとんどの組織にとって最も重荷になっているものは何か。それは、うまく機能しないビジネスモデルでも、時代遅れの実行計画でもなく、古くから変わらないマネジメント手法だということを本章で明らかにする。従来の組織なら官僚主義のコストに耐えられたかもしれないが、もはや限界に達している。

第2章……官僚主義の特徴、つまり「階層化」「固定的な組織構造」「専門化」「標準化」が、組織の「レジリエンス」「イノベーション」「熱意」を削り取ってしまう理由を明らかにする。また、パイオニア企業が、官僚主義の罠をどうやって乗り越えようとしているかも手始めに少しだけ紹介する。

第3章……官僚主義の隠れたコストを計算する方法を紹介する。これは、徹底的なマネジメント改革を本気で進めるために欠かせないステップだ。

診断から行動へ移るには何が必要か。それは、現状とはちがったやり方があると信じることだ。

さらに、人を中心に据える組織という発想が、空想の夢物語などではないと信じる必要もある。

PART2「ヒューマノクラシーのパイオニア企業から学ぶ」では、ヒューマノクラシーのパワーを活用している、刺激に満ちた2つの企業の素顔をお見せしよう。

第4章……世界で最も革新的な鉄鋼メーカーといわれる〈ニューコア〉を取り上げる。ニューコアの超リーンなマネジメントが、社員のクリエイティビティを解き放ち、社員1人ひとりが事業主のように考え、行動するよう促している。

第5章……間違いなく世界で最もクリエイティブな経営が行われている家電メーカー〈ハイアール〉の秘密に迫る。この10年間、ハイアールは従業員と顧客との距離を限りなく近づける「ゼロ・ディスタンス」を追求してきた。それを実現しようと、6万5000人の組織を4000のマイクロエンタープライズ（超小型組織）に分割した。現場の従業員とCEOとの間の階層も、たった2つだ。階層組織というよりはネットワークと呼ぶべきハイアールは、大規模な組織で起業家精神を実現するための、想像を超えた、しかし現実的なモデルとなっている。

PART3「ヒューマノクラシーの基本原則」では、「オーナーシップ」「市場」「健全な実力主義」「コミュニティ」「オープンであること」「実験」「パラドックスを超える」という7つの原則について説明する。

第6章……マネジメントの改革には、新しいツールや手法だけでなく、まったく新しい原則が必要となることを明らかにする。

第7～13章……7つの原則の実践について、事例とともに掘り下げていく。特に、組織をよりレジリエントでクリエイティブ、かつ大胆にするために、何をすればいいのかを明らかにしていく。

あなたが想像しているように、官僚主義を克服するには、新しい発想だけでは不十分だ。官僚主義は、世界で最も普及している社会的テクノロジーである。社会に深く浸透し、根を張り、しっかりと守られている。これに勝つには、古い権力構造を迂回して、変革に前向きな人たちを勇気づけ、大胆な実験を打ちつづけることだ。

PART4「ヒューマノクラシーへの道」では、こうした課題に取り組む。

第14章……〈ミシュラン〉の労使関係担当マネジャーであるベルトラン・バラランが、現場チームに大胆に権限移譲し、ボトムアップの動きをつくり出していった事例を紹介する。この事例から、大胆な目標を一歩ずつ達成していく方法について、深く学ぶことができるだろう。

第15章……あなた自身のチームで実際に取り組みを始められるよう、段階ごとにその方法を説明していく。まずは自分のなかに潜んでいる官僚主義を克服するにはどうすればいいのか？　次に、仲間を引き込み、あなたの部門を大胆なマネジメント改革の実験室に変えるには、何をすべきか？

第16章……この動きをどう広げていくのか。マネジメント・ハッカーやアクティビストから学べることを紹介しながら、組織全体の動きをつくり出し、マネジメント改革の取り組みにあらゆる従業員が参加するには何が必要なのかを明らかにする。ヒューマノクラシーを導入するには、大規模な変革に取り組む、これまでにない大胆なやり方が必要だと筆者らは考えている。そのやり方で進める変革は「外側へ」と広がっていくのではなく、「下から上へ」昇っていくものとなる。

本書はマニフェストでもあり、マニュアルでもある。いまこそ人間を官僚主義という足枷から解き放つときであり、それが実現できれば、1人ひとりの個人だけでなく、組織や経済、ひいては社会にまで多大な恩恵がもたらされるだろう。筆者らはそう信じており、本書でもまさにこの点を論じている。あわせて本書では、マネジメントを変えていこうとする人たちに、ヒューマノクラシーの理念を浸透させる実践的な戦略を紹介したい。

これまで数年間にわたって、筆者らは組織で働く素晴らしい冒険家たちといっしょに仕事をする機会に恵まれた。この冒険家たちは、筆者らに教えてくれたのだ。勇気と思いやりと逆張りの思考さえあれば、その人の肩書や地位などに関係なく、大企業を変革できることを。だから、いまあなたが、「人」にふさわしい組織、未来にふさわしい組織をつくりたいと思っているなら、いますぐ、ここからスタートしよう。

PART 1

官僚主義からヒューマノクラシーへ

なぜ、官僚主義というハチの巣をつつくのか?

The Case for Humanocracy
Why Poke the Bureaucratic Beehive?

第1章 人の力、組織の力

人は、その人が果たそうとする目的によって、その人となる。私たちは、みずから追い求める挑戦のなかでアイデンティティを見出す。資金や能力が限られていても、私たちは理想高く探求を続けるなかで、幸せや高揚感という果実を得ることができる。幸いなことに、世の中には解決すべき問題がたくさんある。たとえば「思考できる機械をつくる」「二酸化炭素の排出量を削減する」「人種間の対立を解決する」「強力な薬剤耐性菌と戦う」「人身売買をなくす」「他の星に人類の居住地をつくる」などだ。

私たちは心の奥底では、つまらない問題に時間を費やすには人生が短すぎることを知っている。賢人たちが「道なき道を歩め」と言うのは、その通りだと思う。私たちは新たな問題を解決し、新たな道を切り開くために生まれてきたのだ。

だとすれば、私たちの多くが、やる気を削がれるような慎重すぎる組織で働いていることは悲劇でしかない。

たとえば、あなたが前例のない大胆なアイデアを上司に提案したとする。すると、上司はこれでもかと反対意見を浴びせかける。

「それは我が社の戦略に合わない」

「予算がない」

「規制に引っかかる」

「うちの文化にそぐわない」

「現実的じゃない」

「リスクが多すぎる」……

問題は上司ではない。上司もあなたと同様にがんじがらめなのだ。問題は組織にある。たいていの組織は本質的に融通が利かず、抑圧的で、慎重すぎる。

下の**図表1-1**を使って、あなたの会社がそれぞれの項目のどこに位置するかチェックしてみよう。

あなたの会社がとても小さいか、特殊な会社でないか

図表1-1　あなたの会社に点数をつけてみよう

目標	大胆	←○―○―○→	慎重
リスク	受け入れる	←○―○―○→	回避する
スピード	全速力	←○―○―○→	ゆっくり
クリエイティビティ	束縛がない	←○―○―○→	制約が強い
自主性	自由度が高い	←○―○―○→	窮屈
コミットメント	熱意がある	←○―○―○→	冷めている
意見の食いちがい	歓迎される	←○―○―○→	叱られる

ぎり、おそらくチェックは右側に寄っていることだろう。だから、あなたは窮屈に感じているのだ。すでに意気込みもなくして「〈自己実現〉だって？　ただ、お金を稼げればいいんだ！」と投げやりになっているかもしれない。

よくわかった。だが、どうしてこんなに勇気も、創造力も、情熱もない会社になってしまったのだろう。さらに、同じくらい重要な問いは「私たちはどうやってこの現実に慣れてしまったのか」だ。その答えは、昔からわかっていることだ。単純にいえば、すべての組織は程度の差こそあれ、臆病で、しかも独断的なのだ。世界の最先端企業でさえも、こうした本質的な問題を抱えているようだ。

インテルの例を見てみよう。1億のトランジスタを1ミリ四方のシリコンに集積するには、とてつもなく頭のよい人たちが何千人も必要だ。しかし、インテルはモバイル機器向けの半導体チップの供給という、簡単なところで間違えた。スマートフォン市場の爆発的な成長を予測できず、インテルは競争に加わるまでに10年という時間と100億ドル以上を費やすことになった。

そして2016年には、ついに負けを認めてモバイル・コミュニケーションの事業を閉鎖した。他の巨大テクノロジー企業、たとえばマイクロソフトやIBM、ヒューレット・パッカード（HP）、デル・テクノロジーズも、同様にモバイル革命に乗り遅れた。なぜ、そんなことが起こったのか。何十億ドルもの研究開発費を持ち、著名なCEOがいて、世界最高のコンサルタントにも相談できる企業が、なぜ未来を読みちがえるのだろうか。

もちろん、組織は多くの点で人間を超える。カリフォルニア州フリーモントにあるテスラの工場では、息をのむような光景が広がっている。面積は約50万平方メートルで、カリフォルニア州最大の建築物だ。数百台のロボットが、複雑な、バレエのような動きをし、自動運転のカートがワークステーションの間を行き来して部品を運ぶ。巨大な巻き上げ機《ホイスト》が自動車のフレームを空中に持ち上げ、7階建てほどもあるプレス機が車体パネルをたたき出し、多数の従業員が、すべてがうまく回るように忙しく働いている。こうして、さまざまなことが同時に調和して行われている様子は「美しい」の一言だ。人間が協力して働くとどんなことができるのか、見ていると圧倒されずにはいられない。

組織があることによって、1人ではできないことも協力して実現できる。たった1人では自動車はつくれないし、人工衛星の打ち上げも、オペレーティング・システムの開発も、医師の養成も、社会運動を起こすこともできない。イエス・キリストでさえも、12人の弟子が必要だった。

こうしたさまざまな実績を上げてはきたものの、組織は惰性的で、動きが鈍く、人を奮起させることがない。これが組織の「コア・インコンピタンス（中核となる弱み）」だ。あまりにもそれが蔓延しているので、変えることはできないと考えても責められることはないかもしれない。冷淡で、うしろ向きであることは大企業の特質で、そうでなければよいと願うのは考えが甘いのだと、私たちは自分に言い聞かせたりもする。

しかし、こうした悲観主義を正当化できない、明らかな事実が1つある。それは、私たち人間にはレジリエンスがあり、創意にあふれ、情熱を持っていることだ。組織がそうでないのは、いくつかの重要な点において、組織が人間そのものに比べて人間らしくないからだと考えられる。皮肉なことに、人がつくった組織には、まさに人を人たらしめているもの、すなわち勇気や直感、愛、遊び心、芸術性などをそなえる余裕がない。

この嘆かわしい事実を誰かのせいにすることはできない。組織が人間的ではないとしたら、それは私たち人間が、意識的か否かにかかわらず、そのように設計したからだ。すべての組織は、それぞれの目標を実現するために、人々をどう組織化するのが最善なのかを考えて、選択をしてきた結果できあがっている。本書が前提としているのは、これらの選択を変えるのは可能であり、そうしなければならないということだ。

私たちは、権威主義的で喜びを感じられない組織に甘んじる必要はない。過去の姿はこれからも続く定めではない。世界のほとんどが専制君主に支配されていた時代があったが、今日、人間は自由のなかで生きている。この独裁体制から民主主義への移行は、自然に起こったわけでも、トップが主導して進めたわけでもなかった。民主主義に希望を見出した哲学者や抵抗運動への参加者、愛国者らが共同で成し遂げたのだ。

人間らしい組織づくりについて問い直すなら、私たち自身も革命的になる必要がある。先人たちのように、私たちも人間の精神を解放するために役目を果たさなければならない。ここに、実現する価値のある大義がある。「すべての人に成功するチャンスがある組織をつくる」という大義だ。

もしあなたが、人は仕事からもっと多くのものを得ていいはずだと考えるなら、あるいは組織はもっと生き生きとして創意に富むべきだと考えるなら、世界を前へ進めるためにできることは山ほどある。組織の現状を変える、納得できて実行可能な方法をこれから紹介していこう。

そこまで行くには少し森を切り開く必要もあるが、到着する道はある。適切な原則を知り、アクティビスト（活動家）のように考える方法を学べば、同僚たちの人生を豊かにするために明らかな貢献ができる。さらに、不安はあるがチャンスにあふれるこの世界で組織が成功できるように、具体的な貢献ができるだろう。

スタートするにあたって、覚えておきたいことがある。私たちは、問題が「解決しにくい」と認識すると、その状況に手を触れようとしない。想像してみてほしい。裕福な都会人が路上生活者を見ると、シェルターへ行きボランティアをしようなどとは思わず、目をそらしてしまう。ビーチを訪れる人は、プラスチックごみをかがんで拾おうとはせずに、それをよけて通る。

しかし、どんなに恐ろしい問題だろうが、深く根を張った問題だろうが、勇気と忍耐力には屈服する。私たちはひるんだり見て見ぬふりをしないで、これまでずっと認識していた問題、すなわち、組織が人間らしさの欠如によって能力を失っているという問題に立ち向かう必要がある。本章では、この問題について見ていく。

第２章ではその根本原因を探り、第３章ではマネジメント革命について論証する。それに続く章では、完全に人間的で、完全に能力のある組織を築くための設計図を描いていく。

人にはレジリエンスがあるのに、組織にはない

私たちが生きている世界は変化のスピードがどんどん速くなっており、過去から未来を推測することは、ますます難しくなっている。変化は情け容赦なく、時には衝撃的なことすらある（ラスベガスで、ストリッパー・ロボットがポールダンスを踊ったりする。これは事実だ）。大変動の時代へようこそ。

宇宙のビッグバン以来、変化の速度は増しつづけているという説がある。[1] ものごとの構造や仕組みが複雑化していくスピードは、少しずつ、気づかない程度に速くなってきた。140億年の時を経て、いまでは変化は危機的なペースになっている。なんてことだろう。

この変化のスピードアップは、コンピュータのパワーとネットワーク容量が劇的に拡大した結果だ。最新のiPhoneは1980年代にPCを動かしていたマイクロプロセッサー、i486の6000倍近いトランジスタを搭載している。2017年には、世界のインターネット上の通信量は1秒あたり4万6600ギガバイト超で、1992年と比べると4000万倍近い増加だ。[2]

この指数関数的な拡大によって、まばゆいばかりの新たな世界が出現した。計算生物学のおかげで、人間の細胞の具体的な生化学的プロセスがわかりはじめている。コンピュータのパワーが拡大しているということは、きわめて性能の高い機械ができるということだ。たとえば、エヌビディアが自動運転車のために開発したデュアルチップ・システムのDRIVE AGX Pegasusは、1

秒間に320兆回の命令を処理する。[3] また、回線のコストが下がってきたことで、ソーシャルメディアなどのまったく新しい業界が誕生した。強力なネットワークのおかげで、かつてはありえなかった方法でコラボレーションができるようになっている。たとえば、ヒッグス粒子の発見を発表した論文には、5000人以上の共著者がいる。

こうした計算能力とコミュニケーションの爆発的拡大の影響が、私たちの周囲を取り巻いている。Eコマース、シェアリング・エコノミー、合成生物学、ブロックチェーン、仮想現実、機械学習、3D印刷、IoT（モノのインターネット）――。これらが登場した衝撃が消えると、また新しいものが登場してくる。今後数年のうちに、2000億～1兆個くらいのモノ（主にセンサー）が、ウェブにつながる。[4] あらゆる状態の変化、すなわち、動きや流れ、取引、心の動揺などのすべてがデータになる世界を想像してみよう。地球自体がついに知覚を持つようなものだ。

この激動のなかで、どんな組織にとっても最も重要な問いは、「我が社を取り巻く世界と同じくらいのスピードで、我が社は変化しているだろうか」という問いである。たいていの組織では、答えは「ノー」だ。

こうした対応能力の欠如を、CEOは人間の性質のせいにしがちだ。「人なんだ」とCEOはおごそかに言う。「誰もが変化に抵抗する」。他の多くの古めかしいマネジメントの考え方と同様に、この見方はおかしい。あなたの知っている人たちを思い浮かべてみよう。過去3年間で、次のことを1つでもやったことがある人はどのくらいいるだろうか。

- 新しい町へ引っ越す
- 新しい仕事を始める
- 恋愛関係を終わらせるか、新たにスタートする
- 何かを勉強しはじめる
- 新たなエクササイズを始める
- 新しい趣味を始める
- 部屋の内装を変える
- 初めての場所に旅行する
- 新たな友人をつくる

たぶん、誰でも1つくらいは、こうした変化を経験しているのではないだろうか。本当のところ、人は変化が大好きだ。新しいものへの欲求は尽きない。こうした変化が世界を変動させている。変化は人が起こしているのであり、私たちは激動の主因なのだ。

人間とはちがって、組織は変化を起こすのが苦手だ。だから、大企業は守りの立場に立つことが多い。そんな古参企業を新参企業が打ち負かすだろうと現代の私たちは予測する。変化の速い世界では、経営資源が多くても問題解決能力に優れているわけではないし、非常に賢い企業であっても脆さがあることを、私たちは本能的に知っている。

グーグルは検索エンジンでは他を大きく引き離しているが、ソーシャルメディアでは一歩出遅れ

た。グーグルプラス（Google+）を立ち上げた頃には、フェイスブックにはとても追いつけそうになかった。アップルもiTunesがコンテンツのストリーミングを提供できずに足踏みしている間に、スポティファイやネットフリックスなどの新しい企業が参入してきた。デートサイトのパイオニア、イーハーモニーがスマートフォンへの対応で出遅れている間に、ティンダーが伸びてきた。

もし未来が基本的には予測不可能だと考えるなら、いま成功しているスタートアップは単に運がよかっただけなのだと言えるかもしれない。未来を正しく予測したのは、単なる偶然に過ぎないのだ、と。しかし、こうした結論は2つの点で間違っている。

第1に、未来はよく言われるほど漠然とはしていない。変化していること、言い換えると、加速している新たなトレンドに注意を払えば、その先に未来が見える場合が多い。いま、アメリカのケーブルテレビ会社は、もはや自分たちが動画コンテンツの配給で独占的な立場ではない状況に適応しなければならず、慌てている。2019年末までには、アメリカの4000万世帯がケーブルテレビではなく新たなオンラインサービスを使うようになっていた。[5] 同じ年、ストリーミングサービスのサブスクリプション契約者数が、ケーブルテレビの顧客数を抜いた。[6] この変化は完全に予測できた。1990年代前半に、AT&Tの技術者が、動画のストリーミングは2005年までに事業として成立するだろうと予測し、その通りになった。ユーチューブの立ち上げは2005年、アップルTVが最初に登場したのは2006年、ネットフリックスが初めて映画をストリーミングしたのは2007年だった。

第2に、もし未来を見通した戦略に出合えるのが運次第だとしたら、なぜ古参の企業がいつでも不運なのかを説明する必要があるだろう。仮に、何時間もブラックジャックで負けつづける人がいれば、単に運が悪かったではすまされないはずだ。負けつづけている人は、ブラックジャックが下手なのだと言わざるをえない。

データを見ると、組織には惰性がつきもので、それにはコストがかかることがわかる。次の点について考えてみよう。

- 1955年にフォーチュン500社に入っていた企業のうち、いまでも入っているのはわずか11％である
- S&P500の企業で、設立からの年数を見ると、1950年代は平均で60年だったが、いまでは20年を切っている
- 2010～2019年の間で、アメリカの上場企業は5500億ドル以上の企業再建費用を計上した。この費用の多くは、手遅れかつ的外れな改革のために使われた

これらすべては単純な事実を証明している。すなわち、組織の適応能力が上がる以上に、この世界の変化が大きくなっているということだ。

現実を見ると、組織の変化はささいなものか、あるいは大々的なものだ。日々、企業は製品やプロセスを改善するが、それほど劇的なものではない。これとは対照的に、戦略的な転換は急激なものになりがちだ。まさに統治の不十分な独裁国家が、政治変動で揺さぶられるのと似ている。大企

業では、権威主義の国家と同様に、トップが交代する政権の変更だけが、悲惨な施策や使い物にならない施策を撤廃するための方法なのだ。そのため、後れをとった企業はその状態にとどまりがちとなる。１９９０年以降、ゼネラルモーターズが国内市場でシェアを落とさなかった年は、わずか5年だけだ。[7] 同社が今日まで存続しているのは、２００８年の金融危機が起こったときに、政府から救済を受けたからだ。

悲しいことに、衰えた企業を安楽死させることはできない。彼らは半ば昏睡状態のまま、なんとか踏ん張り、工場を閉鎖し、ブランドを撤退させ、研究開発を絞り込み、従業員を削減し、弱った競合と合併し、規制面での援助を求めてロビー活動を行う。こうした「トレッドミル（踏み車）企業」は、あなたが想像するよりも多く存在する。

２０２０年の1月の時点で、Ｓ＆Ｐ ５００企業のうち少なくとも10年間にわたって上場企業でありつづけたのは、４５４社だった。そのなかで、10年間で1度も、年間の利益が上位4分の１に入らなかった企業は１２４社あった。この１２４社には、たとえば、バークシャー・ハサウェイ、コカ・コーラ、コムキャスト、エクソンモービル、フォード、インテル、メルク、オラクル、ペプシコ、プロクター・アンド・ギャンブル、ユナイテッド・パーセル・サービス、ベライゾン、バイアコム、ウォルマート、ウェルズ・ファーゴなどがある。２００９〜２０１９年の間に、これらの企業や他のトレッドミル企業が生み出した利益の増加率は、中間値で１７２％だった。筆者らのデータでは、トレッドミル以外のベテラン企業のこの数値が３８８％だったので、トレッドミル企業はその半分以下ということだ。

企業が泥道で足をとられて動けなくなったとき、マイナスの影響を受けるのは株主だけではない。なかなか変われない企業は、他社であればもっと有効に生かせるはずの人材や資金を、自社に縛りつけてしまう。これによって、経済全体の賃金が抑えられ、リターンが低下する。また、惰性的な組織は、未来を先送りする。テスラに先を越された大手自動車メーカーは、いまやあらゆる種類の電気自動車を売り出そうとしている。[8] それは地球にとっては素晴らしいことだ。しかし、新規参入企業が幅をきかせるまで待たずに、この取り組みを何年も前に始めていたらもっとよかっただろう。

私たちに必要なのは、「進化における優位性」を有した組織だ。変化と同じ速度で変われる組織である。

真にレジリエントな組織は、次のような組織だ。

決して否定に逃げ込まない。
未来に適応しようとすばやく動く。
変わるべき時が来る前に変わる。
顧客が何を期待しているか、継続的に定義し直す。
自社に相応な数以上の新たなチャンスをつかむ。
利益が予想と大きく異なることがない。
ライバル企業よりも大きく成長する。
世界で最もエネルギーにあふれる従業員を引きつけられる。

筆者らのお気に入りのニューヨーカー誌のマンガに、２匹の恐竜を描いたものがある。１匹はだるそうに石に寄りかかって座り、もう１匹はまっすぐ背を伸ばして座って、ずんぐりとした前足で空中にパンチを繰り出している。その恐竜が言う。

「だからいまこそ、小惑星の軌道をそらす技術を開発するべきときなんだよ」

人間は恐竜とちがって、大きな前頭葉を持ち、向かい合う親指と人差し指を持っている。人間は未来を予見する賢さも、それに対処できる器用さもある。私たちは恐竜ではない。私たちの組織も恐竜ではないはずだ。

人にはクリエイティビティがあるのに、たいていの組織にはない

イノベーションは再生のためのエネルギーだ。経営者はそれを知っている。ボストン コンサルティング グループ（以下、ＢＣＧ）が実施した調査で、ＣＥＯの79％がイノベーションを最優先事項の１つとして挙げた。経営者たちはイノベーションが、競争に取り残されないための唯一の保険であることを知っているのだ。しかし、マッキンゼー・アンド・カンパニー（以下、マッキンゼー）による別の調査では、94％の企業幹部が、自社のイノベーションの実績に不満を示した。

そうは言っても、イノベーションは人間という種の特質だ。私たちはみな、生まれつきクリエイ

ターだ。庭をつくる、ブログを書く、写真の構図を決める、新しいレシピをつくる、アプリを開発する、事業を始めるなど、さまざまなものをつくりだす。アメリカのミレニアル世代にあたる30～39歳を対象とした最近の調査では、55％が自分のクリエイティブな能力を磨くためにオンラインの動画を使ったことがあると答えた。また、手づくりのものをオンラインで販売していると答えた人も相当数いた。[9]

デジタル技術は創造のためのツールを民主化し、世界中を聴衆にした。毎日、これだけのことが行われている。

- ユーチューブに70万時間分の新しいコンテンツがアップロードされる
- ワードプレスで300万のブログ記事が作成される
- インスタグラムには9500万枚の写真が新たに投稿される
- グーグルプレイでは現在300万のアプリが入手できるが、日々新たに1300の新しいアプリが加わる
- キックスターターやインディゴーゴー、クラウドキューブなどのクラウドファンディング・サイトでは、数千件のプロジェクトが立ち上がる

科学のイノベーションも急激なペースで進んでいる。1985年以来、アメリカの特許商標庁が1年間に認可する特許の数は、400％以上増えている。世界では、独創性にまったく不足はない

ということだ。ではなぜ、歴史の長い企業は、世の中を変えるようなイノベーションが往々にして苦手なのか。

毎年、ファストカンパニー誌では、編集部が最もイノベーティブだと思う企業を選んでいる。最近、選ばれた上位15社は次の通りだ。

1 美団点評［口コミサイトなど］
2 グラブ［配車サービス］
3 NBA（全米プロバスケットボール協会）
4 ウォルト・ディズニー
5 スティッチ・フィックス［衣料のサブスクリプション］
6 スウィートグリーン［サラダ店チェーン］
7 アピール・サイエンス［食品の鮮度を保つ技術］
8 スクエア［フィンテック］
9 オートリー［オーツ麦を使ったミルク］
10 ツイッチ［配信サービス］
11 ターゲット［衣料品小売り］
12 ショピファイ［ネットショップ開業］
13 アンカーフリー［ネットセキュリティ］

14　ペロトン［エクササイズ用バイク］
15　アリババ

注目されるのは、2社を除くすべてが設立から30年未満の会社で、3分の2がデジタル発の企業だということだ。となると、古くてアナログだと、ダメな企業のように見えてしまうかもしれない。

しかし、「最もイノベーティブ」と称された企業の多くが、もてはやされ過ぎた一発屋だったことが、やがて露呈する。2012年に、ファッションを扱うオンライン通販のギルト・グループが、ファストカンパニー誌で最もイノベーティブな企業の1つに選ばれ、時価総額は10億ドルにまでなった。しかし、高級ファッションの「期間限定セール」を中心とした同社のビジネスモデルの成功は一時的だった。何度も企業規模を縮小したのち、ギルト・グループは2016年にハドソンズ・ベイ・カンパニーに2億5000万ドルで買収された。その1年3カ月後、ハドソンズは買収価格の半分を減損処理した。一世を風靡した他のイノベーティブな企業にも、同様の転落を経験しているものがある。例を挙げると、ジンガ、グルーポン、ソーラーシティ、ゴープロといった企業だ。他を凌駕するようなビジネスモデルを開発するのは難しい。ビジネスモデルの見直しも困難だ。シリアル・イノベーター*は珍しい。

この点で、アップルやアマゾンは例外的だ。その企業規模にもかかわらず、両社はｉＰｈｏｎｅやｉＰａｄ、キンドルやエコーといった、製品カテゴリ自体を変えるような製品を繰り返し生み出している。また、アプリストアやアマゾン ウェブ サービス（ＡＷＳ）など、革新的なビジネスモデル

＊ シリアル・イノベーター

何度もイノベーションを起こす人や企業。

も開発している。アップルとアマゾンは両社とも、ＢＣＧの「世界で最もイノベーティブな企業」のリストに13年連続で入るという離れ業を成し遂げ、うちアップルは13年間、毎回1位になっている。つまり、大企業も継続的にイノベーティブでありつづけることは可能なのだ。しかし、たいていの大企業はそうではない。そして、もしイノベーションに必要なのが、スティーブ・ジョブズやジェフ・ベゾスのような天才がトップに立つことなら、この先もたいていの企業では、継続的イノベーションは難しいということになる。

染みついた動きの鈍さを変えようと、多くの企業がイノベーション専用の「インキュベーター」や「アクセラレーター」を設立してきた。ある推計によると、世界にはイノベーションのためのアイデアラボがいまや580カ所あり、2年前の300カ所から急増している。こうした人気にもかかわらず、これらが大きな成果を上げた証拠はほとんどない。アクセラレーター屋敷で悠々と仕事をしている数人のクリエイティブな人たちだけでは、中核事業の継続的な改革を進められるほどの力とはならない。

イノベーションの遅れに対しては、買収もよく使われる戦略だ。残念ながら、出遅れつづけている企業は、閉店間際の孤独なバーの常連客のように、相手を選ばず過剰に追い求めてしまう。2008〜2016年の間で、かつてはイノベーションの名手だったヒューレット・パッカード（ＨＰ）は、買収に370億ドル以上を投じ、自社をＩＴサービスの大手に変革しようとした。そうした買収の多くが、巨額の減損処理につながった。本書の執筆時点では、ＨＰエンタープライズの時価総額は同社が買収に投じた額の半分にも満たない。

さまざまな書籍がイノベーションの秘密を明かすと約束しているが、大企業は以前と変わらず、社員のクリエイティブなエネルギーを解放できずにいる。人間は空を飛ぶことなどできないと言った19世紀の人たちのように、マネジメントの専門家のなかには、大企業は本来的に世の中を変えるようなイノベーションは起こせないという人もいる。彼らの悲観主義は理解できるが、筆者らはもっと希望を持っている。この瞬間にも、飛行機で空を飛んでいる人は100万人いる。望みを高く抱けば、私たちの組織も、同様に飛べないはずがない。

人は情熱を持っているのに、たいていの組織は持っていない

人生には、あなたの情熱に火をつける何かがある。あなたを虜にし、エネルギーを生み出す何かだ。それは家族かもしれないし、信仰や社会的大義、スポーツチームや趣味かもしれない。情熱にはもちろん暗い面もある。宗教的な過激思想、人種的憎悪などだ。そうした誤った方向の情熱もあるが、たいていの情熱は生きる力となる。

健全な情熱を持っているとき、私たちは努力と喜びが魔法のように一体化するのを経験する。手ごわい障害は魅力的なパズルとなり、ちょっとした勝利も大きな勲章となる。人は魅せられることに取り組んでいるとき、最も生き生きとするのだ。ただ、悲しいことに、仕事でそうした喜びが見つかる人は少ない。

2018年のギャラップによる調査では、仕事に十分に意欲を持っている人は、アメリカの被雇用者のわずか3分の1だった。ここでの「意欲を持っている」とは、「仕事に打ち込み、情熱を持ち、一生懸命であること」と定義されている。調査では、「意欲を持っていない」が53%、「公然と無気力さを表す」が13%だとわかった。[10] 世界的に見ると状況はさらに悪く、「意欲を持っている」が15%、「意欲を持っていない」が67%、「公然と無気力さを表す」が18%だった。

なぜこれが重要なのか。それを考えるために、「仕事に関する能力のピラミッド」をイメージしてほしい。「マズローの欲求5段階説」のようなピラミッドだ［図表1-2］。

一番下は「従順さ」だ。どんな組織でも、安全やお金の扱い方、顧客対応などに関する基本的なルールに従える従業員が必要だ。次は「勤勉さ」だ。組織には、一生懸命に働き、結果に責任を持つ従業員が求められる。3番目は「専門性」だ。仕事で成果を上げるためには、必要なスキルがある。これら3つの能力（従順さ、勤勉さ、専門性）は不可欠ではあるが、あまり価値を創造しない。クリエイティブ・エコノミーで勝つには、さらなる能力が必要となる。

そこで4つ目として、「主体性」が求められる。指示

図表1-2　仕事に関する能力のピラミッド

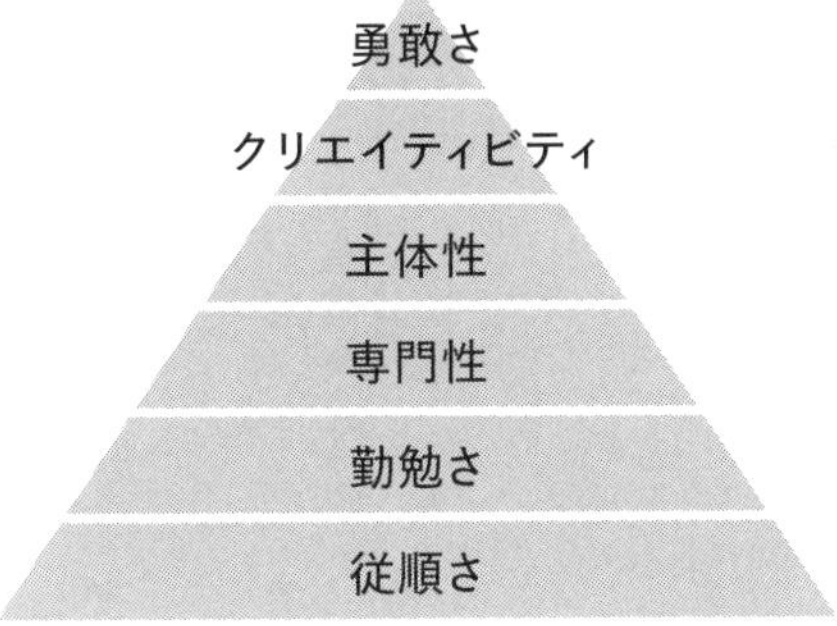

を待たずにみずから動き、積極的で、自分の仕事だけにとらわれない人が必要だ。同様に重要なのが「クリエイティビティ」だ。問題を別の視点で捉え、斬新な解決策を出せることだ。最後に一番上に来るのが、「勇敢さ」である。自分自身を伸ばそうという意欲、そして、優れた目的のためには進んでリスクを取ろうとすることだ。

これら上位の能力を生み出すのが情熱であり、みずからを鼓舞するものに、あるいは自分の力を存分に発揮したいと思わせるものに身を捧げることである。「主体性」「クリエイティビティ」「勇敢さ」は命令されて出てくるものではない。それらは天性の才能である。どんな従業員でも「今日は自分の才能を仕事に活かそうか」と考える。だが、たいていは「活かすまでもないか」となることは、ギャラップの調査結果が示している。場合によっては「絶対に活かすものか」となってしまう。

企業は、イノベーションの優位性がなければ、進化における優位性を築けない。意欲の面での優位性がなければ、イノベーションの優位性は築けない。未来に勇敢に漕ぎ出していく自己変革的な組織を築きたいなら、究極的には従業員が前向きに、情熱的に、喜びに満ちて仕事ができるかに、すべてがかかっている。

何が意欲を生み出すかについて、秘密は何もない。ダグラス・マグレガーの『企業の人間的側面』*から、ダニエル・ピンクの『モチベーション3・0』*まで、方程式は60年間変わっていない。目的、自律性、仲間との協力関係、そして成長の機会だ。それなのに、残念ながら意欲のレベルもほとんど変化していない。まるで、すべての世代が人間の意欲の本質を何度も再発見しながら、そのたびに何も行動してこなかったかのように思える。

＊『新版 企業の人間的側面』*The Human Side of Enterprise*

ダグラス・マクレガー著、高橋達男訳、産能大出版部、1990年。原書の初版は1960年発行。

＊『モチベーション3.0』*Drive*

ダニエル・ピンク著、大前研一訳、講談社、2010年。

人が意欲を持たないのは仕方がない、とも言えるかもしれない。結局のところ、あまり魅力的でない仕事はたくさんある。やりたくない仕事に就いているという人にもたくさん出会う。魅力のない仕事とは、店舗の販売員かもしれないし、サービスセンターの係員、簡単な料理をつくっている人、配達員、庭師、あるいは家政婦かもしれない。そんな人たちが仕事に熱意を持つわけがないと、あなたは考えるのではないか。だが、実際はちがう。ピュー・リサーチ・センターが実施した調査によると、89％の被雇用者が、日々の業務内容には「非常に満足している」あるいは「いくぶん満足している」と答えたのだ。

意欲のなさは、人々の仕事の内容から生じているのではなく、「どうマネジメントされているか」に関係している。ギャラップの調査では、意欲のスコアでちがいが出る理由の70％が上司の態度や行動によって説明されるという。[11] たとえば、上司にどんな質問でもできると感じている従業員は、そう感じていない従業員よりも意欲を持っている。

「いや、ちょっと待ってよ」と、あなたは言うかもしれない。「被雇用者の3分の2が意欲を持っていないなら、マネジャーにはひどい人が大勢いるってこと？」

そうかもしれない。だが、実はもう1つポイントがある。マネジャーたちもその部下と同じくらい、意欲を持っていないのだ。ギャラップによれば、アメリカのマネジャーの51％が意欲を持っておらず、14％が「公然と無気力さを示す」状態だった。[12] つまり、おそらくあなたの上司も、あなたと同じように気持ちがくじけているということだ。だとしたら、一番上にいる人がそもそもの原因かもしれない。あるいは、もっと別の何かかもしれない。

官僚主義の遺産

もし、組織の「人間らしさの欠如」が、どこか奥深くにひそむ病気の症状だったとしたらどうだろう。特定のマネジャーや組織だけが持っているのではない、何かの症状だとしたら？　その可能性は高そうだ。もし、地球上のほぼすべての組織が同じ苦しみを味わっているのだとしたら、つまり、惰性や、動きの鈍さ、無気力に苦しんでいるのであれば、おそらくは共通する病のメカニズムがあるはずだ。BRCA遺伝子の変異は、それが中国の女性に起ころうと、フランスの女性に起ころうと、乳がんのリスクを高める。糖質が多い食事を続ければ、メキシコ人であってもオーストラリア人であっても糖尿病のリスクが高まる。

このロジックに従うなら、私たちが問うべきは、組織にどんな共通点があるかということだ。ソニー、テレフォニカ、ユニセフ、カトリック教会、オラクル、フォルクスワーゲン、HSBC、イギリスの国民保健サービス、ペトロメックス、カリフォルニア大学、リオ・ティント、カルフール、シーメンス、ファイザー、そのほか幾千万の、無名なものも含めた組織に共通する特徴は何だろうか。

その答えは、組織はすべて官僚主義でできているということだ。どの組織も、次のような官僚主義の設計図に従っている。

- 公式な階層がある
- 肩書きによって権力が決まる
- 権力が上から下へと流れていく
- 上位のリーダーが下位のリーダーを任命する
- 戦略と予算は上層部が決める
- 本社のスタッフが方針を決め、それに従わせる
- 仕事上の役割がきっちりと決められている
- 監督や規則、処罰によってコントロールされる
- マネジャーが仕事を割り当て、業績を評価する
- 全員が昇進を競い合う
- 報酬は職位によって決まる

こうした組織の特徴は、特に害があるとは思えないかもしれない。だが、これから見ていくように、このようなありふれた官僚主義の風景のなかに、組織の「インコンピタンス」の根っこがある。私たちの組織が十分に人間的でないのは、そのように設計されたからだ。ドイツの先駆的な社会学者マックス・ヴェーバーは、20世紀の初頭にこう記した。

「官僚主義が〈非人間的〉になっていくほど、つまり、純粋に個人的な要素や非合理的な要素、感情

的な要素など、計算できない要素を削っていけばいくほど、官僚主義は完璧な形になっていく」[13]すると現在に至っては、官僚主義の目標は、人間を半ばプログラム可能なロボットのようにすることだろう。

官僚主義という言葉は、18世紀の初頭にフランス政府の大臣ジャック＝クロード＝マリー＝ヴァンサン・ド・グルネーがつくった。もともと「事務室での支配」を意味するこの言葉は、ほめ言葉ではない。ヴァンサン・ド・グルネーは、フランスの巨大な行政組織が、企業家精神を脅かすと考えたのだ。それから1世紀後の1837年には、イギリスの哲学者ジョン・スチュアート・ミルが、官僚主義を「巨大な専制的ネットワーク」と表現した。

この言葉は180年前のものだが、現代にも当てはまるように思える。では、なぜこれまで反逆が起こらなかったのか。なぜ、私たちは組織との屈辱的な関係に埋もれたままなのか。簡単に言えば、他によい方法がなかったからだ。あるいは、そう思い込んできたからだ。

官僚主義以前の独裁的で無秩序な組織に比べると、官僚主義はありがたい組織だった。官僚主義以前の組織では、リーダーたちは気まぐれで、意思決定はほとんど直感で行われていた。計画はでたらめで、仕事の手法も奇妙なものだった。業務管理にはむらがあり、報酬は努力に比例するものではなかった。従業員の離職率はたいてい年間で300%以上だった。官僚主義はこれらすべてを変えたので、生産性は急激に上昇した。

1890～2016年の126年間で、1時間の労働で創造される価値が、アメリカでは13倍に、ドイツでは16倍に、イギリスでは8倍になった。官僚主義以外の要因、たとえば資本蓄積、普通教育、科学的な発明などもこれに貢献したが、最大の要因は官僚主義的マネジメントの発展だった。たとえば、ワークフローの最適化、生産計画、予算と実績の比較、成果主義、投資計画などだ。

官僚主義は非人間的ではあったが、ヴェーバーが指摘したように「他のどんな（組織）形態よりも、正確さや安定性、規律の厳密さ、信頼性などの面で優れて」おり、したがって「最大の効率を達成することができる」[14]。いま、地球上で10億人が自動車を所有し、40億人が携帯電話を持ち、旅行したいなら毎日10万便以上のフライトから選ぶことができるのは、官僚主義のおかげなのだ。また、売買をするとき、1分間に100万回以上の取引を処理するグローバルな金融システムが使えるのも、官僚主義のおかげだ。どんな欠点があろうとも、官僚主義は人間の発明の殿堂においてもトップに立つような発明なのである。

ただ、他の進化の手段、たとえば武器や化石燃料、内燃エンジン、大規模農業、抗生物質、プラスチック、ソーシャルメディアなどと同じく、官僚主義にもコストが伴った。官僚主義は私たちの購買力を何倍にもふくらませたが、私たちの心をしぼませもしたのだ。

これは特定のマネジャーのせいではない。多くの人を犠牲にして少数に力を与えるマネジメント形態のためだ。また、クリエイティビティよりも従順さを重んじ、人々を小さな役割に押し込め、人々から力を奪い、人を単なる経営資源として扱うマネジメント体制が原因でもある。

他のあらゆる技術と同様に、官僚主義は時代の産物だ。19世紀に発明されて以来、官僚主義以外では多くのことが変化した。従業員はかつては字が読めなかったが、今日では優れた能力を持つ。競争優位性は、単に規模から生じるのではなくなり、イノベーションから生じている。コミュニケーションは手間がかかるものではなくなり、瞬時に行える。変化のスピードはゆったりとしたものではなくなり、超音速だ。そんな状況なのに、マネジメントの基盤は官僚主義のままだ。これは変えなければならない。

ここ数十年、オペレーションのモデルやビジネスモデルで、思考がひっくり返るほどのイノベーションが起こっている。イギリスのネットスーパー大手のオカドでは、倉庫で何十台ものロボットが、碁盤の目状に置かれた蓋のない箱の間を走り回って商品を取り出し、それを人間の従業員に届ける。すると、その従業員が商品をビニール袋に入れる。まさに革命的だ。

ユーチューブやネットフリックス、アマゾンのプライムビデオでは、ほぼ無制限で見たい動画が見られる。チャンネルが5つか6つしかない地上波のテレビに親しんできた人には、これも革命的だ。

私たちの組織を不自由にしている障害を取り除くには、官僚的マネジメント・モデルを根底から問い直す必要がある。かぎりなく柔軟で、はてしなくクリエイティブで、情熱にあふれた組織を築くには、人々の努力を引き出し、それをまとめていくためのまったく新しいアプローチが必要だ。私たちは、官僚主義的なテンプレートとは革命的に異なる、新しいマネジメント・モデルを考え出さなければならない。固定電話とフェイスタイム［アップル製品用の無料通話アプリ］ほどちがうモデル、紙幣の束と支付宝《アリペイ》ほどちがうモデルが必要なのだ。

私たちは組織の中心に、構造やプロセスや手法ではなく、人間を置く必要がある。組織効率を求めてコントロールを最大化しようとするマネジメント・モデルではなく、従業員の貢献を最大化しインパクトを生み出すマネジメント・モデルが必要だ。私たちは、官僚主義《ビューロクラシー》をヒューマノクラシーに置き換える必要がある。本書ではこの2つのモデルのちがいを深く掘り下げていくが、基本的なちがいはこうだ。

官僚主義では「人間＝道具」であり、製品やサービスを生産するために雇用される。ヒューマノクラシーでは「組織＝道具」となる。人間が自分の人生や、顧客となる人たちの人生をよりよくするために使う道具となるのだ「図表1-3」。官僚主義で中核となる問いは「人間を組織により奉仕させるには、どうすればよいか」だが、ヒューマノクラシーでは、「どんな組織なら、人々から最高の力を引き出し、その力に値するような組織になれるのか」となる。この見方のちがいには深い意味があり、この先で説明していく。

古いモデルから抜け出すために、私たちは官僚主義がどのように組織の能力を奪ってきたのか、正確に理解しなければならない。また、官僚主義による停滞のコストにも向き合う必要がある。そして、マネジメントのパイオニアたち、つまり、ポスト官僚主義のマネジメント手法の有効性と価値を明らかにしてきた、進歩的

図表1-3　官僚主義とヒューマノクラシー

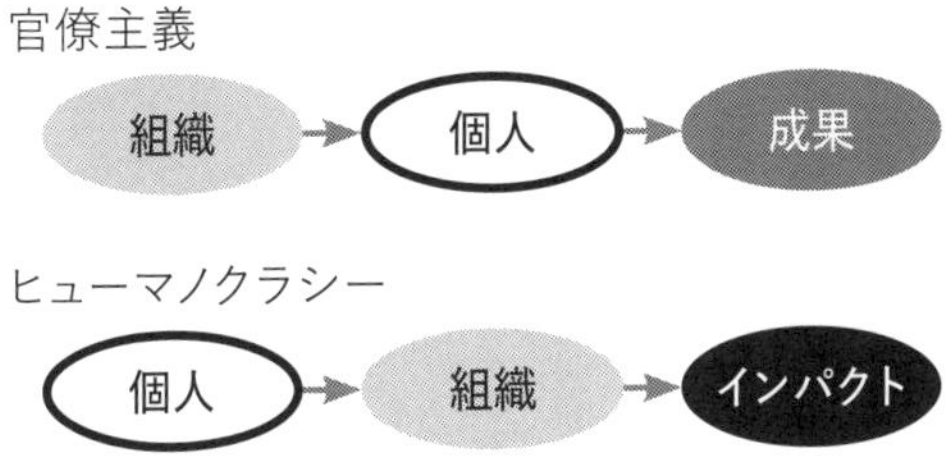

な企業から学ばなければならない。私たちは、新たなヒューマノクラシーの原則を受け入れ、その原則を組織の現場に落とし込む必要がある。そして、自分のなかにある官僚主義的なマインドセットを捨て、「リーダーシップ」と「チェンジ・マネジメント」について、核となる考え方を再考する必要がある。次章以降で、これらすべてに取り組んでいく。

まずは、1つだけはっきりさせておこう。それは「官僚主義を終わらせる必要がある」ということだ。もはや、私たちには官僚主義の有害な副作用を受けている余裕はない。官僚主義は人間世界に最も深く根づいた社会テクノロジーであるので、根こそぎ引き抜くのは容易ではないだろうが、それでもやってみよう。あなたがこの世に生を受けたのは、何か重要なこと、もしかしたら英雄的なことをするためだ。長らく誕生することのなかった「完全に人を中心にする組織」をつくることほど、英雄的なことが他にあるだろうか。

第2章 官僚主義の問題点を診断する

官僚主義の撤廃は一筋縄ではいかない。これに取りかかる前に、第1章で取り上げた組織の問題が、本当に官僚主義の欠陥から生じているのかを検証しておく必要がある。

本章では、官僚主義の「弾劾条項」を説明していく。具体的には、官僚主義の特徴である、階層化された決定権、固定化された組織構造、専門化された役割、標準化された手法が、実際どのようにして、適応力やイノベーションや意欲を弱めてしまうのかを説明する。それを通じて、なぜ、官僚主義を終わらせるべきなのか、なぜ、この戦いに参加する価値があるのかを考えていこう。

階層化され、近視眼的になっている

誰かに、その人が働いている組織を図にしてほしいと頼んでみよう。すると、よく見慣れた直線と四角で構成されたピラミッドが描かれるだろう。固定された指揮系統は、人類の最も古くからの社会構造だ。シンプルで、拡張可能で、時代を超えているように思える。

トップダウンの権力構造なくしては、人間のまとまった行動は不可能だと考えがちだ。命令が統一されていれば、方向性が明確になる。権限の上下のラインが明確であれば、曖昧さが小さくなる。階層化された決定権は、権限と能力とを整合させる。公式なヒエラルキーがなければ、無秩序な状態になってしまう――。いや、本当にそうなのか？

ATLASプロジェクトの例で考えてみよう。大型ハドロン衝突型加速器*を用いた実験プロジェクトの1つで、180の研究機関から3000人の科学者が参加したものだ。このプロジェクトは、宇宙の最大の謎を解き明かすべく1992年に立ち上げられた。その目的のために、ATLASはこれまでで最も精緻な機械をつくった。巨大な粒子検出器で、全長46メートル、直径25メートル、1000万個以上の部品で構成されており、スイスの農村の地下深くに組み立てられた。

プロジェクトの初期段階では、ATLASをどんな組織に設計すればいいのか、なかなか判断できなかった。プロジェクトの斬新さを考えると、設計と開発は複数のサブプロジェクトに分解し、それぞれを小規模なチームが担当する必要があった。一方で、数百にも及ぶサブシステムをスムー

* 大型ハドロン衝突型加速器

略称LHC。粒子を加速させて運動エネルギーを高めるための巨大な装置。

ズに融合させなければならない。そこにジレンマが生じた。自律的なチームのほうが、クリエイティブな問題解決には向いているが、ハイレベルでの調整は難しくなる。その一方で、中央集権型の組織は、システムの統合の面では優れているが、解決するべき世界初の問題があまりにも多く、対応しきれないだろう。また、トップダウンの組織構造は、プロジェクトの成功に欠かせない、独立心の強い科学者たちからの抵抗にあいそうでもあった。

結局、ＡＴＬＡＳプロジェクトではボトムアップの構造が選ばれた。シニア・プロジェクト・マネジャーではなく、科学者どうしが調整を行う。各サブシステムには理事会があり、そこにはプロジェクトのその側面に関わる科学者が全員参加する。

理事会での議論はオープンで、みなが平等な権限を持つが、過熱することもあった。議論が行き詰まるようなケースでは、意見の異なるチームどうしが他の科学者たちの前で議論を行い、その後、全員でそれぞれがベストだと思う方法に投票した。複数のサブシステムにまたがる問題が立ち上がると、臨時のワーキンググループが招集されて解決策を編み出す。たとえば、主要な検出用の磁石のために、最初に予想されていたよりも広いスペースが必要であることがわかり、そのため他の機器のスペースが小さくなると、タスクフォースが結成されて対応策を考え出した。

プロジェクトが行われていた間、サブシステムの理事会はその進捗状況をリアルタイムで公開し、関係する専門家はオンラインで意見を出すことが推奨された。戦略的なレベルでは、合同理事会で主要な意思決定が行われた。そこには、参加するすべての研究機関に席があり、ゴーサインを出すには3分の2以上の賛成が必要だった。

ＡＴＬＡＳ検出器を実現するには、山ほどのリーダーシップとクリエイティビティが必要だった。しかし、ピラミッド型組織は必要なかった。ＡＴＬＡＳプロジェクトの参加者には、誰一人として命令を下せる権限を持つ人はいなかった。誰もが同僚であり、誰も上司ではなかった。にもかかわらず、ＡＴＬＡＳ検出器はスケジュール通りに完成し、予算を超えることもなかった。[1]

　組織がいくつものまったく新しい問題に直面すると、トップダウンの組織では目詰まりが起こりがちだ。問題が増えていくと、上層部のリーダーのもとにそれが積みあがっていく。彼らは、賢明でスピーディーな結論が出せるような経験も、処理能力も持っていない場合が多い。やがて、未処理事項が膨れ上がり、意思決定のペースが落ちる。階層化はスピードの敵なのだ。

　積極的な変革も中央集権化の犠牲となる。ヒエラルキー組織においては変革を起こす権力はトップに集中する傾向があり、大きな転換にはトップレベルでの承認が必要だ。しかし問題が大きくなってＣＥＯがようやく注目する頃には、すでに他社に後れをとっている。組織の幹部たちは、新しいトレンドが形成されている場所からは、組織的にも、文化的にも、地理的にも切り離されている。こうした断絶は、「悪い知らせを届けても利益はほとんどない」と学んできた、ごますりタイプの部下によって悪化する。そして最も危険なのは、幹部自身が古い考え方に縛られていることだ。こうした状況にありながら、幹部は未来をつかみ取ることを期待されている――。まず無理だろう。

　マイクロソフトが経験したことを振り返ってみよう。１９８０年代、マイクロソフトのＰＣを中心としたビジネスモデルは、同社をスーパースターの座に導いた。しかし、それに続く数十年、同社は他社に後れがちとなり、苦しんだ［図表2-1］。

図表2-1　Macの機能を真似たマイクロソフトのOS

製品	パイオニア		マイクロソフト	
グラフィカル・ユーザー・インターフェイス	アップルMac	1984	ウインドウズ2.0*	1987
電話回線によるインターネット	AOL	1989	MSN	1995
ウェブ・ブラウザ	ネットスケープ	1994	インターネットエクスプローラー	1995
検索	グーグル	1998	Bing（ビング）	2009
携帯音楽プレーヤー	アップルiPod	2001	Zune（ズーン）	2006
オンライン動画	YouTube	2005	SoapBox（ソープボックス）	2006
クラウドアプリ	グーグルドキュメント	2006	Office 365	2011
クラウド・インフラ	アマゾンEC2**	2006	ウインドウズ・アジュール	2010
スマートフォン	アップルiPhone	2007	ウインドウズ・フォン	2010

* マイクロソフトのオペレーティング・システムで、最初にMacの機能を真似たのはウインドウズ2.0だった

** アマゾン・ウェブ・サービス（AWS）の前身

他の後れがちな企業と同様に、マイクロソフトも専門的な能力が足りなかったわけではなかった。さまざまな競争で、マイクロソフトはスタートには間に合っていた。社内の奥深くで、若いチームが経営資源をかき集め、最先端のプロトタイプをつくっていたのだ。しかし、そうした努力が上層部の支援を獲得することはほとんどなかった。たいていが会社の片隅で、気づかれないまま忘れ去られていった。幹部の独断によって抹殺されたものもあった。

検索エンジンを巡る戦いは典型的だ。マイクロソフトの幹部が、検索サービス立ち上げのために1億ドルの予算を確保したのは2003年、グーグルが社名と同じ名前の検索エンジンを立ち上げてから5年後のことだった。このプロジェクトのリーダーに任命された若きバイスプレジデントのクリス・ペインは、何年もグーグルの動きを追いつづけており、何度もマイクロソフト会長でチーフ・ソフトウェア・アーキテクトのビル・ゲイツに話を聞いてもらおうと試みてきた。残念ながら、待ちに待っていたミーティングが実現したときには、グーグルとの間には乗り越えられない差が開いていた。[2]

他のケースでは、マイクロソフトのウインドウズへの執着によって、イノベーター予備軍が行く手を阻まれた。アップルがiPadを発売する前年の2009年、マイクロソフトのあるチームが、タブレットの試作品をスティーブ・バルマーにプレゼンテーションした。バルマーは2008年にビル・ゲイツの後任としてCEOに就任していた。「クーリエ」というコードネームがつけられたこのタブレットは、有名ブロガーが試供品を先行して使い、「驚異的なタブレットだ」と高く評価していた。しかし、バルマーはあまり心を動かされなかった。逆に、なぜこの新製品のオペレーティング・システムにウインドウズを使わなかったのかと怒って、チームを質した。チームの答えにバルマーは満足せず、このプロジェクトを没にした。

２０１４年に、サティア・ナデラがバルマーの後継者として、マイクロソフト3代目のＣＥＯに就任した。それ以来、同社は勝ちつづけ、株主総利回りは４５０％上昇した。ナデラは、以前から多くの従業員や識者らがわかっていたことを認める自由を得た。つまり、マイクロソフトの最大の誤りは「この先もずっと、ＰＣがすべてのハブであると考えていたことだ」と認め、公式にそう宣言したのだ。

この判断に基づいて、ナデラはウインドウズ部門の影響力を縮小し、急成長していたクラウド事業のアジュール（Ａｚｕｒｅ）に投資を振り向けた。２０１８年にはウインドウズ部門は再編され、スタッフはアジュールやマイクロソフト・オフィスなどのチームに異動していった[3]。

マイクロソフトにおいてＰＣの正当性に挑むようなＣＥＯを選んだことについては、ゲイツとバルマーは評価に値する。しかし、彼らが長年、時代遅れの世界観を持っていたために、マイクロソフトは動きが鈍くなった。

2人は、ソフトウェアのライセンスを売ることが利益を稼ぐ方法であり、ソフトウェアをサブスクリプション（定額課金）のサービスとして提供することではないと信じていた。彼らにとって、第一の顧客は企業のＣＩＯ（最高情報責任者）であり、チームや個人ではなかった。また、電話は単なる電話であり、ポケットに入るコンピュータではなかった。２００７年にバルマーは「ｉＰｈｏｎｅがまとまった市場を獲得するチャンスはない。まったくない」と断言した。その12年後にゲイツは、マイクロソフトがそれほど近視眼的でなかったら、アンドロイドを阻止できたかもしれないと話した。この失敗により、同社は4000億ドルの市場価値を失ったとゲイツは見積もっている。[4]

マイクロソフトのつまずきについて、ゲイツとバルマーを責めるのは簡単だ。だが、責めるべき相手は別にいる。本当の犯人は官僚主義だ。階層化された組織においては、戦略や方向性を決める責任は、数人の上級幹部にある。その人たちは、特別に先見の明があり、探求心を持ち、クリエイティブであることが期待される。しかし、たいていの場合、そうではない。それはなぜか。

第1に、上級幹部は過去への思いが強い。S&P500企業のCEOの平均年齢は現在58歳で、2008年と比べると3歳上昇している。在任期間は平均11年で、2002年以来、最も長くなっている。[5] ベテランのリーダーには経験があるが、その良さも考え方の古さによって目減りしてしまう。顧客や技術、競争環境についての見方の多くは何十年も前に形成され、いまは存在しない世界を反映したものだ。

第2に、階層と謙虚さは反比例することが多い。カール・ドイッチュ*が論じたように、権力とは「学ばずに済む能力」だ。ここから、組織のレジリエンスにとって唯一かつ最大の脅威が見えてくる。それは、減価している自身の知的資本を上級幹部が償却しようとしないこと、あるいは償却できないことだ。もし部下たちが十分に権限移譲されていて、上級幹部の信念に挑めるほどであれば、この問題もそれほど危険ではない。しかし中間管理職の大半は、食事をくれる人の手に噛みつこうという気持ちにはならない。したがって、近視眼も権威と同様に、下の階層へと流れて伝わっていく。組織を再生する能力は、数人の上級幹部の学習能力や、過去の知識を捨て去る能力に左右される

＊ カール・ドイッチュ：Karl Wolfgang Deutsch

1912年〜1992年。チェコ出身の国際政治学者。元ハーバード大学教授、元アメリカ政治学会会長。

ものであってはならないが、官僚組織ではそうなっている場合が多い。その反対の例となっているのが、アメリカという国家だ。

アメリカのレジリエンスは、誰が大統領であるかには左右されてこなかった。アメリカの力強さは、独立時の文書にも記されている原則から生じたものだ。すなわち、専制政治に対する拒否、人間の力への信頼、移民への門戸開放、宗教的・人種的な多様性の尊重、言論の自由、事業への熱意である。アメリカ国民がみずからを改革する自由を持っているため、アメリカという国も継続的に改革されてきた。

かつて、「アメリカは愚か者によって運営されるべく、天才によって発明された国家である」と言った人がいた。この見解は時にはおそろしいほど当たっているが、官僚主義はその反対に、「天才によって運営されるべく、愚か者が設計した」と思われる。もし、すべてのＣＥＯが、スティーブ・ジョブズのような直感的イノベーション力を持ち、リー・クアンユー*のような政治力を持ち、マザー・テレサのような感情的知性を持っていれば素晴らしいが、たいていのＣＥＯはそうではない。

ＣＥＯも単なる人間なのに、全知の神であるかのような報酬をもらっている。アメリカの大企業350社のＣＥＯは、平均で1年間に1720万ドルの報酬を得ている。これは一般的な現場の従業員の278倍だ。[6]

この一千万ドルを超える報酬が、どのくらい効果を発揮しているのかは明確ではない。しかし、いくつもの研究で、ＣＥＯの報酬と株価の相関関係はほとんど存在しない、あるいは、わずかにマイナスであるという結果が示されている。[7] どんなに多額の報酬でも、ＣＥＯをアイアンマンやワン

＊ リー・クアンユー：Lee Kuan Yew

1923年〜2015年。シンガポールの初代首相。1959年の就任以来、31年にわたって首相を務め、退任後も2011年まで上級大臣などとして政治に影響を及ぼす。

ダーウーマンに変えることはできないのだ。

この大変動の時代には、大企業を運営していくのに必要な洞察力や独創性は、たった1人の能力や少数のチームの能力を超えており、このハードルは高くなっていく一方だ。簡単に言うならば、官僚主義の組織構造に存在しうる数のリーダーより、もっと多くのリーダーが必要になるということだ。筆者らの友人で、インドの大手IT企業、HCLテクノロジーズの元CEO、ビニート・ナイアはかつて筆者らに、「CEOが船の船長だなどという考えは、もう破綻している」と言った。超人的なリーダーの探索は、もうやめるべきときだ。私たちに必要なのは特別なリーダーではなく、「普通の従業員」の才能を動かし、そこから利益を上げていくことだ。

複雑な世界では、組織は柔軟に人と問題を組み合わせる必要がある。権力とは異なり、知識は全体に適用できず、盛衰もし、その時々の問題次第で必要なものが変わる。したがって、1つの固定的なヒエラルキーの代わりに、私たちに必要なのは、解決すべき問題によって責任者が変わるような多数の動的なヒエラルキーだ。全員の見解を競い合わせることができ、影響力がフォロワーシップに比例し、能力のないリーダーは投票により島から追い出されるような組織である。

すると、組織の一貫性、つまり、全員の顔を同じ方向へ向けることに関してはどうなるのか。命令系統を1つにせずに、目的を1つにできるだろうか。第1に、一貫性は過剰評価されている。たしかに重要ではあるが、特別に重要だというわけではない。予期せぬ脅威やチャンスに満ちている世界では、組織は数百とは言わないまでも、数十の戦略オプションを試してみる必要がある。意味のない取り組みで努力がムダになってしまうリスクはつねにあるが、もっと危険なリスクは権力者の近視眼だ。第2に、ATLASプロジェクトで見たように、人間は専制君主がいなくても、共通の目標を達成する力は十分に持っている。

組織構造が固定され、動きが鈍くなっている

組織図の縦の直線については前項で詳しく述べた。では、組織図の「四角」はどうだろうか。官僚主義では、固定された事業部門のなかに活動を振り分ける。事業部門にはそれぞれに定められた目標と、人員と予算がある。階層化の目的が一貫性にあるとするなら、構造を固定する目的はわかりやすさにある。役割と責任を正確に説明することによって、人々は自分が何に責任を持ち、どんな裁量があり、どの経営資源をコントロールできるかがわかるようになる。

反対に組織の構造を固定せずに、企業がどうやって機能するのかは想像しにくい。それでも挑戦してみるべきだろう。固定された構造はさまざまなメリットはあるものの、以下で述べるように次善のものであり、視野が狭く、複雑で、柔軟性に欠けている。これらのコストは、階層化のコストと同様にほとんど目に見えないが、ますます維持できないものになっている。

次善のものである

固定的な組織構造は、どれも特定の目標には強いが、それ以外の目標には弱い。たとえば、機能

別組織は深い専門性と規模の経済を築くには非常に適した組織だが、多様な顧客グループに対応することはあまり得意ではない。反対に、市場セグメント別組織は、顧客にはフォーカスしているが、機能的なスキルは分散し、効率を上げるのに苦労する。

組織化には選択が必要だ。選択の結果は、平均的には適切であるかもしれないが、すべての状況で適切とはならない。そのため、たとえばグローバル製品の組織において、一貫性を重視するあまり中央からは見えにくいチャンスやトレンドを逃してしまう可能性がある。ドイツの自動車会社に起こったのは、こうしたことだと思われる。ダイムラーやBMW、フォルクスワーゲンは、エンジニアリングチームがヨーロッパに集中していて、アメリカの組織は販売部隊程度のものだった。これらの企業は、テスラが自動車を定義し直し、ソフトウェアで規定され、バッテリーを動力源とした移動用プラットフォームとして捉えるという事業の意義をなかなか把握できなかった。

固定された構造は、組織の1つの側面を別の側面よりも優先させることによって、大きなトレードオフを生み出す。規模か迅速さか、一貫性か反応の速さか、効率かイノベーションか――。構造を固定することはそもそも次善の策である。だから、企業が組織再編をすると、ある種の問題を別の問題と交換することになる。

視野が狭い

官僚主義の人が「それは私の責任ではない」と言うのを、あなたもおそらく聞いたことがあるだろう。構造が固定された組織では、個人はみずからの目標、みずからの部門に限られた目標だけにフォーカスしがちで、それ以外のものには注意を向けない。残念ながら、未来は組織図に沿ってやって来ない。視野が狭いと新たなチャンスを見つけにくくなるだけでなく、他部門への援助もしにくい。部門のリーダーは、自分たちの業務遂行のための資源が不十分だと感じることが多く、「他人の援助などとんでもない。資源を共有したら、自分の目標を達成できない」と感じる。

複雑である

官僚主義では、新たな課題が生じると新たな領域ができ、そのリーダーは最高××責任者となる。今日では、最高コンプライアンス責任者、最高デジタル責任者、最高多様性責任者、最高環境責任者、最高変革責任者などのポジションがある企業も珍しくないだろう。新しく創設された最高××責任者は、新たな委員会をつくり、新しい方針を発表し、新たなデータを要求する。すると、会議への出席や署名する書類が増え、縄張り争いが増え、話がまとまらなくなる。その結果、管理費が増して、説明責任が減り、意思決定のサイクルがこれまで以上に長くなる。

柔軟性に欠ける

いったん固定された構造は強固で変更しにくい。大きな組織再編では、数百もの新たな役割のために、職務記述書や評価指標、意思決定のルールを書き直さなければならない。さまざまな制度は包括的に設計し直す必要があり、何千人をもトレーニングし直さなければならない。これには莫大なエネルギーが必要で、関心は内向きになり、不確実性と不安の波が生じてくる。もっと問題なのは、大型の組織再編が2〜3年ごとに行われるということは、変更がようやく定着した頃に、まったく新たな課題の一群が、地平線上に見えてくるということだ。

コストがかかり、たいていはタイミングが遅い組織再編は、組織を環境に適合させる唯一の方法だと広く認識されている。BCGのレポートは「急速な変化によって、企業はこれまで以上に速く組織再編をすることが求められている」[8]という。大変なことだ。

必要なのは、固定された構造を重視しない、革命的に新しい組織モデルだ。絶え間なく変化する世界では、限りなく現場に近いところでトレードオフの判断が行われなければならない。境界線は変更可能で、経営資源は蓄えられるのではなく、可能性があるチャンスのために誰にもじゃまされずに活用されなければならない。部門間の調整は、動きの速い、自己組織化されたコミュニティによって行われ、全体をカバーする方針や面倒な評議会ではなく、市場で行われるようなやり取りによって進められる必要がある。つまり、私たちに必要な組織とは、つくり込まれたものではなく、生物圏のように、あるいはインターネットや活気のある都市のように、創発的な組織なのだ。

専門化され、制約されている

アダム・スミスの『国富論』は、専門化への賛辞から始まる。「労働生産性は、労働を分割したことによって最も向上した」。スミスはピンの工場を訪問したときのことを書いている。その工場では、製造プロセスが18のステップに分割されており、1人の従業員は1つか2つのステップだけに責任を持つ。全体で10人のチームは、1日に4万8000本のピンをつくっており、仕事を分割する前に比べて、生産量は約400倍に増えた。

ハイエンドのiPhoneの価格が、1万ドルではなく1000ドルなのは、専門化のおかげである。iPhoneの組み立てには400のステップがあり、そのうちの1つにはスピーカーをネジでケースに留めるというものがある。[9] この仕事を担当する従業員は、12時間のシフトの間に1800個のスピーカーを取りつけなければならない。[10] この仕事に求められる資格はただ1つ、器用さだけだ。

どんなに多様な才能や興味があろうとも、人間という「杭」は彼らが埋めている官僚主義の「穴」の形を変えるチャンスはほとんどない。ヨーロッパとアメリカで並行して実施された調査を見てみよう[11]［図表2-2］。非管理職の従業員のうち、自分たちの目標

図表2-2　**自分の仕事に影響を及ぼす力**

	EU		アメリカ	
	つねに	ほとんどの場合	つねに	ほとんどの場合
あなたの仕事の目標を決める際に、意見を聞かれますか	16	21	11	21
あなたの仕事にとって重要な意思決定に、影響を及ぼすことはできますか	12	23	11	25
新たなチームメンバーを選ぶ際に、意見を言えますか	7	10	6	11

出典：2015 European Working Conditions Survey (European Foundation for the Improvement of Living and Working Conditions, March 2018) および、2015 American Working Conditions Survey (RAND Corporation, November 2019) のデータをもとに、筆者らが分析

の設定や、仕事に影響する決定への参加、新たなメンバーの採用に意見を言うことなどに関わっている人たちはごく一部だった。別の調査では、イギリスの非管理職の従業員が、自分たちの仕事の性質を変えるような意思決定に影響を及ぼせるかという質問を受けた。すると、86％が「いいえ」あるいは「ごくわずかに」と答えた。従業員はロボットのように厳密にプログラムされてはいないかもしれないが、もう十分に似たような状況にある。

専門化は経済性を生み出すが、主体性やイノベーションにはマイナスだ。専門化され過ぎている仕事では、自由なやり方をしたり、価値を加えたりする余地はほとんどない。どんな能力を持っていようと、その仕事を開発した人が想定したことだけしかできない。これはまるで、多機能のスイスアーミーナイフを持っているのに、コルクの栓抜きとしてしか利用しないのと同じことだ。筆者らの友人で、英国国教会の主教、ドリュー・ウイリアムズが言ったように「細長い穴のような役割からは、細長い穴のような成果しか生まれない」。

行き過ぎた専門化からはコストが生じる。この点に納得できない人のために、その反対の例を見てみよう。カリフォルニア州サクラメント市北部、緑に覆われたサン・ホアキン・バレーにあるモーニング・スターは、アメリカ最大、かつ最も収益力の高いトマト加工会社だ。

ピークの季節には、3つの工場のそれぞれが、1時間に1000トンものトマトを処理する。複雑かつ資本集約的な事業で、何十もの重要なプロセスを正確に調整する必要がある。それにもかかわらず、モーニング・スターは世界で最も革新的ともいえる組織モデルを誇っている。同社にはマネジャーもいなければ、肩書もない。その代わりに、500人の「仲間たち」が「自主経営を行うプロフェッショナル」のように行動することを期待されている。[12]

20以上の事業部門に広がるチームで働くメンバーは、自分の任務を列挙して他のメンバーと互いに契約を結び合う。たとえば、あるメンバーはトマトの荷下ろしと仕分けをするという契約を結び、あるメンバーはボイラーの操作、また別のメンバーは会計業務を行うという契約をする。すべてのメンバーは自分の仲間たちに対して説明責任を持ち、上司に対しては持たない。モーニング・スターは、その効率の高さで多数の競合を事業閉鎖に追い込んだ。同社では、メンバーがみずからの役割と貢献について、クリエイティブかつ広い視野で考えるよう奨励されており、そうした労働環境から同社のコスト優位性が生じている。

同社の研修と人材開発の元責任者で、現在はハーバード・ビジネススクールの博士課程で学ぶポール・グリーン・ジュニアはこう説明する。

「人は自分の得意なことをやるべきだと考えているので、私たちは人を仕事に当てはめることはしません。モーニング・スターの仲間たちは、自分のスキルが価値を生み出すと思う場所なら、どこであっても関わる権利があります。その結果、モーニング・スターの人材は一般的な会社に比べて、幅の広い、複雑な役割を持つ傾向があります」

モーニング・スターの創業者で社長のクリス・ルーファーは、長年、次のような信念に基づいて会社を経営している。

「組織哲学は、そこで働く人々から考えはじめなければなりません。彼らが仕事に関してよりクリエイティブに、かつ情熱的になれる環境、そうした力を解き放つ自由から考えはじめるべきです。自分の道を自由に追求できれば、誰もがよりよい仕事を成し遂げる。自由であれば、人は自分が本当に好きなものに向かっていく。好きになれと言われたものに、無理に向かわされることはありません。だから、よい仕事ができる。より仕事に熱意を持ち、熱中できるのです。

人々がともに働くときには、人によって少しずつやり方が異なります。それを自由に調整し、自分が得意とすることに関わる人間関係を自由に構築できれば、人々の仕事の成果はよりよく調和していきます。これは自発的な秩序で、これによって人間関係がより円滑になります。人間関係は上から変えようとするよりも、簡単に変化させることができるのです」

筆者らは、モーニング・スターの工場の機械工に質問した。「チームの人たちが、仲間に積極的に力を貸そうとするのはなぜなのですか」。彼はこう答えた。「私たちの組織は〈評判資本〉で動いています。有益なアドバイスなど、会社のどこかに価値を付加することができたら、その人の評判資本が増えるんです」。役割が幅広く定義され、人々が他者への協力を前向きに捉えると、自主的な活動が増える。

ビジネスにおいては、利益が出る形で解決できる問題の数に限りはない。また、働く人々の創意工夫にも限りがない。官僚主義において制約されているのは、人々が自分の才能を伸ばし、それを応用するチャンスだ。この制約をなくせば、「すべての」仕事が「よい仕事」になる。挑戦やチャンスや成果に満ち、チームメンバー全員がクリエイティブ・エコノミーの一部となるような、よい仕事となるのだ。

モーニング・スターのように、私たちはすべての仕事でクリエイティブな部分を拡大する必要がある。スキルを不要にするのではなく、スキルを高める必要がある。これは潜在能力を発掘することにとどまらず、仕事に尊厳を持たせることでもある。

いま私たちが生きている時代は、信仰が薄れ、コミュニティがばらばらになっている。その結果、仕事が人間のアイデンティティのより中央に位置するようになった。これを「残念なこと」と捉えたとしても、私たちは責任から逃れることはできない。すなわち、私たちは、すべての人が持っている問題解決能力を育て、人間の能力が育つのに合わせて、柔軟な役割を創造しなければならない。また、仕事と興味をよりよく整合させるように努力しなければならない。もちろん、ルーティーンの仕事は済ませなければならず、すべての仕事が啓発的だというわけではない。それでも、才能と仕事をマッチさせる方法を見つける必要があり、その仕事は、多様で非常に個性的な人間の能力を、みな同じような平凡な塊に変えてしまうことのないものでなければならない。

標準化され、思考を阻んでいる

1911年に、標準化の守護聖人とも言えるフレデリック・テイラーが、『科学的管理法*』を出版した。その序章で、彼は仕組化された仕事について議論を展開した。

＊『科学的管理法』*The Principles of Scientic Management*

フレデリック・W・テイラー著、有賀裕子訳、ダイヤモンド社、2009年、他。原書の初版は1911年発行。

形あるモノの無駄は、見たり感じたりできる。しかし、人間の動きがぎこちなかったり、非効率あるいは見当違いだったりしても、あとには目に見えるモノ、形あるモノは何も残らないため、見落とさないようにするためには、記憶を働かせ、想像の翼を広げることが求められる。だからこそ、これによる日々の浪費は、モノの浪費よりも大きいにもかかわらず、後者が私たちを強く奮起させてきたのに対して、前者はほとんど心に残っていないのだ。

テイラーは、注意深く観察し測定すれば、どんな仕事でもそれを行う「唯一最善の方法」を見出すことができると考えた。20世紀の初期に活躍したテイラーの目標は、人間が扱う機械と同じくらいに、人間を信頼できるものにすることだった。彼はクライアントによくこう言っていた。「過去には人間が第一でした。未来は機械が第一とならなければなりません[13]」

標準化は生産工学の勝利である。だが、それ以上に社会工学の勝利でもある。テイラー主義が世界の先進国に広がったことで、不従順で、時にやる気のなかった労働者たちは、ルールに従う、定型業務の従業員となった。今日では、私たちは自分たちを従業員として見るのにあまりにも慣れてしまったので、18世紀の農民や商人や職人にとって、テイラーの革命がどれほど意欲をなくさせるものなのか、ほとんどわからない。その頃の多くの人にとっては、見知らぬ給与支払い担当者に経済的に依存するのは、賃金の奴隷になるようなものであり、忌まわしいことだった。しかし、貧しく、ほとんど字も読めない当時の労働者にとっては、安定した仕事は、どんなに退屈なものであっても前進ではあった。

また、テイラー主義は「労働者」と「管理職（マネジャー）」のちがいを確固たるものにした。科学的管理法では、労働者はツールの選択や手法の開発、スケジュールの設定、論争の解決などには、もはや責任を持たない。テイラーは、従業員は一般的に、そのような仕事をするには頭が悪すぎると見ていた。テイラーは製鋼労働者のことを、非常に口汚く「とても愚かなので、〈パーセント〉という言葉すら理解しない[14]」と表現していた。したがって、仕事を標準化するだけでなく、判断を必要とするものをすべて取り除く必要があった。この点に関して、テイラーは非常に頑なだった。「確実に仕事を迅速化するには、手法の標準化を強制し、最もよい道具と労働環境の採用を強制し、協力を強制しなければならない[15]」

そして、この「強制」を担当するのは誰か。もちろん、マネジャーである。

仕事の標準化にあたって、テイラーは職場の新たな独裁者たちのために、需要関数と職務記述書の両方をつくった。ルールが守られ、変動を最小とし、ノルマが達成され、怠け者は罰せられる。これらを確実に実行するのがマネジャーの仕事だった。

現在も、これは変わらない。類語辞典で「マネージ（管理する）」を引いてみると、最初に出てくる同義語はおそらく「コントロール」だ。21世紀の組織は、コントロールには執着していないと思いたいかもしれないが、実際はそうではない。

ドイツのソフトウェア大手、ＳＡＰの共同ＣＥＯであったジム・ハガマン・スナーベが、その在職期間の終わりごろに気づいたのは、同社には社内のあらゆる仕事に関して合計で5万以上のＫＰＩ（主要業績評価指標）があるということだった。スナーベは恐怖を感じた。「私たちは会社をリモートコントロールしようとしていました」と彼は振り返る。「素晴らしい人材が大勢いるのに、彼らに脳を凍結するようにと言っていたのです」[16]

スナーベも、標準化は大切だと認めるだろうが、ルーティーン化できることには限度がある。「標準」を決めるには、その前に「望ましい完成状態」を特定し、それを達成するのに必要なステップを定めなければならない。これには、目指す状態が曖昧ではなく、安定的であることが前提となる。また、目標への到達が現場の状況に左右されないことも前提だ。さらには、周囲のタスクについても十分に理解し、同じくらい重要な他の目標を無意識のうちに妨げないようにする必要もある。こうした限度を、官僚主義者が傲慢さとコントロールへの欲求によって無視すると、標準化は有害となる。

長年、アメリカの旅客機の乗客は、サウスウエスト航空の親しみやすいサービスと、顧客第一の精神を称賛してきた。これは、サウスウエストの飛行機がしゃれているとか、早く着くということではない。サウスウエストと他社とのちがいは、顧客を魅了し事業を改善するために、従業員が持っている自由だ。この自由が、数えきれないほどの形で表に現れてくる。たとえば、連邦航空局（ＦＡＡ）が義務づけている安全に関する説明を、乗組員がユーモラスにやってみる。地上走行時の燃料を節約する方法をパイロットが思いつく。任地に向かう兵士の子どもたちを、客室乗務員が機内まで案内し、着任前の最後のハグができるようにする——。

ルールがどれだけのことをカバーしていようと、それでは顧客に特別な経験を提供することはできない。サウスウエスト航空に47年間勤務し、マーケティング・顧客サービス・人材およびオペレーションのトップであるコリーン・バレットは、同社のルールへのアプローチをこう説明する。
「ルールはガイドラインのようなものです。テキサス州ダラスの本社にいて、社員が直面するかもしれない、すべてのシナリオを書くことはできません。社員は現場にいて、顧客に対応します。どんな状況であっても、ルールを曲げるべき時、破るべき時はわかります。なぜわかるかというと、いま直面している状況では、単純にそうするのが正しいからです[17]」

この自由を援護するのは、すべてのメンバーが事業のオーナーのように考え行動できるよう、必要な情報を提供するさまざまな努力だ。サウスウエストの研修プログラムは、業界の経済的な仕組みや、財務比率、利益を左右する要因など、多岐にわたる内容を教える。サウスウエストは、社員の判断に投資することによって、より賢明で、革新的で収益力の高い事業を築いている。

これとは対照的なのがユナイテッド航空だ。ユナイテッド航空に関しては、顧客の悲惨な体験が何度か報じられているが、なかでも企業広報にとっての悪夢と言える事件が２０１７年４月９日に起こった。69歳の医師、デイビッド・ダオが、オーバーブッキングとなったルイジアナ行きの飛行機から力づくで降ろされたのだ。この状況を撮影した動画には、血を流したダオが通路を引きずられていく様子が映っており、この動画の視聴回数は数百万回を記録した。

ユナイテッド航空はこの事件を検証した公式な文書で、同社の従業員には「独自に行動する権限がなく、ましてや高額の代償金を認可したり、他の移動手段を提示したりする権限もなかった」と述べた。加えて同社は、「このような状況に対処するための従業員研修や権限移譲が不十分だった」[18]と説明した。

しかし、コントロールの習性からはなかなか抜け出せないようだ。テレビのレポーターが当時のCEO、オスカー・ムニョスに、この事件から何を学んだかと尋ねると、ムニョスはこう答えた。「当社は、現場の責任者やマネジャー、個々の従業員に対して、彼らが常識で動けるようにするための適切なツールや方針、手続きなどを提供していませんでした」[19]

この言葉の矛盾に気づいただろうか。常識とは、ツールや方針、手続きから生じるものではない。ツールや方針、手続きは、常識の代用とするものだ。ムニョスのような多くのリーダーが、「会社の運命は、現場の社員が最適な判断を下せるかどうかにかかっている」という考え方に恐怖感を抱いている。しかし、この「代用品」は明らかに愚かなものだ。

個人の生活では、従業員は住宅や自動車を買う判断が下せるのに、仕事になると300ドルのオフィス用の椅子を買うのに、マネジャーの承認がいる。これはどういうことだろうか。ちょっと考えてみれば、これがバカげたことだとわかる。裁量権は主体性やイノベーションと相関している。個々人の自由を減らせば、その分、熱意や創造力も減っていく。

残念なことに、従業員には判断する能力がないという思い込みこそが、判断力のない従業員を生み出す。

第1に、問題解決力を活かしたいと考えている従業員は、興味の持てる知的な部分が取り除かれた仕事に魅力を感じない。第2に、過剰に指示される仕事では、「判断力は社内の階層と相関する」

という官僚的な仮説を反証する機会がほとんどない。第3に、ルールでがんじがらめの世界で数カ月働くと、たいていの従業員は辞めるか、心が折れてしまう。

テイラーとは異なり、現代の私たちは現場社員の知性を中傷したりはしない。それでも、彼ら独自の能力を伸ばし、活用する場を十分に提供しているわけではない。認める人はほとんどいないと思うが、多くの人はいまだに、「考える人がトップにいて作業をする人が下のほうにいる」という官僚主義的なうぬぼれを受け入れている。その結果が、知性のカースト制度と言えるものだ。ある種の知的アパルトヘイトと言ってもよい。

これが誇張だと思うのであれば、データを見てもらいたい。アメリカの労働統計局は数百の職種について、オリジナリティ（独自のアイデア）がどの程度必要かを、0から100までの点数で示した。結果は以下のとおり。

CEO	72点
販売マネジャー	66点
人事マネジャー	60点
顧客サービスの担当者	44点
客室乗務員	41点
銀行の窓口担当者	31点

全体では70%の被雇用者が、このオリジナリティ・スコアで50点を下回る仕事に就いていた。つまり、1億人を超える人たちが、仕事でクリエイティビティを発揮することを期待されていないということだ。もったいないことである［図表2-3］。

もし、顧客に素晴らしい経験を提供することを目標とするならば、あるいは、新たな問題の解決や、シンプルに混沌とした環境を生き抜くことを目指すのであれば、コントロールはルールに基づいて行うよりも、原則や基準、相互責任に基づくべきだ。

つまり、人々に何をすべきか言うのではなく、人々がよい判断を下せるような能力を身につけさせるということだ。オーストリアの経済学者、フリードリヒ・ハイエクがノーベル経済学賞を受賞したときのスピーチの言葉を借りて言い表してみよう。

組織のパフォーマンスを改善するため、マネジャーが悪影響よりもよい影響を及ぼしたいならば、マネジャーが学ぶべきなのは、「複雑な環境のなかでは、望ましい結果を出すための知識を、マネジャー1人だけで獲得することはできない」ということです。その代わりにマネジャーたちは、いま持っているどんな知識でも活用して、庭師が植物にそうするように、適切な環境を提供することで成長を促していく必要があります。決して、職人が作品をつくるように結果を創造するためではありません。

個々人の生活についても考えてみよう。たとえば、あなたの配偶者やパートナーが、2人の関係がうまくいくようにと、次のような細かなルールを設定したらどうだろうか。

- 服を床に脱ぎっぱなしにしないこと
- 便座を「正しくない」状態のままにしておかないこと
- 電話も入れずに遅く帰ってこないこと
- 自分がどれだけよい結婚相手かを自慢しないこと
- お母さんから電話があったとき、嫌そうな顔をしないこと
- 私の友人を批判しないこと
- 私が半年以上前にしたことを持ち出さないこと
- 私が「その気になっている」と思い込まないこと
- 私のお皿から食べ物を取らないこと
- 車のガソリンが少なくなったままにして

図表2-3　仕事のパフォーマンスに、オリジナリティはどれだけ必要か：アメリカにおける得点別の職務の数

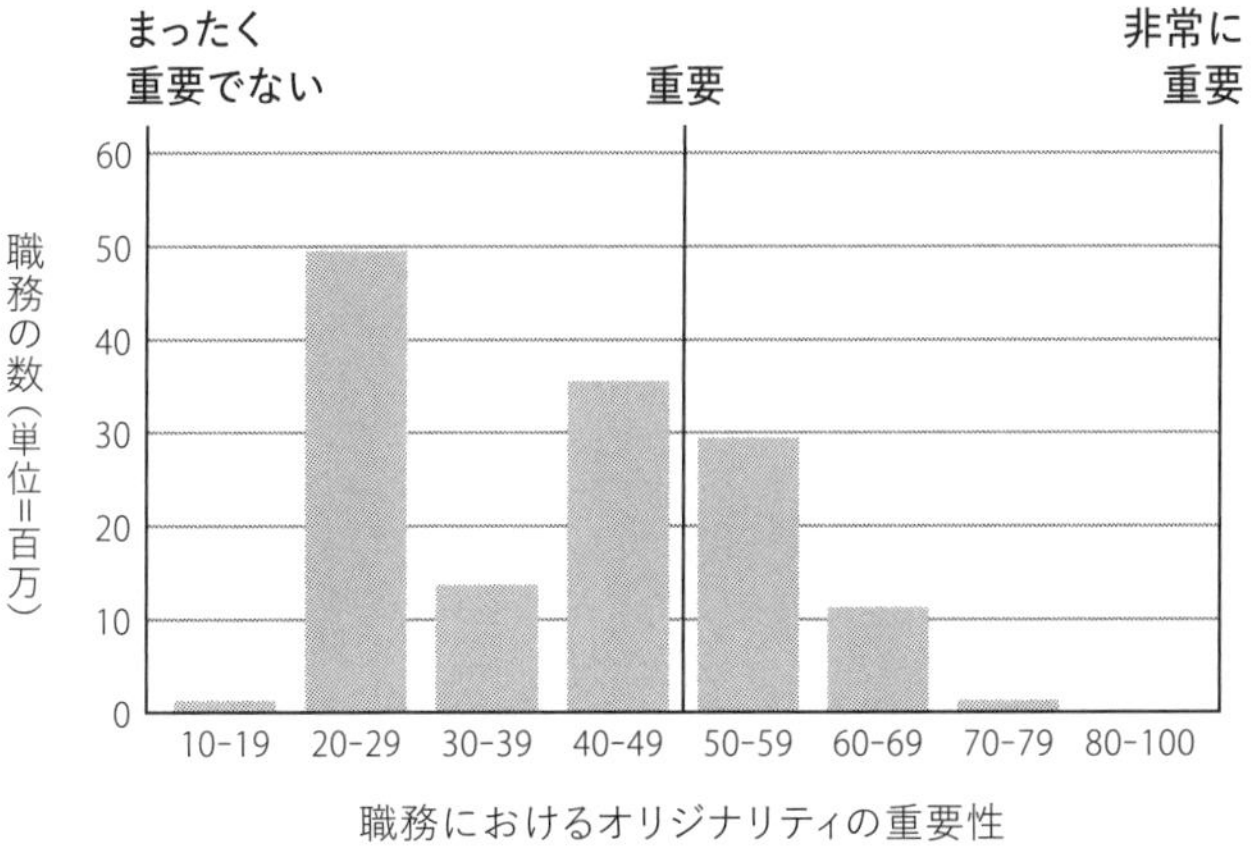

注：O*NET（職業別情報サイト）による個々の職務におけるオリジナリティの重要さに関するデータと、職業別の雇用調査データを組み合わせた。

出典：O*NETと労働統計局の雇用調査データの筆者らによる分析

おかないこと

- 私に「落ち着いて」と言わないこと
- 私が着ている服について、一方的なアドバイスをしないこと
- 完全に怒っているのに、怒っていない振りをしないこと
- 今日がどんな1日だったか、私に聞かないうちに眠ってしまわないこと

これらの「〜しないこと」の長いリストに加え、「〜すること」もたくさんあるのではないか。たとえば、花や、夜のデート、家事、記念日、足のマッサージ、ほめること、謝ることなどだ。こうしたルールに沿って生活するのは疲れるし、屈辱的だ。それに、あなたの配偶者やパートナーは、あなたが心からそうしているのか、あるいは、やるべきことを消化しているだけなのか、わからないだろう。

その代わりに、シンプルないくつかの原則を大事にするよう努力してみたらどうだろうか。たとえば、聖書のコリント人への第一の手紙、第13章のような原則だ。

愛は忍耐強く、親切です。
愛は決してねたまず、自慢せず、高慢にならず、無礼なふるまいをしません。
愛は自分の利益を求めません。
愛はいら立たず、人から悪いことをされても恨みません。

愛はあきらめず、誠実を尽くします。
愛は常に望みを忘れず、どんな困難をも耐え忍びます。

こうした価値観を体現するのは、ルールに従うだけよりも難しいが、エネルギーが湧いてくる。高みを目指すよう挑戦させられるが、工夫し成長する余地がある。標準化は、許容される行動に下限を設け、同時に上限も設ける場合が多い。機械は言われたことだけをする。組織はこの「コントロール病」を捨て去るまでは、十分に能力を発揮できないのである。

官僚主義による災い

組織が惰性的で、動きが鈍く、退屈なのも不思議はない。それは官僚主義が次のようなことをするからだ。

- 前例踏襲型のリーダーの見解を過剰に信頼する
- 反抗的な考え方をよしとしない
- 気づいてから反応するまでのタイムラグが大きい
- 組織構造を固定化する

- リーダーが縦割り組織のなかにいるために、新たなチャンスが見えなくなる
- トレードオフが最適でなくなる
- 経営資源の配分の見直しを妨げる
- リスクを取ろうとしない
- 意思決定を政治化する
- 承認までの道のりを長く厳しいものにする
- 権限とリーダーシップ能力が一致しない
- 個人の貢献の機会を制限する
- 現場の説明責任を弱める
- 組織全体としてオリジナリティを評価しない

官僚主義は意欲を失わせ、活気を失わせる。しかし、官僚主義は存続しつづけている。私たちは、人間の形をした組織をつくるのではなく、官僚主義の形をした人間をつくり出している。もし、私たちがこれに加担していて、組織にはびこる問題に目をつぶっているのだとしたら、それは私たちが計算を間違えているからだ。官僚主義を打ち負かす第一歩は、そのコストを計算することだ。次の第3章で詳しく見ていこう。

第3章 官僚主義のコストを計算する

官僚主義はポルノのようだ。それを擁護する人はほとんどいないのに、世の中にあふれている。

ウォルマートCEOのダグ・マクミロンは、官僚主義を「悪党」と呼んだ。

JPモルガン・チェースの会長・CEOのジェイミー・ダイモンは、「病気」だと表現した。

バークシャー・ハサウェイの副会長、チャールズ・マンガーは、官僚主義が及ぼす影響は「がんのように」扱わなければならず、両者は「とても似ている」と言った。

こんなに敵がいては官僚主義も逃げ出しそうなものだが、実際はそうではない。1983年以来、アメリカの労働力におけるマネジャーや管理者の数は倍以上になっている。一方で、それ以外の仕事の雇用者数は44%しか増えていない［図表3-1、次頁］。

こうなるはずではなかった。1988年にピーター・ドラッカーは、企業は20年以内にマネジメントの階層の数を半分に減らし、マネジメントの等級を3分の2までに減らすだろうと予測していた。しかし、そうはならなかった。官僚主義は頑強で、相変わらず難攻不落のようだ。官僚主義に勝とうと思うなら、何が官僚主義をそれほど頑強にしているのかを理解しなければならない。

官僚主義を倒しにくいのはなぜか

第1に、官僚主義はどこにでもある。これは非常に明らかで、文字通りあらゆる場所に存在するから倒しにくい。それだけ広がっているのを見ると、官僚主義は不変の法則、たとえばケプラーの惑星運動やベルヌーイの定理（流体のエネルギー保存則）などと同様の法則に基づいているのではないかと思ってしまう。

第2に、官僚主義の構造と、そこに根づいた慣習は社

図表3-1　アメリカにおける雇用の伸び：仕事のカテゴリ別（1983=100）

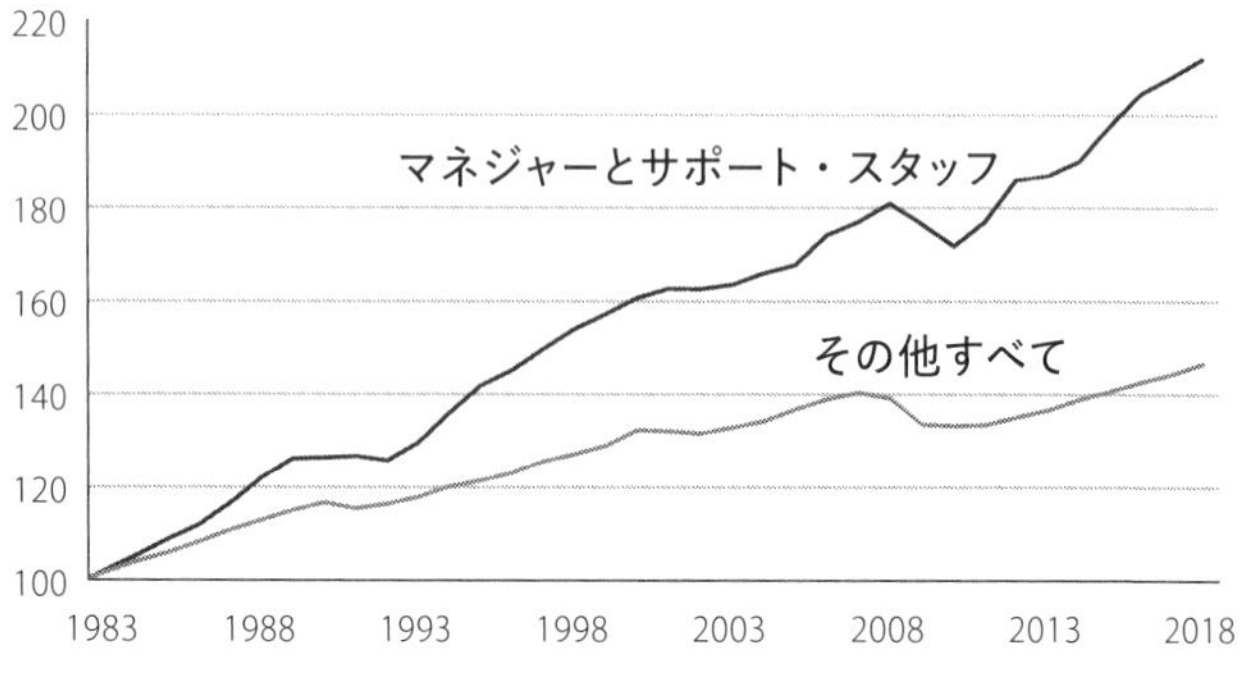

注：データは人口動態調査（CPS）から。このデータは、マネジメント職（現場の管理者を除く）およびすべてのビジネス、金融の職務をカバーしている。CPSおよび職務のカテゴリについて詳しくは、〈補遺 B〉を参照のこと。

出典：アメリカ労働統計局、筆者らの分析

会規範の一部となっている。あらゆる規範と同様に、それに挑む人は愚かだと思われる。官僚主義の象徴、たとえば、何層ものマネジメント階層や絶大な権力を握る管理部門などの廃止を提案してみたら、どうなるだろう。同僚は、あなたの純朴さを嘲笑するだろう。それでもあなたは、仕事の内容や、一緒に仕事をする仲間、費用の使い方を自分で決める権限を部下に与えようとするかもしれない。しかしそれを実行する前に、クビになっていることだろう。

官僚主義という規範は強力だ。なぜなら、世界的な同盟とでも言えるものに支えられているからだ。すべての組織は、「官僚主義は不可欠だ」という信念を基盤とする世界に組み込まれている。たとえば、コンサルティング会社はクライアントに対して、ＣＥＯの承認がなければ大胆な変革はできないとアドバイスし、そうすることで、変革はトップから始まるという官僚主義的な前提を強化している。政府機関は企業に対して規制に従っている証拠を求め、官僚主義的なコントロールの証が提出されると満足する。たとえば、最高コンプライアンス責任者、義務化された研修、包括的な報告などだ。ビジネススクールはその授業料の見返りとして、企業の出世の階段を速く昇れることを約束する。官僚主義の同盟の団結力は、いまのマネジメントに反逆しようという人たちにとって、大きな壁となる。彼らの運命は、イギリスで車を借りたアメリカ人の旅行者みたいなものだ。道の右側を走りたいなら走ればいいが、そうさせまいとする圧力が多方面からかけられる。

第３に、原子力発電所や宇宙ロケットのように、官僚主義は複雑で体系的なシステムだ。すべてのプロセスが他のすべてのプロセスと結びついている。モジュール化されていないために、１つを変えるとすべてを変えなければならなくなる。いったいどこから始めればよいのか――。これが官僚主義における変革のパラドックスだ。実行できそうなことでは変革を起こせず、変革を起こせそうなことは実行できない。その結果、微調整だけを永遠に続けることになり、組織の能力が根本から高まることはない。

第4に、官僚主義者は現状を変えたがらない。官僚主義は巨大な、多くのプレーヤーが参加するゲームのようなもので、このゲームでは何百万人もが、昇進という賞を目指して競い合っている。これはゼロサムゲームだ。前へ進むには、責任から逃れ、縄張りを守り、上司とよい関係を築き、経営資源を蓄え、恩義を着せ合い、目標について交渉し、厳しい検査を免れる。こうしたスキルを長い時間をかけて磨いてきた人たちは、大幅なルールの変更に熱意を注ぐ可能性は低い。経験豊かな官僚主義者に、マネジャーからメンターになるよう頼むのは、ロサンゼルス・レイカーズのスター選手、レブロン・ジェイムズに、バスケットボールをやめてバレーボールに転向するよう頼むようなものだ。

第5に、官僚主義は、まあまあ機能している。官僚主義の構造やシステムは、どれもそれほど効果的ではないにしろ役目は果たしている。単純にそれらを取り除いたら、大混乱が起こるだろう。たとえば、ある組織がただ単に中間管理職をなくすだけで、従業員に自主経営のスキルやインセンティブや情報を提供しなかったらどうなるか想像してみよう。官僚主義は秩序を破壊しないための防波堤のようなものだ。官僚主義を廃止したら、無法状態に陥るリスクが生じる。あるいは、多くのリーダーがそのように考えている。

第6に、官僚主義は、映画『マトリックス リローデッド』のエージェント・スミスのように自己増殖でき、また『エイリアン』の地球外生命体のように容赦ない。大規模な組織で時間を過ごしたことがある人なら、次のような状況に覚えがあるだろう。

- 官僚主義では、あなたの権限と報酬はあなたが管理する組織の人数と予算によって決まる。誰も自主的にはみずからの帝国を縮小したりしない
- 本社のスタッフは規則や義務を決めることによって、みずからの存在を正当化する。それらの義務や規則が廃止される日はほとんど決まっておらず、その結果、ややこしい事務手続きがどんどん増えていく。そのうえ、社内向けサービスの担当者を、その「顧客」が解雇することはできない
- 新たな課題が生じると、必ず新しい最高××責任者か、新しい本社部門が創設される。そして、じきに永久的なポジションや部門になる
- 組織が成長すると階層が増え、現場の従業員数に対するマネジャーの比率は上昇していく
- 危機が生じるたびに権限は中央へ移っていき、そこにとどまりつづける
- 官僚主義が強化されると、それに抵抗する人は弱っていく

しかし、「官僚主義は人の意思とは関係なしに進歩してきた」というふりをするのはよそう。官僚主義の成長のエネルギーとなっているのは、個人的な権限を求める心だ。権限があれば生存に有利で、人間はそうしたものを追い求めるようにできている。人生を思うように進めていくために、

権限は不可欠だ。しかし、食べ物や酒などへの欲求と同じく、権限への欲求は人を虜にする。だからこそ、哲学者や道徳の教師は、その危険性について警告するのだ。

中央集権化は歯車のようであり、後戻りすることはない。権限を持った人はそれを手放すのを嫌がり、同時にさらなる権限を獲得しやすい。筆者らがハーバード・ビジネス・レビュー誌と実施した調査では、回答者の63%が、官僚主義の抑制を妨げているものとして、「リーダーが権限を手放そうとしないこと」を挙げた。公式な権限は官僚主義の通貨とも言えるもので、ゲームの商品でもある。官僚主義は権限を求める人間の自然な欲求に火をつけ、時にはそれはマンガ的にさえなる。結果として、官僚主義は人間の最悪な部分を引き出し、ちっぽけな役人が嬉しそうに小さなルールを強要したり、うやうやしく振る舞う部下にCEOが自尊心をくすぐられたりする。言い換えると、官僚主義は単に組織の問題ではないということだ。それは人間の問題なのである。

こうした理由から、官僚主義は抑えられない敵のような存在となってきた。何世代にもわたって、官僚主義を手なずけようとする試みはつねに反撃されてきた。

1960〜70年代には、IBMやゼネラルモーターズ、モンサントといった企業から、何万人ものマネジャーが「感受性訓練（センシティビティ・トレーニング）」に送り込まれた。この訓練は、心理学者のクルト・レヴィンによって開発された手法を用い、ファシリテーターが参加者を「Tグループ」という5〜10人のグループに分けて行われる。ロールプレイングや仲間からのフィードバックによって、マネジャーたちは人を中心に据える真のリーダーになるよう挑むことになる。

Tグループのセッションは数日かけて行われ、親密で熱のこもった話し合いが進む。多くの参加者が、自分が変わるような経験だったと感じるが、たいていの場合、その変化も短命に終わる。官僚主義の世界に戻ると、マネジャーたちは元に戻ってしまうのだ。アート・クライナーが『異端者たちの時代』*で書いたように、「威張り散らすマネジャーが、寛大な気持ちで人の話を聞くことを学んだあと、また威張り散らすようになる。会議での発言の仕方と、会社の未来を気遣うことをようやく学んだマネジャーが、受動攻撃的な（ふてくされるなど、間接的な抵抗を示す）官僚主義者に戻っていく」[1]。つまり、Ｔグループのトレーニングは自己認識は高めたものの、官僚主義のシステムや構造を変えるという、勇気ある行動をとる力をマネジャーに提供することはなかった。

Ｔグループへの熱気が弱まると、先進的なリーダーたちは、非人間的で意欲の湧かない労働環境の問題を解決する他の方法を探しはじめた。期待された候補の１つが、イギリスの心理学者、エリック・トリストが開発した「社会技術システム（ＳＴＳ）」だ。ＳＴＳが前提としたのは、仕事の技術的側面と人間的側面は同時に最適化できるということだった。これを実現するには、従業員を小規模な自主経営のチームに分ける必要があった。

１９６０～７０年代には、プロクター・アンド・ギャンブル（Ｐ＆Ｇ）、シェル、ボルボといったさまざまな企業が、ＳＴＳをテーマとした取り組みを始めた。そのなかで、ＳＴＳを最先端まで推し進めたのはドッグフード工場の２人のマネジャー、ライマン・ケチャムとエド・ダルワースだった。１９６９年、２人は勤務先のゼネラルフーズから、カンザス州トピーカでの工場建設に協力するよう依頼された。２人は、イリノイ州カンカキーにある紛争が絶えなかった姉妹工場のベテラン社員で、新しい工場はＳＴＳの原則に基づいて建てることを決めた。その原則は「次世代」の業務

＊『異端者たちの時代』*The Age of Heretics* Art Kleiner, Jossey-Bass, 2008. 未邦訳。

の進め方を支持する人なら、誰でも知っているものとなった。

- 目標を個人でなくチームに持たせる
- すべての職務が、マネジメントと技術の両方の活動を含むようにする
- 採用と報酬を決める責任をチームに持たせる
- チームのメンバーが、異なる役割をローテーションで担当するようにする
- サポート機能をチームに統合する
- 地位による差を最小化する
- 財務情報に自由にアクセスできるようにする

これらの原則を実行に移すには、忍耐力と実験が必要となる。それでも、トピーカ工場はあらゆる面で模範となるパフォーマンスを上げるようになった。

社外からは称賛され、かなり研究もされたが、トピーカのやり方がゼネラルフーズの他の部分に広がることはなかった。トピーカ工場の所有者は次々と変わった（ゼネラルフーズ、H・J・ハインツ、デルモンテ、非上場企業、そして現在はJMスマッカー）。その間に、このヒエラルキーの少ないマネジメント・モデルが優れた実績を上げたにもかかわらず、こうした特色は次第に失われていった。

その原因として、ハーバード・ビジネススクール教授で、トピーカ工場の初期のアドバイザーでもあったリチャード・ウォルトンは、敵対するマネジャーたちによる度重なる圧力を挙げる。

トピーカの成功は、これとは真逆の原則のもとでリーダーシップ・スタイルを築いてきたマネジャーたちにとっては脅威だった。加えて、この工場の経営陣が本社に対してある分野での裁量権を求め、また、社内的な手続きを踏まなくて済むような措置を求めたことが、本社スタッフに嫌われた。さらには、本社の上層部が、単純にトピーカの方式を理解できなかった。[2]

トピーカの従業員が1977年のインタビューでこう話している。「ほぼ最初から圧力がかかりました。それは仕組みが機能しなかったからではありません。根本的な理由は権力です[3]」

トピーカの成功を学ぼうとやって来た好奇心旺盛な訪問者たちは、その後どうなったか。結局は、大半が挫折した。ケチャムとダルワースとは異なり、彼らにはまっさらな施設からスタートする贅沢はなかった。腰まで官僚主義につかっているなかで、どうやってマネジメント改革を進めればよいのかわからなかったのだ。

STSを開発したエリック・トリストは1993年に死去したが、その頃から再び職場改革の波が動き出す。たとえば、職務充実（ジョブ・エンリッチメント）、総合的品質管理、参加型マネジメント、高業績チームといった考え方を中心にしたものだ。これらの取り組みも大半が、STSと同様に、骨抜きにされるか、追いやられるか、中止となった。今日、流行している考え方、たとえば、マインドフルネス、アジャイル、リーン・スタートアップなどは、今後どうなるだろう。やはり、大した結果を残せないのか。答えは、官僚主義がなぜこれほど打倒しにくいかを理解しないかぎり、またそれを基にやり方を変えていかないかぎり、「イエス」となるだろう。

だから、もういちど整理して理解しよう。

官僚主義はどこにでもある……そのため、別のやり方があると確信しないかぎり、官僚主義と戦う勇気を持てない。そこで、この従来型のマネジメントに対抗して成功した組織を探し出す必要がある。

官僚主義は複雑で体系的だ……だから、ばらばらで気持ちの入っていない試みでは、これを止めることはできない。したがって一歩ずつ進めながら、官僚主義の仕組み全体を置き換える必要がある。

官僚主義は厳重に守られている……抵抗にあうだろうから、マネジメントを改革しようとする人たちは力を合わせる必要がある。現状を守ろうとする人たちを圧倒する、あるいは迂回することができるよう、草の根の動きを立ち上げなければならない。

効果的ではなくても、官僚主義は役目を果たしている……目標は、官僚主義を慎重に解体することであり、単純に吹き飛ばすことではない。大胆かつ周到な変革の戦略が必要となる。

官僚主義は自己増殖する……簡単に勝利することはできない。官僚主義者は反撃してくる。行く手は険しいので、やり抜くには揺るぎのない目的意識が必要だ。

〈スラック〉やマイクロソフトの〈チームズ〉といったコラボレーションのツールがあれば、組織はじきにヒエラルキーではなくネットワークのようになると考えている人もいる。チームどうしが直接に協力しあえるなら、マネジャーなど必要ないというわけだ。

しかし、メッセージング・アプリやグループウェアで業務の調整は簡単になるが、これらの技術でマネジメントの階層が減ることはまずない。また、トップダウンの命令が少なくなったり、ルール遵守のためのコストが減ったり、現場の意思決定の権限が拡大することもない。コラボレーションのツールは、戦略開発のクラウドソーシングや、資本の配分、リーダーの選抜、変革のマネジメントなどに活用することも可能だが、めったにそうした用途に使われることはなく、これまでのところ、もっぱらプロジェクトの迅速化に使われている。マイクロソフトの〈オフィス〉が一世代前に個人を相手に行ったことを、コラボレーションのツールはいまチームを相手に行っている。

テクノロジーは、トップダウンの構造を置き換えるのではなく、むしろそれを強化する可能性が高い。デジタル技術により、仕事をかつてないほど小さな部分に切り分け、最も低い価格を提示した業者に外注することが可能になり、それによって仕事はますます難易度の低いものとなる。仕事のパフォーマンスをリアルタイムで分析し、1分ごとに評価することも可能になる。これはコントロールにとりつかれたマネジャーにとって、ネコにマタタビのようなものだろう。研究者のブレット・フリシュマンとエバン・セリンジャーは、これを「強化版タイムカード」と呼んでいる。2人は次のように指摘する。

「テクノロジーのイノベーションによって、マネジャーは大量のデータを集め、処理し、評価し、それに基づいて行動するのがどんどん簡単になっており、そのスピードも増し、かかるコストも低くなっている」[4]

官僚主義の階層が拡大しつづけ、彼らが「コントロール病」にかかりやすいことを考えると、この先、何が待ち受けているのか。

はっきり言おう。デジタル技術の広がりによって、官僚主義が拡大しつづける恐れは小さくなるのではなく大きくなっている。そのため、官僚主義と戦う理由も増えているのである。

官僚主義を倒すのは簡単ではないが、希望はある。人類はこれまでにも、複雑な問題を克服してきた。希望はあるが、まずは目を覚まそう。ここ数十年、私たちは官僚主義の経済的コストや人間にかかるコストに鈍感だった。ここを変える必要がある。

官僚主義の問題の証拠をそろえる

問題は視界の端のほうに潜み、それに対して行動が起こされないまま何年もが過ぎることがある。

誰かがその問題をとりあげて、多角的に分析して初めて、私たちはその大きさや意味を知る。

１９９０年代後半に、アメリカ医学研究所が、患者の安全に関する包括的なメタ分析を行った。その後、１９９９年に発表された報告書「過ちは人の常（To Err Is Human）」では、毎年９万８０００人もが、医療過誤によって命を落としていると推計されていた。この報告書の発表から数日後に、クリントン大統領は「医療研究品質法」の法案に署名、そこでは安全のための研究資金を増やし、医療的ミスの削減について、毎年、報告書を作成することを義務づけた。それ以来、アメリカの医療提供者は、防げるミスによる死亡と合併症の削減に多大な力を注ぎ、目覚ましい成果を上げた。たとえば、２００８〜２０１４年の間に、アメリカの病院における中心静脈カテーテルに関連した感染の数は半分になった。

テクノロジー産業において、性別と人種の多様性に関して問題があることも、長い間見過ごされてきた。だが、データが示されて認識が高まり、光が当てられるようになった。２００８年に、サンノゼ・マーキュリー・ニューズ紙の記者、マイク・スウィフトは、シリコンバレーの大手企業15社の多様性調査に乗り出した。スウィフトの分析によると、従業員数が増えているなかで、黒人やヒスパニック、女性は割合が減少していた。これを受けて、テクノロジー業界のエリート企業ではめったに起こらない自己分析が始まった。[5]

グーグルは、当初スウィフトからデータを求められても断っていたが、２０１４年に多様性の統計を公表した。同社は、テクノロジー系の従業員のうち、女性はわずか17％で、ヒスパニックは２％、アフリカ系アメリカ人は１％であることを告白した。[6] この発表には謝罪も添えられていた。

「これまでグーグルでは、社員の多様性に関する数値の公表に消極的でした。それは誤りであったことを、いまでは認識しています[7]」

官僚主義体格指数（ＢＭＩ）

官僚主義の問題の証拠としては、理論や逸話以上のものが必要だ。具体的には、官僚主義の問題の広がりとコストについての、しっかりとしたデータが求められる。それを実現するために、筆者らはシンプルなツールを作成した。「官僚主義体格指数（Bureaucracy Mass Index）」、略称はＢＭＩだ。この指数は次の7つの分野に関して、10の質問をすることで算出できる［図表3-2］。

ムダ…………組織内の階層の数と、価値の低い官僚的業務に費やされる時間
摩擦…………スピーディーな意思決定を阻む官僚的ハードル
内向き………社外の問題に使われる時間に対する、社内の問題に使われる時間の割合
専制…………現場の裁量に対する制限
体制順応……慣例とは異なるアイデアに、疑いや敵意が向けられる可能性
臆病…………実験やリスクを取ることへの制約
社内政治……社内での政治的な活動の広がりと、昇進を決めるうえでの社内政治の果たす役割

さまざまな業界にまたがる基準線を確定するため、私たちは再びハーバード・ビジネス・レビュ

図表3-2　官僚主義体格指数：質問項目

1 あなたの組織には、いくつの階層がありますか(一般社員からCEO、あるいは社長まで)。

2 あなたは「官僚的雑務(報告書の作成、会議への出席、要求に従う、ハンコを押す、人事などの本社部門とのやり取りなど)」にどのくらいの時間を使っていますか。

3 あなたの組織では、官僚主義によってどのくらい意思決定と行動が遅くなっていますか。

4 あなたが上司や他のリーダーとやり取りする際、社内の問題(もめごとの解決、経営資源の確保、承認を得るなど)がそのテーマとなるのは、どのくらいの割合ですか。

5 自分の仕事の内容や、問題解決、新たなアイデアの実験などで、現場の社員はどの程度の裁量権がありますか。

6 変革プロジェクトの企画・開発に、現場の一般社員はどのくらいの頻度で関わりますか。

7 あなたの組織の人たちは、型破りなアイデアに対してどう反応しますか。

8 あなたの組織では、「小規模なチームと少額の立ち上げ資金が必要な新しいプロジェクトを、現場の一般社員が立ち上げる」のは、全般的にどのくらい簡単ですか。

9 あなたの組織では、社内政治はどのくらい蔓延していますか。

10 あなたの組織では、社内政治のスキルは、能力と比較してどのくらい昇進に影響しますか。

ー誌の協力を得て、オンライン調査を実施した。1万人以上から回答を得た［図表3-3］。この調査からは、次のことがわかった。

ムダ……回答者が働く組織には、平均で6つのマネジメント階層があった。従業員5000人を超える大企業では、8つ以上の階層の下に一般社員が埋もれている［図表3-4］。加えて、回答者は平均で27％の時間を、官僚的な雑務、たとえば報告書の作成や、規制遵守のための書類作成、本社スタッフとのやり取りなどに費やしていた。そして、この作業のかなりの部分が「価値が低い」か「価値がない」と見なされている。たとえば、予算作成、目標設定、業績評価を「非常に価値がある」としたのは、回答者のわずか3分の1だった。

摩擦……大企業で働く回答者の79％が、官僚的なプロセスが「著しく」あるいは「大幅に」迅速な意思決定を

図表3-3　BMI調査：回答者

組織の規模（従業員数）	回答者に占める割合
100人未満	14.7%
100 ～ 1,000人	29.6%
1,001～ 5,000人	20.1%
5,000人超	35.6%
	100.0%

役職	回答者に占める割合
CEO/シニア・バイスプレジデント	11.2%
ディレクター	24.3%
マネジャー	36.4%
現場従業員／一般社員	28.1%
	100.0%

阻害していると答えた。スピードは官僚主義の代名詞ではないようだ。

内向き……回答者は、42%の時間を社内の問題に使っている。たとえば、もめごとの解決、経営資源の確保、会議への出席、目標変更のための交渉といったことだ。最も内向きなのは大企業の幹部で、半分近くの時間を社内の問題に使っている。それほどまでに社内の問題に時間を取られるなら、新たなトレンドを見つけられないのも無理はない。

専制……大企業の非管理職の3分の2以上が、自分の仕事の進め方や仕事の優先順位について、「ほとんどコントロールできない」「少しだけコントロールできる」と回答した。加えて、大きな変革の取り組みに、現場の社員が「つねに」あるいは「頻繁に」関わっていると答えたのは、回答者のわずか4分の1だった。裁量が認められないと、主体性が失われ、創造

図表3-4　BMI調査：組織規模別の階層数

組織の規模（従業員数）	階層数の平均値
100人未満	3.5
100～1,000人	5.4
1,001～5,000人	6.9
5,000人超	8.1

力が発揮されない。

体制順応……回答者の75%が、新しいアイデアに対する社内の反応は、「無関心」「疑い」「即座の抵抗」だと答えた。すべての組織にとって、新たなアイデアこそが企業の活力の源であることを考えると、非常に心配な状況だ。

臆病……同様に心配されるのは、新たな挑戦や実験へのサポートがないことだ。従業員1000人以上の企業に勤める回答者のうち、95%が、現場の従業員が新たな取り組みを始めるのは「簡単ではない」あるいは「非常に難しい」と答えた。アマゾンやインテュイットなどの企業はボトムアップのイノベーションの価値を認識しているが、大半の企業はそうではない。

社内政治……回答者の62%が、社内政治のスキルが「たいてい」あるいは「ほぼつねに」誰が出世するかを決定すると思うと答えた。大企業ではこの数字が75%に跳ね上がる。過剰な社内政治的行動の広がりについて尋ねたところ、大企業の回答者の68%が、そうした行動が「しばしば」見られると答えた。官僚主義においては、トップまで上り詰めるのは最もクリエイティブ、あるいは有能な人と言うよりも、社内での戦いに長けた人だ。

筆者らはＢＭＩの各質問に0から10までの得点をつけた。ゼロは官僚主義の特質がまったくない状況、10は官僚主義の影響が色濃く出ている状況だ。回答者ごとに点数を合計して、10問合計で0から１００までとなるＢＭＩスコアを算出した。この調査での平均値は65だった［図表3-5］。

このシンプルな調査によって、官僚主義への関心を呼び覚ますことができる。あまりにも長い間、大企業はこれらのコストを無視してきた。おそらくは、避けられないものだと思い込んできたのだろう。だが、これまでにも示唆してきたように、官僚主義は避けられないものではない。次の第4章以降では、官僚主義に代わる、ヒューマノクラシーの驚くべき手法を紹介する。しかし、あくまで最初のステップは、アルコール依存症の治療と同様に「問題がある」と認めることだ。あなたの組織の問題の大きさを測るために、会社でＢＭＩ調査をやってみよう。巻末の〈補遺A〉と以下のウェブサイト*に、質問と得点のつけ方を示した。

図表3-5　BMI調査の得点分布

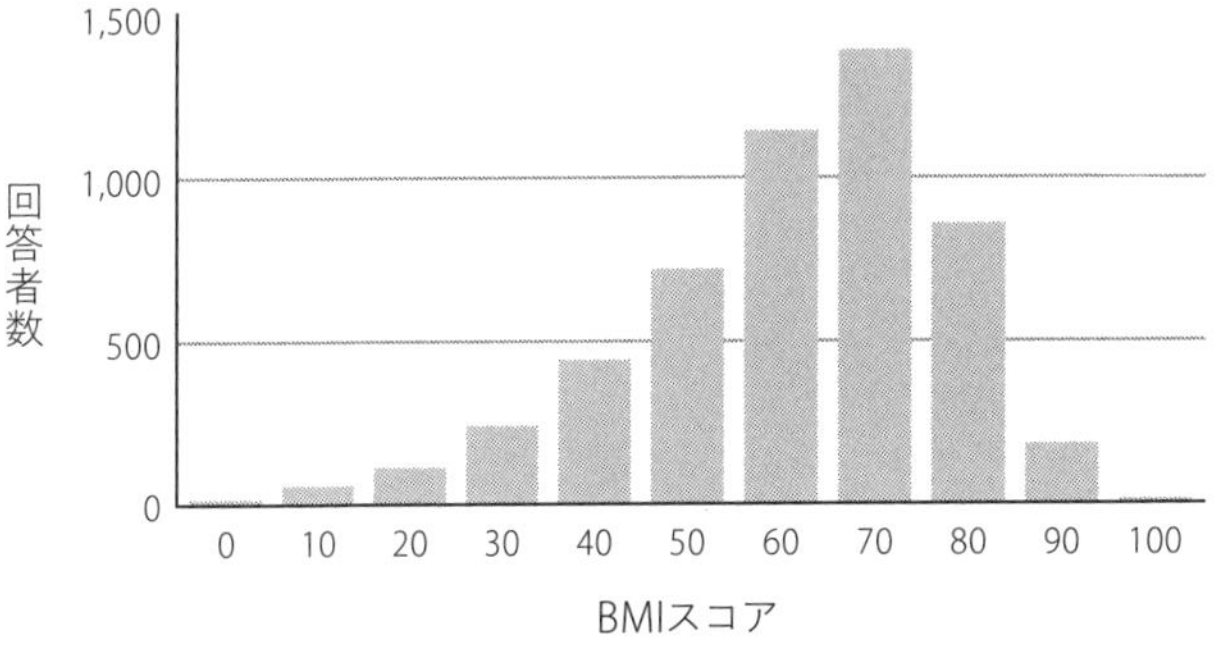

＊ www.humanocracy.com/BMI

官僚主義の経済的インパクト

官僚主義と戦う意思を持つには、個々の組織へのインパクトだけでなく、経済全体へのインパクトとも向き合う必要がある。

2018年には、アメリカには1億4600万人の被雇用者がいた（農業従事者と家事労働者、自営業者を除く）。このうち、2050万人がマネジャーやスーパーバイザーなどの管理職だった。また、管理部門で働くスタッフ、具体的には、人事、財務、経理、コンプライアンス（ただしITは除く）などのスタッフが640万人いた。ということは、これら「官僚層*」の人々が、合計では2690万人、割合にして18・4%となる。このグループに支払われている報酬は3・2兆ドル、アメリカの賃金合計の3分の1近くとなる（官僚層の規模の測定について、詳しくは巻末の〈補遺B〉を参照のこと）。

このコストに加えて、官僚層がつくり出す、価値の低い官僚的雑務がある。デロイト・エコノミクスが、2014年にオーストラリアにおける官僚的雑務のコストを調査したところ、非管理職層の従業員は1週間に平均で6・5時間、割合にして16%の時間を、社内のルールや規則の遵守（コンプライアンス）のために使っていることがわかった。これはBMI調査の結果とも整合する。BMI調査では、回答者は27%の時間を社内外のコンプライアンスに使っていると答えた。デロイトのデータをアメリカの1億1900万人の非官僚層に当てはめ、16%の時間を社内の官僚的雑務に費や

＊ 官僚層：bureaucratic class

管理職と管理部門で働く人々を指す、著者による造語。

していると考えると、これは１９００万人の官僚層をフルタイムで追加しているのに等しくなる［図表３-６］。

問題は、組織のパフォーマンスを犠牲にすることなく、どのくらい官僚主義を削減できるかだ。答えは、「あなたが思っている以上に削減できる」。

ポスト官僚主義のパイオニア企業、たとえば、ビュートゾルフ、ハイアール、モーニング・スター、ニューコア、スポティファイ、スベンスカ・ハンデルスバンケン、ヴァンシ、ＷＬゴアなどの企業が経験してきたように、大規模で複雑な企業を超平坦な構造にし、本社スタッフをぎりぎりまで削減して企業を運営することが可能なのである。

これらの企業は、統制範囲（１人のマネジャーが管理する人数）の平均が、アメリカ全体の平均と比べて２倍以上となっている。

ゼネラル・エレクトリックは近年、厳しい状況にあるが、ノースカロライナ州ダラムにある組み立て工場は、ヒューマノクラシーの傑出した事例となっている。

図表3-6　フルタイムの従業員に換算した官僚的業務と官僚層

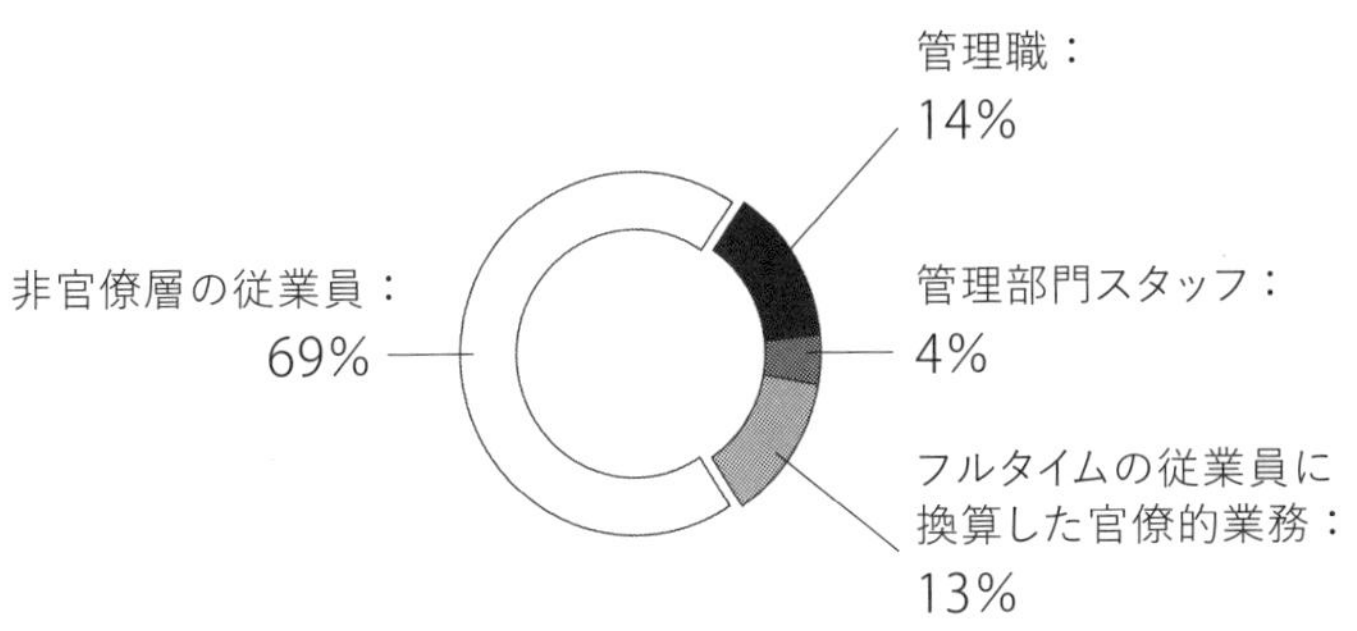

出典：アメリカ労働統計局、デロイト・エコノミクス、筆者らによる推計

大きな洞窟のような、塵《ちり》ひとつない工場では、300人以上の従業員が世界最大のジェットエンジンを組み立てている。従業員たちは小規模な自主経営チームに分けられており、その工場を監督しているのは工場長ただ1人だ。1対300という統制範囲は極端に思えるかもしれないが、この効果もあって、ダラム工場の生産性は、他の一般的な管理方法の工場の2倍となっている。

まずは、もう少し控えめな目標を置いてみよう。管理職と管理部門のスタッフの数を半分に減らせると仮定し、2690万人が1345万人になったとする。すると、官僚層とそれ以外の従業員の比率は、1対4・3から1対10になる。* 官僚層向けの賃金、3・2兆ドルも半分になる。官僚的雑務も半分になるだろうか。そうなるにちがいない。

多くの官僚的業務を疑問に思うべきなのは、多数の調査結果からもわかる。人事の予算が史上最高（1997年は営業費用の1%未満だったが、2017年は3%以上）となっている一方で、人事部が組織のなかで戦略的な役割を担っていると考える幹部の割合は、1995年以降、25%にとどまったままだ。年間の業績評価など、人事の多くのプロセスは、あまり効果的でないと広く考えられている。[8]

他のプロセスについても同様のことが言える。戦略計画が価値を創造していると考えているのは、幹部のうちのわずか11%。予算編成プロセスが効果的であると認識しているのは、マネジャーのうちの17%。そして、自社の資本配分のプロセスが「とても効果的」あるいは「非常に効果的」と評価している人は、3分の1以下だ。[9]

そうなると、一般的な企業で、従業員のコンプライアンス業務の半分を削減しても、混乱は起き

＊ 1対4.3から1対10になる

1対4.3：（1億4600万人-2690万人）÷2690万人
1対10：（1億4600万人-1345万人）÷1345万人

ないと考えるのは妥当ではないだろうか。そうすれば、年間で９５０万人分の労働が削減でき、５８００億ドルの報酬費用が削減できる。

以上を合計すると、不要な人員と業務によって、アメリカの組織には年間2兆２０００億ドル分の不要な人件費が上乗せされていることになる。これに加えて、この官僚層にかかる交通費や研修費、オフィススペース、設備、ＩＴサポートなどの補助的なコストもある。これらの支出が人件費の20％だと仮定すると、その額は４３００億ドルだ。合計すると、約2兆６０００億ドルとなる。直近の12カ月で、ラッセル３０００指数（アメリカで株式投資可能な企業の98％がカバーされている）に含まれている企業の純利益合計は、これより少ない1兆３０００億ドルだ。

これが意味するところは明らかだろう。官僚主義を倒すことが、どんな組織においても、おそらくは最も収益力を高める方法なのだ。このことは、第4章以降で見ていくポスト官僚主義の企業が、同業他社に比べて高収益であることからも裏づけられる。[10]

官僚主義の削減効果は10兆ドル

官僚主義的なムダをなくすことは、生産性の向上にもつながる。アメリカでは、非農業分野の生産性の成長率が、過去10年間では平均で年1・3％だった。１９７０年以降でもわずか1・62％だ。[11]これは１９０９〜１９６９年の平均成長率が2・82％だったことと比較すると、かなり見劣りする。[12]

生産性の成長率が低下していることは、アメリカだけに見られる現象ではない。ＯＥＣＤ（経済協力開発機構）が発表した２０１５年の「生産性指標総覧」に掲載されている35カ国のうち、１９９５〜２０１５年の生産性成長率がアメリカに及ばなかった国は23カ国だった。アメリカを上回ったのは、ハンガリーやポーランド、エストニアなど、遅咲きの国々だ。[13] 本書の執筆時点ではアメリカ経済は好調で、生産性も上向いてきている。しかし現在のペースでは、成長性の伸びが鈍化した過去数十年の分を取り戻すには長い時間がかかるだろう。

経済学者が生産性の成長率にこだわるのには理由がある。この数値が伸び悩むと、生活水準も伸び悩むのだ。それによって経済的なフラストレーションがたまると、ポピュリズムや保護主義、社会の分断が生じてくる。だからこそ、イギリスの元財務大臣、ジョージ・オズボーンは、生産性の成長率を回復させることこそが「私たちの時代の課題だ」と表現した。[14]

ＭＩＴ（マサチューセッツ工科大学）のエリック・ブリニョルフソンのような、テクノロジー楽観主義者たちは、生産性の成長率は新しいテクノロジーによって回復するだろうと考えている。この考え方によると、世界は「モノのインターネット」「ロボット」「人工知能」「ゲノミクス」などが牽引する「セカンド・マシン・エイジ」の幕開けを迎えているという。この新時代によって、生産性は向上するだろうか。可能かもしれない。ただし、そのためには、出現している新技術のインパクトが、過去40年間の進歩より大きいものとなる必要がある。過去40年間には、ＰＣやＧＰＳ、ワールド・ワイド・ウェブ、Ｅコマース、スマートフォン、ソーシャルメディアなどが生み出された。

新技術はこれから生産性の急上昇をもたらすかもしれないが、筆者らは官僚主義の打倒のほうが、生産性の向上に関してはより期待が持て、より確実だと考える。というのも、官僚主義が拡大する間に生産性の伸びが弱まったのは、単なる偶然ではないと思われるからだ。

先に示した計算をもう一度見てみよう。先ほど、アメリカ全体では、１３４５万人の官僚層と９５０万人分に相当する仕事が、ほとんど、あるいはまったく価値を生み出していないと推計した。ここから、アメリカは14％少ない労働力で、現在のレベルの生産を維持できると考えられる。*するど、官僚主義の重しを取り除くことで、アメリカの被雇用者１人あたりのＧＤＰは12万７０００ドル（２０１８年の数値）から14万８０００ドルに上昇する。

そして、当然ながらこの約２３００万人を失業させることは考えず、彼らの才能を別の生産的な活動に振り向けることを目指す。それによって、この人たちの経済への貢献が、ゼロではなく、１人あたり14万８０００ドルになったら、ＧＤＰはおおよそ3兆４０００万ドル増加する。この増加が、10年間かけて毎年同じ幅で起こるとしたならば、生産性の成長率は1年あたり１・６％追加される。その結果、２００７～２０１８年までの成長率、１・３％の倍以上となるのである。

同様の成長がＯＥＣＤ諸国全体で実現すれば、世界の生産は10兆ドル拡大する。筆者らの知るかぎりでは、この規模に多少でも近い成果が得られるような政策提案は、他にないはずだ。[15]

こうした効率の向上に加えて、従業員にとっては、数値には表れないが大きなメリットが生じる。それは、人を見下したようなルールによって子ども扱いされたり、面倒なプロセスによって身動きが取れなくなったりしなくなることだ。自由と責任の拡大は、主体性やイノベーション、レジリエンスの拡大につながるだろう。この効果は非常に大きなものとなりうる。たとえば、製薬業界では、

＊ 14％少ない労働力

2295万人÷（被雇用者1億4600万人＋自営業者1600万人）＝14％

研究開発の成果を高め、増えつづける医薬品開発のコストを引き下げるには、「官僚主義の切除手術」とでも呼ぶべきことを実施すべきだと、優れたリーダーたちが論じている。メルク・リサーチ・ラボラトリーズの代表、ロジャー・パールミュッターは、「手始めに、私も含めて、マネジメントの階層を上から5つ、削り取るとよいのではないか」[16]と提案している。

人としてなすべきこと

官僚主義の牙城は難攻不落に見えるかもしれないが、300年前には、同じことが君主制の権力者についても言われていた。その頃は、王家の血筋であるというだけの無責任なリーダーが、多くの人々を支配していた。2世紀ほど前には、奴隷制度が不変の事実と考えられていた。一部の不運な人たちは、誰かの所有物となる運命にあると思われた。100年前には、家父長制は既定のものであると、少なくとも男性は考えていた。女性は社会面でも、経済面でも、制度的に不利な立場にあった。

今日では、専制政治には弁護の余地はなく、奴隷制度は非道なもので、家父長制は有害だと考えられている。こうした害悪はいまでも存在しているが、これまでに少しずつ、時には驚くほどに後退してきた。しかし、以前は今日の官僚主義と同様に、深く根づいていると考えられていたのだ。

このアナロジーは大げさすぎるだろうか。そうかもしれない。大規模農園の奴隷の人生は、小売チェーンのテスコの販売員の人生や、鉄鋼企業のアルセロール・ミタルの機械工、車両管理局の窓口係の人生とは、とても比べものにならない。たいていの人たちにとって、労働環境は１世紀前と比較して格段によくなっている。しかし、これが大げさだという見方に隠されている前提は、私たちはどこかの時点で進歩を止め、現状に満足しなければならないということだ。だが、それはどの時点なのか。

ビクトリア時代の「悪魔のような」工場に引き寄せられた自給自足の農民たちは、たいていはよりよい賃金や食料、住宅を得ることができた。それにもかかわらず、彼らはさらに、安全な労働環境や児童労働の廃止、団体交渉権などを求めて戦った。彼らのおかげで、私たちは彼らよりもよい仕事に就いている。では、これで十分だろうか。答えは「ノー」だ。私たちは、恩送りする（誰かから恩を受けたら、別の人にその恩を送る）義務がある。生活賃金や同一賃金、多様性の尊重、育児休暇、フレックスタイム、医療保険などは勝ち取る価値がある。しかし、もっと高いところを目指すべきではないだろうか。筆者らはそう考える。

アリストテレスは、「人は自分で方向性を決めることなしに幸せにはなれない」と論じた。正しい社会が、仮に、最高の自分をかなえるチャンスと自由がある社会だとするならば、私たちはソフトな独裁に耐えていてはいけない。つまり、何百万人もの従業員が日々仕事で向き合っているような独裁、口述歴史家*のスタッズ・ターケルが「月曜日から金曜日までは、まあ死んでいる[17]」というような状況に耐えているべきではないのである。

官僚主義を撲滅するみずからの力を疑うのではなく、数世紀前に人間の尊厳のために戦った愛国

＊ 口述歴史家：oral historian

個人に体験を語ってもらい、それを記録、分析することによって歴史を研究する研究者。

者や奴隷廃止論者、婦人参政権論者から勇気をもらおう。彼らの成功が教えてくれるのは、深く根づいた社会の仕組み、多数ではなく少数の人の利益となる仕組みを廃止するには、実利的な議論だけでは不十分だということだ。データは氷にひびを入れることはできるが、本当の進歩が可能になるのは、心が溶けはじめてからだ。

イギリスの奴隷廃止運動の指導者トーマス・クラークソンについて考えてみよう。クラークソンは人生のかなりの時間を、奴隷貿易の目撃者の話を集めるのに費やした。馬に乗って5万6000キロを旅し、奴隷船で働いていた2万人の船乗りに話を聞いた。彼の手厳しい文章はイギリス中の奴隷反対グループを動かしたが、クラークソンは、言葉よりも実物のほうが説得力があると考えていた。演説に招かれると、奴隷船から持ってきた手かせや足かせ、拷問具などを展示した。その隣には、アフリカの職人たちが製作した繊細な彫刻や美しい布地なども並べた。この残酷さと美しさの容赦ない並置は、彼の主張を十分に伝えるものだった。それは、奴隷船の不運な捕虜たちも、彼の話を聞いている聴衆と何ら変わらない人間なのだということだ。疲れを知らないクラークソンの活動に加え、元奴隷商人で「アメージング・グレース」を作詞した反奴隷活動家のジョン・ニュートンらの活動が、若き国会議員のウィリアム・ウィルバーフォースを動かした。ウィルバーフォースは、大英帝国全体で奴隷制度を廃止するという挑戦に乗り出し、1833年にこれを実現した。

どの程度のものであろうとも、誤りは誤りだ。非人間性や官僚主義に日々打撃を受けていなかったとしたら、それは時間や慣れによって怒りが鈍くなっているからだ。1776年にトーマス・ペインが君主制について言ったことは、今日の官僚主義にも当てはまる。

「長い間、何かを間違いだと考えずに過ごす習慣がついていると、表面的に正しいものに見えるようになる」

社会の進化の歴史を通じて、変革への最も強力な論拠となってきたのは、「すべての人は生まれ持った資質を伸ばし、活用し、そこから恩恵を得る最大限のチャンスを持つに値する」という主張であり、また、「その実現を妨げる、人間がつくった障害物は不当なものである」という主張だ。だからこそ、私たちは官僚主義に立ち向かう。なぜなら、人はもっとよいものに値するからだ。

だから、できるだけデータを集めよう。あなたの組織から官僚主義を取り除くための証拠を集めよう。しかし、官僚主義の要塞を長い間守ってきた無関心や利己主義や恐れを突破するうえでは、誰もが知り心に響く「人としてなすべきこと」が最も強い力を持つと心得ておこう。

PART 2

ヒューマノクラシーのパイオニア企業から学ぶ

本当に官僚主義から脱却できるのか?

Humanocracy in Action

Can We Really Go Bureaucracy-Free?

第4章 〈ニューコア〉製品ではなく、人をつくる

正直に考えてみよう。コロンブスといっしょに航海に出る機会があったとしても、私たちは気が進まなかったのではないだろうか。「ねえ、クリス（コロンブス）、その〈新世界〉っていう場所は、トリップ・アドバイザーのレビューはないの？」と、私たちは尋ねたかもしれない。

ヒューマノクラシーへの旅に出るのも、同様にためらう人が多い。正しい道を進もうとする勇気やデータによって、あなたの仲間たちは港までは来るかもしれない。でも、あなたが目的地の姿を明確に示せるまで、たいていの人は船に乗ろうとしないだろう。問題は、超平坦で、完全に分権化された組織のイメージを、リアルに思い描くのは簡単ではないということだ。人間である私たちは、慣れ親しんだものにとらわれる。そして、官僚主義ほど慣れ親しんだものは、他にはあまりない。

幸いなことに、ポスト官僚主義の未来は、完全に未知の世界というわけではない。数社のパイオニア企業がその輪郭を描いており、彼らの旅から学べることがたくさんある。本章と続く第5章では、官僚主義の岸辺を離れてはるか遠くまで航海している2社のパイオニア企業について、深く掘り下げる。

ニューコアは、世界で最も革新的で、一貫して収益力の高い鉄鋼メーカーだ。ニューコアのストーリーからは、組織のピラミッドを逆さにし、現場社員の能力を解き放ったら何が起こるかがわかる。ハイアールは、中国の山東省青島市を本拠地とする家電メーカーだ。同社は、全社員が起業家のように考え、行動することを奨励する文化を築いてきた。

両社のアプローチは異なるが、両社とも従来のマネジメントの考え方をひっくり返した。そうすることによって、両社は成功する組織を築いた。両社のストーリーは、ヒューマノクラシーの航海に出発する自信を私たちに与えてくれる。

ニューコアという企業

あなたは製鋼所のなかに入ったことがあるだろうか。もしあるなら、そこで働く人たちが究極のブルーカラーと呼ばれる理由がわかるだろう。電気炉では、オペレーターが耐熱服とフェイスシールドを身にまとい、12メートルの大釜を慎重に操作する。そのなかには溶けた金属が入っているが、それは数百トンの鉄スクラップに175メガワットの電気ショックを30分間与えてできたものだ。その近くにある鋳造機はスクールバスほどの大きさの機械で、溶けた金属をさまざまな型に流し込んでいく。作業員たちは、溶けた金属の輝くオレンジ色の流れを集中して見つめ、安定的に流れるように、時折ノズルを調整し、油を差す。

鉄鋼労働者たちが巨大な機械を相手にしているのを見たら、彼らの仕事には知力よりも体力が必要だと思うかもしれない。労働統計局のデータも、その見方を裏づけている。鉄鋼労働者として働くには、クリエイティビティや分析力よりも、体力と器用さがずっと重要だと考えられている[図表4-1]。製鋼所によっては、その通りかもしれない。だが、アメリカ最大の鉄鋼メーカー、ニューコアではそんなことはない。

ニューコアでは、進歩をもたらすのは現場の従業員の専門性と自律性だ。例として、アーカンソー州ブライスビルにある同社の製鋼所で、電気炉を動かすチームを見てみよう。このチームは、ニューヨークのワン・ワールド・トレード・センターを支えるI形梁《あいがたばり》などを製造している。炉殻《ろかく》(鉄スクラップが溶鋼に変えられる巨大なボウル)が古くなったとき、このチームは詳細な費用対効果分析をして、炉殻を交換するタイミングを決めた。財務やエンジニアリング担当の幹部がそれを行ったのではなかった。決定を下すと、調達部門ではなくこのチームが、サプライヤーに入札を求めた。しかし、彼らはサプライヤーからの提案に満足できず、自分たちで炉殻を設計することを決めた。実際の製作の段階では、製作業者を選び、すべての製作段階で細かなフィードバックをした。

結果はどうなったか？　非常に効率的な製品ができあがり、コストは最初の入札価格の10分の1の300万ドルに収まった。

こうした主体性とイノベーションが、ニューコアをアメリカの鉄鋼業界のリーダーにしている。2018年、「チームメイト」と呼ばれる2万6000人の従業員は、2790万トンの鉄鋼を出荷し、250億ドルの売上をあげた。ニューコアは北米で最も多角化された鉄鋼メーカーでもあり、梁、鋼板、板金、棒鋼、鋼製グレーチングなどを生産し、幅広い顧客企業に製品を提供している。ニューコアは鉄スクラップを使って生産をしており、西半球最大のリサイクル企業でもある。

鉄鋼生産は厳しい事業だ。他の業界と

図表4-1　2つの鉄鋼業務における特定のスキルの重要性

0=まったく重要でない 100=非常に重要	電気炉 オペレーター	鋳造機 オペレーター
対象物の取り扱いと運搬	86	71
コントロールの正確さ	63	72
手先の器用さ	63	72
データや情報の分析	37	36
目標や戦略を立てる	29	26
独創性	25	25
顧客サービス	19	29
技術装置の立案と仕様書の作成	16	19
資金のマネジメント	13	16

出典：アメリカ労働統計局、筆者らの分析

比べると資本利益率は低く、倒産も多い。しかし、ニューコアは平均的な鉄鋼メーカーとはちがう。1969年以来、利益を出せなかったのは、2008年の世界金融危機の時だけで、一貫して業界トップの利益を上げている。収益力と資本利益率で同業他社を上回っているのに加え、同社は従業員1人あたりの株式時価総額、売上、純利益、出荷量でも他社を大きく引き離している[図表4-2]。従業員1人あたりの資本は他社とほぼ同じだが、1人あたり生産量は業界平均を50%ほど上回る。こうした結果は特徴的な企業文化の賜物だ。職位よりも実績、服従よりもイノベーションに価値を置く文化である。

ニューコアはミニミル*で鉄鋼を生産している。ミニミルは、大規模な高炉メーカーの工場の半分くらいの規模だ[1]。ミニミルは高炉に比べて柔軟で、投下資本も少ない。従来、高炉メーカーは薄型で、グレードの高い鉄鋼を生産してきた。しかし、過去30年の間に、ニューコアが絶え間なくイノベーションを続けたため、高炉のこうした優位性はほぼ消滅した。

1989年に、ニューコアは新しい技術を開発し、それによって鋼板の厚さを従来の4分の1にすることができた(4・8ミリだったものが、1・2ミリになった)。鋼板を薄くすることによって、最終的な形状に加工するまでの時間が、数日から数時間に縮まった(競合企業がこの進歩に追いつくまでに8年かかった)。

2002年には、ニューコアは超薄型鋳鋼を発売し、厚みを1ミリ未満まで減らした。この超薄型の鋳造プロセスは、エネルギー消費量が高炉メーカーの工場に比べると95%少ない。このブレークスルーと他の多くのイノベーションによって、過去10年の間に、ニューコアの粗鋼生産量シェア

＊ ミニミル

電気炉メーカーの工場。高炉メーカーの工場と比べて規模が小さいことからこう呼ばれる。

図表4-2　**ニューコアと同業他社の業績比較：5年間の平均（2014～2018年）**

利益率指標	ニューコア	同業他社グループ
資本利益率	8.3%	5.7%
利益率（EBIT）	8.4%	5.2%
株主総利回り（5年間のリターン、移動平均）	38.7%	1.4%

従業員の生産性指標（単位：1000）	ニューコア	同業他社グループ*
従業員1人あたり株式時価総額	$697	$324
従業員1人あたり売上高	$805	$663
従業員1人あたり純利益	$42	$14
従業員1人あたり正味固定資産	$210	$233
従業員1人あたり出荷トン数（2018年のみ）	1.06	0.67

＊　以下の企業のデータの単純な加重平均。AKスチール、アルセロール・ミタル、コマーシャル・メタルズ（CMC）、ゲルダウ、スチール・ダイナミクス、USスチール。従業員の生産性指標では、CMCとゲルダウはデータがなかったため計算に含まれていない。

出典：Capital IQ、World Steel、各社の報告書、筆者らの分析

は16%から25%近くに拡大した。[2]

ニューコアの従業員は、アメリカの中西部と南東部の農村部に住んでいる人たちだ。彼らが同社の中心となっており、直接的に成功も分かち合っている。世界金融危機以降、業界全体では雇用が15%削減されたが、そのなかでニューコアは給与を30%増やした。[3] 当然ながら、従業員の離職率も業界平均よりかなり低い。

ニューコアの業績を支えているのは、急進的でボトムアップの組織モデルで、このモデルは同社の元会長でCEOのケン・アイバーソンの信念を反映している。アイバーソンの世界観の基盤は、「普通の人が特別なことをする力」を信じていることだ。著書の『逆境を生き抜くリーダーシップ』*で、彼は次のように説明している。

> 今日の企業の大半は指揮統制型組織としてつくられた。たとえば、大手一貫製鉄所の創立者たちの考えには、組織の独創性は経営陣に存在するという明確な前提があった。〔中略〕それに対しニューコアでは、組織の独創性の多くは仕事をする人たちのなかに存在するという前提に立っている。当初よりわれわれは、一見無理と思える目標を達成する道筋を、従業員が経営陣に示せるような会社をつくってきた。[4]

自由と責任の上に事業を築く

＊『逆境を生き抜くリーダーシップ』*Plain Talk*
ケン・アイバーソン著、近藤隆文訳、海と月社、2011年、他。

いかにもクリエイティブな問題解決を奨励する企業らしく、ニューコアでは非常に分権化が進んでいる。大まかに言うと、同社は75の事業部の連合体で、それぞれが独立して動いているが、一体となって他社と競争している。平均すると、1つの事業部の年間売上高は3億3000万ドルで、1つか2つの工場を運営している。これらの事業部は調達や製品、人員について独自に決定を下す。また、顧客を獲得し、維持して、製品の需要を創造する責任も担っている。他の鉄鋼メーカーと異なり、ニューコアの工場は単なる製造拠点ではなく、最初から最後まで完結する事業だ。そうしたことから、各事業部はそれぞれに損益計算書を作成する。本社費用の負担を求められることはない。

この分権化によって、ニューコアには起業家精神が深く根づいている。工場のミーティングに出席すると、ほぼ間違いなく、チームメイトたちが新しい事業機会について話し合っているのを聞くことになるだろう。

アーカンソー州ヒックマンの鋼板事業部の例を挙げよう。同事業部では長年、石油会社とガス会社にスチールのチューブを販売して、売上の大半を稼いでいた。2010年代前半にフラッキング*がブームとなり、ヒックマンはニューコアのなかで最も収益力の高い部門の1つとなった。しかし、2014年の後半に石油価格が急落し、それとともにヒックマンのチューブの需要も落ち込んだ。数週間のうちに、同部門は最高潮の状態から損失を計上するまでになった。

ここから、緊急の解決策探しが始まった。どうしたら製品の幅と顧客業界を広げられるのか。競合とも、ニューコアの他の工場とも重ならない、どんな製品をつくれるのか。小規模な特別チーム

＊ フラッキング
水圧で岩を破砕するシェールガス・オイルの掘削方法。

が、同僚や顧客からアイデアを得ようと奔走し、ブレインストーミングをするなかで、期待できる2つのチャンスを見つけた。電気モーターに特化したスチールと、自動車部品用の高強度スチールだ。チームメンバーたちはすぐに飛行機に乗り、この新製品をつくるのに必要な技術と設備を探すため、世界中に足を運んだ。

これと並行して、他のメンバーたちは2億３０００万ドルの工場拡張計画の準備を進めた。この拡張によって、生産能力は65万トン増えることになる。当時、ヒックマンのゼネラルマネジャーだったマリー・エミリー・スレートは、２０１６年2月にこの提案をニューコアの幹部にプレゼンテーションし、数カ月のうちに必要な資金を獲得した。

彼女のチームがどうやって傾いた船を元に戻したのか、のちに振り返ってスレートはこう言った。「最も素晴らしいのは、トップの誰からも〈君たちはこうするのだ〉と言われることなしにやり遂げたことです。アイデアは現場から出てきました。何が必要かをいっしょに評価して、それが基盤となったのです。私たちは全員が、この工場の財務業績に責任があるのです[5]」

ニューコアでたびたび言われる言葉に、「意思決定は一番下のレベルまで押し下げられるべきだ」というものがある。だから、ニューコアの本社部門が非常に小さいのも当然だ。１００人ほどが、ノースカロライナ州シャーロットの郊外にある平凡なオフィスビルの2つのフロアで働いている。本社は同社の銀行のような存在で、主な資金の要請について検討する。また、基本給のレベルや、部門の最低限の業績基準など、基本的なルールをいくつか定める。

他の工業分野の多くの企業と異なり、ニューコアは研究開発や営業、マーケティング、戦略、安全、エンジニアリング、コンプライアンス、購買などの機能を、中央に集中させないことを選んだ。CEO以外でニューコアの上層部に含まれるのは、唯一の機能別のトップであるCFOだけだ。ピッツバーグに本社を置く同規模の鉄鋼メーカー、USスチールでは、少なくとも8つの機能が本社に置かれている。業績分析、戦略計画、コンプライアンス、サプライチェーン、製造、IT、人事、ファイナンスだ。そして、これをサポートする本社のスタッフが約1000人いる。

ニューコアのリーン・マネジメントの哲学は、事業部のレベルにも適用されている。たとえば、アーカンソー州ブライスビルの梁事業部には1000人の従業員がいるが、フルタイムのマネジャーは、工場長を含めてわずか7人だ。会社全体では、フルタイムのマネジャーと幹部は、従業員全体の2％しかいない。なお、ここにはチームのスーパーバイザーは含まれていない。2％という数字は、アメリカ全体での比率の約4分の1である。ニューコアの一般管理費は売上の3％程度で、競合の約半分となっている。

ニューコアのポスト官僚主義の進め方

従業員に対する信頼から生まれたニューコアのマネジメント・モデルは、官僚主義の型を分解して、次の5つの重要な部分につくり替えている。

1 クリエイティビティ――殻を破った思考に報酬を支払う

ニューコアは、資産の生産性と成長を最大化するようなイノベーションに、従業員全員の意識を集中させており、そのために報酬システムを活用している。競合企業は生産力の向上には投資が手っ取り早いと考えているかもしれないが、ニューコアは人々の発想に賭けている。以下がそのやり方だ。

生産性に報いる……ニューコアでは、チームの稼ぎは生産性とリンクしている。現場のチームメイトの基本給は業界平均の75%だが、生産量がある閾値を超えると、ボーナスプランが適用される。閾値は通常、工場の定格生産能力*の80%だ。この閾値は固定されており、設備投資によって機械や工場全体の定格生産能力が上がったときだけ調整される。チームメンバーはこのことを理解しているので、「資産を活かそう」とする強いインセンティブを持っている。というのも、ボーナスを増やす唯一の方法が、一定の資本でより多くの製品を生産することだけだからだ。具体的な方法としては、知恵を働かせてコストを削減したり、ワークフローのスピードを上げたりする。新しい設備が導入されたとしても、何カ月もしないうちに閾値を突破することは珍しくない。

ボーナスが個人ではなくチームに支払われるという点も重要だ。チームは通常、20～30人のオペレーターで構成され、彼らはさまざまなシフトで働き、特定のプロセスに共同で責任を持つ。チー

＊ 定格生産能力

安全が保障される限度の生産能力。

ムに報酬を提供することで、共同での問題解決が促される。それは、業務が相互依存的な装置産業では非常に重要なことである［図表4-3］。たとえば、電気炉チーム、鋳造機チーム、メンテナンス・チームは連続的なプロセスの一部であり、したがって、この3つのチームの目標は共通している。

ヒックマン工場の鋳造機チームのあるメンバーは次のように話した。

「どこかの部分が止まってしまったら、全体が止まってしまう。私の問題はみんなの問題になるから、解決しようと全員が問題に飛びつくんだ」

図表4-3　ミニミルでの鉄鋼製造プロセス

鉄鋼の製造プロセスは相互依存的かつ継続的なプロセスで、複数のチームが共通の生産目標に向けて努力する。

クレーンで、鉄スクラップを集め、電気炉に入れる。

▼

巨大な電極を使って、鉄スクラップを電気炉のなかで溶かす。

▼

溶融した鉄鋼は取鍋《とりべ》に移され、鋳造機に注がれる。

▼

鋳造された鉄鋼は形を整えられ、切断される。

▼

完成品は貯蔵され、やがて工場から出荷される。

どの工場でも、チームは自分たちのパフォーマンス、つまりは自分たちの報酬についての情報にリアルタイムでアクセスできる。高いパフォーマンスを上げたチームは、目標を上回り、その週のボーナスが高額になると予想できる。そして実際にその通りになる。想像できるかと思うが、チームメンバーたちは怠け者を許さない。ブライスビル工場の電気炉オペレーターは「仲間からのよいプレッシャーがあるので、すごくやる気になるんです」と話した。

現場の従業員にとって、変動の大きな報酬は珍しい。しかし、ニューコアの成功は、変革のためのインセンティブを全員に提供することの価値を示している。ニューコアの工場で働く従業員のボーナスを含めた報酬は、業界平均よりも25%高い。

ニューコアの報酬モデルからは、他の利点も生じている。

成長への責任を共有する……需要が少ないときには、生産能力が余っている分、報酬が下がる。チームはこの減速期間を利用して顧客を訪問し、新しい製品のアイデアを売り込む。工場のなかではそのアイデアを、製造プロセスの変更を実験しながらテストする。たとえば、アラバマ州タスカルーサの板金工場では、強化された板金の製造方法をチームメイトたちが実験した。それは、この工場では過去につくったことのない製品だった。

工場が有効に利用されていないと、チームメイトはマネジメント層にも圧力をかける。工場のリーダーに対して、「私たちはイノベーションや新規顧客の開拓をしたいんです。もっと力を貸してくださいよ」と尻をたたく。

ニューコアでは誰も、本社に指示を仰いだりしない。戦略はたいてい、組織の下のほうから上がってくる。何十ものチームや事業部が、チャンスを求めて地平線まで見渡し、顧客を口説き、新しいチームメイトを雇い、新製品や新たな手法などを試す。そのなかで生まれてくるのだ。

社内政治に明け暮れない……ニューコアのトップは、幹部が目標値を自由に決める力を持つと、結果として、えこひいきや嫌がらせ、信頼の崩壊が起こると理解している。ニューコアでは、駆け引きや策略が最小限になるよう、明確で一貫した目標が設定されている。シンプルで理解しやすい目標であるため、チームレベルでの詳細なＫＰＩが必要なくなり、事業全体の状態よりも個々の数字ばかり追いかけるような状況も生じない。

財務的な柔軟性……生産量をベースにした報酬モデルによって、ニューコアは需要が弱まったときに人件費を速やかに縮小できる。こうした柔軟性によってレイオフをする必要がなくなり、ビジネスサイクルが戻ってきたときには、真っ先に需要増に対応できるようになる。

これらを合わせて、ニューコアの報酬モデルの各要素は強いメッセージを発信している。それは、「よりよい事業を築くためにはすべての人が必要で、よりよい事業を築けば誰もが報われる」ということだ。

2 能力――専門的な知識や技術を伸ばす

ニューコアの従業員が、技術的にもビジネス的にも競合他社より優れているのは偶然ではない。効率を高め、需要を増やすためには、より難しい問題を解決する必要があることをチームメイトは理解しており、それによって、彼らは個人としても、チームとしてもどんどん賢くなっていく。ニューコアの人事手法は、こうした深い知識の構築に適したものとなっている。

厳しい選抜プロセス……ニューコアは短期的な業務のために人を雇うのではなく、同社で長期的なキャリアを築く人を雇っている。従業員は、そのキャリアを通じてスキルを伸ばすことが期待される。そのため、ニューコアの採用プロセスでは、学ぶのに熱心な人を探すことを目指す。採用プロセスではまず、数を扱うスキルと言語的な問題解決スキルを測定するため、2時間のテストが課される。つづいて、心理学者による行動面接*が実施される。最終的な採用は、チームメイトが1時間の面接をして決定する。この面接で尋ねられるのは、次のような質問だ。

- あなたが情熱を持っているもので、仕事へのモチベーション向上に役立つものは何ですか
- 何かを直したことはありますか
- 新しいスキルの学び方を説明してください。これまで、どのように取り組みましたか

＊ 行動面接

過去に取った行動について質問する面接。

● 仕事で失敗したときのことを話してください。どのようにしてそれを修正しましたか
● もし同僚が、あなたのことを本当に我慢ならないと思っていたら、あなたは何をしますか

これらの質問から見て取れるように、面接の焦点は特定のスキルではない（スキルは仕事を通じて習得できる）。それよりも、候補者の問題解決能力や自己管理の力を見極めようとしているのだ。ニューコアの厳しい採用プロセスには象徴的な意味もある。それは、新しく採用された人たちが、これから入る組織は求められるパフォーマンスの基準が高く、メンバーを大切に思っている特別な組織だと理解することだ。

クロストレーニング*……ニューコアのチームメイトは、１つの業務に特化するのではなく、さまざまな役割を果たせるようにトレーニングを受ける。ブライスビルでは、工場で新たに採用されたメンバーは、電気炉、鋳造機など、複数のチームをローテーションする。こうすることで生産工程全体を把握でき、複数の工程に関わる問題を解決する力が高まる。多くの事業部で、休日に出社して異なる業務のトレーニングを受けると、その分の報酬が支払われる。おおむね、毎年20％以上のチームメイトが何らかの形のクロストレーニングを受ける。入門レベルの仕事では、この割合はもっと高くなる。

ニューコアでキャリアを伸ばすための最もよい方法は、他の事業部、時には他の工場へ異動することだ。元営業担当だった人が、出荷の仕事や電気炉のオペレーターをしているのも珍しくない。

＊ クロストレーニング
2種類以上の仕事ができるようになるための訓練。

ブライスビルの梁工場では、勤続5年以上のチームメイトの半分以上が、少なくとも1回、部門を超えるローテーションを経験していた。ローテーションは社内のジョブ・マーケットを通じて行われる。ジョブ・マーケットでは、募集がある社内のポジションすべてを見ることができる。

従業員が複数のスキルや機能を経験することは、会社と従業員個人の両方にプラスになる。従業員は、仕事のペースや内容、仲間が変わることで、仕事にさらに興味が持てるようになる。ニューコアは、複雑な、複数の分野にまたがる問題を解決できる人材を手に入れられるようになる。

ビジネススキルの構築……ブルーカラーのトレーニングでは、狭い範囲の技術的なテーマにフォーカスする企業がほとんどだが、ニューコアはチームメイトがビジネススキルを開発できるよう投資している。従業員が事業を改善するには、それを理解する必要があると考えているからだ。トレーニングの一環として、ニューコアのチームメイトは1日がかりで「ドルとトン（Dollars and Tons）」と呼ばれるモノポリーのようなゲームに参加する。このゲームでは5人のチームがニューコアの仮想の事業部を運営し、どのくらいの鉄スクラップをいくらで購入するか、何人雇うか、いつ新たな装置に投資して生産能力を拡大するかなどの意思決定をする。シミュレーションが終わると、チームは収益力や資産利益率、運転資本の管理、貸借対照表の強さなど、工場のパフォーマンスを左右する要因の観点から評価される。

ビジネス的な発想を組織の奥深くでも強化することによって、ニューコアはすべてのレベルにおける意思決定の質を可能なかぎり高め、また、現場従業員とビジネスに長けたマネジャーとの間に生まれやすいギャップを減らしている。

個々人の成長を促す……多くの企業が、現場の従業員を使い捨ての資源のように扱っている。しかし、ニューコアはちがう。従業員全員が、５～10年後のキャリア目標を示した育成計画を持っている。ある部門のマネジャーは言う。

「チームメイトが上達したいと思っていることは何だろう？　私たちはつねに、それを探しています。どんどん成長したいと思っている人もいるし、そうでない人もいます。でも、みんなが成功できるように、その人にとって最もよいポジションに就いてもらいたいんです」

3　コラボレーション――社会的なネットワークを築く

たいていの組織では、複数の部門にまたがる調整は本社スタッフの仕事だ。彼らは手法の標準化や、経営資源の共有、共同での新たな取り組みの機会を見つけることなどに責任を持つ。ニューコアでは、他のあらゆることと同じく、こうした調整もボトムアップで行われる。横につながるネットワークが強力なので、トップダウンでの命令はほとんど、あるいはまったくなしに、遠く離れた部門とも協力しあえる。

知識の交換……毎年、ニューコアの従業員は姉妹工場に、「ベストマーキング＊」のための訪問に

＊ ベストマーキング

ニューコア独自の用語。業務改善の際に他社の事例を参考にすることを「ベンチマーキング」と言うが、「ベストマーキング」は、他部門の「ベストの」事例から学ぶことを指すと考えられる。

出かける。その数は延べ数千回にも及ぶ。これらの訪問の間、従業員たちは専門知識を教え合い、共通する問題に取り組む。ヒックマン事業部が鋼板を薄くする取り組みを始めたとき、ケンタッキー州ゲントにある工場から鋳造担当のメンバーが1人やって来て、同じような変更をしたときの経験を共有した。たいていの訪問は数日程度だが、大きな技術課題がある場合には、ベストマーキングのための訪問は数週間に及ぶこともある。

ニューコアは、複数の工場が集まるイベントも定期的に開催している。工場長は毎月集まり、部門長は半年ごとに集まる。加えて、現場のチームの集まりも年に1度開かれている。これにはかなりの時間や旅費がかかるが、専門知識を交換し、新たな問題を解決するにはこれが最もよい方法だと、ニューコアは考えている。ヒックマンの鋳造チームのメンバーは、こうした訪問の効果について次のように話す。

「時間をかけて仲間とかかわり関係を深めることで、改善のチャンスを生み出せるんです。訪問の間に、山のようにアイデアが出てきます。自分の工場に戻る頃には、新しいことをやってみようというエネルギーがあふれています。時間を費やす価値があるとかないとか、そんなレベルの問題じゃないんです。必ず何か収穫がありますから」

自発的なネットワーク……複数の事業部が継続的に協力しあう必要があると感じると、彼らはチームを編成する。13の棒鋼工場の販売マネジャーが、大口顧客に一貫した供給をするため、全国的な価格表を作成したのは典型的なケースだ。一時的なチームもあれば、長く続くチームもある。

一例としては、現場のメンバーが、原材料や部品の調達を調整するために、ネットワークをつくったこともある。たいていのネットワークは非公式に始まる。そのなかで、付加価値が得られたものは半永久的になる。

共同でチャンスをつくる……工場間で見込み客を共有したり、共同で新たな事業を開発したりする。大きな効果を上げた取り組みの１つに、自動車市場への挑戦がある。10年ほど前には、ニューコアはエンジンの部品や車体の成形に使われる柔軟性のあるハイグレードな鋼鉄を生産できる力がなかった。いくつかの事業部が自動車業界の魅力を訴えてはいたが、個々の事業部では開拓できそうになかった。そこで、彼らは市場を切り開くため力を合わせることにした。

各工場のクロスファンクショナル・チームが、獲得すべきスキルや技術を洗い出し、冶金《やきん》学者や地元の大学との連携などを通じて、新たな製造方法を開発した。各工場のチームは定期的に集まってミーティングを開き、ベストマーキングの訪問を頻繁に実施。そうするうちに、自動車市場開拓の取り組みは形になっていった。この非公式のチームの集まりが、技術面での問題を解決し、マーケティング戦略を開発し、製品についての責任を分担した。今日では、ニューコアは自動車メーカーに、年間１５０万トンの鋼鉄を出荷している。草の根のコラボレーションの力を表す、驚くべき証だと言える。

透明性……ニューコアのコラボレーションの力の根底には、透明性がある。同社の企業方針では、チームメイトに「すべてを公開する」ことを奨励している。全従業員が、生産量や1トンあたりのコスト、欠陥により廃棄された量などのほか、多数の詳細な業績指標にアクセスできる。ビジネス・データも公開されている。入札や発注、在庫、出荷、資産利益率など、事業の運営に関係する可能性があるものは、何でも見ることができる。これらの情報の大半はリアルタイムで提供されているが、各事業所では、1週間ごとに業績データが入り口やカフェテリアに掲示される。

限りない透明性によって、ニューコアでは事業部間に健全な競争が生じ、安全や効率に関する目標をどの工場が一番に達成するかという、楽しみながらの競い合いも生まれている。また、「ベストマーキング」に値する工場や手法も見つけやすくなる。

4 コミットメント——信頼の環境をつくりだす

コミットメントは信頼できる環境で醸成される。従業員たちがともに全力で取り組むには、公平さや誠実さ、忠誠心が大切にされる組織で働いていると感じる必要がある。悲しいことに、大企業にはあまり信頼感がない。2016年にアーンスト・アンド・ヤングが世界で実施した調査によると、調査に答えた1万人のうち、同僚や勤めている企業全般を「とても信頼している」と回答した人は半分に満たなかった。[6]

これに対して、ニューコアのチームメイトたちは会社を「コミュニティ」あるいは「家族」と表現する。2013〜2019年まで同社のCEOを務めたジョン・フェリオラによると、「ニューコアには指揮系統はない。あるのは信頼系統だ」。

これまでに紹介してきた手法の多くが、信頼感の醸成につながっている。報酬の決定プロセスは、イノベーションの成果が公平に分配されるものとなっており、従業員の育成への投資は会社と従業員の間で互いへの忠誠心をつくり出し、過激ともいえる透明性は従業員を共通の目標に向かわせる。これらに加えて、さらに信頼感を強化する柱がある。

雇用の安全性……ニューコアでは、これまで工場の従業員をレイオフしたことがない。鉄鋼業界では、2000～2018年までに40％の従業員が削減されており、それを考えると驚くべき実績だ。[7] ニューコアも業界に追随する可能性はあったのかもしれないが、それは同社が長年守ってきた従業員への約束に反する。その約束とは「今日よい仕事をしたら、明日も仕事があります」というものだ。受注が急減したときには、ニューコアは従業員を減らすのではなく、週あたりの労働時間を減らす。これによって、週ごとのボーナスを得られる確率は低くなるが、たいていの従業員にとってはレイオフされるよりはそのほうがよい。工場の閉鎖や規模縮小なども稀にあるが、その場合には従業員に他の工場でのポジションを提示する。

フェリオラによると、2008年に計上した同社史上唯一の赤字は、従業員を少しレイオフすれば避けられたかもしれないが、彼も他の幹部も、まったくその選択肢は考えなかったという。それはよい判断だった。ニューコアの現場のチームによって、同社はプロセス・オートメーションで他社に先行することができた。というのも、高性能な機械を入れたら職が失われるという心配を、誰もしなかったからだ。

ステータス・シンボルがほぼない……競合他社では、マネジャーは別の色のヘルメットをかぶっていることも多いが（ある企業では、CEOのヘルメットは金メッキだ）、そうした企業とは対照的に、ニューコアにはステータス・シンボルとなるものがほとんどない。幹部にも、他の大企業で与えられるような特典はない。社用車も、ゴルフクラブの会員権もなければ、社用機を使った個人旅行もない。

プロフィット・シェアリングや奨学金のプログラム、従業員持ち株制度、功労賞など、ある程度の福利厚生はあるが、経営幹部は対象外だ。ステータス・シンボルがほとんどないため、社内のコミュニケーションは率直で遠慮がない。ニューコアでは、幹部は彫像のように台座に座っている存在ではない。

逆説明責任……ニューコアにも公式のヒエラルキーはあるが、大企業ではめったに見られない「逆説明責任」へのコミットメントがある。ここには、権威はしたたり落ちるのではなく、「したたり上がる」べきだというアイバーソンの信念が反映されている。アイバーソンは言う。

「マネジャーの権威は従業員から生じます。これまでにも、ニューコアで設定する高い目標に向けて、ゼネラルマネジャーがうまく従業員を導けなかったことがありました。そういう事態が起こると、私たちは〈従業員がゼネラルマネジャーをクビにした〉と言います。これはフットボールのチームがコーチを信頼しなくなるときと同じです。あなたは誰をクビにしますか。コーチですか、チーム全員ですか[8]」

従業員はスーパーバイザーやマネジャーの選抜に直接かかわる。上に向けてのフィードバックも、公式なプロセスとして存在する。ヒックマンのあるスーパーバイザーは、「調査でひどいスコアを取ったら、もうおしまいです」と言う。本社のマネジャーたちは頻繁に工場を訪問し、対話集会を開く。夕食を囲んでのこうした集会で、チームメイトたちは思いついたどんな問題でも提起できる。ある工場長は言う。

「夕食会は、チームメイトが〈終わりにしよう〉というまで続きます。まな板に載せられている気分です。彼らの質問をごまかして逃げることなどできません」

全員へのプロフィット・シェアリング……ニューコアのプロフィット・シェアリングは、コミットメントを築く仕組みにもなっている。毎年、同社は税引き前利益の少なくとも10%をこの枠に配分する。２０１８年には、ニューコアは３億８００万ドルを支払い、従業員１人あたりでは約１万２０００ドルになった。従業員は現金で少額を受け取り、残りは年金口座に入れられる。多くの従業員にとって、この年金口座は最大の金融資産になっている。

競合他社と比較すると、ニューコアの生産スタッフはきわめて広範な権限を与えられている。シフトごとのチームはスーパーバイザーがサポートするが、スーパーバイザーは上司というよりコーチのような存在だ。現場のメンバーが生産目標を決め、業務を分担し、安全と品質の基準を満たし、生産上の障害にも対処する。こうした意思決定が業績に与える効果は、数万ドル、時には数十万ドルにもなる。

生産プロセスをコントロールする以外に、チームは次の事項に責任を持つ。

人員計画と同僚どうしのサポート……生産チームは出勤とシフトを管理している。たとえば、ブライスビル事業部のチームは、週5日×1日8時間のシフトを、週4日×1日12時間のシフトに変更したが、経営側に許可を求めることはなかった。[9] また、チームメイトの誰かのパフォーマンスが低いとき、最初に介入するのは他のチームメイトだ。彼らは根本にある問題を突き止め、たいていはスーパーバイザーの力を借りずに問題を解決する。

人材の育成もチームが主導する。チームメイトたちは、年1回のアンケートで互いにフィードバックを与え合う。このアンケートは、仕事のパフォーマンスや安全、信頼性、リーダーシップ・スキルにフォーカスしたものだ。この仲間による評価プロセスが直接的に報酬に影響することはないが、これによってチームメイトはチーム内での自分の立場がよくわかり、ローテーションや昇進、特別な任務についての決定の背景も知ることができる。同僚に対して説明責任を持つことによって、従業員はベストを尽くそうという気持ちになる。ブライスビルの電気炉で働くチームメイトは「毎日が面接のようなものです」と話した。

設備投資……ニューコアの生産チームは財務面でも裁量権を持っており、その大きさは鉄鋼業界では前例のないものだ。チームメンバーは工場の経営陣に相談することなく、数万ドル単位の発注をする。実際に発注する前に同僚に相談はするが、それは意見を求めるためであり、承認を求めるためではない。

新技術の採用……ニューコアのチームは、自分たちの事業が高い競争力を持てるよう、つねに技術を探している。この点も他と同じように、現場のオペレーターたちが意思決定のプロセスに深く関与している。

前述したヒックマン事業部の2億3000万ドルの工場拡張投資は、新たな圧延機を導入するためだった。彼らが探していたのは、異なる製品スペックへの変更を、数時間ではなく数分で行える圧延機である。このプロジェクト・チームを率いたのは元メンテナンス・エンジニアのジェイ・ウィーラーで、メンバーにはオペレーターとマネジャーの両方が入っていた。ヨーロッパとアジアのサプライヤーを訪問したのち、彼らはウィーンを訪問し、現地のサプライヤーと話をした。サプライヤーはミーティングの間、ニューコアのニーズや制約を理解しようと細かく質問をした。サプライヤー側のエンジニアたちは、質問に答えるのがニューコアのマネジャーではなく現場チームのメンバーであることに混乱していたと、ウィーラーは振り返る。

技術を探し、現場に配備するのがオペレーターである理由は、ニューコアの人たちには自明のことだった。結局のところ、現場の最先端にいる人たちが、成功するためには何が必要かを最もよく認識しているからだ。

顧客との関わり合い……工業会社では、営業や技術サポート以外の現場従業員が、直接に顧客と関わり合うことは稀だ。だが、ニューコアではそうではない。クレーンのオペレーターからフォークリフトの運転手まで、全員が顧客を知っている。生産チームは定期的に顧客を訪問しており、これは「ラインとライン」のミーティングとして知られている。たとえば、ある工場のチームは1日かけて自動車工場を訪問し、自動車部品を鋼板から製造するチームと話し合う。訪問したチームは、自動車工場のチームに質問を浴びせかける。

「鋼板はどのように機械で処理されるのですか」

「出来映えは競合製品と比べてどうですか」

「私たちの製品は、どこを改善するとよいですか」

これらの対話からは、無数のアイデアが生まれる。顧客との関係も構築され、それによって将来問題が生じたときにも素早い解決ができるようになる。

継続的な実験……ニューコアでは、チームメイトが新たな製造テクニックを実験する自由もあるし、インセンティブもある。そのため、ニューコアは誰もがイノベーションを起こす企業となっている。あるケースでは、ブライスビル工場の1人の従業員が、何年もかけて取鍋《とりべ》を設計し直した。取鍋とは鋳造機に溶鋼を移すための容器である。何度もの実験を通じて、彼は敷き金をより変質しにくいものにした。この新しい設計によって、取鍋の耐久性が2倍になり、ダウンタイム（休止時間）とメンテナンス費用が削減された。こうした実験は会社中で行われており、ニューコアの競争優位性の核となっている。

ニューコアは、世界で最もイノベーティブな鉄鋼メーカーの1つと見なされているが、社内には研究開発部門はなく、最高技術責任者もいない。しかし、フェリオラは言う。

「ニューコアに研究開発部門がないというのは、少しちがいます。研究開発部門は存在していて、そのメンバーが2万6000人なのです」

権限移譲にはある程度、個々人のリスクも伴う。もし失敗してしまったら、何が起こるか予想できない。ルールに縛られている文化では、そのリスクは取らないほうがよいかもしれない。しかし、ニューコアでは「よく考えたうえでの」失敗に対しては、許容度が大きい。フェリオラは次のように話す。

「私たちは従業員に、失敗を恐れないようにと言っています。失敗することを心配していたら、自分の知識や発想力、スキルの範囲を広げることはできません。マネジャーやスーパーバイザーは、新しいチームメイトによくこんなことを言っています。〈あなたが失敗していないのなら、それは能力をいまより伸ばそうとしていない、ということだ〉」

ヒューマノクラシーの精神

ニューコアのマネジメント・モデルは、クリエイティビティと、能力、コラボレーション、コミットメント、勇気を最大化できるよう築かれてきた。これらの特性と行動こそが、人間が優れた結果を出すうえで最も重要なものである。ニューコアのマネジメント・モデルはヒューマノクラシーの精神に忠実であり、従業員に「より多くのことをする」よう強いるものではなく、「より以上の人になる」チャンスを提供するものだ。ブルーカラー以上の人、御用聞き以上の人、オペレーター以上の人、従業員以上の人になるチャンスである。ニューコアの現場チームのメンバーは専門家であり、イノベーターであり、リスクを取る人であり、オーナーである。ニューコアは、どんな業界であっても、すべての仕事が「よい仕事」になるということをはっきりと証明している。

第2章で、官僚主義の基盤である、階層化、組織構造の固定化、専門化、標準化について詳しく説明した。ニューコアのマネジメント・モデルは、これらの点について従来型の経営手法に挑むものだ。

階層化……ニューコアにも公式のヒエラルキーはあるが、同規模の企業と比較して階層の数は少なく、マネジャーも少なく、トップダウンの命令も少ない。全体としてあまり階層化は進んでいない。ニューコアはマネジメントの仕事を現場チームのメンバーに分散させており、彼らに広範囲の決定権を持たせ、自分の上司を選ぶのにもかなり意見が言えるようにしている。ニューコアにはカースト制度はなく、考える人と作業をする人との区別もない。

標準化……標準化を強いるとイノベーションの息の根が止まり、従業員はロボットのようになる。だからこそ、ニューコアは、トップダウンでオペレーションを標準化するという誘惑に抵抗しており、すべての工場が独自に手順を決めている。秩序を保つためだけに同じやり方を押しつけようとはしないし、会社全体を均質にして上から管理しやすくするために、厳格な方針を押しつけたりもしない。その代わりに、業績データの透明化や改善への情熱によって、最先端の手法を広めている。ニューコアでは、優れた製造プロセスがあれば自然にそれに統一されていくし、そうでなければそうはならない。

組織構造の固定化……すべての組織には、ある程度の構造、つまり、チームや機能、事業単位などを表す境界線が必要だ。ニューコアは１００近くの事業部を抱えているにもかかわらず、ばらばらになってはいない。同社は企画やマーケティング、営業、研究開発などの本社スタッフを活用してシナジー効果を得ようとするのではなく、人と人とのネットワークを用いている。標準化で並べたのと同様に、チームどうしが共通の関心事を見つけたとき、自然発生的に連携するようになる。コラボレーションの成果として連携が起こるのであり、中央集権化によって起こるのではない。

専門化……ニューコアのチームのメンバーは深い専門的なスキルを持っているが、スキルの幅も広い。共通の目標、クロストレーニング、柔軟な役割によって、組織の境界線を越える困難な問題にも取り組みやすくなり、それによって生産性も向上する。ニューコアには固定された立場はなく、メンバーがどこでどのように力を発揮するかという、人工的な境界線はない。

つまるところ、ニューコアの成功は1つの制度や手法で説明できるものではない。しかし、同社全体から学びを得ようとするならば、こうなるだろう。あなたの会社が何をつくっていようとも、何を売っていようとも、本当の事業は人を育てることだ。ニューコアの人たちは言う。

「私たちは鉄鋼をつくっているのではなく、人をつくっている」

第5章 〈ハイアール〉誰もが起業家

近年、スタートアップ企業が地球上のありとあらゆる業界をつくり変えている。その犠牲になっているのは、たいていは既存の大企業だ。[1] これに反撃しようと、コンサルタントは動きの鈍いクライアント企業にアドバイスし、アクセラレーターを特設して、そのなかに新しい社内ベンチャーを囲い込むようにと言う。問題は、そのアクセラレーターがどんなに成功しようとも、魔力を失った既存事業のマイナス分を帳消しにできるほどには売上を創造できないことだ。

コンサルタントやそのクライアント企業がまず思いつかないのは、会社全体を起業のプラットフォームに変えるという方法だ。官僚主義の教義にはまり込んでしまった人たちには、大企業がスタートアップの大群のように振る舞うのは想像も及ばないことだろう。だが、もし彼らが世界最大の家電メーカー、ハイアールの内部を見たら、考えも変わるかもしれない。

ハイアールという企業

中国の青島を本拠地とするハイアール（海爾集團）は、ワールプールやLG電子、エレクトロラックスといった有名家電メーカーの競合企業だ。現時点で、ハイアールには8万4000人の従業員がいて、そのうち中国国外の従業員は2万8000人。海外従業員の多くは、企業買収によってハイアールの社員となった。今日までで最大の買収は、2016年のゼネラル・エレクトリック家電部門の買収だ。

年間売上高が380億ドルを超えるハイアールは、このところずっと業績が好調だ。過去10年間、ハイアールの中核である家電事業は、粗利益が年率22%、売上高が年率20%増加する勢いで成長を続けてきた。また、同社はベンチャー企業の設立によって、20億ドル以上の株式時価総額を創造してもいる。こうした実績は、中国国内、あるいは海外のどの競合企業も及ぶものではない。[2]

ハイアールの成功は、従来型のマネジメント・モデルを徹底的に見直した結果だ。ハイアールの型破りな会長兼CEO、張瑞敏《チャン・ルエミン》が率いたこの大胆な改革は、次の3つの目的にフォーカスしていた。

1　全従業員を起業家に変える。

2 従業員とユーザーの距離を「ゼロ」にする。
3 ウェブを中心とした拡大しつづけるエコシステムのなかで、ハイアールが中核企業となる。

これらの目標をひと言で言い表したのが「人単合一」だ。これは、顧客への価値と従業員が受け取る価値をしっかりと組み合わせる、ということを意味する。この人単合一モデルは7つの点において官僚主義モデルとは大きく異なっている。

1 巨大事業からマイクロエンタープライズへ

大企業は通常、いくつかの主要事業で構成され、それぞれの事業ごとに独自の戦略や顧客、技術などが確立されている。このように事業が巨大で文化が単一だと、新戦術を仕掛ける競合に対して脆弱になりやすく、新しいチャンスにも気づきにくくなる。これらのリスクを避けるために、ハイアールは自社を4000以上もの小規模事業《マイクロエンタープライズ》(ME)に分割した。1つのMEの人員は10~15人程度だ。

MEには、大きく分けて3つの種類がある。1つ目は、およそ200の「自己変革型ME」で、ハイアールの従来からの家電事業から生まれたものだ。これらのMEは市場を直接相手にし、現在の顧客中心かつウェブ活用の潮流に対応すべく、自己変革を進めていく。都市に暮らす若者向けの冷蔵庫をつくっている智勝《ジーシェン》はその典型的な例だ。

2つ目は、50あまりの「インキュベーティングME」だ。これらは自社発の新しいスタートアップで、超高速のゲーミング・コンピュータを製造する雷神科技《サンダーロボット》（同社については後段のコラムで詳しく説明している）や、スマート冷蔵庫を製造する馨厨《シンチュ》などがある。馨厨の冷蔵庫は、ユーザーと生鮮食料品配達などのサードパーティとをつなぐことができる。

3つ目は、おおよそ3800の「ノードME」で、1つ目の自己変革型MEに部品を販売するほか、設計、製造、人事サポートなどのサービスを提供する。それ以外にも、販売とマーケティングを手がけるノードMEが中国全土に広がっている。

MEは、世界初のインターネット時代の企業をつくるという張《チャン》CEOの目標において鍵となる部分だ。この目標は、単にウェブに対応する製品の開発だけにとどまらず、インターネットの構造を真似た組織モデルを創造するという意味でもある。

ウェブは非常に多様でありながら、共通の技術標準によってまとめられている。それによって、サイバースペースのなかを行き来できるし、サイトどうしがデータなどの共通の資源を交換できるようにもなっている。これがハイアールのモジュール構造のモデルだ。MEは、ほとんど本社の指示なしに、自由に形成、発展させることができる。だが、目標設定や社内契約、ユニット間の調整については、定められた共通のアプローチがある。

2 漸進的な目標からリーディング・ターゲットへ

成功したすべてのスタートアップに見られる特徴は、向こう見ずであることだ。スタートアップでは願望にリソースが追いつかず、イノベーションだけでそのギャップを埋める。これに対して、確立された大企業では、願望はごくわずかしかない。去年より少しよくなって、同業他社のグループに追いついていければ十分だと考える。

ハイアールでは、すべてのMEが「リーディング・ターゲット」と呼ばれる、野心的な成長と変革の目標を追求している。成長の目標は昨年の実績を基準に考えるのではなく、「外側から」考える。専門の調査ユニットが、製品ごとに世界中の成長率のデータを集め、それを使ってMEの成長目標を設定する。中国市場では、特定の顧客セグメントと製品カテゴリの規模と成長予測を、数千地域にわたって細かくボトムアップで計算して目標を導き出す。

自己変革型のMEは、売上と利益の成長速度が業界平均の4~10倍となることが期待され、実際の数値目標はそれぞれのMEの競争力によって決まる。ハイアールが出遅れている製品カテゴリや地域では、市場シェアを拡大する余地がたくさんあることから、目標は高めに設定される。ハイアールがリードしている分野や地域では目標値は低めになるが、それでも業界平均の数倍という値だ。

MEのリーディング・ターゲットは、変革的な要素も含んでいる。市場を直接相手にしているすべてのMEは、「エコシステム」事業となるために努力することが期待されている。その最初のステップはマス・カスタマイゼーション*だ。ハイアールは先進的な製造方法に多額の投資をしており、いまや大半の工場は注文に合わせて生産することができる。次のステップは、継続的な売上につながるサービスを提供して、顧客をそのユーザーに変えることだ。たとえば、ヒートポンプを売って

＊ マス・カスタマイゼーション
大量生産による効率を保ちながら、顧客の個別のニーズに対応すること。

いるMEであれば、リアルタイムのモニタリング・サービスを提供して、顧客のオフィスビルのエネルギー効率を高めるといったことが考えられる。

究極の目標は、ユーザーをサードパーティのサービス提供者につなげられるプラットフォームの構築だ。その一例である「コミュニティ・ランドリー」は、中国の約1000の大学のキャンパスに、4万台を超えるインターネット接続の洗濯機を設置し、運営している。これを担当するMEチームは、学生たちが洗濯機の予約と支払いに使える人気アプリを開発し、いまでは1000万人以上となったアプリユーザーに、外部のベンダーがアクセスできるようにした。

今日では、コミュニティ・ランドリーのプラットフォームには、食事のデリバリーや寮の部屋向けの家具など、何十もの事業が参加しており、コミュニティ・ランドリーはそうした事業の売上の一部を受け取っている。同MEは、このモデルを低価格のホテルにも広げている。また、日本やインドに展開する類似のハイアールのMEもコミュニティ・ランドリーのモデルを参考にしている。

ハイアールがプラットフォームの構築にフォーカスしているのは、ユニコーン企業のように企業価値を高くするには、ユーザー基盤を着実に拡大しながら、一方で限界費用を減らしていく以外に方法はないと考えているからだ。目指すのは、低資本で変動費がゼロに近い事業である。

ハイアールはすべてのMEの変革を「ウィン-ウィン付加価値」計算書で追跡している。そこでは製品開発へのユーザーの関与や、ハイアールの製品が顧客にどのくらい独自の価値を提供しているか、また、エコシステムから得られた売上の割合など、詳細な指標が採用されている。

ノードMEにも、外部のベンチマークを参考にしたリーディング・ターゲットがある。たとえば、製造を担当するノードであれば、コストの削減、納期の短縮、品質の改善、製造設備のさらなる自動化などが目標となると考えられる。

たいていの組織では、古いやり方が見直されるのは、事業が壁にぶつかったときだけだ。変革は受け身であり、主体的ではない。ハイアールでは、リーディング・ターゲットによって、MEは継続的に自分たちの中核にある見方を検証しつづけることとなる。スタートアップ企業と同じく、ハイアールでは全員が、同じことを繰り返していても成功しないと知っているのだ。

3 社内独占から社内契約へ

スタートアップ企業では、社員全員にとって顧客が上司だ。従業員の多くが自社の株式を保有しており、価値を創造する唯一の方法は顧客を喜ばせることだと知っている。これに対して大企業では、市場から隔絶されている従業員が多くいる。彼らは、人事、研究開発、製造、財務、IT、法務などの機能部門で働き、これらの部門はいわば独占状態にある。社内への サービス提供がどれだけ不手際で非効率だったとしても、彼らはクビにならない。社内での関係は、権限や社内取引の価格、間接費の割り当て、ヒエラルキーなどによって決まり、自由な交渉による契約で決まるのではない。その結果、社内サービスは平凡で柔軟性に欠け、効率が低くなる。

この点に関しても、ハイアールは異なっている。すべてのMEは他のMEと自由に契約できるし、契約しなくてもよい。一般的に、ユーザーとなる1つのMEは10あまりのノードMEと契約を結んでいる。もし、外部の業者のほうがニーズに合ったサービスを提供してくれると思ったら、外部の業者と契約できる。社内でも社外でも、ほぼ上級幹部の介入なしに、交渉して合意を結ぶことができる。

すべてのMEは自分たちの業績目標を念頭に、「この目標を達成するには、どんなデザインや技術、生産、マーケティングのサポートが必要だろうか」と考える。そして、ノードに入札を求める。サービス提供の希望1つに対し、通常は2つか3つの提案が出される。そのあとのディスカッションは、既存の手法を見直し、新しいアプローチを編み出す機会ともなる。たとえば、販売やマーケティングのノードは、自分たちの地域に出荷される製品の品質について、製造のノードに要求を出すかもしれない。

面倒なプロセスのように聞こえるかもしれないが、このプロセスはあらかじめ決められたルールをもとに進められる。このルールは、最低限の業績基準やマージンの分配について定めたもので、交渉中の摩擦を減らす役割を果たす。交渉が成立すると、それぞれのノードのパフォーマンスが目標と比べてどうであるかが、モバイルアプリでリアルタイムに提供される。その後1年間、状況が変わった場合には、条件を交渉し直すことができる。したがって、ハイアールは「契約」よりも「合意」という言葉を好む。あるMEのリーダーは過去1年半の間に、10以上のノードを別のノードに換えたと話した。競争力のあるサービスを提供できないノードは、事業が停止される。ノードの売上のかなりの部分が、顧客となるMEの成功にかかっている。

ハイアールは2019年には、配送や製造といった供給を担当するノードどうしが直接に合意を締結することを促進しはじめた。この目的は、供給側のノードが、顧客に対してさらに責任を持つようにするためだ。初期の結果は期待が持てるものとなっている。ある地域では、不具合のある冷蔵庫の部品を交換するための待ち時間が、５日から24時間に短縮された。

自己変革型ＭＥがリーディング・ターゲットに達しないと、ノードも打撃を受ける。というのも、ノードの報酬は自己変革型ＭＥの業績に左右されるという条項が、すべての社内合意に含まれているからだ。これによって、全従業員の報酬は市場での成果にリンクすることになる。張《チャン》は「ハイアールでは、会社はもはや従業員に賃金を支払ってはいません。顧客から賃金をもらっているのです」と言うが、この言葉もあながち誇張とは言えない。また、ある上級幹部は筆者らに、「ハイアールでは全従業員が資本家です」と表現したが、これもそれほど言い過ぎではないだろう。

ハイアールの報酬モデルには、３つの利点がある。

第１に、高みを目指すよう仕向ける。高いレベルのサービスを提供できないノードは、社内の顧客を失ってしまう。

第２に、顧客に優れた体験を提供するという目標に向けて、全員が一致団結する。ユーザーとなっているＭＥが目標を達成できそうにない様子が見えると、サプライヤーとなっているすべてのノードの代表がすばやく集まって、問題を解決しようとする。

第３に、柔軟性を高める。自己変革型ＭＥは、新しいチャンスが生じたら、社内外のベンダーのネットワークを自由に組み直すことができる。

4 トップダウンによる調整から自主的な連携へ

あなたはそろそろ疑問に思いはじめているのではないだろうか。

「4000近い独立組織がある企業が、どうやって技術や設備への投資を進めているのだろうか。MEの自律性を踏みつけることなく、どうやって調整しているのだろう」

通常、スタートアップ企業では自発的に調整が行われる。問題が発生すると、人々が寄り集まって議論する。企業が成長するにつれ事業ユニットはそれぞれに独立していき、相互依存の関係も拡大しつづけて、それを管理するのはどんどん難しくなっていく。そこで、本社のスタッフに調整の責任が与えられ、マーケティングや製造、調達、ロジスティクスといった機能分野への投資の責任も負うようになる。そうなると、中央集権化と間接費の増大は避けられなくなり、対応も遅くなっていく。

ハイアールのアプローチは異なる。規模と範囲の経済を追求するにあたって、同社は強制ではなくコラボレーションを重視する。すべてのMEは何らかのプラットフォームに所属しており、ME間の連携のチャンスを見つけるのはプラットフォームのオーナーの仕事だ。

プラットフォームには、洗濯機や冷蔵庫、オーディオ機器など、同じ製品カテゴリのMEを集めたものもあれば、デジタル・マーケティングやマス・カスタマイゼーションなど、共通の能力でくくられているプラットフォームもある［図表5-1に、プラットフォームの事例を示した］。

図表5-1　ハイアールの冷蔵庫プラットフォーム

ハイアールは数千のME（マイクロエンタープライズ）で構成されており、MEはプラットフォームにグループ分けされている。以下は、冷蔵庫のプラットフォームの例だ。

業種別プラットフォームには、市場を直接相手にするME（自己変革型ME）が「ユーザーME」として少数所属している。ユーザーMEはそれぞれに異なるセグメントをターゲットとしている。

多数の「ノードME」も所属している。ノードMEはプラットフォーム上のユーザーMEにサービスや部品などを提供する。ユーザーMEの智勝をサポートするノードME（研究開発、人事、サプライチェーンなど）は、ここでは濃いグレーで示されている。

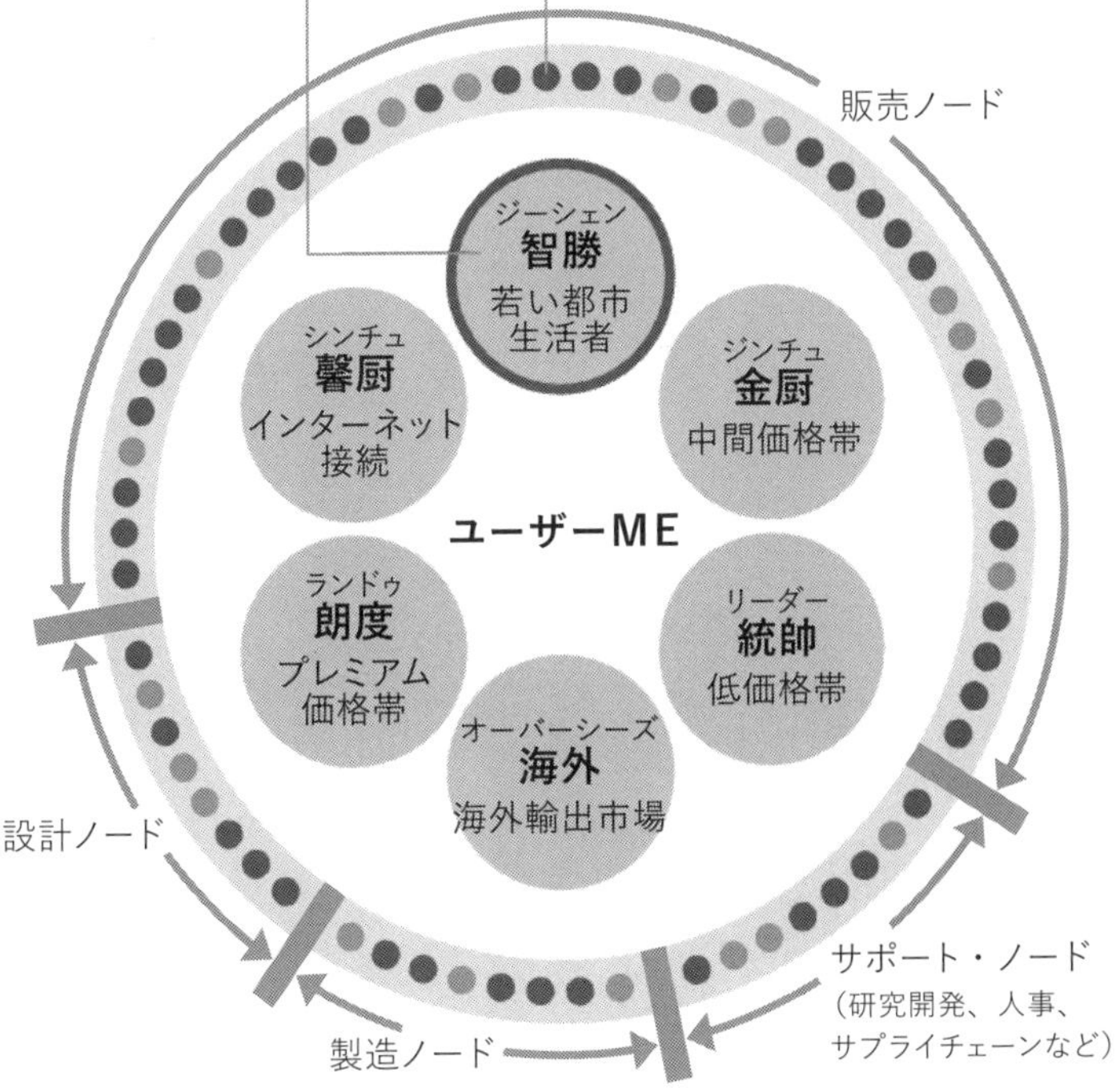

ユーザーMEは、自由にノードMEを雇うこともできるし、解雇することもできる。外部のプロバイダーのほうが自分たちのニーズをよりよく満たしてくれると思ったら、外部の企業からサービスを受けることもできる。

平均的には、1つのプラットフォームには50以上のMEが参加している。プラットフォームのオーナーは、次の点に責任を持つ。

- MEの製品ポートフォリオがなるべく重なり合わないようにする
- ME間で共通の部品を使える可能性を探る
- 技術や設備への重要な投資を調整する
- MEと外部のビジネス・パートナーとのやり取りに協力する
- ベスト・プラクティスの普及を助ける
- 他の業種別プラットフォームとの調整をする

重要な点として、プラットフォームのオーナーは誰の上司でもなく、部下のスタッフを抱えているわけでもないことが挙げられる。では、どうやってオーナーは影響力を発揮するのか。たいていはMEを集めて、共通の関心がある分野、たとえば「モノのインターネット（相互に通信できる製品）の製造に精通する」など、分野に関する戦略立案に協力するという形で影響力を持つ。オーナーの仕事は、連携を強いることではなく促進することだ。以前、冷蔵庫のプラットフォームのオーナーだった呉勇《ウー・ヨン》は言う。

「私の仕事は、MEどうしがコラボレーションできるよう、チャネルを開き、インセンティブを設けることです。これは、トップが命令を下すような、昔ながらのピラミッド構造とはちがいます」

典型的なコラボレーションの一例として、霜がつかない冷蔵庫への転換がある。これには高額な費用をかけて製造設備をアップグレードする必要があった。呉《ウー》はプラットフォームのオーナーとして、製造を担当するノードやユーザーのMEとともに、必要な変更をするための戦略を立てた。このときのことを振り返って、呉《ウー》は言う。

「私は協力はしましたが、計画を立て、実行したのはMEのチームです」

プラットフォーム・オーナーには、新たなMEを育てることによってプラットフォームを拡大することも期待されている。2014年には、呉《ウー》は「スマート家電の世界的なリーダーになる」というハイアールの目標に触発されて、インターネット接続ができる冷蔵庫を手がけるスタートアップ、前述の馨厨《シンチュ》を設立した。馨厨は冷蔵庫を製造するだけでなく、冷蔵庫のユーザーがパートナー企業のネットワークから生鮮食品を買い、30分で配達されるようなエコシステムを築こうとしている。ハイアールでは、プラットフォームのオーナーはMEどうしをつなぐ役割であると同時に、起業家でもある。

プラットフォーム・オーナーの仕事は「統合ノード」がサポートしている。統合ノードは業種別プラットフォームのすべてに存在し、MEがハイアールの他の部分から技術を取り入れるのを助けたり、新たな取り組みに共同投資する社内のパートナーを見つけるのに協力したりする。統合ノードもプラットフォーム・オーナーと同様に、服従を強いるのではなくコラボレーションを推進する。

MEは、特定の技能に関するプラットフォームの専門知識にも頼っている。そのなかでも特に重要なのは、スマート製造とマーケティングのプラットフォームだ。どちらも人員は100人に満たない。スマート製造プラットフォームで最大のノードは、マス・カスタマイゼーションのための技術的なサポートを担当する。スマート・エンジニアリングのノードは、先進的な生産ツールを社内に提供している。

マーケティング・プラットフォームの主な役割は、MEに顧客の情報を提供することだ。すべてのユーザーME（ノードのサービスを利用する自己変革型ME）が独自のソーシャル・メディアを持っていて、そこから大量の情報を収集している。それに加えてマーケティング・プラットフォームのビッグデータ・ノードは、ハイアールの企業ウェブサイト、および社内外の他の情報源からの情報を統合している。ここで考えられているのは、事業をまたぐインサイトを発掘することと、MEが新たな顧客ニーズに対応できるよう、予測モデルを開発することだ。1つ例を挙げると、「ある顧客が冷蔵庫とオーブンを買ったら、その顧客は家をリフォームしている最中かもしれず、新しい洗濯機も必要になるかもしれないということを、洗濯機のプラットフォームのMEに知らせる」などである。

マーケティングとスマート製造のプラットフォームは、たとえば、ブランドのビジュアルや工場の自動化のソフトウェアなどに関して基準を決めるが、ほとんど命令は発しない。そして、これらのプラットフォームもハイアールの他のユニットと同じく、社内顧客の成功によって業績面での影響を受ける。

社内のコラボレーションが推進されている理由をもう1つ挙げるとすると、ハイアールとして、顧客への説明責任を共有しているという点がある。たとえば、「ハイアールのスマート製品は互いに通信できない」という声がいくつかのＭＥに届きはじめたとき、それらのＭＥが集まって対応を決めた。具体的には、智勝がハイアールのネットワーク機器に共通する技術プラットフォームを提供し、他のＭＥが顧客のリサーチと他の周辺技術を担当した。この非公式なグループは、いまハイアールが「エコシステム・マイクロコミュニティ」と呼んでいるものの初期のバージョンだ。たとえば、同社の「食品のインターネット」コミュニティには、冷蔵、調理、小型家電など、いくつもの製品プラットフォームのＭＥが集まっている。社外に目を向けると、このコミュニティの製品のユーザーは数百万人になり、パートナー企業はオンライン・ショッピング・サイトや自然食品の供給業者など、数百社にのぼる。

大半の企業において、調整とは中央集権化を意味するが、ハイアールではちがう。トレードオフについての選択を最もうまくできるのは、顧客に最も近い人たちであり、いつコラボレーションし、いつ単独で行くかを自由に決められるＭＥだと、張《チャン》は考えている。

5　自社開発主義からオープンイノベーションへ

スタートアップはたいていはオープンだ。初期のうちからユーザーと関わり合い、開発プロセスのなかでも頻繁にユーザーと関わる。そこで狙っているのは、顧客基盤の拡大によって多くの知見が生まれ、その知見が製品やサービスの向上に活用されて、それがさらに顧客を引きつけるという好循環をつくりだすことだ。スタートアップでは、顧客は共同クリエイターなのだ。

スタートアップがオープンである理由には、経営資源が限られているため、外部の資源を工夫して活用する必要があるという面もある。社内を大きくするよりも、重要なサービスをクラウドのプロバイダーから購入したり、マーケティングをグーグルやフェイスブックに頼ったりする。可能な場合には、購入せずに借りるという方法もとる。

これに対して、官僚主義は閉じられたシステムだ。社内と社外をはっきりと区別し、秘密主義を重視し、非常に重要なタスクでは、たいていは外部のパートナーの活用に消極的だ。閉じられたシステムの問題は、状況に適応できないこと、そして退化していくことだ。ハイアールはこの点を認識し、自社を企業というよりも、大きなネットワークの中心と捉えている。この意味合いは非常に大きい。

第1に、ハイアールのすべての製品とサービスは、オープンな環境で開発される。同社が新たな家庭用のエアコンを開発しようと動き出したとき、同社はソーシャル・メディアの百度《バイドウ》を使って、消費者にニーズや好みを尋ねた。すると、3000万件もの回答が寄せられた。さらに、プロジェクト・リーダーの雷永鋒《レイ・ヨンフェン》は、70万人のユーザーに対して、問題をさらに掘り下げ、困っている点や将来的に欲しい機能などを教えてほしいと頼んだ。すると予想外の答えが返ってきた。懸念点で最も多かったのが、レジオネラ症への感染だったのだ。そのリスクを最小限にすることが最優先課題となり、エアコンのファンブレードを大幅に見直すこととなった。

第2に、ハイアールは40万人の「ソルバー（解決者）」のネットワークを築いている。ソルバーは世界中にいる専門家で、この40万人で1000以上の技術領域をカバーしている。1年間に200

以上の問題が専用のプラットフォームである「ハイアール・オープン・パートナーシップ・エコシステム(HOPE)」に掲載される。雷永鋒のチームもソルバーに、新製品のエアコンに取り付けるファンブレードの設計に力を貸してほしいと頼んだ。すると、1週間のうちに、提案がいくつも寄せられた。そのなかで選ばれたデザインは、中国のエアロダイナミック研究開発センター(中国空気動力研究与発展中心)の研究者たちが、ジェット機のターボファンを真似てデザインしたものだった。このエアコンの開発に関わった機関は、合計で33となった。2013年の末に、〈天尊風洞〉と名づけられたこのエアコンが発売されると、たちまちのうちにヒットした。

天尊のようなコラボレーションによるプロジェクトでは、ハイアールは「特許プール」をつくる。そこではパートナー企業が、自社の技術が最終製品に使われたら見返りを得られるという理解のもと、内々に発明をシェアする。初期の設計プロセスに貢献したサプライヤーも、業者を選ぶ段階で有利な扱いを受ける。

製品開発をオンラインへ移行することによって、ハイアールはコンセプト作成から発売までの時間を最大70%削減した。顧客ニーズについての議論から始まるプロセス全体を通じて、製造ノードと設計ノード、ユーザーME、見込み顧客、パートナー企業が、同時並行で作業を進める。

ハイアールの「オープンさ」を示す第3の特徴は、開発費をまかなうためにクラウドソーシングを用いていることだ。これは同社の「資金ゼロ」ポリシー、すなわち「新しい提案は、ユーザーから認められなければ、まとまった資金は得られない」という方針に対応したものでもある。例として、加湿器と空気清浄機を組み合わせた画期的な製品〈エア・キューブ〉を見てみよう。この製品の計画期間中に、オンライン上のファン、80万人以上がコメントを寄せた。試作品が完成すると、有名なクラウドファンディングのサイトで購入できるようになり、7500人以上がこの試作モデルを購入した。彼らからのフィードバックで、ハイアールはこの製品の正式発売前に、さらに改良を加えることができた。

ハイアールのCFO、譚麗霞《タン・リーシャ》は、同社のオープンイノベーションについての姿勢をこう説明する。「社内と社外の境界線は重要ではありません。ユーザーのために価値を創造できるのであれば、従業員であるかどうかは関係ないのです」

6 イノベーション恐怖症から社内ベンチャーへ

スタートアップとは異なり、官僚主義は本質的に保守的だ。『ピーターの法則』*の著者、ローレンス・J・ピーターは「官僚主義は、遠い昔に〈現状〉ではなくなった現状を守ろうとする」と書いた。こうした傾向と戦うため、ハイアールは会社全体をスタートアップ工場に変えた。同社の50あまりのインキュベーティングMEは、現時点でハイアールの時価総額の10%以上を構成する。そこには、フィンテックのスタートアップで、小規模事業への融資を証券化する海融易《ヘヤリョンギ》から、宅配ロッカーのネットワークを運営し、農民が約1万のコミュニティの消費者に、農産物を直接届けられるようにしたエクスプレス・キャビネットまで、あらゆる事業がある（ハイアールが新しいベンチャーをどのように設立するかについて詳しくは、後出のコラム「あるマイクロエンタープライズの誕生」を参照）。

＊『ピーターの法則』*The Peter Principle*

ローレンス・J・ピーター、レイモンド・ハル著、渡辺伸也訳、ダイヤモンド社、2018年、他。

ハイアールで新たな事業を立ち上げる方法は３つある。１つ目は最もよく用いられる方法で、社内の起業家がオンラインでアイデアを投稿し、新しいビジネスモデルをいっしょに肉づけしてくれる人を募るというものだ。現場のサービス・マネジャーだった張翼《チャン・イー》がエクスプレス・キャビネットを設立したのも、この方法だった。２つ目は、プラットフォームのリーダーがチャンスを見つけたときに起業の提案を求めるものだ。３つ目はハイアールが毎月、中国全土で実施するロードショーだ。そこでは起業家志望の人たちが、プラットフォームのリーダーや、投資およびイノベーションのプラットフォームのメンバーに、自分のアイデアをプレゼンテーションすることができる。

インキュベーティングＭＥはすべて、それぞれに独立した法人であり、創設チームが資金の一部を出資している。ハイアールは、社内のリーダーでは新しいアイデアを適切に評価できない可能性があるとして、ハイアールからの出資を受ける前に、外部のベンチャーキャピタルから資金を調達するよう求めることが多い。最近では、新しく誕生した14のＭＥのうち９つが、ハイアールから資金を得る前に、ベンチャーキャピタルから資金を調達した。それにもかかわらず、最終的にはハイアールがスタートアップの株式の過半数を所有することが多い。ハイアールが、あらかじめ決められた企業価値評価の計算式で、ベンチャーの株式を買い取るオプションを保持しているからだ。

ハイアールの他のユニットと同様に、インキュベーティングＭＥもノードと契約して、開発や流通、管理などのサポートを得る。対等な立場で契約を結ぶことで、誕生したばかりのＭＥもハイアールの規模と交渉力を活用でき、一方で官僚的な干渉を避けることができる。

ハイアールは、次の10億ドル規模のチャンスを見つけるには、多数のスタートアップを立ち上げて、それぞれのスタートアップに自由に夢を追いかけさせるしかないと考えている。ハイアールのパートナーの、あるベンチャーキャピタルはこう話した。
「マイクロエンタープライズは、偵察部隊のようなものです。戦地を見渡して、最も有望なチャンスを見つける。巨大な検索機能のようでもあります」

あるマイクロエンタープライズの誕生

2013年5月、ハイアールの路凱林《リュ・カイリン》ら3人が、ゲームでの利用に適したノートパソコン（ゲーミングPC）の開発に乗り出した。3人は大学を卒業したばかりで、学生時代は暇さえあれば友人とゲームをして過ごしていた。ゲームの魅力に取りつかれていた彼らは、その情熱をなんとか事業化できないかと考えた。すると莫大な可能性が見えてきた。所得の増加とテクノロジー製品の価格低下によって、オンラインゲームの需要は拡大する一方だ。それなのに、市場に出回っているノートパソコンは、熱心なゲーム・ファンのニーズに応えられていないようだったのだ。

チームはまず、3万件を超えるゲーミングPCのレビューをじっくり読むことから始めた。彼らのような熱心なゲーマーは、パワーのなさや画質のばらつき、ビジネス用パソコンの古くさいデザインなどに不満を感じていた。この調査結果を、3

人は13のポイントに落とし込み、レポートにまとめた。それを、ハイアールのノートパソコン事業を含むプラットフォームの責任者、周兆林《ゾウ・ザオリン》に提出し、打ち合わせをさせてほしいと頼み込んだ。周は最初、訝しく思っていた。

「3人の若者たちが、私のオフィスにノートパソコンを持ち込んで来たんです。15インチで、とても重かった。当社が売っているのは11インチか13インチが多く、持ち運びにとても便利なものです。直感としては、このプロジェクトは没だなと思いました」

しかし周は、「これは自分が決めることではない」と気づいた。「決定を下すには、マネジャーではなく、ユーザーや起業家の声を聞く必要があるからです」。周はチームに少額の立ち上げ資金（180万元＝約27万ドル）を与え、さらに資金を得たいなら市場テストでの成功が条件だと告げた。

立ち上げ資金を使って、チームはハイアール初のゲーミングPCの設計と製造に着手する。のちに雷神（サンダーロボット）と名づけられるこの製品は、初期段階の設計と製造のかなりの部分で外部パートナーから協力を得た。たとえば、デルやHP向けにコンピュータを製造している、台湾の広達電脳（クアンタ・コンピュータ）などの企業だ。

立ち上げからわずか7カ月で、最初の製品を販売する準備ができた。鮮やかな色彩で、斬新なスタイルのマシンだ。その最初の500台は、中国のEコマースサイト〈ＪＤ・ｃｏｍ〉で販売され、１分も経たないうちに完売した。その数週間後に販売された追加の３０００台も、20分以内に売り切れた。

この成功に勢いづいたチームは、２０１４年の第１四半期に詳細なビジネスプランを作成し、４月にはハイアールから１２０万元の追加出資を受けた。これと同時に、創業チームは40万元をみずから出資し、20％の株式を取得。その後の資金調達では、数社のベンチャーキャピタルからの出資も得られた。２０１７年９月には、中国の「全国中小企業株式譲渡システム（ＮＥＥＱ）」に雷神科技として株式を上場、株式時価総額は12億元（約１億８０００万ドル）となった。それ以来、時価総額は２倍近くになり、中国の主要な株式市場の１つに上場することを計画している。

従業員１１０人の雷神科技は、中国のオンラインゲーム用ノートパソコンの主要プロバイダーとなっており、他のアジア市場にも進出している。親会社であるハイアールから学んで、インキュベーティングＭＥも設立した。そのなかには、ビデオゲームをストリーミングする事業（同サイトへの１日の訪問者数はすでに３００万人に達している）、ｅスポーツのチームやトーナメントを編成するプラットフォーム、バーチャルリアリティや他のゲーム周辺技術への展開などがある。

7　従業員からオーナーへ

スタートアップでは、従業員はオーナーのように考え、行動する。なぜなら、実際に彼らがオーナーだからだ。チームのメンバーは大幅な裁量権を持ち、状況が悪化したとしても、すべて自分たちの責任だと考える。スタートアップを強くするのは、成功する可能性と裁量権の組み合わせだ。ハイアールはこうしたスタートアップの強みを、自社のマネジメント・モデルに取り入れようとしている。

同社では、MEは自主経営の事業ユニットとして運営され、次の3つの権利を持つことで公式に自由を確保している。

- 戦略……どんなビジネスチャンスを追求するかを決め、優先順位を設定し、社内外でパートナーシップを組む権利。
- 人材……採用の決定をし、役割を割り当て、職場での互いの関係を定義する権利。
- 分配……賃金を決め、ボーナスを支給する権利。

これらの権利には同じくらいの責任が伴う。リーディング・ターゲットは、役割別に週ごと、月ごと、四半期ごとの目標に分解される。これによって、誰の業績がよく、誰がよくないかが見えやすくなる。大半のスタートアップと同様に、基本給は低い。それ以外の追加報酬は、次の3つの業績数値を超えたかどうかで決まる。

● ベースライン……MEの売上と利益の伸びがベースラインの目標を超えたら、チームのメンバーは目標を上回った分に応じてボーナスをもらえる

● バリュー・アジャステッド・メカニズム（VAM）……四半期のベースラインとリーディング・ターゲットの中間点である「VAM目標」を超えると、チームのボーナスは2倍になる。この時点で、従業員は自分自身の資金を投資するオプションを手に入れる。通常は特別の投資アカウントに1万5000元（約2200ドル）を入れられる。次の四半期もVAM目標に到達すると、投資した金額から100％の配当を受けられる

● VAM年間目標……VAM目標を4回連続で超えることができたら、MEチームはプロフィット・シェアリングの権利を得られる。純利益のうちVAM目標を超えた分の20％がチームに配分される。ただし、そのうちの30％は、翌年のボーナス資金として取り置かれる。MEがリーディング・ターゲットに達した年には、配分される利益はそれに比例して増え、時には40％を超えることもある

このボーナスと配当、プロフィット・シェアリングにより、基本給の何倍も稼げるチャンスが生じる。それほどの金額がかかっているので、MEチームのメンバーが、能力の低いリーダーに厳しいのも納得がいく。MEが3カ月連続でベースラインの目標を達成できないと、自動的にリーダーの選挙がスタートする。ベースラインの目標は達成できてもVAM目標を達成できないと、メンバーの3分の2の賛成があれば、リーダーを辞めさせることができる。

新しいリーダーになるのも競争だ。たいてい3人か4人の候補者が、MEチームに自分の計画をプレゼンテーションする。まれに候補者全員がチームに拒まれることがあり、そうなると、リーダー探しのプロセスはやり直しとなる。

業績の悪いリーダーは、敵対的買収にもあいやすい。ハイアールのなかの誰であっても、そのMEを自分のほうがうまくマネジメントできると考えたら、チームに売り込みをかけることができる。すべてのMEの業績データは全社に公開されているので、買収のチャンスを見つけるのはたやすい。もし、名乗り出た人の計画に説得力があれば、リーダーは交代することになる。これは基本的には、業績の悪い企業がライバル会社や未公開株投資会社に買収されるのと変わりない。しかし、ハイアールとちがって、たいていの企業にはこうした企業統制のための市場は存在しない。

人単合一への道

アリババ集団や騰訊控股《テンセント》などとちがい、ハイアールは中国のニューエコノミーのスーパースターではない。1980年代には業績不振に苦しみ、品質の疑わしい製品を生産していた。それが今日では、たとえ歴史の長い企業であっても、官僚主義の権威主義的な構造と、ルールに縛られたプロセスを取り除けば成功できる好例となっている。現場の一般社員とCEOの間に、わずか2つの階層しかない企業が、幅広いグローバル事業を展開できるとは、誰も想像しなかったことだろう。

この規模の企業としては、ハイアールのマネジメント手法は最も急進的なものかもしれない。しかし、その急進的な手法があっても同社は無敵にはならない。ハイアールも他の企業と同じく、地政学的な力や人としての弱みがリスクとなるのである。

それでも同社の成功が示すのは、私たちはもはや、起業家精神をシリコンバレーやどこかのインキュベーターなど、特定の場所と結びつけるべきではないということだ。また、起業家精神は小規模な若い企業の専売特許ではないこともわかる。活発な起業家精神は、パロアルトのガレージと同様に、大手多国籍企業でも顕著に見られるのである。

とはいえ、張瑞敏《チャン・ルエミン》も経験してきたように、官僚主義からヒューマノクラシーへの道は曲がりくねっていて岩だらけだ。「人単合一」は10年の月日を経て、まだ発展途上にある。まずハイアールは

2010年に、小規模で起業家的な販売・マーケティングのチームを試行しはじめた。その1年後に、製造ユニットに自主経営チームを導入した。こうした初期のテストは学びが多いものだった。最初は、社内の契約には問題が多く、どのユニットも自分たちの成功を最大化させようとしたため、交渉は長引き、敵対的になった。その解決策として導入されたのが、報酬を市場での結果と結びつける条項だ。これによって摩擦が減り、連携が増えて、ゼロサムゲームが顧客にとっての価値の創造を探求することに変化していった。

変革には痛みを伴う部分もあった。人単合一への移行のなかで、1万人以上の中間レベルのマネジャーが配置換えとなったり解雇されたりした。しかし同時に、ハイアールは何千人ものMEの新リーダーに権限を移譲し、急速に拡大するエコシステムのなかに、数万人分の新たな仕事をつくった。

張《チャン》が同僚たちによく言うのは、複雑な仕組みをトップダウンでつくるのは不可能で、それは実験と学びを繰り返すなかから現れてくるものでなければならない、ということだ。どうすれば変革を加速できるかと問われて、張《チャン》はシンプルにこう答えた。

「何度も試してみて、最も成功したものをより速く複製していくことです」

耐久力とまとまりがある組織に進化していくには、こうした試行は深い思想に導かれる必要があると張《チャン》は考えている。3000年ほど前に書かれた中国の古典『易経《えききょう》』が、道しるべの1つになるとして、張《チャン》は次のように話す。

『易経』では、人間の活動を最も高いレベルにするには、「リーダーのいない竜の大群」のようになりなさい、と言っている。中国の文化では、竜は最も強い動物です。いまでは、すべてのマイクロエンタープライズが、それぞれに竜のようになっていて、非常に能力が高く、また競争力も強くなっています。しかし、その竜たちにリーダーはいません。リーダーの導きなしに、市場で事業を始めたのです。これこそが最高レベルの人間の組織ではないでしょうか。

張《チャン》のもう1つの道しるべは、19世紀のドイツの哲学者、イマヌエル・カントだ。カントの「定言的命令」は、人間を決して道具のように見なしてはならないと示している。かなり以前に筆者らがインタビューしたとき、張《チャン》はハイアールの将来像を描きながら、この信念を繰り返した。

「私たちは従業員に、起業家になるよう勧めたいと思っています。なぜなら、人は目的のための手段ではなく、彼ら自身が目的だからです。私たちが目指すのは、従業員全員が自分自身のCEOになることです」

人間の尊厳や行動を優先させるという組織哲学を持つCEOには、あまり出会うことはないかもしれない。しかし、ヒューマノクラシーを築きたいなら、これ以外の見方をすることはできない。

PART 3

ヒューマノクラシーの基本原則

人を中心に据える組織のＤＮＡとは？

The Principles of Humanocracy

What's the DNA of a Human-Centric Organization?

第6章 手法よりも原則を追求する

よい意味で普通ではないニューコアやハイアールは、「大規模な人間組織には官僚主義が不可欠だ」という考え方に疑問を突きつける。ただし、両社とも、自社のヒューマノクラシーが完全な進化を遂げたとは言わないだろう。また、両社の仕組みやプロセスを、すべて他社でも活用できるとは、まず言わないはずだ。両社が貴重なロールモデルとなっているのは、独特な手法のためというよりも、その手法を生み出した価値観が特徴的だったからだ。

ニューコアやハイアール、および他のパイオニア企業から学ぶのは、タイガー・ウッズから学ぼうとするのに少し似ている。彼のゴルフスイングの技術は、彼の体格にぴったりと合い、つねに進化しているが、そのスイングを真似することよりも難しいのは、ゴルフのメジャー大会で15回も優勝する原動力となった、彼の気力と強い意志について学ぶことである。

他社をベンチマークしようとするとき、私たちは「彼らのやり方はどこがちがうのか」と考えがちだ。しかし、自社とはあらゆる部分が異なる企業を理解しようとするときには、「彼らの考え方はどこがちがうのか」と問う必要がある。

ニューコアのケン・アイバーソンは、どんな信念や思想によって、現場のメンバーに前例がないほどの自由を認めて、彼らが学び、成長する組織をつくったのか。ハイアールの張瑞敏が、古くからあるメーカーを起業家の育成所に変えるという、一見不可能な任務に乗り出したのはなぜなのか。パイオニアになるのは簡単なことではない。道が描かれた地図もない。あなたを導くのは、人や組織や成功についての世界観だけだ。

張の世界観では、人の力が中心に置かれている。張は、モーニング・スターのクリス・ルーファーのように、最も優れた組織は人々が力を伸ばせるよう最大限の自由を与える組織だと信じている。アイバーソンの世界観で中心となっているのは「普通の人の才能」という考え方だ。事業を前進させるのは、マネジャーではなく現場の従業員だと彼は信じている。もし、こうした考え方を心の底から信じるなら、官僚主義は嘆くべきものではなく、なくすべきものだ。

人がある問題をどれだけ重要だと考えるか、あるいはその問題をそもそも認識するかどうかさえも、その人の世界観によって変わってくる。たとえば、もしあなたが自然環境のよき守護者となろうという神聖な思いを抱いているなら、気候変動の脅威をとても深刻に受け止めるだろう。反対に、地球は資源の貯蔵所であって、短期的な利益のために活用すべきだと考えているなら、環境保護主義はあなたにとってほとんど無意味に見えるだろう。ヒューマノクラシーも同様だ。あなたの世界観のなかで、人間の自由や成長が大切なら、官僚主義の非人間性は許容できず、行動が必要だと感じるだろう。反対に、人間を生産のための要素と見なしているならば、官僚主義を守る言い訳をし、小さな改革で満足するはずだ。

世界観が大切なのである。それも非常に大切だ。だが、人は概して、根本的な思想よりも、どう実施するかを考えるのにずっと多くの時間を使いがちだ。私たちが行き詰まっているのは、それが原因だ。

真に新しい問題、たとえば完全に人間らしい組織をつくるといった問題は、昔ながらの思想では解決できない。18世紀に、「国民主権」という概念が政治哲学者を触発し、彼らは君主制の規範に挑んだ。多大な発想力と努力によって、彼らは君主制の規範に代わるものとして、民主主義を構成する基本的な原則をつくった。たとえば、次のようなものだ。

公選制	国民参政権
法の下の平等	三権分立
司法権の独立	言論の自由
信教の自由	

同様に、ニールス・ボーアやヴェルナー・ハイゼンベルクらの物理学者は、原子より小さい世界

を探求するために、ニュートン物理学という慣れ親しんだ世界を捨て去らなければならなかった。そして、まったく新しい基本原則を導きだした。たとえば、波動と粒子の二重性、重ね合わせの原理、不確定性原理、非局所相関といったものだ。そうして生まれたのが量子力学だった。

マネジャーはプロセスに執着しがちだ。計画立案や予算編成、業績評価などのプロセスは、誰のアイデアが優れており、どのプロジェクトが資金を得、報酬がどのように配分されるかを決めるのにとても重要だからだ。

しかし、ヒューマノクラシーの実現を目指すなら、プロセスに注目するだけでは不十分だ。ハイアールの「リーディング・ターゲット」に関わるプロセスのように、個々のプロセスはそこでの状況に適したものである場合が多い。したがって、１つの組織で効果があっても、別の組織ではうまく機能しないかもしれない。加えて、１つのプロセスは大きな全体のなかの一部でしかない。斬新なプロセス１つを従来型のマネジメント・モデルに当てはめても、たいていは効果がない。サッカーのレジェンドになりたいと願って、クリスチアーノ・ロナウドの背番号７番のジャージを着てみるようなものだ。

もう一度、民主主義の基本原則について考えてみよう。成熟した民主主義国の政治システムは、具体的な部分では異なっている（たとえば、イギリスにはアメリカとちがって、明文化された憲法がない）。しかし、どの国のシステムも、同じ民主主義の原則に基づいている。民主主義の強さは、特定の構造や手法では決まらない。独裁者であっても選挙を実施することはできるが、選挙で不正票を投じ野党を迫害したら、選挙結果は民主的なものではない。

次の図について考えてみよう。

世界観
▼
課題
▼
基本原則
▼
プロセス
▼
手法
▼
パフォーマンス

政治学や物理学、あるいはマネジメントなど、人間が確立したどんな分野でも、このヒエラルキーはかなりの程度、共通している。そうした分野の専門家のコミュニティには、共通の世界観ができ、どんな課題を解決すべきかおおむね合意し、共通の基本原則ができる。やがて、その基本原則が活用され、プロセスや手法が現れる。すると、それらがその分野のパフォーマンスを左右することになる。

マネジメントという仕事では、このヒエラルキーは左頁の図のように見えるかもしれない。

官僚主義のマネジメントが過去１００年あまりの間に成熟していったように、システムが成熟していくと、パフォーマンスはなかなか向上しなくなる。19～20世紀に、官僚主義の分野では労働効率と資本効率が著しく向上したが、過去数十年間では生産性の伸びは鈍化した。官僚主義によって解決できるオペレーション上の非効率は、以前は豊富にあったが、ほとんどが解決されてしまった。ポイントはここだ。時間が経つと、システムのパフォーマンスは限られてくる。それは、工程や手法によって限られるのではなく、世界観や原則によって限りが生じるのである。

世界観

業務にあたる人間は生産の要素であり、製品やサービスを生産する責任を負う。

▼

課題

事業における第1の課題は、変動を少なくし、ムダをなくして、オペレーションの効率を最大化することだ。

▼

基本原則

組織の効率は階層化、専門化、組織構造の固定化、標準化を通じて最大化される。

▼

プロセス

効率を追求するうえで不可欠なプロセスには、目標設定、経営資源の配賦、仕事の組み立て、人材採用、業績評価、報酬の供与などがある。

▼

手法

繰り返し実施されるマネジメント手法には、目標設定、KPIの制定、仕事の割り当て、進捗の追跡、コンプライアンス業務、パフォーマンスの評価などがある。

▼

パフォーマンス

こうしたプロセスや手法がしっかりと実施されれば、調整やコントロールが最大化され、その結果、収益力も最大化される。

筆者らは研究者やコンサルタントとして、このシンプルな真実を理解するのに、長い年月がかかった。何十年もの間、筆者らは大企業のイノベーションに協力してきた。典型的な例では、まず数週間かけて必要な支援者を集め、共同で取り組みを企画して、プロジェクト・チームのメンバーを集める。その後、数週間トレーニングやブレインストーミング、コーチングを実施する。そして、何カ月かかけて新しいビジネス・コンセプトを作成してテストし、最終的には、多数の新製品を市場に出す。すると、売上に増加が見られる。しかし、数年後に再度その企業を訪問すると、イノベーションのネタは尽きている。官僚主義者が再びコントロールを握っており、売上の成長は止まっている。

この物語を何十回も見てきて、筆者らはやっと気づいた。私たちが取り組んできたのは、ルールを破壊するイノベーションだった。つまり、システムの基本設計とは構造的に共存しえないイノベーションだったのだ。よりイノベーティブになり、また適応力や発想力を高めるためには、組織に新しいDNAを注入し、ヒューマノクラシーの原則の上に組織を築き直す必要がある。既存の仕組みや工程の微調整だけでは、つまり短時間のマインドフルネスのトレーニングや、アジャイルチーム、DX(デジタル・トランスフォーメーション)の試行、表面的なアナリティクスなどだけでは、組織の力を急上昇させることはできない。私たちは、原則に立ち戻る必要があるのだ。

厳密に組み合わさったシステムである官僚主義は、コンプライアンス、規律、予測のしやすさを実現する。まさにそのために設計されたのであり、ソーセージを製造する機械が、ソーセージしか製造しないのと同じだ。だから、より脂肪の多いソーセージや、菜食主義者向けのソーセージをつくったり、1時間あたりの生産量を増やしたりすることはできるかもしれないが、最初の設計図に立ち戻らないかぎり、ソーセージ以外のものをつくることはできない。

もし私たちが、組織の能力を、そのなかで働く人たちと同じくらい豊かにしたいのであれば、最初からつくり直さなければならない。まず、私たちには新しい世界観が必要だ。人間が「資源」や「資本」として見られることがない世界観である。そして、課題も考え直さなければならない。目標はコンプライアンスを最大化することではなく、最大限に力が発揮できるようにすることだ。そして、すべての構造や仕組み、工程や手法に、新しい原則を埋め込む必要がある。もし真剣に、人間にフィットし、未来にフィットする組織をつくろうとするならば、それ以下のものでは不可能なのである。

だから、前へ進もう。次の章からは、ヒューマノクラシーの中核となる原則を掘り下げていく。

第7章　オーナーシップ
第8章　市場
第9章　健全な実力主義
第10章　コミュニティ
第11章　オープンであること
第12章　実験
第13章　パラドックスを超える

これらの原則は、パイオニア企業の分析をもとにまとめたもので、ポスト官僚主義の組織を実現するためのガイドラインとして、包括的、かつ一般化が可能なものである。これらの原則が一体となって、ヒューマノクラシーのゲノムとなるのだ。

第7章　オーナーシップ

人々が最もベストを尽くそうとする組織は、どんな種類の組織だろうか。ベストを尽くして難しい課題に取り組み、リスクを取り、常識に挑もうとする組織は、どんなタイプの組織だろうか。また、顧客と最も強くつながり、最も強い責任感や意欲を持つのは、どんな組織か。私たちの経験では、その答えは「スタートアップ」である。

成功しているスタートアップでは、

新しい大地を切り開こうという情熱のもと、従業員が団結している。

チームは小規模で、役割ははっきりとは決まっておらず、方針は柔軟だ。

階層はほとんどなく、何かに従うというプレッシャーもほぼない。

野心的な目標とスケジュールを設定しているため、誰もがより少ない力でより多くを成し遂げようとする。

成長スピードを上げるために、外部のリソースを進んで活用しようとする。

形式的なことはほとんど行われず、好まれるコミュニケーション手法は全員参加のミーティングだ。

主体性が大切にされ、よく考えたうえでリスクを取ることが推奨される。

言い換えると、スタートアップは大胆で、シンプルで、リーンで、開放的で、フラットで、自由だ。ここに並べた言葉は、動きの鈍い大企業を表現するのとは異なるはずだ。

世界を変えるのが反乱軍であるのは、不思議なことではない。ハーバード大学の経営史学者であった故アーサー・コールはこう書いている。「起業家研究とは、すなわち経済史の中心人物の研究だ[1]」。産業革命は起業家のエネルギーが原動力となった。19世紀には政治的、経済的な自由が拡大し、何百万人もがついに、自分の情熱とエネルギーが許すかぎりのものを、何でも自由につくれるようになった。そうした人たちのなかから、ジョサイア・ウェッジウッド（陶器）、リチャード・アークライト（繊維）、ウィリアム・リーバ（石鹸）、ジョン・キャドバリー（チョコレート）、ジョン・ウィルキンソン（鋳鉄）、マシュー・ボールトン（蒸気機関）らが誕生した。彼らは飛び抜けた発想と勇気を持ち、世界の需要に応えようと立ち上がった。

起業家の活動、もしくは、ノーベル経済学賞受賞者のエドムンド・フェルプスが「草の根のイノベーション」と呼ぶものは、今日でも19世紀と同じように経済の活力の中心となっている。[2]起業家は新しい技術の価値を見出し、競争を刺激し、満たされていないニーズを満たし、新たな雇用を創造する。

起業活動は、人間が元気でいるためにも不可欠だ。フェルプスは、私たちが最も生き生きとしているのは、「精神的な刺激や、新しい問題解決への挑戦、そして未知のものへと踏み出していく興奮を経験するときだ」[3]と論じているが、それはその通りだろう。起業活動が官僚主義者や統制主義的な政策によって抑え込まれたら、経済も人類も苦しむ。フェルプスは、これがまさに過去70年間に、巨大企業が経済を支配するなかで起こってきたことだと言う。それ以前の、経済に小規模な企業がたくさんあった時代について、彼は次のように述べている。

> 最も賃金の低い従業員でも、何か新しいことや別のやり方などを思いついたときには、トップではないにしても、上の立場の人が耳を傾けた。そのため従業員は脳裏をよぎるアイデアにつねに注意を払っていたし、その意識があるからこそ、新しいアイデアを思いつきやすくもあった。管理的なヒエラルキーで塗り固められた現在の巨大企業では、そんなことは期待できない。[4]

この点に関して、フェルプスの意見はコールと一致する。コールはこの50年前に、起業家精神は官僚主義の「外部からは見えにくい腐敗[5]」によって、どんどん危険な状態になっていると読者に警告した。官僚主義は発明家ではなく会計士によって、つくる人ではなく管理する人によって運営される。大企業では、フェルプスが言うところの「発想の場（imaginarium）」で活発に活動するのは、ほんの一部の従業員だけだ。

起業活動は実際、衰退しつつある。過去40年間にアメリカ経済では、設立から1年未満の企業の割合が、15％近くからわずか8％へと半減した。同時に、大企業はますます大きくなっている。繰り返される合併や、デジタル技術の「勝者一人勝ち」の傾向によって、いまの経済は、強力で、政治的にコネのある寡占企業が支配している。

その結果として生じたのは、フェイスブック共同創業者のクリス・ヒューズによると、「起業活動の低下、生産性成長率の鈍化、価格の上昇、消費者にとっての選択肢の減少[6]」である。独占禁止法をもっと厳格に運用することが、間違いなく答えの1つとはなるだろう。しかし、私たちは起業家精神をすべての企業に吹き込むよう、努力しなければならない。

企業の従業員と起業家のちがい

あなたの組織で働く人たちの何％が、次の文章に「あてはまる」と答えるだろうか。

私は仕事に情熱を傾けている。
私は事業に関する重要な意思決定ができる。
顧客への説明責任は私にあると感じる。
私は自然とリーンに考える。
私のチームは小規模で非常に柔軟性が高い。
事業の成功は私が大きく左右する。
私はものごとの進捗を、月や四半期の単位ではなく、日や週の単位で測る。
私には毎日、新たな、興味深い問題を解決するチャンスがある。
私の金銭的な報酬は、この事業の成功に大きな影響を受ける。

10%だろうか、あるいは5%か、1%か。これらの言葉は、小規模な事業のオーナーが口にしそうだが、大企業ではほとんど聞かれない。しかし、大企業には、実は起業に使えるものがたくさん備わっている。たとえば、豊富な資金、何千人もの優秀な人材、テラバイト規模の顧客データ、強力なブランドなどだ。しかし、欠けているものもある。それは、オーナーのような気持ちを持つ従業員だ。

現在のところ、4200万人のアメリカ人が、従業員5000人以上の企業で働いている。おそらく、この4200万人のなかには起業家精神を持った人が何万人もいて、その人たちは何らかの理由で、自分で打って出るチャンスをまだ持てずにいるのではないだろうか。彼らは、グーグル共同創業者のラリー・ペイジとセルゲイ・ブリンのように、スタンフォード大学に進学して同校のベンチャーキャピタルのネットワークにつながることもなかった。メタを創業したマーク・ザッカーバーグのように、ハーバード大学でエドゥアルド・サベリンのような裕福な同級生に出会うこともなく、まだ売上のない会社に喜んで投資してもらえるようなこともなかった。だから、起業家精神を持つ従業員たちのアイデアはまだ試されることなく、情熱は報いられていない。

社外のハングリーな起業家の大群に立ち向かう最善の方法は、大勢の社内起業家の育成だと、CEOなら認識するはずだ——あなたはそう思うかもしれない。今日では、20代の若者がスタートアップを立ち上げても誰も驚かない。ヨーロッパで最も成長しているデジタル銀行、N26を立ち上げたとき、創業者のヴァレンティン・シュタルフはまだ27歳だった。しかし、自社内に同じような偉業を成し遂げる人がいるとは、CEOたちは考えていないようだ。だから企業は、「リーダーシップ開発」に何百万ドルも使う一方で、ボトムアップでの起業活動のサポートには、ほぼ一銭も投じていない。この状況は変えなければならない。すべてのメンバーの問題解決と事業構築のエネルギーを解放することが、ヒューマノクラシーには不可欠なのである。

起業家精神の土台となるのはオーナーシップ（独立した事業主であること、その精神）だ。イェール大学教授で法学が専門のヘンリー・ハンスマンは、すべての事業のオーナーは公式に2つの権利を持っているという。「会社をコントロールする権利」と、「会社の余剰利益の使い道を決める権利」である。つまり、意思決定をする自由と、成功に賭けてみる自由だ。[7] たいていの企業では、現場の社員はどちらもほとんど手にすることがない。だから、多くの人が独立したいと考えているのも不思議はない。最近のアメリカの調査では、「自分の事業を始めたいと思っている」と答えた人は62％。ミレニアル世代ではこの数字はもっと高く、77％だった。[8] 起業に飛び込む理由で最も多いのは「自分の運命をコントロールできるから」だ。

こうした起業家志望者も、世間を甘く見ているわけではない。事業のオーナーになったら、成功の保証もないのに、いまよりも多くの時間を仕事に費やさなければならないことを、彼らは理解している。それにもかかわらず、ミレニアル世代の61％が、他人の企業で働くよりも、自分で事業を手がけたほうが雇用の安全が確保されると考えている。そして、それには理由がある。ミレニアル世代は、世界金融危機のあとに最初の仕事に就いた人が大半だが、家族の誰かが人員削減の犠牲になったり、友人が「ギグ・エコノミー」の仕事から抜け出せずに苦しんでいたりする。たいていの企業がフルタイムの従業員を雇うよりも、契約で人を雇いたいと考えているような状況では、キャリアを築くのは難しいと彼らはわかっているのだ。

裁量権と報酬上乗せの可能性

イメージに敏感な企業は、「従業員ブランド（従業員の間での企業の評判やイメージ）」の構築や「従業員価値提案（企業が従業員に提供できる価値）」の向上について語る。その一方で、大企業は新入社員に、彼らが最も欲しがるものをめったに提供しない。それは、裁量権と報酬上乗せの可能性だ。

100を超える研究が、裁量権とプロフィット・シェアリングの企業業績への影響について調べており、その多くがプラスの相関関係を示した。[9] オランダの研究者、ダーク・ファン・ディーレンドンクとインゲ・ナイテンによる研究は、特に発見の多いものだった。[10] 彼らはまず、サーバント・リーダーシップ*における重要な行動から成る8因子モデルを構築した。

権限移譲……部下による意思決定を拡大する。
説明責任……みずからの意思決定の結果に責任を持たせる。
利他主義……他者のニーズを優先させる。
謙虚さ………自分の限界や過ちを公に認める。
誠意…………他者と正直に、かつオープンに関わる。
勇気…………他者をサポートするために、組織の慣習を変えようとする。
許し…………相手への共感と許す姿勢を示す。
受託者責任……組織全体の成功と健全性に責任を持つ。

つづいて2人は、オランダとイギリスの被雇用者1500人に、これらの点に関して自分の上司を評価するよう頼んだ。そして、自分自身に関しても、仕事に関連するさまざまな要素について評価してもらった。図表7-1に示した通り、従業員の「意欲」「仕事への満足感」「組織へのコミットメント」に最も強く相関していたのが、8つのリーダーシップ行動のう

＊ サーバント・リーダーシップ：servant leadership

ロバート・グリーンリーフが1970年に提唱したリーダーシップ・スタイル。サーバントとは「奉仕する人」の意。「リーダーである人は、まず相手に奉仕し、その後相手を導くものである」というリーダーシップ哲学に基づく。サーバントリーダーは、奉仕や支援を通じて、周囲から信頼を得て、主体的に協力してもらえる状況を作り出す（出典：日本サーバント・リーダーシップ協会）。

ちの「権限移譲」だった。一方で、「仕事のパフォーマンス」に最も強い影響を与えていたのが「説明責任」だった。

他にも、報酬上乗せの可能性と裁量権が離職率に与える影響について、ジョセフ・ブレイジ、リチャード・フリーマン、ダグラス・クルーズが調査した研究がある。[11] 図表7-2に示すように、報酬

図表7-1　リーダーシップに関する特性と仕事に関する要素の相関関係（R^2）

リーダーシップ行動	意欲	仕事への満足感	組織へのコミットメント	仕事のパフォーマンス
権限移譲	**.43**	**.62**	**.62**	.21
説明責任	.41	.33	.14	**.32**
利他主義	.18	.32	.54	.16
謙虚さ	.33	.48	.54	.09
誠意	.29	.35	.36	.08
勇気	.32	.31	.39	.07
許し	.08	.20	.36	.14
受託者責任	—	—	.60	.17

図表7-2　報酬上乗せの可能性と裁量権が離職率に与える影響（年間の自発的離職率）

報酬上乗せの可能性 ＼ 裁量権	小さい	大きい
大きい	17.6%	**6.3%**
小さい	15.3%	14.4%

上乗せの可能性と裁量権が変化しても、それぞれ単独では離職率にほとんど影響を及ぼさない。しかし、この2つが組み合わさると、離職率は半分以下に低下する。この効果は当然とも言える。たとえば、誰かにより大きな責任を引き受けさせ、その一方で成果の取り分は増やさないのであれば、それはフェアではないと見なされるだろう。反対に、より大きな報酬を得るチャンスを与えながら、そのために必要な意思決定ができる権限は与えないとしたら、その人には苛立ちや腹立たしさが募るだろう。起業家的な情熱をかき立てるのは、裁量権と報酬上乗せの可能性の組み合わせなのである。

これを踏まえると、従業員の大半が柔軟性に欠ける賃金表を当てはめられ、求められる以上の仕事をする動機となる報酬がほぼ存在しないのは遺憾なことだ。次の点について考えてみよう。

- 2015年のヨーロッパ労働条件調査によると、非管理職のうち、個人やチームの業績によってボーナスが供与される従業員は、わずか14%だった。これと同じ内容の調査がアメリカでも実施され、結果は15%と少し高かったが、生産性に応じたボーナスがもらえる従業員は非常に少なく、4%だった
- 働きがいのある会社研究所（Great Places to Work）がまとめたデータによると、有価証券報告書を提出した会社のうち、現金によるボーナスを支給していたのは全体の5分の1で、その金額の中間値は、従業員の報酬のわずか4・7%だった[12]

- プロフィット・シェアリングなど、従業員の生産量を基準としていないボーナスは、アメリカでは報酬費用全体の2・1%に過ぎなかった（2019年の第2四半期）[13]。アメリカの民間企業では、プロフィット・シェアリングの対象となる現場の従業員は16%で、ヨーロッパでは10%である[14]

従業員に裁量権と報酬上乗せの可能性を提供しないのは、明らかに愚かなことだが、それがあたりまえになっているのはなぜだろうか。最も説得力のある説明は、企業の上層部が、「現場の従業員には貢献できるほどの力がない」と考えていることだ。そうした人たちの見解では、従業員は誰でもできる仕事をする、どこにでもある資源で、アップグレード可能な「ミートウェア」だ。マッキンゼーの元マネジング・パートナーは、企業幹部にアドバイスをしたときにこの見解を披露し、「本当に（成果を）高める（全従業員のうちの）2%」に注目することを勧めた。「多くの価値を創造できるのは、非常にわずかな人たちです」と彼は論じた。質問されると、その主張は「回帰分析やアナリティクスに基づいたものではない[15]」ことを認めた。つまりそれは、裏づけられていない推量、もっと正確に言えば偏見だった。

一般の従業員に対するこの種の蔑視は、18世紀の貴族階級の傲慢さによく似ている。そして、クリエイティビティと主体性を抑え込むという、同じ悪影響も及ぼす。自由と報酬上乗せの可能性が抑えられると、コミットメントとパフォーマンスも抑えられる。

オーナーがどこにでもいる組織

オーナーシップの文化をトップから一番下の階層まで浸透させるなんて無理だと思っている人のために、再びハイアールとニューコアを例に考えてみよう。

ハイアール

第5章で見てきたように、ハイアールには何千人もの社内起業家がいる。4000のマイクロエンタープライズ（ＭＥ）で働く人たち全員に、大幅な報酬上乗せの可能性がある。基本給は少なく、たいていは最低賃金とあまり変わらない程度の額だが、チームが「リーディング・ターゲット」を達成すると、給与は5倍、あるいは10倍にもなる。

現場のチームは自分たちに合う事業を見つけたら、それを運営することもできる。自分たちで方向性を決め、製品を開発し、各自の役割を決め、人材を採用し、報酬を分配する。その結果、起業家的なエネルギーが渦を巻いているような企業となり、国内外でライバル企業に勝ちつづけている。

ニューコア

ニューコアもオーナーシップの文化による果実を享受している。同社の従業員１人あたりの鉄鋼生産量は、従来型のライバル企業のどこよりも多い。また、従業員１人あたりの利益も、同業他社のグループの3倍となっている。従業員はボーナスの仕組みに後押しされ、生産性を向上させる新しいやり方を絶え間なく探す。新製品や新たな作業方法を自由に実験することもできる。

ニューコアは従業員を「底なしの創造力が湧き出る泉」のように見ている。業界平均を上回る報酬は、いわば、その創造力を地上まで汲みだすためのポンプのようなものだ。決してどこにでもあるコモディティのように従業員を扱わず、それによって、ニューコアは自社の事業を非コモディティ化している。

大西洋を越えた向こう側では、スウェーデンの大手銀行と、パリを本拠地としたコングロマリットが、同様に強固なオーナーシップの文化を築いている。

スベンスカ・ハンデルスバンケン

ストックホルムを本拠地とするハンデルスバンケンでは、１万２０００人の従業員が８４０以上の支店を運営している。同社は25カ国で事業を展開しているが、そのうちスウェーデン、デンマーク、フィンランド、ノルウェー、イギリス、オランダを主な市場としている。同社の資本利益率がヨーロッパの同業企業を下回ったのは、過去47年間で4年だけだ。

ライバル企業とちがって、ハンデルスバンケンは全支店をそれぞれ独立の事業と見なしている。各支店は個別に運営されており、支店ごとに損益計算書を作成している。本社の費用が支店に配賦されることはほとんどなく、トップダウンの命令もないに等しい。元ＣＥＯのアンダース・ボウヴィンは次のように説明する。

「優れた結果を出すために、本当に顧客満足が重要だと考えているならば、会社を操縦するための仕組みはすべてなくしたほうがいい。顧客のためにならないことを、従業員に強いる可能性がある仕組みをなくすのです[16]」

支店のチームは通常8～10人で構成され、融資の承認や、預金や貸出金利の決定、顧客とのコミュニケーション、人員数の設定に責任を持つ。

ボウヴィンの見方によると、同社が「根本的に人本主義」のモデルを用いている大きな理由は、そのほうがよりよい意思決定ができるからだという。

「人々を本当に信頼していると、昔ながらの指揮命令型のモデルを使う場合よりも、高いモチベーションが生まれ、質の高い意思決定ができるんです。指揮命令型のモデルでは、顧客が実際にいる場所から遠く離れたところで、本社の人たちが決定を下すことになります[17]」

ニューコアと同じように、ハンデルスバンケンも成功の果実を現場の従業員たちと分かち合っている。同社の資本利益率が同業他社グループの平均を上回った年は必ず、上回った分の3分の1が従業員のための投資基金に入れられ、主にハンデルスバンケンの株式の購入に充てられる。成果は従業員のランクにかかわらず平等に配分される。2018年に基金に入れられたのは9000万ドルで、従業員1人あたりでは7500ドルだ。現場のスタッフにとっては大きな額である。60歳になると基金からお金を引き出すことができ、長年勤めたスタッフだと、その額は100万ドルを超えることもある。

他のパイオニア企業と同様に、裁量権と報酬上乗せの可能性によって離職率は低く抑えられている。オーナーは一般に、長く事業に関わりつづけるものだ。

ヴァンシ

フランスの建設会社で、コンセッション事業（公共施設などの運営）大手でもあり、売上高４５０億ドルのヴァンシも、オーナーシップ文化を築いている優れた例の１つだ。ヴァンシは、１００以上の国で22万１０００人を雇用し、高速道路や空港、高速鉄道、スポーツ競技場などを運営している。建設事業では毎年、数十万件のプロジェクトを請け負っており、そのなかで最も困難な事業の１つには、チェルノブイリの原子炉４号機の放射性廃棄物を封じ込めるための、ドーム型の建物がある。その重量は3万６０００トンだ。

過去10年間、ヴァンシの株価はヨーロッパの同業他社の2倍の速さで上昇してきた。同社の成功は、ポートフォリオに組み込まれている事業の勢いが反映されたものとも言える。エネルギーとコミュニケーションのプロジェクトを担当するヴァンシ・エナジーの売上高は、２００８年の50億ドルから、２０１８年には１４０億ドルに拡大。空港のコンセッション事業は、２０１３年の４億３０００万ドルから、２０１８年末までには20億ドルに増加した。こうした成長の大部分は、ヴァンシの自国以外の市場で達成されたものだ。

ヴァンシのＣＥＯであるザビエル・ヒラードは、同社の成長は独自のマネジメント・モデルによるものだとする。官僚主義を最小化し、起業家精神を最大化するモデルである。ヒラードも、ハイアールの張瑞敏と同様に、従業員にオーナーシップの感覚を持たせるには、事業ユニットを小さく保つのが最善の方法だと考えている。ヴァンシは３０００の小さな事業ユニットに分けられており、その3分の2は、所属する従業員が１００人未満である。事業分割は徹底しており、成長すると事業が2つに分けられる。

事業ユニットはメンバー数の平均が40人を少し上回る程度で、売上高は平均８００万ドルだ。それぞれが高度に専門化していて、例を挙げると、フランスのナントに本拠地を置く事業ユニットは、ペットフードメーカー向けの機器を製造している。こうしたユニットが多数存在することで、市場を広くカバーでき、それぞれの事業にフォーカスできるのだ。ヴァンシは、企業全体として成長するには、その内部は小さくするべきだと考えている。

シナジーを創造するために、事業ユニットは部門にまとめられ、部門はグループにまとめられている。こうしたグループ化は、複数のユニットにまたがる事業機会を探すためのものだ。たとえば、現在、複数の部門が遠隔モニタリング用の新しいセンサー技術を共同で開発している。

ヴァンシのマネジメント・モデルは、裁量権と説明責任は切り離せないものであることを示している。ユニットはそれぞれに損益計算書を作成し、ビジネスプランを策定して、その実行に必要な経営資源を獲得する責任がある。ヒラードは言う。

「権限と責任は手と手を携えています。権限を与えずに、誰かに責任を持たせることはできません。ユニットがうまく機能しない場合は、つねに、この2つが切り離されていることが原因です[18]」

細分化され、権限移譲された組織の強みの１つは、リーダーシップを発揮して影響力を及ぼす機会が何倍にもなることだ。「売上高1000万ユーロの事業を、30歳にも満たない人に任せることも珍しくはありません」とヒラードは言う。

ヴァンシのリスクを厭わない精神は、空港事業への参入にも表れていた。10年ほど前、同社はカンボジアの空港を2カ所、売却しようとしていた。すると、当時フランスの事業開発ディレクターだったニコラ・ノトベールが、これた空港だった。もっと大型のプロジェクトの一部として手に入れた空港だった。

※

の2つの空港を新事業のスタート地点として使えるのではないかと考えた。空港を売らないよう働きかけて成功し、彼はアジアへ移って空港運営の事業を始めた。この実験によって、事業機会が本当にあったことが証明され、今日ではヴァンシは1万4500人の空港スタッフを雇い、年間2億4000万人の乗客に対応している。ヒラードは言う。

「（CEOとして）私に手柄があるとすれば、ニコラがその熱意を発揮できる条件を提供したことだけでしょう。つまり、〈野草〉を伸びるに任せたということです」

ヴァンシでは、野心のある若いリーダーは、ガレージをオフィスにしなくても起業できるのだ。

ヴァンシは報酬面でもオーナーシップを奨励しており、従業員持ち株制度で5％の割引を実施し、1年間に平均給与の10％にあたる4000ドルまで、自社株式を購入できる。従業員の62％以上がこの制度を利用しており、その割合は大手ヨーロッパ企業平均の3倍だ。ハンデルスバンケンと同様に、従業員個々人の豊かさが、会社の継続的な成長と強く結びついている。

オーナーのように考え、行動する従業員には、あまり監督は必要ない。そのため、ヴァンシのパリ本社で働くのは250人で、全従業員数のわずか0・1％だ。「じゃまばかりする監督者が大勢いても、意味がないでしょ」とヒラードは言う。

ニューコア、ハイアール、ハンデルスバンケン、ヴァンシのどれもが、オーナーの連合体が核となっている組織を築いた。これまでの数十年間で、この4社は次のことを示した。

オーナーシップが広く行き渡ると、

- 離職率が下がり、従業員がより賢明で、より経験豊かになる
- 自由裁量で取り組む力が解き放たれる
- イノベーションへの意欲が高まる
- 団結力と仲間意識が高まる
- 顧客とのつながりが強まる
- より速く、よりよい意思決定が可能になる
- 組織がよりフラットでリーンになる
- 平均を超えるリターンが生み出される

もう一度、ミレニアル世代の77%が、自分で事業を運営するのを夢見ていることを思いだそう。なぜ、彼らは大企業のなかでそれができないのだろうか。

事業を始める際の障害としてよく言われるのは資金の入手と専門知識だが、大企業であればこの2点は解決できる。ハンデルスバンケンはわずか3年でイギリスに100店舗を出店したが、自己

資金で実店舗を運営するスタートアップでは、この出店ペースはまず実現できないだろう。また、大企業には大量の知識が蓄えられている。小規模事業のオーナーが、財務的に健全な判断ができるようになるまでには、何年もの経験と、多くの失敗が必要になる。これに対して、確立された大企業であれば、ニューコアが「ドルとトン」のゲームでやっているように、従業員のスキルを素早く高めることができる。

「自分の事業を経営する自由」と、「大企業の経営資源を利用できること」の2つを、天秤にかけなければならないという状況は避けるべきだ。もし、ニューコアかハイアール、ハンデルスバンケン、ヴァンシで働いていれば、そんな状況に陥ることはないのである。

ヒューマノクラシーへのステップ

では、あなたの会社でオーナーシップを高めようとする場合、どのようにすればよいだろうか。いくつか進め方を提案しよう。

1 まず、あなた自身の権限を配分し直そう。重要な意思決定を下すとき、あなたは一歩下がって、あなたのチームが決めるようにしよう（この点については、第15章で詳しく述べる）。

2
あなたの会社にプロフィット・シェアリングの仕組みがないなら、その構築を働きかけ、必ず全従業員が利用できるようにしよう。業績のよい年には、プロフィット・シェアリングで平均報酬が10％以上増えるようにすべきだ。

3
可能なかぎり、大規模な事業ユニットを分解して小さくしよう。1つのユニットが、50人を超えないようにする。

4
すべての事業ユニットで本格的な損益計算書を作成しよう。本社費用の配賦は最小限にし、細かなKPIを目標にするのは避ける。

5
現場チームの意思決定の権限を拡大しよう。ユニットの戦略やオペレーション、人事に関する決定の責任を与えよう。

6
現場チームの自由を奪っている古い方針を縮小しよう。事業ユニットに、本社が提供するサービスの価格を交渉する権利を与え、その条件に満足できない場合は、そのサービスを利用しない権利も与える。

7 すべてのユニットが本格的な損益計算書を備えるようになったら、個人あるいはチームのパフォーマンスを反映する報酬を大幅に増やそう。このとき、平均を超えるパフォーマンスには、必ず平均を超える報酬を提供する。

「従業員」という概念が斬新だった時代があった。19世紀には、アメリカは「自営業者の共和国」だったと、ロイ・ジャックがまさに的を射た表現をした[19]。皮なめし工場や鍛冶屋、小売店などで他人に雇われて働いていた人は、自分の事業を持つことを夢見ており、実際に多くの人がそうした。2世紀後に、彼らの子孫がお金のために働く「雇われ人」となっているのを知ったら、彼らはさぞかし嘆くだろう。

私たちは19世紀に戻ることはできない。しかし、どんな企業でもオーナーの連合体にはなれる。そして、プライドや情熱、熟達やパフォーマンスといった、ヒューマノクラシーの特質を導き出すのである。

第8章　市場

あなたはおそらく、計画経済の国に住みたいとは思わないだろう。計画経済とは、いわば、はるか遠くの中央政府が、何をどのくらい生産するかを決める経済だ。権力者に価格を恣意的に決められたくはないだろうし、国の独占企業から商品を買いたくもないだろう。強制されるよりも、選択したいと思うはずだ。

計画経済は、長年の間に大きな歪みをつくり出した。たとえば、「産業間の不均衡な成長（資本集約的な産業が好まれる場合が多い）」「肥大化した国営企業」「生産設備の慢性的な不足、あるいは過剰」「壮大なムダ」などだ。中国の国営企業は、同国の全生産高のうち約20％を創出しているが、企業による借入のうち、国営企業によるものが4分の3以上を占める。[1] さらには、国営企業全体の資産収益率は、民間企業のわずか5分の1である。[2]

投資は、政治の論理よりも、ビジネスの論理に基づいて行ったほうが賢明なものとなる。企業は国の補助金に支えられていないときのほうが効率的だし、消費者は市場が全員に開かれているときのほうが、得な買い物ができる。アダム・スミスの言う「見えざる手」が働いているからだ。

大半の経営者は自由市場の長所を認識している。にもかかわらず、その企業構造の多くが計画経済的だ。かつてのソビエト連邦のように、意思決定の権限はトップに集中している。企業のレジリエンスを高め、よりイノベーティブかつ人間的にするには、この点を変えなければならない。

それをどのように実現するかを考えるために、まずはどんな条件下であれば市場の論理のほうがヒエラルキーよりもパフォーマンスが高くなるのかを理解する必要がある。そのあとで、それをどう企業組織に応用できるかを考えてみよう。

集合知（コレクティブ・インテリジェンス）

たった1人の人間、たとえばその会社のCEOが株価を決めるような株式を、あなたは買いたいと思うだろうか。たぶん、思わないだろう。資産を評価するにあたっては、それが株式でも、絵画でも、ビンテージカーでも、1人だけの意見では信頼に足る評価とはならない。お金を支払う前に、その金額が公正か、つまり市場で決まった金額かを知りたいと思うだろう。

市場は幅広い情報を1つの価格に集約する。たとえば、グーグルの株価は、現時点で投資家がグーグルに関して知っていることのなかで、同社の今後の収益力に影響しうることすべてを反映している。

少数の専門家が、ある株式の価格を決定しても、あなたはその判断を信じないのではないか。そうであれば、少人数の幹部が、戦略的なチャンス、たとえば買収や、製品ラインの拡張、新技術の採用などを決定しても、あなたは信じないだろう。大きな戦略的意思決定に関する情報を、たった1人で、あるいは少人数のグループでも、すべて網羅することはできない。だとすれば、官僚主義的な権力構造で、力が上層部に偏っているのは心配なことだ。

少数の上級幹部の意見が、圧倒的かつ不相応に信頼されている官僚主義では、意思決定が大きなものであればあるほど、その意思決定に異議を唱えられる人の数は少なくなる。これは重大な間違いだ。

疑問視されない権威のコストは、非常に大きい。元インテルCEOのポール・オッテリーニは、その在任期間中に、最初のiPhone向けの半導体チップをつくるチャンスを見送った。10年後、オッテリーニはその意思決定を正当化するため、iPhoneは「あらゆる人の予想の100倍売れた」[3]と言った。本当だろうか。あらゆる人がそう考えていたのだろうか。世界で最も普及している電子機器である携帯電話が、目を見張るほど進化したのに、誰もホームランを期待しなかったというのか。オッテリーニが致命的な意思決定をする前に、インテルの若手エンジニアにどのくらい意見を聞いてみたのだろうか。

皮肉なことに、インテルは史上最長ともいえる集合知の実験場となってきた。[4] ８年間にわたってカリフォルニア工科大学の教授たちが、インテルで予測を専門とする社員と、さまざまな部門の従業員（大勢の人を意味する「クラウド」と呼ばれた）の両方に売上予測をさせ、それを比較してきたのだ。

毎月、クラウドのメンバーは、製品ラインごとに４四半期先の売上を予測するよう依頼される。参加者は「フラン」と呼ばれるバーチャル通貨を使って、ある一定の幅の売上高が示されているチケットを買う。たとえば、あるチケットはある製品ラインの１５００万ドルから１５２０万ドルまでの売上高をカバーする。また、別のチケットは１５２０万ドルから１５４０万ドルまでをカバーする。すべてのチケットの値段は同じだ。参加者は１つの売上幅のチケットを複数買ってもよいし、さまざまなチケットに資金を分散して買ってもよい。ここで重要な点は、毎月、市場は１時間しか開かないということだ。そのため、参加者が仲間の知恵にタダ乗りできる可能性は低くなる。

実際の売上数字が発表されたら、正解のチケットを買った人には賞金が支払われる。２００６〜２０１３年までの間に、９５９回の実験が行われ、そのうちクラウドが専門家を破った回は、３分の２近くに及んだ。

オピニオン市場*は近年、選挙の予測や、科学のブレークスルー、感染症の広がり、映画チケットの売上、学術研究の再現性など、さまざまな予測でその価値を示している。[5] 典型的な例として、アイオワ・エレクトロニック・マーケット*は、アメリカ大統領選挙の予測

＊　アイオワ・エレクトロニック・マーケット

アイオワ大学が研究や学習のために開催しているオンライン市場で、参加者は選挙結果や経済指標などを予測し、株式に相当するものを購入する。

＊　オピニオン市場

本書では、大勢の人たち（クラウド）が、それぞれに「正しい」と思う意見（オピニオン）を仮想的に購入する市場を指している。その市場での評価をもとに、実際の事業展開などを行うことができるとされる。

で、世論調査の専門家に勝った回数が全体の74%に及んだ[6]。他の研究でも、市場が専門家に勝つ傾向が示されており、たとえ市場の参加者が、数百人や数千人ではなく数十人といった少ないときでも、同じ傾向が見られる[7]。

これらすべてが示唆するのは、企業のトップが重要な意思決定をする際にクラウドに相談しないと、「無知税」を払うことになる可能性が高い、ということだ。シスコの例で考えてみよう。

カリフォルニア州サンノゼに本拠地を置くネットワーク機器メーカーのシスコは、2010年10月に「ユーミー(Umi)」を発売した。価格は600ドルで、高解像度テレビをテレビ会議に使えるようにするための消費者向け機器だ。ただし、利用するには毎月25ドルをシスコに支払う必要があり、会議の相手となる友人や家族も契約をしている必要がある。有名なトークショーの司会者であるオプラ・ウィンフリーを起用して世界で発売したものの、ユーミーはわずか1年半で市場から撤退することになった。この絶望的な製品が店頭に並ぶ前から、フォーチュン誌は同製品を「誰も尋ねなかった質問の答え」だと評した[8]。もしシスコのリーダーたちが、ユーミーの見込みについて社内市場で調査をしていたならば、高いお金を払って恥ずかしい思いをすることもなかったはずだ。

集合知は、新製品の立ち上げや価格変更、大型の組織再編、新しいマーケティング・キャンペーンなどを評価する際に、非常に有益な資産になりうる。社内にオピニオン市場を築くのは手間がかかるが、事業で大失敗するよりは安く済むはずだ。

機敏な資金配分

過去50年間、ニューヨーク株式市場全体のパフォーマンスは、市場を構成する個々の企業の業績を上回ってきた。言い換えると、高額の報酬をもらっているCEOよりも、無数の普通の投資家のほうが、よい投資の意思決定ができたということだ。なぜだろうか。その理由は、市場のほうがヒエラルキーよりも、資金の配分に優れているからだ。

市場では、投資の意思決定は分散されており、冷静で、動的だ。投資家は好きなところに自由に資金を投資でき、パフォーマンスがよくない株式は感情を交えずに売却でき、干渉や摩擦などなしに取引できる。これに対して官僚主義では、おもな投資は少数の上級幹部によって、通常は非常に政治的な予算争いのなかで決められる。このように投資のプロセスを腐敗させ、最適な資金配分を阻害する要因を、研究者らは見出した。[9] そのなかでも特に有害なものを挙げてみよう。

独り占め……リーダーは、自分がコントロールする経営資源には縄張り意識を持ちがちで、資金や人材を他の部門とシェアしたがらない。たとえ、そのほうがリターンが大きくなる可能性があるときでもそうである。[10]

金持ちはもっと金持ちに……さまざまな事業を展開する企業では、最も大きい部門が公平な取り分以上の資本を獲得する傾向がある。それは、その部門のリターンが高いからではなく、政治力があるからだ。[11]

損失を取り戻そうと躍起になる……企業幹部は、苦戦している事業を立ち直らせるために、過剰な投資をする傾向がある。しかし、研究によると、それほど問題を抱えていない事業に投資したほうが、多くの場合リターンは大きくなる。[12]

全体責任……資金が足りないとき、優先順位の高い分野を守ろうとするのではなく、一律に支出を削減する。[13]

リターンよりもコネ……社内に強いネットワークを持つリーダーは、それほど人的なつながりのないリーダーに比べて、個別の事業のリターンには関係なく、より多くの経営資源を獲得する傾向がある。[14]

古巣をひいきする……上級幹部は、若いときに働いた部門の資金の打ち切りや売却には消極的だ。[15]

さばを読む……資金獲得を争っているとき、事業部門のリーダーはみずからの投資提案のメリットを誇張したくなる。本社レベルの幹部は、こうした歪みに気づきにくい。[16]

前例に従う……投資の意思決定は、昨年の予算との比較で行われることが多い。どの事業も、どの製品も、1年前の予算に数％プラスかマイナスした程度の予算をもらう。[17]

最後のポイントに関して、マッキンゼーはアメリカの企業1600社を対象に15年にわたる調査を行った。個々の事業部が毎年受け取る資金について、年ごとに相関関係を調べると、相関係数は0・9218、つまりどの年も前年とあまり変化がないことがわかった。[18]

以上の点に見られるように、社内の投資の意思決定は個人のバイアスや政治的な駆け引きによって歪められる。その結果生じるのは、資金配分におけるかなりの惰性と、「今後の可能性」を犠牲にした「現状」への過剰投資だ。スタートアップ企業のほうが先に未来へ到達するのも、当然のことと言える。

過去10年で、地球上の他のどこよりも従業員1人あたりの利益を創出したのは、サンフランシスコからサンノゼに至る長さ16キロほどの細長い地域だ。2010〜2019年の間に、3500億ドルものベンチャーキャピタルの投資資金が、このベイエリアのスタートアップに流れ込んだ。[19] 現在のところ、アメリカの122社のユニコーン企業（ベンチャーキャピタルの支援を受けている非上場企業で、企業価値が10億ドル以上の企業）のうち、半分がカリフォルニア州北部の企業だ。

シリコンバレーにCEOがいるわけではない。中央で投資を決定する権力者がいて、人工知能にいくら、クラウドサービスにいくら、薬理ゲノミクスや、バーチャルリアリティ、フィンテック、サイバーセキュリティにいくらなどと決めているわけでもない。実際のところ、シリコンバレーでは何千人ものエンジェル投資家やベンチャーキャピタリストが、価値を創造しようと、3つの市場が交わる地点で競い合っている。3つの市場とは、「新しいビジネスアイデアの市場」「世界クラスの人材の市場」「リスク耐性のある資本の市場」である。これらの市場は活気があり、休むことがない。シリコンバレーでは全員が、次のディールを追いかけているか、次の投資ラウンドの資金を探しているか、次のグーグルやエアビーアンドビーと契約しようとしているかのように見える。資金は、最も多く価値を生み出しそうなものに姿を変える。これに対して、大企業では資金は怠けている。エグゼクティブ・バイスプレジデントあたりが、「動け」と命令するまで動こうとせず、その命令のタイミングも、たいていは遅すぎる。

官僚主義の企業では、アイデアを売り込める場所はただ1つ、指揮命令系統の自分より上の部分だけだ。どんなアイデアでも、直近の優先事項や幹部の考え方と調和しないものは没になる。それとは対照的に、シリコンバレーでは、起業家志望者が十数回も門前払いを食ったあとで支援者を見つけることは日常茶飯事だ。それなのに、たいていの企業では、1回の「ノー」だけで新しいアイデアが抹殺されてしまう。

他のやり方があってもよいはずだ。例として、IBMのケースを見てみよう。100年を超える歴史を持つこのIT企業は、資金の配分プロセスをオープンにすることで、シリコンバレーの精神を社内に取り込もうとしている。小規模な実験を何度か行ったあと、IBMは最初の全社的な資金調達プラットフォームである「アイファンドＩＴ（ifundIT）」を２０１３年に立ち上げた。その狙いについて、当時、ＩＢＭの幹部だったフランソワーズ・レグエスは、こう説明する。

「これは優れたアイデアを持っている人が全員、必ずそれを見てもらえたり、聞いてもらえたりすることを目指すものです[20]」

そこでＩＢＭのＩＴ関連の従業員全員に、最大で２０００ドルの投資資金が与えられた。１つのアイデアが、同僚から2万５０００ドルの投資資金を獲得したら、そのアイデアは公式に認可されたプロジェクトとして立ち上げることができる。最初の年には、30カ国から１０００人以上の従業員が参加した。

勝ち抜いたアイデアの1つが、ソフトウェア・エンジニアのライアン・ハットンが提案した「Tap-o-Meter」だ。社内のアプリ開発者に、社内でどのようにアプリが使われているか、リアルタイムでデータを提供するオンラインツールだ。

アイファンドＩＴのおかげで、このプロジェクトは1カ月でアイデアから承認まで進んだ。大企業の標準からすると、非常に速いペースだ。大学卒業直後にＩＢＭに入社したハットンは、プロジェクトが立ち上がったときにはまだ24歳で、大喜びして次のように話した。

「こんなに速く結果が得られるのはすごいことです。入社してまだ日も浅いのに、これほどのインパクトを与えることができたなんて、ちょっと驚きです[21]」

さらに意欲的なクラウドファンディングの取り組みが、２０１６年に始まった。そのスタートは、27万５０００人の従業員に向けて、ＩＢＭの先駆的な人工知能技術をどう活用するか、アイデアを出すよう呼びかけることだった。「コグニティブ・ビルド（Cognitive Build）」と名づけられたこのプロジェクトは、ブレインストーミングから動き出した。そこで8361のアイデアが生まれ、[22] 3924人が技術審査に事業案を提出し、2603件に絞られた。すると、IBMは社員全員にバーチャル通貨2000ドルを与え、最も期待できると思われるアイデアに投資するよう呼びかけたのだ。合計で22万5000人以上が参加し、2億9100万ドルのバーチャル通貨を投資した。

その後、このクラウドによる投資判断を重視する形で、社内の審査員が50人の最終候補者を選出。顧客と幹部で構成された検討会でこの最終候補者たちがプレゼンテーションを実施し、ついに3人の優勝者が決定された。そのうちの1人が出したアイデアは、テキストメッセージを活用したメンタルヘルス・カウンセリングのソリューションだった。選考に残った候補者と最終候補者には、かなりの額の賞金が与えられ、評価の高かったアイデアのいくつかは、さらに開発が進められることになった。

広範なアイデア市場がなければ、コグニティブ・ビルドの有望なソリューションも、資金を得られなかっただけでなく、現れもしなかっただろう。市場はその存在そのものが、売り手に活力を与え、買い手を引きつける。コグニティブ・ビルドは、投資した社員が自分の推すアイデアを勝たせるために協力するという、自主的な取り組みのきっかけにもなった。市場がなければ、こうした展開が起こることもなかっただろう。

おそらく最も重要な点は、社内市場があったことで、異色のアイデアが幹部によるチェックを受ける前に開発の機会を得て、支持者を集められたことだ。アイデアの提案者は次々にフィードバックをもらい、多くの場合、社内の支持者によるネットワークを築くことができた。1人の判断でアイデアをつぶさないようにすることで、通常のトップダウンによる計画経済的な資金配分プロセスを避けることができたのだ。

筆者らは、すべての企業がエンジェル投資家的な社員を育てる必要があると考えている。その利点は、アイデアの創造と情熱が高まり、見落としが減り、開発の速度が上がることだ。これらの点は、進化しつづける優位性を築くためには、非常に重要である。そして、人間的な観点からは、アイデアの中身よりも政治的な関係であやつられた資金配分のプロセスを取り除いて、クリエイティブな人たちが、決して縮こまることがないようにすることも、非常に重要だ。

柔軟な調整

市場はとても優れた調整能力を持っている。仮にあなたがロンドンに住んでいて、ディナーパーティのメニューを考えているとしよう。買い物をするためにインターネットを開けば、すべてが魔法のようにそこにある。スコットランドの牛肉、フランスのアスパラガス、ニュージャージー州のじゃがいも、デンマークのバター、ケンタッキー州のイチゴ、フランスのおいしそうな白かびチーズ、グアテマラのカカオだけでつくったチョコレート、ニュージーランドのワイン、ケニアのコーヒー。注文をしてから2時間後、すべての品物があなたの家に届けられる。

この魔法は、私たちには把握しえない、世界に広がる契約網によって実現されている。大勢の農家や梱包業者、輸送業者、卸売業者、小売業者がどういうわけか結びつき、あなたがごちそうを準備するのを手伝っている。これが市場の魔法だ。

契約書を書き、それを実行するのにはコストがかかる。しかし、市場ベースの調整は、官僚主義的な調整、たとえば、トップダウンの命令や、おせっかいなスタッフ、乱立する委員会などに比べてずっと効率的で柔軟だ。

これほど調整能力に優れた市場があるのに、そもそもなぜ階層組織は存在するのだろうか。経済学者の答えは、「契約を媒介とした市場調整のコストが、命令を媒介とした官僚主義の調整コストを上回ったときに、階層組織が現れる」となるだろう。契約締結のコストが高くなるのは、獲得しようとするスキルや資源の価値を測定しにくいときや、スキルや資源が希少なとき、あるいは、さまざまな活動を統合する必要があり、しかもその方法が複雑であらかじめ特定できないときだ。たとえば、アップルがｉＰｈｏｎｅをつくる際には、非常に複雑なスキルやテクノロジーを何年もかけてまとめ上げる。その行為すべてを、多数のばらばらな請負業者との個別契約を通じて実現するのは考えにくい。

ロナルド・コースやオリバー・ウィリアムソンといった経済学者は、企業が活動を「内製化」するほうが、対等な取引を通じてそれらを獲得するよりも効率的な場合があると論じた。それは正しいが、いったん内製化されたら、その活動を市場のような仕組みで調整することはできないという見方は間違っている。経済学者は世界を市場と企業に分ける。市場は分散しており、企業はそうではないというのが基本的な考え方だ。

しかし、ハイアールが非常にはっきりと示したように、両者の混合は可能だ。ハイアールのマイクロエンタープライズは網の目のような契約によって、互いに結びついている。その契約は、階層組織に典型的な調整面での優位性を生み出す一方で、市場の恩恵ももたらす。たとえば、自由や顧客への説明責任、イノベーションへのインセンティブなどだ。ハイアールを表現するには、「権力構造のピラミッド」ではなく「同志の間で交わされる契約のエコシステム」という言葉がぴったりだ。

同じことが、第2章で紹介したトマト加工会社、モーニング・スターにも言える。垂直統合された複雑な組織を運営しながら、モーニング・スターにはマネジャーがいない。同社が農場でとれたばかりのトマトを常温保存可能な製品にするには、マネジャーの代わりに社内契約が必要となる。

毎年、モーニング・スターのフルタイムの従業員500人は、自分の業績契約について同僚と交渉し、合意を結ぶ。「仲間たちへの覚え書き（CLOU）[*]」と呼ばれるその書類は、仕事の内容や業績評価指標を詳細に書き表したものだ。たとえば、倉庫で働いている人のCLOUには、仕事内容として「包装資材の調達」「トラックや鉄道車両への積み込み」「フォークリフトのメンテナンスや修理」「新しい倉庫技術の評価」「新しい設備投資案の作成」「同僚のトレーニング」などが含まれるだろう。業績評価指標としては、「トラックへの積み込み時間の平均」「時間通りに出荷された荷物の割合」「顧客からのクレーム数」「出荷トン数あたりの倉庫のコスト」などが含まれるはずだ。

CLOUはすべてオンライン上に保存され、従業員なら誰でも見ることができる。

一般的なCLOUには8〜10人の署名があり、うち約半分はその従業員と同じチームに所属する

＊ CLOU
Colleague Letter of Understandingの略。

人の署名で、残りは隣接した部門で働く人たちの署名だ。重要な点として、すべての従業員は誰と合意を結ぶかを自分で自由に決められる。もし、ＣＬＯＵの内容に合意できない人がいた場合は、利害関係のない同僚に仲介を頼むことができる。それでも合意が成立しなければ、同僚たちによる委員会が仲裁に入り、解決策を模索する。年末には、地域ごとに選ばれた報酬委員会が従業員のパフォーマンスをＣＬＯＵに照らして評価し、それに従ってボーナス配分を決める。

外部から見ると、複雑に広がった網の目のような契約を結んで実行するのは、争いも起こりやすく、時間もかかると思われそうだ。しかし、実際はそうではなく、それにはいくつかの理由がある。

1　すべての従業員が同じ目標にコミットしている。それはモーニング・スターが、「世界最高のトマト加工業者でありつづけること」だ。従業員は業界平均を上回る報酬を得ているが、モーニング・スターが競合を上回る業績を上げなければ、それは実現できないとわかっている。この認識が、各自のパフォーマンスの水準に上向きのプレッシャーを与え、全力で仕事をしないのは許されないという雰囲気が生まれる。

2　モーニング・スターが働きがいのある職場なので、従業員は長く勤める傾向がある。したがって、もし同僚を踏み台にしたり、約束を守らなかったりしたら、それがやがては自分に跳ね返ってくることを従業員はよくわかっている。だから、従業員は取引というよりも人間関係の観点から考えるようになる。ＣＬＯＵの交渉は厳しいがフレンドリーでもあり、外部との契約で起こるようなゼロサム的な考え方は見られない。

3　ＣＬＯＵは全員が閲覧できる状態であり、複数の人が署名することから、従業員や部門が、個人的な人間関係を利用して特別に有利なＣＬＯＵを締結するリスクはほとんどない。

4　大半の従業員が長年トマト事業に携わっているため、同僚のスキルや事業への貢献を適切に評価できる。

5　モーニング・スターの誰もが会社のすべての財務データにアクセスできるため、一部の人たちだけが有利になるような、情報の不均衡は存在しない。

6　役割や業務内容はある程度は安定しているため、ＣＬＯＵのすべての要素を毎年、交渉し直す必要があるわけではない。

一言で言うと、モーニング・スターの社内市場が機能しているのは、同社の社会が濃密だからだ。契約に関わる人たちは、共通の願いや、役割の交わり、広く公開されている情報、同じ業界の状況などによって互いに結びついている。こうしたつながりによって、取引コストを上昇させる曖昧さや不確実性、日和見主義が減る。逆に、買い手と売り手が社会的に離れていると、取引コストは上昇する。

ハイアールとモーニング・スターの例からわかるように、個人やチームの調整をするのにマネジャーたちは必要ない。一般的な組織構造をとっている場合、モーニング・スターの規模の企業だと4つのマネジメントの階層がある（1人が10人を管理すると仮定）。これに対して、モーニング・スターは2つの階層しかない。社長のクリス・ルーファーとそれ以外の全員だ。より大規模なハイアールにも4つの階層しかない。これはよく機能している社内市場がもたらした「効率」という配当だ。

競争がもたらす規律

市場経済では、顧客が王様だ。企業がビジネスモデル改革のチャンスを逃したり、製品のアップグレードを怠ったり、顧客によりよい条件を提供できなかったりしたら、すぐに顧客は離れていく。プロクター・アンド・ギャンブルの1部門であるジレットにも、こうしたことが起こった。ハリーズなどの新たな競合企業に、中間価格帯の商品のオンライン販売で先手を許したのだ。ジレットのアメリカ市場でのシェアは、71％から59％に下がった。ジレットはそれまで、マーケットリーダーとしての地位に安住していたが、その後、価格を引き下げ、サブスクリプション・サービスを立ち上げた[23]。

CEOたちは、顧客から痛い目に合わされたときでも、競争が好きだと言う。では、なぜ彼らは自分の組織内での独占を許すのだろうか。人事や企画、調達、製造、マーケティング、財務、IT、法務といった本社機能は、たいていは社内で唯一のプロバイダーだ。これらの機能の一部がアウトソースされることがあったとしても、社内のユーザーは本社が認めた1つのベンダーとしか付き合えない。

ごく稀な例外を除いて、本社機能で仕事をしている人たちは、市場の勢力にさらされることがない。スタッフ個々人は能力があって思いやりがあっても、集団になると彼らは企業における行政国家*のような存在になる。彼らは強い権力を行使し、ほとんど抑制と均衡の対象とはならない。

これらの機能を中央で集中的に運営する理由は、そのほうが一貫性を確保でき、ベストプラクティスを推進でき、リスクを抑えられるからだという。問題は、こうしたメリットをもっと安価に、あるいはもっと少ない副作用で獲得できないかということを、立ち止まって考えるリーダーがほとんど存在しないことだ。

社内における独占について、事業部門のトップにそのデメリットを尋ねたら、たっぷりと話してくれることだろう。典型的な不満を挙げてみよう。

- IT部門がシステムの重要なアップグレードをするまでに、何カ月も、何年もかかる
- 調達のルールが複雑でわかりにくいため、新しいサプライヤーをなかなか採用できない
- 人事方針が柔軟性に欠けているため、実力ある人材に高い報酬を与えて離職を防ぐのが難しい
- 厳格すぎる法務部は、それが喜びであるかのように妨害ばかりしている

＊ 行政国家

三権のうちの立法府、司法府に対して、行政府が相対的に強い権力を持つ国家。国民の生活や経済活動のあり方に積極的に介入する。

- 財務担当者はコストに執着するばかりで、何が顧客にとっての価値を左右するのか、まったく理解していないようだ
- 毎年の長い予算編成プロセスで策定された計画は、書き終えたと同時に忘れられてしまう

スタッフはビジネス上の問題を解決するよりも、ただ単にルールを守らせることのほうに関心があるようだ。

これらは単なる不満ではない。仕事への動機に根本的な食いちがいがある証拠だ。市場に向き合っている従業員は、ユーザーのニーズを満たさなければ、顧客が自分をクビにすることを知っている。これに対して本社のスタッフは、自分をクビにできるのは上司だけだと知っている。だから、その人たちに忠誠心を持つ。コストを増やしても、標準以下のサービスを提供しても、あるいはコスト度外視でコンプライアンスを要求しても、罰を受けることはほとんど、あるいはまったくない。

これを誇張だと思うなら、あなた自身の経験を振り返ってみてほしい。あなたが本社のスタッフとやり取りせざるをえなかったとき、彼らはあなたのために「何かをしてくれた」と感じただろうか、あるいは、あなたは彼らに「何か（ひどいことを）された」と感じただろうか。筆者らが思うに、おそらく後者ではないか。独占者に接触するとそんな感じがするものだ。それがケーブルテレビの事業者であれ、国税庁であれ、車両管理局であれ、あなたの会社の人事部であれ。

数年前、ハーバード・ビジネス・レビュー誌はその表紙で、「人事部をなくして、何か新しいものをつくるべき時だ」と言い切った。しかし、その号の2本の特集記事は、1つがウォートン・ビ

ジネススクールの教授によるもので、もう1つが経験豊かなコンサルタントのチームによるものだったが、どちらの記事にも「顧客」や「ユーザー」という言葉はただの一度も登場しなかった。[24] 筆者らはこれを、著しい手抜かりであり、人事の専門家たちがどれほど独占を当然のことと考えているかを示す証拠だと考えている。

社内のサービスに競争のプレッシャーをかける方法を1つ示そう。まず、本社によるサービスの費用として、あなたの部門に配賦されているコストを深掘りしてみる。財務部門の同僚に頼んで、そのコストを構成要素に分解してもらおう。人事やIT、法務などのサービスに、それぞれいくら払っているだろうか。次に、それぞれの機能部門に頼んで、配賦されたコストが、来年あなたの部門にどんな価値をもたらすかを詳しく書いてもらおう。そして、その説明と配賦されたコストを対比する。つづいて、それらのコストを、類似の外部サービスと比較してみよう。最後に、本社機能部門がサービス内容やコストの面で外部サービスに劣っている場合、外部のベンチマークに追いつくよう、各部門に働きかけよう。もし、本社機能のスタッフに顧客のように扱ってもらいたいのであれば、顧客として振る舞うことから始めるべきだ。

社内サービスの独占を崩すには、申し分のないロジックがある。事業部門が社内から競争力のないサービスを買わざるをえないとしたら、競争の激しい市場で勝てる見込みはない、ということだ。ハイアールはこうしたロジックで考えた。だから、同社は本社機能をマイクロエンタープライズにし、外部のベンダーと競わせるようにしたのだ。

オープンな市場では、社内の部門はサービスの提供に優れていなければならない。彼らは、会社の事業に関しては外部の業者より詳しいはずで、その点では社内の顧客に対して特別なポジションにある。この優位性を考慮すると、本社機能が競争力のあるサービスを提供できていないのであれば、そのサービスからは撤退すべきだ。ハイアールのように、本社機能の部門はすべて独自に損益計算書を作成し、必要な費用を稼ぐ責任を持つべきだ。

集合知、機敏な資金配分、柔軟な調整、競争がもたらす規律——これらは市場から得られる恩恵である。そしてこれらは、経済全体の活力に不可欠であるのと同様に、組織のレジリエンスにも不可欠だ。

ヒューマノクラシーへのステップ

組織の人間関係すべてを、市場によって仲介できるわけではない。しかし、多くがそうできるし、そうであるべきだ。では、市場の原理をあなたの組織に根づかせるためには、何をすべきだろうか。以下に、重要なステップを挙げる。

1 リーダーに働きかけて、中央集権的なトップダウンの意思決定は、複雑で不確実な世界では限界があることを、公の場で認めてもらおう。

2 戦略的に重要な取り組みを、社内のオピニオン市場でテストしてみよう。類似のプロジェクトと比較して、クラウドがその取り組みをどう評価するか、あるいは、その取り組みが目標を達成する確率を、クラウドがどう考えるかを見てみる。

3 資金の配分を歪めるような要因に注意する。そして、そうした歪みをなくすため前向きに取り組むよう、意思決定者に働きかける。

4 社内のイノベーターが複数の資金源にアクセスできるようにし、クラウドに資金提供の意思決定に参加してもらう。

5 モノやサービスの社内提供に関し、可能な場合にはつねに、対等な立場で契約を結ぶ。利用の義務化や、間接費の配分、本社が決定した移転価格（社内取引価格）の活用は避ける。

6 本社機能をより小さなユニットに分割し、外部の事業者と競争させる。

7 時間をかけて、ゆっくりとクラウドが参加する範囲を拡大する。クラウドに、企業の価値観の定義や、上級幹部の昇進順位づけ、買収候補の提案、価値の低い官僚主義的な習慣の指摘などをしてもらおう。

市場は適切な規制の構造がなければ機能せず、また一時的なブームや停滞も起こる。しかし、人間の知恵や独創性を活用する力においては並ぶものがない。市場は人間のクリエイティビティをトップダウンのコントロールから解放する。したがって、ヒューマノクラシーには不可欠なものだ。

第9章 健全な実力主義

実力主義が社会の理想となったことは、人類の歴史におけるターニングポイントだった。啓蒙運動*が起こるまで、ほとんどの社会は念入りに階層化されていた。イングランドでは、王、公爵、伯爵、子爵、男爵の階層があり、中国の清朝では、皇帝、和碩親王《わせきしんのう》、多羅貝勒《たらばいろく》、固山貝子《こざんばいし》などの爵位があった。これらの政権では人間の大半、つまり農民や使用人、奴隷といった人たちは、自分の地位を上げられる望みはほとんどなかった。

ロックやモンテスキューやルソーといった哲学者たちは、「選出されたのではないエリート」の概念に疑問を呈した。トマス・ペインは、アメリカ独立革命の前夜に、大胆にもこう宣言した。「神の目から見ると、これまでの王冠をかぶった悪党全部よりも、一人の正直な人間のほうが社会に

＊ 啓蒙運動

17～18世紀のヨーロッパの思想運動。封建的・宗教的な思想を批判し、理性や科学に基づいた知識体系を打ち立てようとした。

とってずっと尊いのだ」*。ペインの見解では、支配力は人々の資質であって、君主が神から授かった権利ではなかった。

私たちはいま、18世紀の後半から遠く離れたところにいるので、この支配力の逆転がいかに斬新かは、ほとんど伝わってこない。今日、実力主義の道徳性や有用性を疑問に思う人はほとんどいないだろう。議論はむしろ、私たちの社会をどうすればより実力主義にできるかが焦点になっている。偏見や貧困によって、いまだ何百万人もがその可能性を発揮できずにいる。しかし、啓蒙主義以前の祖先たちとちがって、私たちはそれを運命とは捉えず、嘆かわしい問題と捉える。

機会の平等に取り組むなかで、私たちは実力主義の価値を疑うことはない。たとえば、医師免許が試験の結果によって交付され、医学生の社会経済的なステータスによって交付されるのではないのは喜ばしいことだと思う。また、アスリートが買収で表彰台に立ったのではないと知っているから、彼らの出した記録を祝う。論文は査読を受けるから、科学の発見を信じる。ユーチューブで再生回数100万回を達成するためにハリウッドのコネは必要ないという事実を、私たちは歓迎する。

実力主義によって、社会的なランクやコネに関係なく、個人が自由に力を発揮し成功できるようになり、その結果、人材のリターンが高まる。だとすると、世界で最も普及している社会構造である官僚主義が、組織的に実力主義の理念を弱めてしまうのは困ったことだ。筆者らがハーバード・ビジネス・レビュー誌とともに実施した調査で、「社内政治が昇進に影響しますか?」という問いに、大企業の回答者のうち76%が「影響する」と答えた。

しかし、本当はそうなるはずではなかった。官僚主義は、縁故主義や階級意識など、産業革命以

＊ 出典

トマス・ペイン著『コモン・センス』小松春雄訳、岩波文庫、1976年、P.55。

前に組織の前進を妨げていた問題を克服するために設計された。組織に関するブレイクスルーの1つは、19世紀はじめに起こった。プロイセン軍がナポレオンに敗れたあと、将校の候補者を選ぶために、競争的な選抜プロセスが設けられたのだ。それ以前は、軍の司令官は貴族階級から選ばれていた。しかし、当然のことながら、貴族の称号は軍事的な能力を代弁するものではなかった。

官僚主義は、理論的には優秀さのランキングで飛び抜けた能力を持つ人たちが、実績のない人たちよりも先に昇進する。しかし、実際には、この理想からは遠く離れてしまった。本章では、官僚主義が実力主義をどう脅かしているかを述べ、それをどう修復するかを提案する。

誇張される能力

私たち人間は、自分の能力を過大評価し、欠点を過小評価する。筆者らによる調査で「あなたのパフォーマンスは、社内で上位10%に入りますか?」という質問に「入る」と答えたのは、中間管理職が84%、企業幹部が97%だった。[1]

このような過剰な自己評価は当たり前のように見られ、「平均以上効果」という名前までつけられているほどだ。よく引用されているメタ分析によると、自己評価と実際のパフォーマンスとの相関係数はわずか0・29で、マネジャーのパフォーマンスとなると、0・04と微々たるものだ。[2]

自己を過大評価する傾向は誰にでもあるが、特に組織の上に立つ人ほど顕著になる。その理由を説明しよう。

第1に、強い自信を持つ人たちは、権力を巡る競争で有利だ。研究によると、他者の能力を評価する際、私たちは大げさな話し方に強く影響される。誰かが自信を持っているように見えると、その人が真に能力があると思い込んでしまう。真の能力は評価しにくい場合が多い。だから、私たちは代わりに、その人の自信を評価するのだ。カリフォルニア大学教授のキャメロン・アンダーソンは、同校の他の教授らとともに、自信過剰と社会的なステータスの関係について6つの研究をした。その結果、「自信過剰な人は、より能力があると他者から見られる」という仮説が強く裏づけられた。[3] ここから示唆されるのは、トップに就くのはしばしば最も能力がある人ではなく、最も自信がある人だということだ。もっと率直に言うと、自己認識と現実のギャップが最も大きくなるのは、空気が最も薄いところ(つまり組織のトップ)だ。疑わしく思う人のためにはっきり言うと、口だけでトップに上り詰めることは本当に可能だ。

第2に、階層組織では力関係はかなり不均衡だ。マネジャーは部下に対して、部下がマネジャーに対するよりもずっと多くのコントロールを有する。したがって、上司の能力に疑問を呈するのはリスクが伴う。上司の膨らみ過ぎたエゴに針を刺したら、はじけるのは針を刺した人のキャリアのほうだろう。力の差は黙従につながり、リーダーはそれを同意と誤解する。リーダーにとっても、多くの頭がうなずいているのを「賛成の証し」と見なしたほうが、「部下は単にキャリアの保障が欲しいだけ」という疑念に気を揉むよりも幸せになれるはずだ。こうした不快だが強力な事実が無視されるなかで、反対意見は表明されず、幹部の能力に対する疑問は、廊下でのひそひそ話だけで終わってしまう。

階層組織で、幹部の能力に関する非現実的な思い込みが強まる理由はもう1つある。トップダウンの権力を支持する人たちは、「大」問題は「大」ボスの領分だと思い込んでいることだ。しかし、上級幹部が最終的には戦略に責任を持つのは真実だとしても、彼らが戦略立案に最適な人物だというわけではない。幹部チームには幹部チームの知恵と経験しかなく、たいていの場合、それだけでは不十分だ。それでも、上級幹部は戦略のクラウドソーシングにはうしろ向きの場合が多い。もし幹部が未来を描かず、大きな決断をしないのであれば、巨額の報酬を正当化できない、というわけだ。

これが階層組織の問題だ。リーダーは複雑で曖昧な問題に関して重要な意思決定をすることが期待されているが、そうした問題はどんなグループであっても、少人数であるかぎり、認知能力の限界を超えている。第2章で述べたように、官僚主義はあまりに少ない人数に、あまりに多くのことを求めすぎる。不幸なことに、幹部たちはその仕事に耐えられると思っている。

ジェフ・イメルトのケースで考えてみよう。イメルトは、2001～2017年までゼネラル・エレクトリック（GE）の会長兼CEOを務めた。イメルトが下した決定のいくつか、たとえば、GEのプラスチック事業の売却などは広く称賛された。しかし残念ながら、それらの優れた決断では相殺できないほど、疑問視された意思決定も多数あった。たとえば、GEキャピタルを金融危機の直前に拡大したことや、フランスの電力会社アルストムを高すぎる価格で買収したこと、負債を膨らませながら、自社株買いに930億ドルも費やしたことなどだ。イメルトの在任期間中、ダウ工業株30種平均が183％上昇したのに対し、GEの株価は27％しか上がらなかった。イメルトは、社外の人たちには、頭がよく魅力的で、勉強熱心な人として知られていた。一方で社内では、完全無欠の預言者のように扱われていた。GEの元スタッフはフォーチュン誌の記者、ジェフ・コルビンにこう言った。「トップの人間が世界で最も賢い人だと、本当に大変です」[4]。イメルトは、自分がすべてを知っているとは決して言わなかったが、官僚主義の権力構造によってつねにスーパーヒーローの役回りとなった。その神話は、うやうやしく振る舞う従業員や、スターに憧れるジャーナリスト、へつらうコンサルタントらによって動かしがたいものとなった。

ここでのポイントは、幹部の誇張された能力についての思い込みが、官僚主義に特有のものとなっていること、それが意思決定の質を低下させ、やがては、リーダーに対する従業員の信頼が崩れていくということだ。

誤って評価される能力

自分自身の能力を客観的に評価するのは厄介だが、それが他人の能力の評価となると、さらに客観的な判断が困難になる。研究によると、他人を評価するときには、その評価の対象となる人物より、評価者自身がその評価に反映されているという。この現象にも「評価者特異性バイアス」という名前がある。特に3つの要因が、他者の正確な評価を妨げてしまう。

第1に、厳しく評価する人もいれば、つねに寛大な評価をする人もいる。1998～2010年までの間に行われた3つの研究で、従業員の業績をその上司、同僚、部下が評価した。平均で、評価における差異の60%以上が、評価者の評価スタイルのちがいから生じている可能性があった。[5] こうしたちがいがあるため、個人による評価は非常に信頼しにくくなる。

第2に、自分に似た人を最も高く評価する傾向があることから、歪みが生じる。そうは思いたくないだろうが、私たちは世界を「自分たち」と「他の人たち」に分ける傾向がある。たとえば、自国で生まれた人と移民、保守派とリベラル派、信者と非信者、容姿が整った人とそうでない人などだ。心理学者はこれを「内集団バイアス」と呼ぶ。

私たちは多様性を熱望するが、内集団バイアスは深く根づいており、言葉を話す前の幼児にも見られる。ある研究では、11カ月の赤ちゃんが2種類のおやつ、「クラッカー」か「シリアル」のどちらかを選ぶチャンスが与えられる。つづいて、2つの人形を見せられて、Aの人形は赤ちゃんが選んだほうのおやつが好きで、Bの人形は赤ちゃんが選ばなかったほうのおやつが好きだと教えられる。その結果、赤ちゃんが自分とおやつの好みがいっしょの人形Aと遊ぶ確率は80%だった。[6]

分別のある大人の私たちは、みずからのバイアスに気づいている。しかし、それでも「誰が有能か」という問いと、「誰が私を気分よくさせるか」という問いを分離するのは難しい。エミリー・チャンは著書の『ブロトピア』*で、ウォール街の銀行は男性と女性をほぼ半数ずつ雇用しているのに、テクノロジー業界では女性は25%しかいないと指摘している。[7] さらにひどいことに、女性が獲得するベンチャーキャピタルの資金は全体の2%でしかない。テクノロジー業界のリーダーの大半が、

＊『ブロトピア』*Brotopia*

Emily Chang, Portfolio, 2018. 未邦訳。

自分たちは全面的に実力主義だと主張しているが、証拠からわかるのは、優秀さが考慮されるのは「男どうしの連帯」のテストを通った人だけ、ということだ。この種の秘かな内集団バイアスが、PC用ソフトウェアのパイオニアであるミッチ・ケイパーの言う「ミラートクラシー*」を生み出した[8]。

第3に、誤った評価につながる認知的な傾向がもう1つある。「ハロー効果」だ。人間は第一印象をもとに、急いで他人を判断しがちだ。この最初の見方は変化しにくく、新たなデータが出てきても変わらない。研究者〔現パデュー大学教授〕のデービッド・ショーマンは、従業員の業績評価に最大の影響を与える要素は、その人が評価者に採用されたか否かであることを見出した[9]。ハロー効果のおかげで、「お気に入りの相棒」〔映画「トイストーリー」に出てくるセリフ〕はパフォーマンスを高められないまま、クビになるまで何カ月、あるいは何年も居座ってしまう。

こうしたバイアスの影響は、個人の能力がたいていは1人の評価者、すなわちその人の上司に評価されることによって、さらに大きくなる。コンサルタントのジョン・ガードナーは、300人以上の企業幹部に、昇進の決定における「えこひいき」について尋ねた[10]。その研究では、「えこひいき」は「能力とは無関係の要因、たとえば、その人物の経歴やイデオロギー、単なる直感などに基づいた有利な扱い」と定義された。ガードナーの研究では、次のようなことがわかった。

- 採用についての決定で、企業幹部の75%がえこひいきを目撃した
- えこひいきを防ぐための手段は効果がないと、94%が考えている

＊ ミラートクラシー：mirror-tocracy
社内の人材が似たような人ばかりであること。

- えこひいきのために昇進の意思決定における質が低下したと、83%が考えている

わかりやすく言うと、昇進を決めるために使われている「データ」はバイアスだらけで、しかも誰もがそのことを知っているということだ。コーポレート・エグゼクティブ・ボード（ＣＥＢ）が実施した調査によると、人事担当幹部の77%が、一般的な評価手法では従業員の能力や貢献度合いを正確に評価できないと認めた。また別のＣＥＢの調査によると、個人の業績評価の結果と事業の成果の相関関係はゼロだった。[11] これ以上はないというほど、無相関だということだ。人事の専門家の多くが、業績評価の方法を見直す必要があると認識してはいるものの、一般的な修正方法、たとえば「ランクづけをやめる」「プロセスをオンラインへ移す」「評価の機会を増やす」などの方法では、バイアスに対抗できないと考えている。

過剰に評価される能力

組織の成功に不可欠なさまざまなスキルのうち、官僚主義で他のスキルに比べてはるかに重視されるスキルがある。管理能力だ。マネジャーと非マネジャーを分けるのは、クリエイティビティや先見性、技術的専門性などではなく、管理の奥義をどれだけマスターしているかだ。つまり、計画立案や予算の編成、業務の割り当て、報告書の作成といったことである。

たしかに、どんな組織でも実行されるべき管理業務はある程度存在する。しかし、基本的には、管理業務は競争優位の創造にはほぼ無関係だ。特許をとったり、新製品を生み出したり、ビジネスモデルを再構築したりするのは、管理面での力ではない。もちろん、管理能力が重要ではないと言っているのではない。管理能力は非常に重要であり、管理がうまくないと経営破綻にもつながりかねない。しかし、基本的には、管理能力では他社から一歩抜きんでることはできない。管理能力は、人間にとっての呼吸や食事や睡眠のようなものだ。必要だが、それが中核とはならない。

何世代も前に、管理スキルが希少だった時代はあった。しかし、第16章でも論じるが、もはやそうではない。それにもかかわらず、アメリカではマネジャーや管理担当者が、構成人員では全体の18%を占めるに過ぎないのに、全賃金の30%を受け取っている。

官僚主義では、報酬は職位と相関する。フォーチュン500社では、エグゼクティブ・バイスプレジデント(EVP)の年俸は500万ドルにもなるが、それより2階層下のバイスプレジデント(VP)だと50万ドルで、比較すれば小さな額となる。理論的には、この10倍もの差は、職務の難しさやそのインパクトを反映しているとされる。しかし実際には、そうしたちがいは現実的なものというより、想像上のものだ。EVPは2階層下のVPより監督している人数が多い可能性はあるが、それだけでEVPの仕事がより難しくなるということはない。架空のケースで考えてみよう。数十の地域別販売チームに分かれている1000人の従業員を監督する仕事が、従業員100人の製品開発チームを率いる仕事と比べて、知的により骨が折れる仕事かどうかは明らかではない。基本的に、VPの仕事が筆算の割り算であるとした場合、EVPの仕事が偏微分方程式であるということはない。それなのに、まるで偏微分方程式を解いているかのような賃金をもらっている。

ＥＶＰの意思決定は、下の階層のＶＰに比べて重大なものだという意見もあるだろう。しかしそうだとしても、この報酬の大きく開いた差は、ＥＶＰがＶＰより賢明であることが明らかな場合にのみ正当化される。残念ながら、賢明さが階層に比例するという証拠はほとんどない。実際、研究ではその反対の結果が示されることが増えており、ポジションが上がると愚かな決断を下す確率も上がるという。カリフォルニア大学バークレー校教授で心理学が専門のダッカー・ケルトナーは、20年以上、権力の効果を研究している。彼の結論はこうだ。「権力によって人はより衝動的になり、リスクを感じにくくなる[12]」。言い換えると、ＥＶＰの意思決定は、もっと下のレベルのマネジャーによる意思決定よりも重大なものかもしれないが、より正しい決定であるとは言えず、間違っていた場合にはひどく間違ってしまうということだ。だからこそ、前章でも述べたように、大きな意思決定では、可能なときにはいつでも、クラウドに吟味してもらうべきなのだ。

簡単に言うと、管理者は不釣り合いな権力と金銭的な報酬を得ており、それは彼らの仕事が不釣り合いなほどの価値を生み出しているからでも、より難しいからでも、間違いがないからでもない。むしろ官僚主義が管理能力を過大評価しがちであって、マネジャーの報酬も、彼らが創造した付加価値ではなく、予算規模や管理する人員数に基づいて決められているからだ。

この点でも、別のやり方があっていいはずだ。ハイアールやニューコア、ヴァンシ、ＷＬゴアなどのパイオニア企業は、現場の従業員にかなりの部分の管理業務を任せている。先に述べたように、ハイアールがマイクロエンタープライズ・モデルへ移行したとき、１万人の中間管理職が削減された。この移行は組織の効果を高めこそすれ、弱めることはなかった。

第3章で紹介したように、ノースカロライナ州ダラムにあるGEのジェットエンジン工場では300人の従業員が働いているが、上級の管理者は工場長ただ1人である。シフトが交代する際に、前後のシフトの勤務時間が重なる1時間で、両チームは会議室に集まって製造計画を確認し、サプライチェーンの問題を解決し、仕事の割り当てを調整し、生産性のデータをチェックし、人事の問題に対処する。どれも、マネジャーの肩書を持つ人が監督することはない。

認めにくいかもしれないが、実力主義ではマネジメントの仕事は多数あるスキルのうちの1つであって、他を支配する唯一の仕事ではない。

有害な能力

第3章で、官僚主義は多数のプレーヤーが参加する巨大なゲームで、そこでは従業員が昇進という賞を目指して競い合うと書いた。このトーナメントでは勝者は1人だけだ。たった1人の選手が、マネジャーや部門長やバイスプレジデントに昇進する。こうした昇進が、その人の飛び抜けたリーダーシップスキルや技術的専門性を証明するものであれば理想的だが、実際に昇進するのは、官僚主義の戦いにおける闇の魔術をマスターした人、というケースもよく見られる。つまり、人材を囲い込み、難しい意思決定から逃れ、非難をかわし、ライバルの力を削ぎ、ボスにお世辞を言えるような人である。

官僚主義では、何メガワットもの感情エネルギーがつまらない争いに費やされ、データは対戦相手に向けられる武器となり、ゼロサムの昇進トーナメントで仲間意識は切り刻まれ、うまく隠された私利私欲によって意思決定は腐敗する。前述したように、またこの先も述べていくように、官僚主義は人の最も優れた部分を引き出すわけではなく、また、最も優れた人を確実にトップにつかせるわけでもない。

こうしたすべてを変革し、官僚主義を実力主義に置き換えるため、私たちは次の4つのことをする必要がある。「人事評価の浄化」「知性と権限の整合」「報酬と貢献度合いの調和」「自然で動的な階層組織」の4つだ。順番に見ていこう。

人事評価の浄化

グーグルは女性やマイノリティの雇用拡大に苦労しているが、同社は長年、実力主義にはコミットしてきた。グーグルは従来型の組織構造をなくしてはいないが、経営上のバイアスを減らすために努力しており、それは採用のプロセスから始まっている。チームリーダーかそれ以上のポジションに外部の人材を雇うときには、少なくとも4人が面接をする。そのポジションに就きたいと思っているマネジャー、採用する人物の同僚（同レベル）となる人、他の部門の代表、部下となる人1～2名だ。すべての面接が同等に、候補者の評価として扱われる。これらの面接を突破した候補者は、さらに部門レベルと上級リーダーレベルの採用グループが入念に審査する。

昇進は部門横断型グループが決定し、その判断は、同僚や部下からのフィードバックに大きく依存する。客観性を確保するために、すべての候補者の資質が、類似のポジションに最近昇進した人たちの資質と比較される。

業績評価も同様に幅広い視点で実施される。毎年、従業員はオンラインの調査でお互いを評価しあう。その後、5〜10人の上級リーダーが、チーム内とチーム間の評価の分布を比較する。このプロセスがなければ、マネジャーは自分のチームのスコアを高めなければと感じるかもしれないが、そのプレッシャーが減り、チームの評価が他とどうちがうのかが明らかになる。

このように、採用と昇進、および業績評価においてマネジャー個人の影響を減らすことで、グーグルはバイアスとえこひいきを最小限にし、一方で、駆け引きよりも能力が重要だということを明示している。グーグルの元人材オペレーション責任者のラズロ・ボックは、このアプローチが「採用候補者に、グーグルは非階層的組織で、それが縁故主義の防止にもつながっているという強いメッセージを送っている」と言う[13]。グーグル社員は、自分のキャリアが上司の手に握られていないとわかっている。だから、ごまをすって時間をムダにする代わりに、優れた仕事をするのに集中できるのだ。

コネチカット州を本拠地とする世界最大のヘッジファンド、ブリッジウォーター・アソシエイツは、実力主義の組織を築くため、さらに徹底したアプローチをとっている。1600億ドルを運用する1500人の従業員は、インフレや為替レート、GDP成長率など、マクロ経済のトレンドを予測して、高いリターンを上げる責任がある。ブリッジウォーターの看板ファンドであるピュア・アルファは、1991～2015年までの投資家のリターンが450億ドルと、業界の最高記録となった[14]。

ジャズミュージシャンの息子として生まれたレイ・ダリオは、1975年にニューヨークの寝室2部屋の集合住宅でブリッジウォーターを創業した。著書の『プリンシプルズ』*で、ダリオは、同社が「実力主義の体現」として運営されていると書いた。

「(ブリッジウォーターは)私がリーダー、社員はフォローするという独裁政治ではなく、またみんなが平等の投票権を持つ民主主義でもない。よく考えて反対意見を述べることを奨励し、人の意見を検討し、メリットと比した重要性を計るような実力本位主義だ[15]」

実力主義の原則を実際に動かすために、ブリッジウォーターは「ドット・コレクター」を開発した。これはリアルタイムのフィードバック・アプリで、従業員がお互いを1から10までの点数で評価する。評価項目(ドット)は100以上にのぼり、たとえば、「間違いから学ぶ」「根本的な原因を見つける」「戦略的に考える」「注意深い問題解決者だ」「積極的に変革を進める」などの項目がある。

従業員はこのアプリを1日中、他の従業員とやり取りをするたびに使うことが奨励されている。24歳のジュニア・アソシエイトがダリオと同じ投資ミーティングに出席したら、その人物はダリオを上級幹部の1人として正直に評価することが期待される(20%の割合で、ダリオは否定的な評価にあたる4以下の点数をつけられる)。1年経つと、アソシエイトであれば一般的に、2000以上のドット

＊『プリンシプルズ』*PRINCIPLES*
レイ・ダリオ著、斎藤聖美訳、日本経済新聞出版、2019年。

が集まる。1日あたりでは、おおよそ8つだ[16]。上級幹部では、この何倍ものドットが集まる。

ドット・アプリを開くと、「実践的思考」「マネジメント・スキル」「決断力」など、10の大きな分野での平均点数が表示される。さらに1つの分野をダブルクリックすると、細かな項目ごとに何点の評価を受けたかがわかる。各評価は時系列に、色分けされた点（ドット）で表示される（7点以上が緑で、5点以下は赤だ）。ドットをクリックすると、誰がいつ評価したかが表示される。自分だけでなく、全員の評価を見ることができる。

当然のことながら、ドットの集計結果は人事に関する意思決定で精査される。典型的なケースとして、ある臨時の部門長を、フルタイムの部門長に昇進させるかどうかを決めた例を見てみよう。候補者は自分が適切な能力を備えていると自信を持っていたが、他の人たちはそれほど確信がなかった。CEOが判定を下す代わりに、関係者が会議室に集まって、候補者のドットのスコアをスクリーンに映し出した。ダリオはこのときのことについてこう話す。

「私たちは候補者といっしょにスコアを詳しく見ました。そしてその候補者に、こう言ったんです。〈もし、あなたがあなた自身を雇うか決める立場にいたらどうするか、エビデンスに基づいて考えてほしい〉と。すると彼は、一歩下がって客観的なエビデンスを見られるようになり、最終的には自分の強みをより発揮できる役割をブリッジウォーターで担うことに同意しました[17]」

「つねに測定中」で超透明な評価プロセスには、不安を感じる人もいるかもしれない。しかし、ドット・コレクターは見かけほど急進的でも、独特なものでもない。大学教授の大半は、各学期の終わりに生徒から評価を受ける。詳細なフィードバックがオンラインで集められ、その結果は他の生徒や教員たちも簡単に見ることができる。この種のオープンな同僚からの評価には、当惑する人もいるだろう。しかし、これは年に1度のトップダウンの業績評価よりは、能力のバロメーターとしてずっと優れている。ブリッジウォーターのアプローチは、その人の強みを浮かび上がらせ、適性と仕事とのフィットを改善し、リーダーを自分の限界に正直にさせ、成長へのインセンティブをつくり出す。何よりも、１人の評価者によるバイアスのリスクを減らす。これによってドット・コレクターは、個人の能力を誠実に評価するのに不可欠のツールとなっている。

知性と権限の整合

完璧な世界では、影響力はその人のポジションではなく、その人の専門家としての能力に比例し、また、その時々のテーマによっても変わってくる。ここでもブリッジウォーターのドット・コレクターのようなプロセスが威力を発揮する。透明で、微妙な差異を表すデータは、対立する意見を評価する際に強力なツールとなる。

２０１２年のヨーロッパの債務危機のさなかに、ブリッジウォーターの投資チームが行った議論を見てみよう。チームには、欧州中央銀行（ＥＣＢ）が前例を破って、イタリアやアイルランド、スペインといった国々から国債を大量に購入するだろうという見方があった。一方で、ＥＣＢはドイツの側につくだろうと見る人たちもいた。ドイツはＥＣＢによる重債務国の救済に反対していた。

何時間も議論したが、両方の意見に説得力があり、多数決でも決められなかった。

最後のステップとして、チームのメンバー1人ひとりに、関連するドット・コレクターの評価に基づいて信頼性のスコアが割り当てられた。すると、信頼性が高い人たちは、ECBが紙幣を印刷して政府の債券を買うだろうと考えていることがすぐに判明した。この判断が投資チームのコンセンサスとなり、数日後にはそれが正しかったことがわかった。ECB総裁のマリオ・ドラギが、ECBはユーロを救うためなら「何でもする」と発表したのだ。[18]

いまでは、ブリッジウォーターでは多くの判断がこのようにして下されている。同社では、在職期間や肩書ではなく、仲間が証明した「信憑《しんぴょう》性」で影響力が決まる。ダリオはこれについて次のように話す。

（信憑性をベースにした意思決定は）私が人間の大きな悲劇と考えるものを減らします。それは、頭のなかに間違った考えを持ち、横柄かつ世間知らずにも、それに基づいて行動し、その考えを表明してストレステスト（健全性審査）をしてみないことです。集団での意思決定は、うまく行われれば、個人による意思決定よりもはるかに優れています。私たちが、現存する他のヘッジファンドのどこよりも、クライアントにリターンをもたらしているのは、また過去26年間のうち23年間で利益を上げているのは、これが理由です。[19]

ダリオはブリッジウォーターでの45年間で、信憑性をベースにした社員の判断をくつがえす決定をしたことはないと言う。なぜなら、「それは傲慢な振る舞いだし、実力主義を体現する精神にも反するから」。ダリオにとって、ポジションに基づいて権力を与えるリスクとは、「最高の思考と最高の頭脳の両方を失い、……異なる意見や敵意を表に出さない破壊分子、あるいはごますりばかりが残って、身動きがとれなくなってしまう」[20]ことだ。

ダリオの「権力は個人のポジションではなく、論理的思考のなかにあるべきだ」という考え方は、まさにその通りだ。どんなアプローチであっても、いま差し迫って必要なのは、専門的な能力と権限をよりよく整合させる意思決定のプロセスだ。

報酬と貢献度の調和

その人の知性が階層と比例しないなら、報酬も階層と比例すべきではない。グーグルはこの問題を解決した。グーグル従業員の報酬は幅が広く、同じ階層で働いていても報酬が３００％以上ちがうことはよくある。[21] 特に有能なエンジニア数名は、グーグルのアルゴリズムのスピードと効力を向上させる力があるため、数百万ドルの報酬パッケージを受け取っているとうわさされている。[22] グーグル元会長のエリック・シュミットは、ジョナサン・ローゼンバーグとの共著『ハウ・グーグル・ワークス』*でこう書いている。

「インターネットの世紀で最も重要なのは、プロダクトの優位性だ。だから当然、最も手厚い報酬

＊『ハウ・グーグル・ワークス』*How Google Works*

エリック・シュミット、ジョナサン・ローゼンバーグ、アラン・イーグル著、土方奈美訳、日本経済新聞出版、2014年。

を受け取るべきは、最高のプロダクトやイノベーションの近くにいる人々だ。〔中略〕職位や入社年次にかかわらず、ずばぬけた人材にはずばぬけた報酬を払おう」[23]

ゴアテックスや1000種類以上のハイテク製品のメーカーであるWLゴアでも、報酬は職位と切り離されている。年1回、アソシエイト全員が、自分の仕事を直接的に知っている同僚を5〜20人リストアップするよう言われる。この候補者リストが、2名の比較による評価プロセスに使われる。例を挙げよう。トムとレベッカが、評価候補者として、ともにジェニファーを挙げていたとする。すると、アルゴリズムがそれを見つけ出し、トムとレベッカのどちらが、この1年間、ゴアの成功により貢献したかをジェニファーに尋ねる（ここで「貢献」は、「事業の結果に与えたインパクトの程度と性質」と定義される）。

こうした比較が全社で何万件も集められ、集計されて、全アソシエイトの貢献度ランキングがつくられる。評価ができあがると、各地の貢献委員会がその結果をチェックし、必要な場合にはランキングを微調整する。たとえば、あるアソシエイトが、彼女の全体的なランキングと比べて、業績トップクラスの人たちから非常に高い評価を受けていたとしたら、彼女のランクは少し上がるかもしれない。各地の委員会には、バイアスの可能性があるときにそれを警告する「公平性推進者」が必ずいる。

ランキングが完成したら、つづいて委員会は報酬データをチェックする。その目標は、個々人の報酬に同僚による評価が反映されるようにすること、そして、同様の評価を受けた人たちが同様の報酬を得ることである。仮にある年の賃金上昇率が平均4％だったとしたら、ランキング上位のアソシエイトは15％のアップとなるかもしれないし、順位の低い人はまったく賃金が増えないかもしれない。世界と地域の報酬委員会は、エンジニアリングや製造、ファイナンスといった機能ごとに見て、全社で適切に調整されているか、また他社と比べてどうかを確認する。

同僚による評価を基にした報酬システムにより、ゴアではどうすればより価値を創出できるかを全員が考えるようになる。加えて、コラボレーションも推進される。同社では、アソシエイトは上司ではなく同僚に評価を受けることが理解されているので、同僚のために力になろうとするのである。

グーグルとゴアではアプローチは大きく異なるが、両社とも、職位ではなく貢献度が報酬に反映されるよう、懸命に取り組んでいる。全従業員のエネルギーが、出世レースでの勝利ではなく、よりよい事業の構築に注がれることを望んでいるのだ。

自然で動的な階層組織

健全な実力主義の原則は、階層組織の価値を否定するものではない。前述したように、テーマによっては一部の人たちが他の人たちよりも、多くの権限を持つに値する。全員に等しい能力があるわけでも、信憑性があるわけでもない。官僚組織の問題は階層組織そのものにあるのではなく、単一の固定的な階層組織による支配にある。従来型のピラミッド型組織では、権力は職位に与えられ、トップダウンで分化して配分される。これによって、次のような危機的な病状がもたらされる。

第1に、職位に基づく権限は、上層部になるほど広範囲になりすぎて危険だ……固定的な階層組織では、上級幹部が幅広い決定権を持つ。たとえば、バイスプレジデントには、担当する範囲のすべてに関して最終的に決める権利がある。するとよくあることだが、手に負えない状況が起こる。ある1つの職務機能から昇進してきた上級幹部が、ほとんど、あるいはまったく知識のないことについて、自分は意見を言う能力があると決めつけるのだ。おなじみのケースとしては、ずっとファイナンスの仕事をしてきた幹部がCEOに就任したとたん、自分は製品デザインについて鋭い判断ができると思い込む。

特に上級幹部レベルでは、職位に基づく権限は、その役割に就いた人の能力よりも幅が広い傾向がある。もしすべてのリーダーが謙虚さの見本のような人であれば問題はないのだが、官僚主義ではそれとは反対のことが起こる。上級幹部は広い学識を持つことが期待されており、それによってその地位が正当化される。すると、結果として起こるのは、解決する力が備わっていない問題なのに、よく知っているかのように話したいと思う、抗しがたい衝動である。

第2に、職位に基づく権限は「白か黒か」になりがちだ……「バイスプレジデント」「事業部長」「スーパーバイザー」などの肩書を持っているかどうかで、すべてが決まる。つまり、マネジャーは失敗ばかりしていても、解雇されるか降格されるその瞬間まで、権限を握っている。誰かを役割から外すのは実務的にも感情的にも難しいので、その人物が不適格であるという説得力のある証拠が得られるまで、解雇も降格もできない。その結果、能力と権威が整合した状態になるまでに長いタイムラグが生じ、組織の意欲とパフォーマンスが低下する。

第３に、固定的な階層組織では誰が上司となるかについて、部下はほとんど、あるいはまったく意見を言えない……官僚主義では、部下となる人の承認によって、マネジャーに権限が与えられるわけではない。これをソーシャルメディアと比べてみよう。仮に、あなたが数百万人のフォロワーがいるユーチューバーだとする。たとえば、ゲームの達人のDanTDMや、LGBTQ（性的マイノリティ）活動家のタイラー・オークリー、７歳のおもちゃレビューアーのライアンのような人だ。あなたは誰かに任命されたわけではない。みんながあなたをフォローしているのは、作品に価値があるからか、面白いからだ。

私たちはインターネットで多くの人をフォローしている。そのうちの誰かの魅力が色褪せれば、関心は他へ移る。組織における権限も同様に分散するべきだし、変更可能であるべきではないだろうか。組織には直面する問題の幅に応じて、複数の階層組織が必要だ。加えて、権限は流動的にし、価値を生み出している人に向かって流れ、価値を生み出していない人からは離れていくべきだ。

トマト加工会社のモーニング・スターでも、権限はそのように機能している。モーニング・スターのアソシエイトに、最も価値を生み出している同僚は誰か、聞いてみるとよい。同じ名前が何度も出てくるだろう。誰が必要不可欠な人で、誰がそうでないかははっきりしている。モーニング・スターの組織はフラットではない。より多くの価値を創出し、他者より多くの報酬をもらっている人もいる。しかし、権限は職位ではなく専門的な能力に付随しており、問題によって権限を持つ人が異なる。

実力主義では、階層組織は高圧的なものではなく、ごく自然なものだ。権限は動的で、個人の実績によって満ちたり引いたりする。先に、ゴアの同僚の評価に基づく報酬について説明した。想像できるかと思うが、ゴアはフォロワーが主権を持つことに大きな信頼を置いている。ゴアには組織図はなく、固定的な階層組織もない。その代わりに、同社は自社組織を「格子」と表現する。ゴアの1万1000人の従業員は小さなチームに分かれている。それぞれのチームにはリーダーがおり、その多くがチームの境界線を越えたスーパーチームのメンバーでもある。たとえば、ゴアの数十億ドル規模の医療用製品事業にはグローバルの販売マーケティングチームがあるが、そのメンバーはそれぞれに各地のチームを率いている。ゴアは肩書を使うのを避けているので、「リーダー」という言葉が稀に名刺に書かれていることはあっても、バイスプレジデントやシニア・バイスプレジデント、エグゼクティブ・バイスプレジデントなどの肩書は見つからない。

重要な点として、ゴアのリーダーは配下にある人たちの意向を受けてリーダーを務める。リーダーの選出において、最も大きな力を持つのはチームのメンバーであり、またリーダーが継続的に力を発揮するにはメンバーのサポートが不可欠だ。他の人たちと同じように、リーダーも毎年、同僚たち、おもに部下からの評価を受けてランキングが決められる。リーダーは通常、上位4分の1に入るが、チームのなかで最高の評価ではない場合も、最高の報酬をもらっていない場合もあるかもしれない。それでも、ランキングを転げ落ちるようなことがあれば、交代の危険が迫っていることを知る。当然ながら、リーダーは自分の「フォロワー」の状況には非常に注意を払っている。

ゴアの中核となる信条の1つに、「コミットメントは自主的なもの」がある。誰も命令を下す権限を持っていない。ついてきてもらいたいのであれば、そうする理由を提供する必要がある。単なる力ではなく、説得やデータ、能力が勝利をもたらす。あるアソシエイトは筆者らにこう話した。「ミーティングを招集したのに誰も来なかったら、たぶんあなたはリーダーではありません。だって、ここでは誰もミーティングに参加する義務はないからです」

ゴアでは全員が持ち株制度に参加しており、大半のアソシエイトにとっては、それが唯一最大の金融資産となっている。そのため、あまり優秀でないリーダーには寛容ではない。パフォーマンスが悪いと、フォロワーはもっと優れたリーダーを探す。

同じことがハイアールにも言える。第5章で述べたように、ベースライン目標を3カ月連続で達成できなかったマイクロエンタープライズ（ME）は、自動的にリーダー再選出のプロセスに入る。また、チームの3分の2が不信任の票を投じれば、リーダーは交代となる。どちらの場合でも、新しいリーダーを決めるのはそのチームだ。

このプロセスが最近、洗濯機のプラットフォームで実施された。リーダーを投票で解任したそのMEは、新しいリーダーを公募した。応募者のうち3人が、そのMEのメンバーだった。候補者が出揃うと、それ以外のMEメンバーが会議室に集まり、候補者が1人ずつ入ってきてプレゼンテーションを行った。すると、候補者は全員が次のような質問を受けた。

「あなたのビジョンは何ですか」

「あなたの計画は、どこが他の人より優れていますか」

「その目標を達成できると考えられる理由を教えてください」

「あなたがリーダーになったら、状況はどのように変わりますか」

プレゼンテーションが終わると、MEのメンバーはそこで聞いた内容について意見を交換しあう。そして、最後に候補者全員が会議室に戻ってきて、チームは挙手により投票し、リーダーが選出された。

ヒューマノクラシーへのステップ

モーニング・スターでも、ゴアやハイアール、ブリッジウォーターでも、ポイントは同じだ。固定的な階層組織から、専制的でなく柔軟性のある「自然な階層組織」に移行して初めて、確固とした実力主義が築けるということだ。以下で、あなたの組織に真の実力主義を築くための、簡単なメニューを書いておこう。

1 最初に、あなたの同僚たちに、幅広い分野におけるあなたの専門能力と、あなたが創造している価値について評価してもらおう。その評価をあなたのネットワークにいる人たちと共有して、どうすれば向上できるか、アドバイスをもらう。さらに、他の人たちにも、同じことをするよう勧めてみよう。

2 能力とパフォーマンスの評価は同僚によるものとし、１人を評価する人数が、少なくとも５人になるようにする。評価は全員が見られるようにしよう。

3 採用と昇進の意思決定では、同僚による評価の比重を高くしよう。

4 可能な場合にはいつでも、報酬を職位と切り離し、同僚による評価と関連づける。

5 意思決定のプロセスを設計し直す。関連する能力を持ち、同僚もその力を認める人の意見をより大きく反映できるようにして、職位による権限の影響力を減らそう。

6 能力の劣るリーダーや専制的なリーダーを「解任」できる権利を、チームに与えよう。

7

個々人がより価値のある人物になれる機会を、もっと提供しよう。たとえば「異なる役割の間をローテーションさせる」「やや難しい課題に挑ませる」「現場のチームがマネジメントの研修を受けられるようにする」「他の人たちに助言できる時間を設ける」などの方法をとる。

ヒューマノクラシーの目標は、誰もが最善を尽くそうと思える環境を創造することだ。しかし、「出世するのは自分の売り込みがうまい人だ」と多くの人が考えているような組織では、それは実現できない。また、自分の能力や貢献度がいつも正しく評価されないとか、スーツ組は手柄を自分のものにしたがるとか、いまの上層部についていく価値はないと考えている人が多い組織でも、それは無理である。こうした有毒な現実から毒を取り除くのが実力主義だ。人を中心に据える組織を創造する取り組みにおいて、中心となる原則の１つである。

第10章 コミュニティ

あなたが大切に思う人たちと、何か価値のあることを成し遂げたときのことを思い出してみよう。仲間から刺激を受け、支えられ、最善を尽くしたことを高く評価され、感情的な喜びがどんな金銭的な見返りをも上回ったときのことを——。

そのときあなたは、ホームレスのシェルターでボランティアをしていたのかもしれない。あるいは、子どもの学校で手伝いをしていた、選挙の立候補者のために資金集めをしていた、新製品を開発するために「特殊部隊」と仕事をしていたのかもしれない。何をしていたにしろ、おそらくあなたは単なるチームではなく、真のコミュニティ*の一部だと感じたのではないか。

私たち人間は、元来コミュニティのなかで生きるように設計されている。霊長類や他の動物は

* コミュニティ

共同体。共通の目的など、何か共通するものを持つ社会。本書での意味合いや詳しい定義は275頁を参照。

グループを形成するが、コミュニティのような意識的で親密なコラボレーションは人間以外では見られず、それが人間の暮らしの中心となっている。一部の研究者らは、人間の特徴である意識的な思考*は、主に社会的交流のツールとして生まれてきたという。[1] 私たちの脳は、コミュニティ用に配線されているようだ。

アブラハム・マズローは欲求5段階説で「帰属欲求」を「生理的欲求」と「安全の欲求」のすぐ上に位置づけた。また、数えきれないほどの研究が、社会的つながりと幸福の関係を証明している。2015年のあるメタ分析は、孤独は人の健康にとって、肥満や運動不足、喫煙、過剰なアルコール摂取、心臓病などと同じくらい危険であることを示した。全般的に見て、強い社会的つながりがある人は、つながりが不十分な人と比べると、早すぎる死を迎える確率が半分になるという。[2]

現代の超多忙な、デジタルが媒介する世界では、私たちに気力をもたらす人間的なつながり、すなわち、安定的で、頻繁で、思いやりのあるつながりは、どんどん手に入れにくくなっている。これは私たちの精神的な健康を脅かすだけでなく、さまざまな問題を解決するうえでも問題だ。フランスの哲学者アレクシ・ド・トクヴィルは、1800年代はじめにアメリカを訪れたとき、社会的な進歩を促進していたのが支配階級ではなく、官僚でもなく、普通の人たちによる自発的な結社だったことに気づいて驚いた。

> アメリカ人は年齢、境遇、考え方の如何《いかん》を問わず、誰もが絶えず団体をつくる。〔中略〕アメリカ人は祭りの実施や神学校の創設のために結社をつくり、旅籠《はたご》を建設し、教会を建立し、

* 意識的な思考

考える対象に対して、意識的に注意を向けて行う思考。

書物を頒布するため、また僻遠の地に宣教師を派遣するために結社をつくる。病院や刑務所や学校もまた同じようにしてつくられる。〔中略〕新たな事業の先頭に立つのは、フランスならいつでも政府であり、イギリスならつねに大領主だが、合衆国ではどんな場合にも間違いなくそこに結社の姿が見出される。

〔中略〕合衆国の住民が手段を尽くして共通の目標の下に多数の人々の努力を集め、しかも誰もを自発的に目標の達成に向かわせる、その工夫にしばしば賛嘆の声を上げた。[3*]

アメリカの開拓者のコミュニティに典型的な活動の1つが、納屋の建設だった。新たな入植者が地方のコミュニティに加わると、近隣の人たちが協力して彼らのために納屋を建てた。納屋の建設は助け合いの規範を強め、社会的な団結を高めた。これがのちに、コミュニティが危機に立ち向かい、協調的な対応が必要なときに効果を発揮した。今日では、企業や政府がコミュニティの多くの機能を吸収している。それでも、コミュニティは個人の幸福と共同で成果をあげるために不可欠なものである。このポイントを、実際の2つのコミュニティの例で見てみよう。

アルコール依存症患者の自助グループ

毎週、世界で約200万人が少人数のグループで集まり、互いに禁酒を励ましあう。その人たち

＊『アメリカのデモクラシー』*Democracy in America*
アレクシ・ド・トクヴィル著、松本礼二訳、岩波書店、2005年、他。

は「ＡＡ（アルコホーリクス・アノニマス＝無名のアルコホーリクたち）」のメンバーだ。彼らは禁酒のためのコミュニティで巨大なネットワークを築いている。参加の基準はただ1つ。飲酒をやめたいという気持ちだけだ。ＡＡのミーティングは教会の地下室やレクリエーションセンター、公会堂などで開かれ、自主的に組織され、自主的に運営されている。ボランティアがミーティングの場所を確保し、コーヒーを手配し、寄付を集め、資料を配り、電話番号リストをまとめる。すべてのミーティングには「スポンサー」がいる。常連の出席者で、新たにアルコール依存症からの回復を目指しはじめた人たちのために、みずから進んで時間とアドバイスを提供しようという人たちだ。

　ミーティングで育まれた人間関係が、ＡＡに効果をもたらす。大酒飲みを自認する人たちが互いを励ましあい、依存症からの回復という嵐の海で、感情面での底荷（安定を保つためのもの）の役割を果たす。[4] ＡＡのモデルは、公式な治療プログラムに見られる専門的で階層的な構造とは明らかに対照的だ。ＡＡには、認定証や監督やモニタリングなどは存在しない。セラピストや医師も、本人がアルコール依存症で苦しんでいないかぎり、参加を認められない。ＡＡの12のステップのコミュニティは、プロではないにもかかわらず、数えきれないほどの人たちが依存症から回復するのを助けた。[5]

　同様に注目すべきなのは、ＡＡが公式の組織なしにサービスを提供していることだ。ＡＡの11万８０００のグループは、自律的に運営されている。「12の伝統」として知られるガイドラインには、たとえば「すべてのＡＡグループは自助組織であり、職業化されない」といった信条が書かれていて、それは枠組みとはなるものの、正式なルールは存在しない。グループは、２人か３人のアルコール依存症患者が、結成しようと思ったらいつでも結成できる。近隣のグループどうしは、ミーティングの場所や電話相談サービスなどの情報を共有できる。しかし、手配はつねに自主的に行われる。AAは世界中に広がっているものの、その中央組織には90人足らずしか在籍していない。この人たちはAAの資料の配布や、地域のコーディネーターのための年次ミーティングの運営などを行っている。

アメリカ公衆衛生ジャーナル誌の元編集長が、AAの75年の歴史をまとめた文章でこう分析した。「ルールではなく伝統、各地の自主性と独立の最大化、中央集権的、あるいは階層的な権限が存在しないこと——。こうした無秩序のように見えるものから、一貫性と安定性が生じている」[6]

これがコミュニティのパワーだ。

教育の質の向上に取り組む

難しい問題がある。「公立学校の教育の質を劇的に高めるために、あなただったら何をするか」。何十年もの間、この問題は教育者や親や納税者を悩ませる、非常に厄介な問題でありつづけてきた。数えきれないほどの改革が実施されてきたにもかかわらず、アメリカの中等教育［日本で言う高校。中学を含む場合もある］は、長期にわたって低下傾向にある。かつて、アメリカは卒業率でトップだったが、いまでは先進工業国24カ国のうち18位だ。[7]

この低下傾向の原因は、非常に多岐にわたっていて複雑だ。だから、「これは解決が難しい問題なのだ」と割り切りたい誘惑に駆られる。どんな解決策も、たとえば「教師が受け持つ生徒の数を減らす」「教師の給与を上げる」「親の関与を増やす」「カリキュラムを改善する」なども、状況を改善してこなかった。

しかし、教育にフォーカスしたシンクタンクのナレッジワークスが、2006年に「ストライブ・パートナーシップ」をオハイオ州シンシナティで始めたとき、真に前進する望みが見えてきた。この取り組みが他とちがうのは、学業成績の低さという問題に共同で取り組むコミュニティの規模と広がりだ。これに参加したのは、学区や民間財団、市の機関、地域の企業、地域の大学、そして何十もの支援団体など、合計で300以上の組織だった。

ストライブの参加メンバーは、この問題が複合的なものであることを認識し、「ゆりかごから就職まで」の教育を改善するというゴールを設定した。加えて、活動に一貫性を持たせるため、参加パートナーたちは全体の共通のアジェンダをいくつか設けた。

そして、「スチューデント・サクセス・ネットワーク」と呼ばれる15の下部コミュニティが自主的に組織され、早期教育や個人指導など、個別の分野にフォーカスすることとなった。各ネットワークは進捗を評価するためネットワーク内に共通の測定システムを設け、施策の推薦と評価では、徹底的にエビデンスに基づくこととした。多くのネットワークが、シックスシグマなど、一般的な問題解決の手法も活用したので、これによって共通言語が得られ、根本原因について共通の理解が進んだ。

各ネットワークのメンバーは、2週間ごとに2時間、直接会って目標を修正し、計画を立て、進捗を確認した。ミーティングまでの期間は、グーグルグループなどのソーシャルプラットフォームを使って対話を進めた。ネットワークが結束してくると、考え方も柔軟になる。たとえば、キンダーガーテン*への進学準備には、民間のプレスクール*のほうが、公立のそれより効果を上げているというデータが示されると、市の学校システムは民間のプログラムに資金を配分するようになった。[8]

「生徒の成功」をテーマにしたネットワークでは、さらにもう一段下のネットワークが、参加組織のなかに設けられることも多かった。多くの学校が「データ作戦指令室」を設立し、生徒の状況を示すグラフを壁に貼った。教師たちは2週間ごとに集まって、学業成績や長期欠席、行動面の問題などについてデータをチェックする。これらの動きを注意深く追跡することによって、教師たちはリスクを抱えた生徒をよりうまく外部の支援につなげられ、効果の高い支援策を見極められるようにもなった。[9]

シンシナティでの立ち上げから4年も経たないうちに、ストライブ・パートナーシップは53の重要な領域のうち、34の領域で前進することができた。キンダーガーテンへの進学準備状況は9%向上し、4年生の算数のスキルは14%向上した。そして、高校の卒業率は11%も上昇した。[10] こうした結果が全米で注目され、現在では全米でのストライブのコミュニティは70まで増えている。

規模の拡大を受けて、ストライブの調整組織は「行動の方法論」を言語化する必要に迫られた。それは、問題解決にフォーカスした強力なコミュニティを築くための主要なステップで、以下のようなものだった。

* キンダーガーテンとプレスクール

キンダーガーテンは、小学校入学前1年間の教育機関。プレスクールは、日本でいう保育園や幼稚園。

1 コミュニティの参加パートナー全体にとって重要で、測定可能な成果目標を明らかにする。
2 その成果を実現するために巻き込む必要がある人たちを見出す。
3 効果的に動けるよう、各参加パートナーに必要となるスキルを見定める。
4 リーダーと現場の人たちで構成されるチームをつくり、チームの継続的で実験的な学びをサポートする。

AAとストライブは異なる問題に取り組んでいるが、複雑で非定型的な問題の解決にコミットしている点は共通だ。回復を目指すアルコール依存症患者は、それぞれに異なる体質やトラウマ、性格を持っており、それぞれに異なるサポートが必要になる。成績の劣る学校も、生徒層や文化、教育、組織などの面で、それぞれに異なる状況を抱えており、やはり、それぞれに異なる対策を考えなければならない。どちらも、それぞれの地域で、その場所で考えた対応策によって成否が決まる。だからこそ、これらの組織はコミュニティであって、階層組織ではないのである。上からの指示命令によってではなく、団結と利他主義と、決意と説明責任によって前進していく。

官僚主義は定型的な問題の解決に優れている。たとえば、何百万件ものクレジットカード決済を処理したり、莫大な数のコンピュータチップを生産したりすることなどだ。官僚主義はまた、多様なインプットをまとめるのも得意だ。ただし、その調整の仕方が前もってはっきりと決められている必要がある。反対に、台本のない新たな形のコラボレーションが必要な、前例のない問題には苦労する。ストライブ創設者のジェフ・エドモンドソンが、まさにこう指摘した。「複雑な状況の下では、既存の解決手法は見つからないか、あるいは導入できない」[11]

市場も同様に、最先端の問題は解決できない。市場は人々の好みを明らかにする。たとえば、テスラのモデル3を買うのに5万5000ドルを喜んで払う人がどのくらいいるかなどは示すことができる。しかし、自動運転の車を設計するなど、新しい問題の解決はできない。そのためには、単にたくさんの契約だけでなく、コミュニティが必要だ。

前例のない問題を解決するには、見たことのない障害を乗り越え、人間の知恵をさらに広げる必要がある。それを達成するのに最適なのはコミュニティだ。つまり、実際に近くにいて、互いを信頼しあい、職位などを気にせず、つまらないルールを取り除き、相互に説明責任を持ち、共通の目標で結びついている仲間たちが最適なのだ。スタートアップでの活動や、フットボールチームでの勝利、アメリカ海軍の特殊部隊「シールズ」の小隊で経験するのは、まさにそれだ。

肥沃で湿潤な土壌のようなコミュニティでは、人々のコミットメントや能力やクリエイティビティが育まれる。これらは、官僚主義の乾いた土からは生まれない。だからこそ、「パフォーマンス志向のコミュニティ」がヒューマノクラシーの屋台骨になる。

さらに先へと進む前に、「コミュニティ」という言葉がこの本で何を意味するのか、定義を考えてみよう。まずコミュニティとは、仕事のグループ以上のものだ。つまり、似たような業務をし、1人の上司の部下である人々の集団、といったものではない。コミュニティとは人々の間の信頼関係のネットワークであり、メンバーは新天地を切り開き、変化を起こそうという情熱を共有している。

コミュニティには、アジャイルチームと共通する特徴がいくつかある。たとえば、明確な目標や一定の自主性などだ。一方で、大きなちがいもある。典型的なアジャイルチームは、ある特定のソフトウェア開発を目指す、小規模なプログラマーのグループだ。多くの場合、アジャイルチームはそれぞれ個別に仕事を進める。相互に関連しあう部分に関しては、ソフトウェアのさまざまな部分がどう結びつくかが、技術標準書で具体的に示される。さらに複雑な結びつきについては、チームリーダーの定例ミーティングで処理される。アジャイルチームにはさまざまな強みがあるものの、分割しにくい広範で複雑な問題を解決する力には限りがある。さまざまな要素が多様に関連しあい、多くの分野にまたがり、事前に関連性を特定するのが困難なときは、コミュニティが必要だ。

となると、あなたはこう言うだろう。「なるほど。でも、大規模な企業で、コミュニティの意識を本当に育むことなんて、できるのだろうか」。幸いにも、答えは「イエス」だ。

サウスウエスト航空——大規模なコミュニティの創造

5万8000人の従業員を擁するサウスウエスト航空は、46年連続で黒字経営を続けている。1990～2018年までの期間、売上高はアメリカ航空業界全体の6%に過ぎないのに、純利益では約半分を創出した。[12] サウスウエストは、アメリカの航空会社で最も収益力が高いだけでなく、国内線の乗客数でも第1位だ。平均で、1日に40万人がサウスウエスト航空を利用している。業界のあるウェブサイトによると、最も乗客数の多い100のルートでは、同社が平均で65％のシェアを占める。[13] さらに重要な点として、同社は「従業員1人あたりの売上高」や「従業員1人あたり座席マイル［座席数×飛行距離］」など、効率性の指標で、主要な競合企業を軽々と上回っている［図表10-1］。

サウスウエストのコスト面での強みは、同社がシカゴ・ミッドウェー国際空港や、ボルチモア・ワシントン国際空港など、低コストの2番手空港を利用していることが一因だ。また、「シンプルであること」に、まるでレーザー光線並みに鋭くフォーカスしていることも、コスト節減につながっている。サウスウエストは、ボーイング737という1つの機種しか使っておらず、座席指定もない。それでも、同社の最大の強みはビジネスモデルではなく、求める人材のモデルだ。

同社の創業者で、ウイスキーを愛し、チェーンスモーカーであるハーブ・ケレハーは言う。

「私たちの成功の中核にあるもの――これは競合他社が最も真似しにくいものです。モノであれば彼らだって欲しいだけ買える。でも、献身や情熱や忠誠心、改革に参加している

図表10-1　アメリカの主要航空会社の業績指標（2014-2018年の平均）

	従業員1人あたり乗客数	航空機1機あたり従業員数	従業員1人あたり飛行時間数	従業員1人あたり座席マイル	従業員1人あたり売上高
サウスウエスト	2978	74	53.1	290.1万	$37.0万
デルタ	1697	104	36.0	269.1万	$34.1万
アメリカン	1437	106	34.6	242.9万	$29.6万
ユナイテッド	1180	122	32.3	264.8万	$31.0万

出典：MIT Global Airline Industry Program's Airlines Data Project、筆者らの分析

んだという気持ちは買えないでしょう」[14]

献身や情熱や忠誠心。これらは真のコミュニティの特徴であり、サウスウエストと他社とのちがいを生み出しているものである。サウスウエストの従業員の83%は組合に入っているが、同社はストライキを経験したことがない。敵対的な労使関係が一般的な航空業界では、かなり例外的だと言える。同社はまた、従業員の定着率でも業界トップである。

航空機は地面にとどまっていてはお金を生み出さない。だから、航空会社はターンアラウンドタイム*を最短にしようと懸命だ。飛行機から荷物を降ろし、再び飛び立てる状態にして空へ送り出す。これは、一見ありふれた仕事に見えるが、実際は、現場でそのつど問題解決を迫られる厳しいテストのようだ。

着陸機が入ってくるまでに、地上設備を位置につけておく必要がある。ボーディング・ブリッジを接続し、降りる乗客をサポートする。荷物を降ろし、汚水タンクを空にし、水のタンクを満たす。機内を清掃し、料理を乗せ、燃料を入れる。故障した座席があれば修繕しなければならないし、コックピットの機器にも交換が必要なものがあるかもしれない。出発する乗客を搭乗させ、安全点検をする。重さとバランスを計算し、離陸のための書類に記入する必要もある。機内では、山のような手荷物を安全な位置に収め、預けられた荷物は荷物室に入れる。こうしたことすべてを含めて、ターンアラウンドには100以上の異なる業務があり、それが10以上のチームで分担されている。たとえば、「顧客サービス担当」「搭乗ゲート係員」「タラップ担当」「荷物担当」「メンテナンス・チーム」「食料係」「燃料担当」「パイロット」「客室乗務員」などのチームだ。

＊ ターンアラウンドタイム
飛行機が着陸してから、再び出発するまでの時間。

ほぼすべてのターンアラウンドに小悪魔がいる。「故障した機器」「特に手のかかる乗客」「コンピュータの故障」「最後の瞬間でのゲート変更」「遅刻してくる乗組員」「悪天候」「ついうっかりの失敗」――。空港チームがこうした問題に即座に取り組み、解決しようとする意欲と能力が、定刻に離陸できるかできないかの分かれ道になる。サウスウエストでは、素早いターンアラウンドの実現は連帯責任だと強く思われている。フライトの遅れは、原因が何であれ、チームの失敗と見なされる。

だから、パイロットがゴミを拾ったり、熟練した整備士が荷物を積んだりすることも珍しくない。ぎりぎりの状況では、縦割り組織も肩書も消え去る。飛行機を空へ送り出すため、全員が協力しあって働くのだ。サウスウエストの従業員にはそれぞれに明確な役割があるが、すべての職務記述書には誰もが絶対的にやるべきことも書かれている。タラップ・マネジャーの言葉を借りると、それは「その他なんでも、オペレーション全体を改善するのに必要なこと」だ。

サウスウエストのターンアラウンドタイムは35分で、業界最速だ。ゲート係員が他の航空会社の半分であることを考えると、注目すべき実績である。[15] サウスウエストのボーイング737型機は、年間の従業員1人あたりの飛行時間が53時間で、第2位の航空会社と比べても50％以上多い。他の航空会社では、「職務範囲の狭さ」「コミュニケーションの乏しさ」「役職の差異」「チームスピリットの欠如」によってコミュニティ精神が育まれずにいるが、サウスウエストにはそれがあり、現場での柔軟な調整を支えている。

コストを低く抑えようという熱意にもかかわらず、サウスウエストは旅行者の間で高く評価されている。これも同社のコミュニティ精神の成果だ。ケレハーは2019年に死去したが、彼にとって偉大な事業を築く秘密とは、「従業員に家族のように接し、愛をもってリードする」[16]ことだった。その理屈はシンプルだ。従業員が、自分は大事にされ、尊重されていると感じると、顧客もそう感じるということだ。だから、サウスウエストではつねに従業員が第一である。

サウスウエストの賃金は、役割にもよるが、業界の標準を16〜31％も上回っている。この特典がマネジャーまで続かないのも注目すべき点だ。マネジャーの報酬は業界標準の約3分の2にすぎない。サウスウエストでは、気前のよいプロフィット・シェアリング・プログラムも実施されている。近年の例では、このプログラムから5億4400万ドルが支払われた。従業員の基本給のおおよそ11％にあたる額だ。ケレハーは以前、従業員たちに向かってこう話した。

「あらゆるコストを削減したいと思っています。でもね、賃金と福利厚生、プロフィット・シェアリングだけは別ですよ。これがサウスウエストの競争の仕方であり、賃金や福利厚生を減らす他社とはちがうんです」

コミュニティを第一とし、事業をその次とする組織を築くには、多くの材料が必要だ。サウスウエストでは何がその材料となっているのか？　以下で説明しよう。

1　大切にできるミッション

コミュニティを1つにするのは目的意識だ。たとえば、飲酒をやめる、高校生が大学に行けるよう力を貸すなどである。創業以来のサウスウエストのミッションは、空の旅が誰にとっても楽しく、手頃な価格であるようにすることだ。

１９７１年、サウスウエストが就航第1便を飛ばしたとき、飛行機による旅行はぜいたくなものだった。ケレハーと仲間たちは、「空を民主化する」ことによって、この状況を変えようと心に決めた。手ごわい競合企業や敵対的な規制環境に立ち向かい、サウスウエストは粘り強く、「空を飛べる自由」をすべての人に提供するという夢を追求していった。ケレハーの長年の右腕であったロイ・スペンスは、以前、次のように話した。

「事業戦略は変わりますが、目的は変わりません。サウスウエストでは全員が、自由のために戦う戦士なんです[17]」

サウスウエストに入社した人は、ダラスの本社まで飛んでオリエンテーション・セッションに参加する。同社の価値観である「戦士の精神」「楽しさを愛する姿勢」「他者に奉仕する人の心」をどう実現するか、実践的なアドバイスを受けるのだ。ベテラン社員が同社の創業の話をし、飛行機に乗れる機会をすべての人に提供するという、同社の変わらぬ情熱を強調する。企業文化の社内アドバイザーであるシェリル・ヒューイはこう話す。

「私たちがどこから来て、どんな考え方をしているのか、仲間たちに伝えます。なぜって、家族だったらそうするでしょう。家族はお互いに、自分たちが通ってきた道を伝え合うものです[18]」

ほぼすべての企業にミッション・ステートメントがあるが、たいていの従業員は自分たちがミッションに携わっているとは思っていない。しかし、創業から50年以上が経っても、「空を飛ぶ自由」はサウスウエスト全社のコミュニティで鼓動を打ちつづけている。

2 オープンなコミュニケーションと透明なデータ

コミュニティをつくるのは本音の人間関係で、その人間関係はコミュニケーションが土台となる。率直な対話はどんな状況でも難しいが、特に階層組織では困難だ。官僚主義では、あら探しの好きなマネジャーがいることで、質問をしたり、ミスを認めたりしにくくなる。また、縦割り組織が情報を封じ込め、派閥がチームワークを阻み、人を信頼しない雰囲気が情報の共有を遠ざける。

こうした病が協働を弱めてしまう。飛行機のターンアラウンドには、何十人もの間でのリアルタイムで高精度なコミュニケーションが必要だ。誰かがなかなか問題を共有しなかったり、助けを求めなかったりすると、小さな遅れが大きな遅れに変わる。だからこそ、サウスウエストでは正直で積極的なコミュニケーションが求められる。同社のあるパイロットは、「大切なのはいっしょに働くことで、誰かを責めることではないのです[19]」と話す。

オープンなコミュニケーションには、オープンな帳簿も必要になる。サウスウエストでは、財務情報は四半期ごとに「ラブラインズ*」という社内ニューズレターで共有される。特に注目されるのが、「純利益」「利幅」「有効座席マイルあたりのコスト」「資本利益率」の4つの「マジックナンバー」だ。従業員は自社の業績が「成功目標」と比較してどうかを見ることができ、自分の報酬がどうなりそうかも計算できる。たとえば、ある数字でパフォーマンスが改善しなければ、プロフィット・シェアリングは報酬2万5000ドルあたり850ドル減る、といったことがわかる[20]。社内の全員が財務に関する言語を共有することにより、コミュニケーションの質とコラボレーションの精

＊ ラブラインズ：LuvLines

Luvはloveのくだけた綴り。

神が計り知れないほど強化されている。

多くの企業では秘密主義がデフォルト（初期値）となっている。サウスウエストのデフォルトは、オープンであることだ。フェニックスのサウスウエストのオフィスに飾られていたポスターが、それをうまく言い表していた。「もしあなたが知識を持っているのなら、他の人たちがキャンドルを灯せるように、その知識を使ってもらおう[21]」

3　自分自身でいられる安心感

コミュニティの一部であるとき、人は安全だと感じ、自分自身でいられる。ここから学びと改善への道が開いていく。リスクをとる自信も生まれる。それはイノベーションには不可欠なものだ。

多くの大企業のCEOとちがって、ケレハーにはあまり肩肘張ったところがない。仕事のミーティングでも色鮮やかなアロハシャツを身につけ、怒ったふりをして舌を出し、会社のパーティには行き過ぎなほど派手な衣装で登場し、自虐的なネタで同僚を楽しませる。ケレハーは腕相撲の勝負で訴訟を和解させたこともある。本人出演のその腕相撲のショーはボロボロのボクシングリングで開催され、従業員が見に来られるよう、ケレハーはその日、本社を休みにまでした[22]。縛りのない、編集もされていない自分自身であることで、ケレハーはサウスウエストの全員に、同じように自分自身でいてよいのだと伝えている。ケレハーは言う。

「型破りになるチャンスを提供しているんです。仕事で窮屈な型にはまる必要なんてない。楽しめばいいんです。そうすれば、社員のみんなもそれに答えてくれます[23]」

ここでは突飛な振る舞いさえも許されると安心していられたら、何かに失敗したときには手を挙げられる。許しは、楽しさと同様に、サウスウエストの文化の一部だ。長年サウスウエストで勤務し、のちに社長とCOO（最高執行責任者）を7年間務めたコリーン・バレットは、次のように説明する。

> 寛大でなければなりません。従業員がうっかりミスをしても、私たちはとても忍耐強く、寛大に対応します。従業員のミスにどう接し、それをどう指摘するかについては、非常に慎重であるべきです。もし罰するとしたらどうするのか、もし助言するとしたらどうするのか、慎重になる必要があります。[24]

従業員に自分らしくいるように促すと、顧客の体験もグレードアップする。サウスウエスト航空の乗客なら誰でも、ゲートのスタッフが面白い衣装を着ていたり、安全についての説明がラップだったり、飛行中にくだらないゲームが行われたりするのを経験する。

業績のよい組織の文化は、堅苦しく、批判的で、厳格だと考えがちだ。しかし、そうではないことをサウスウエストが証明している。自分らしくいること、楽しさ、許し――参加する価値があるコミュニティをつくるのは、これらの要素だ。

4 自己決定する権利

19世紀のアメリカの入植者は、納屋を建てていいか、それを赤いペンキでぬっていいか、屋根をブリキにしていいかなどと、誰かに尋ねる必要はなかった。当時は、いまと同じく、最も効果的なコミュニティは自主運営《セルフマネジメント》だった。バレットがサウスウエストのCOOを務めていた期間、彼女は従業員にこう言った。「顧客を代表して決定をするよう、みなさんは権限を移譲されています。また、違法だったり、非道徳的、非倫理的でないかぎり、方針や手続きを無視し放棄する権限も与えられています[25]」

サウスウエスト航空の現場チームは、顧客のためなら何でもする自由があると考えている。手順書ではなく、この自由があるから、サウスウエストの従業員は顧客のために記憶に残る瞬間を創造することができる。たとえば、カップルが機内で結婚式を挙げられるようにしたり、時間のない乗客が規定の動物用ケージを持たずにゲートに現れたときには、その犬を預かったり、がん患者が治療のために見知らぬ土地を訪れ、現地にはまったく知り合いもいないとわかったときには、その人を自宅に招待したりする[26]。

説明責任の共有と選択の自由が、コミュニティを1つにする。このシンプルな真実がサウスウエストの文化を支え、ニューコアの特徴ともなっている。ニューコアの先駆的なCEO、ケン・アイバーソンは言う。「私たちは従業員に自分の仕事を定義させ、生産性を最適化する方法を自分たちで見つけ出してもらいます[27]」。目標や業務について継続的に話し合うなかで、その人の性格や視点が現れ、希望や恐れが表現され、友情の絆が築かれていく。だから、指示命令で動くだけのコミュニティなどといったものは、存在しない。

5 同僚どうしの説明責任

サウスウエストでは、従業員はまず顧客と同僚に対して説明責任を負う。自分の上司への説明責任はそのあとだ。あるステーション・マネジャーは言う。「私たちは全員がいっしょに成功し、いっしょに失敗します」[28]。同様の思いをゲート担当者はシンプルにこう言った。「隣に立っている人をいつでも信頼できます」

基本的に、同僚どうしの説明責任は、部下からマネジャーへの説明責任に比べて、より高いレベルのコラボレーションとコミットメントを生み出す。他の航空会社からサウスウエストへ移ってきたパイロットは、同僚たちの生産性に驚いた。「こんなに多くの人たちが、1つのことをこれほど一生懸命にやるのを見たことがありません」[29]。また別の従業員は言う。「目標は1つ。100%の顧客サービスです。ターミナルを歩いているだけで、それが感じられます。チームの一員でいたいという、強い思いがあります」。業績志向のコミュニティでは、怠け者は容赦されない。しかし、秀でていなければというプレッシャーは、それがムチを鳴らす上司の言葉によるものではなく、仲間たちの間で共有されている向上心によるものだと、質的にちがってくる。

サウスウエストは、会社が従業員に対して説明責任をとらなければ、従業員どうしが互いに説明責任を持つことはないと考えている。航空業界は景気循環による業績の変動が激しいが、サウスウエストは利益を底上げするためにリストラをしたことがない。ケレハーは同僚によく言っていた。「レイオフほど、文化をダメにするものはない」

6　相互への敬意

私たち人間はお互いを順位づけしたがる。健康、教育、能力、肉体的魅力、ファッションセンス、体力、ソーシャルメディアの「いいね！」の数――。こうしたランキングが役に立つときもあるが、たいていはランキングはエゴから生じたものだ。自分をよく思いたいがために、他の人の順位を下げる。言うまでもなく、これはコラボレーションの精神には有毒だ。

コミュニティでは、順位のちがいは示されない。全員が、自分たちが重要であると感じている。これは偶然には起こらない。全員を平等に扱い、全員の貢献を褒めたたえるという意識的な選択が反映された結果だ。

長年の間サウスウエストは、すべてのアソシエイトが大切にされていると感じ、優れた顧客サービスのためにはすべての役割が等しく重要だと捉えられるよう、懸命に取り組んできた。この点を十分に納得してもらうため、サウスウエストでは別の業務をやってみることを勧めている。たとえば、パイロットが荷物係の仕事をよりよく理解するために、荷物を積んでみる。

たいていの航空会社では、現場にはっきりしたヒエラルキーがある。非常に熟練した技術者がトップにいて、航空機内の清掃係が底辺にいる。しかし、サウスウエストではちがう。「私は（別の航空会社で）働こうとは決して思いません」と、サウスウエストのあるゲート担当者が言う。「他社では敵対意識がものすごくある。ここは本当にいい会社です。大学の学位を持っていようと、高卒認定の資格だけだろうと関係ありません。ここには地位はなくて、ただ高い職業倫理があるだけです」。

顧客サービス担当者も同意する。「誰も別の人の仕事を軽視したりしません。手荷物を運ぶ人もパイロットと同じように不可欠なのです」

サウスウエストは、相互への敬意は業績を上昇させると知っている。市場では一部のスキルが他のスキルより高く評価されるが、報酬額を基準にして同僚に向ける敬意を変えるのは危険だ。この点について、ケレハーが頑なであることは有名だ。「ポジションや肩書にはまったく何の意味もない」と彼は言う。「ただの飾りです。その人の重要性を表すものじゃない。すべての人が、そしてすべての仕事が、同じように価値があるんです[30]」。ケレハーにとって、サウスウエストは能力のモザイクであり、権力のピラミッドではない。

7 家族のような感覚

家族は最も親密なコミュニティで、大半の人が経験する。僅差でそれに続くのが、親しい友人たちとの友情だ。これらの人間関係を特徴づけるのは愛だ。あなたには生まれ持っての価値があり、その欠点にかかわらず、あなたは理解され、愛されているという感覚である。愛は心の糧となるが、仕事ではあまり愛を得ることはない。19万5000人超を対象としたギャラップの「アメリカの職場状況調査」では、職場に親しい友人がいると答えたのは10人に2人だけだった[31]。

サウスウエストで、「あなたの会社は他社と何がちがいますか」と誰にでも聞いてみるとよい。すると、「家族」という言葉を聞く可能性が高いだろう。サウスウエストは創業以来、従業員の間に強い愛情の絆を築こうと、たゆまぬ努力をしてきた。同社の株式のティッカーシンボル*が愛

＊ ティッカーシンボル

株式の銘柄を区別するためにつけられる、アルファベット1〜4文字程度の符丁。

（LOVE）をもじった「LUV」であるのは偶然ではない。

先に紹介したケレハーの言葉、「従業員に家族のように接し、愛をもってリードする」を覚えているだろうか。この言葉も、寛大さや優しさ、多様性を活かすといった美徳を実現する努力がなければ、どうしようもなく陳腐に聞こえるだろう。サウスウエストでは、この努力は採用から始まる。同社の採用プロセスは公式な面接だけにとどまらない。人材担当のシニアマネジャー、ルーク・ストーンは、筆者らに次のように説明した。

すべての採用プロセスを通じて、候補者が我が社のメンバーとどう関わり合ったかが考慮されます。最終決定では、候補者と関わった人たち全員が意見を言うことができます。候補者に最初に連絡をとった瞬間がスタートです。面接のために飛行機で来社するとき、現場のスタッフをどう扱ったか。移動と面接の予定を組んだ従業員にどう接したか。職位の高い人だけでなく、面接室にいた全員とどう関わったか。私たちは従業員が仕事中も、家にいるときのように、ありのままの自分であってほしいと考えています。だから、あらゆる人との関わり合いが、私たちの面接プロセスなのです。[32]

共感、つまり、他の人の感情を理解してそれに対応する力は、愛の根幹だ。共感を教えるよりも、客室乗務員になる方法を教えるほうが簡単だということを、サウスウエストは理解している。サウスウエストが愛に置く価値は、「奉仕者の心」というフレーズに見ることができる。すべてのメンバーは「黄金律*に従い」「敬意をもって他者に接し」「私たちサウスウエスト・ファミリーを慈しむ」ことが推奨されている。

１９９０年に、バレットは「全社文化委員会」を設立し、同社独自の価値観を育てることをその任務とした。現在、同委員会は全社から選ばれた約２４０人で構成されている。3年間の任期中、委員会のメンバーは同社の文化を自身の勤務地で広め、年に1度のサミットに集まって、ベストプラクティスを共有する。

年間を通じて、各地の拠点でも全社でも、同社の価値観を体現していると同僚が認めた人たちのために、多数の賞が設けられている。それに加えて、サービス精神を育むために、さまざまな新しいイベントが行われる。たとえば、「お掃除の日《ホーキーデイ》」では文化委員会のメンバーが、到着した乗組員をお菓子やランチなどを用意して驚かせる。つづいて、乗組員たちが休憩している間、委員会のメンバーは「ホーキー」と呼ばれる小型の床用クリーナーで機内の清掃を手伝う。あるホーキーデイに参加したメンバーは言う。

「私たちの会社が成功しているのは、従業員が従業員に感謝するからです[33]」

それが最もはっきり表れるのは、サウスウエストの従業員大会だ。全米の3つか4つの都市で年に1度開催され、同社のメンバーが何千人も集まる。その多くが家族や友人を連れてくる。全社のさまざまなチームがブースを設け、参加した従業員が訪れて、幹部から最新の情報を聞き、節目を祝い、「心の友」とパーティをする。

官僚主義では、人間関係は主に役割と権限のちがいで決まる。コミュニティでは、思いやりと仲

＊ 黄金律

聖書にあるキリストの言葉。「何事でも、自分にしてもらいたいことは、他の人にもそのようにしなさい」

間意識という絆で決まる。この愛と力の区別に、20世紀の偉大な国際政治学者、ハンス・モーゲンソーは魅せられた。彼の見解は1962年のエッセイで発表され、その数十年後に、アメリカの学者、ロイ・バウマイスターとマーク・リアリーがうまくまとめている。

愛と力の主なちがいは、愛が人と人との境界を互いに溶かそうとし、平等主義的に融合して新たな全体となるのに対し、力は一方的に境界線を乗り越え、より力の強い人の意志が両者の意志になるということだ[34]。

力の追求は、本物の人間関係の追求とは両立しえない。だから、サウスウエストは「サーバント・リーダーシップ」を非常に重視する。大半のCEOとちがって、ケレハーは「愛」という言葉を使うのを恐れない。「企業は恐れではなく愛によってまとまると強い」と彼は言う。彼にとっては、会社のすべてのメンバーが家族だ。その結果は、愛情でいっぱいの企業文化である。アリゾナ州フェニックスで顧客サービスを担当するスーパーバイザーは、これを次のような言葉でまとめた。

「重要なのは、全員がお互いを思いやるということです。だから、この会社ではみんなが微笑んでいるのです[35]」

ただし、注意しないとコミュニティは鎖国のようになり、排他的になる。ケレハーはつねに、部族主義*を即座に阻止していた。以前、「私の部門では……」という言葉で、自部門と他部門

＊ 部族主義

自分が所属する部族（集団）に強い忠誠心を持つこと、およびその忠誠心から生まれる行動や態度。自分の部族だけを信じるがゆえに排他的になる。

をことさら区別するかのように話を始めた従業員をさえぎって、ケレハーはこう言ったという。

「おや、あなたはもうサウスウエストのメンバーではないんですね。あなたが辞めたとは知らなくて、失礼しました。証券取引委員会にはもう知らせたかな[36]」

つまり、サウスウエストのすべての行動は、各地のコミュニティの創造だけを目指したものではないということだ。全社に広がる「コミュニティのコミュニティ」の創造を目指しているのである。

コミュニティを目指す

大半の人は2つの異なる自分を持っている。毎日、仕事のときに表れるプロフェッショナルの自分、そして家族や友人といるときに顔を出す、プライベートの自分だ。プロの自分はこわばっていて用心深く、感情をあまり表に出さないように気をつけている。同僚には、そのなかにある自分をわずかに垣間見せるだけだ。趣味や、家族の近況、健康問題、感情的な傷、そして夢などについては話さない。そのようなことは仕事に関係ないと自分に言い聞かせているか、誰かにそう言われた。だが、もちろん、そんなのはナンセンスだ。

「離婚に直面している」「依存症に苦しんでいる子どもがいる」「最近、親を亡くした」「手術を受けなければならない」など、人生の危機に直面しているなら、あなたには誰か話す相手が必要だ。思いやってくれる誰かが必要だ。もし、そんな人が職場にいなかったら？　もし、不安や恐れを抱えたままで、1日8〜10時間の勤務を1人でこなさなければならなかったら？　あなたと、あなたの同僚と、あなたの組織にはよくない影響が出るだろう。

ギャラップの調査で、職場に親しい友人がいると答えたのはわずか10人に2人だったのを覚えているだろうか。この調査をもとにギャラップが推計したところによれば、この数字が10人に6人と3倍になると、企業の収益性は12％高くなるという[37]。考えてみれば、これは理にかなっている。お互いへの関心が低い職場で、仕事に関心を持つことなど期待できないからだ。

ワークライフ・バランスについてはいろいろ言われているが、ワーク（仕事）と心の一体化についてはあまり言われていない。仕事は個人の事情を否定するべきではないし、圧倒するべきでもない。そうではなく、仕事は個人の事情を認め、統合すべきだ。パフォーマンス志向のコミュニティでは、仕事と個人は断絶も融合もしておらず、絡み合っている。職場では、ふだんの生活と同じく、たいていの時間はシンプルにものごとを進めている。しかし大事なときには、周りの人に頼れると知っている必要がある。私たちには単なる同僚以上の人が必要だ。賛同者や味方や仲間、共感してくれて頼りになる、職場の友人が必要なのである。

前述したように、サウスウエストとニューコアはよく似た文化を持っている。ニューコアが「人をつくっているのであり、鉄をつくっているのではない」と言うように、サウスウエストは自社を「人の会社であり、飛行機の会社ではない[38]」と言う。両社とも、何十年もかけて、コミュニティ意識を採用やトレーニング、さまざまなプロセスに埋め込んできた。そして、何十年もの間、両社ともライバル企業の業績を軽々と上回ってきた。偶然だろうか。決してそんなことはない。

ヒューマノクラシーへのステップ

あなたの組織で、コミュニティの絆を強めるためには何ができるだろうか。ここでは、ニューコアとサウスウエストから学んだことをもとに、7つの提案をする。

1 あなたの所属部門、あるいは可能であれば会社全体のミッション・ステートメントを書き直し、すべてのメンバーの心に響くように、また共通の大きな目標が持てるようにしよう。

2 メンバーが協力しあい、共同で判断を下せるよう、必要なスキルと情報を提供しよう。メンバーがマネジャーに頼る度合いを減らそう。

3 誰かと出会ったときには、個人的なことを何か話すようにし、相手にも同じようにしてもらおう。仕事以外のことで苦しんでいる人たちには、優しい気持ちで接しよう。

4 チームのメンバーたちの裁量権を拡大したら、顧客体験やオペレーション面で改善できそうなところを、本人たちに見つけてもらおう。そして、慎重に彼らの意思決定の権利を拡大していこう。

5 相互の説明責任を高めるため、チーム単位での目標や報奨を取り入れよう。

6 他の人の仕事をやってみる機会をつくる。また、可能なかぎり肩書や階層によるちがいをなくす。それによってお互いへの敬意を育もう。

7 思いやりのある人を雇い、黄金律に従い、親切な行為を称賛しよう。

すべてにおいて、長い目で見て考えよう。強いコミュニティは1カ月はおろか、1年でも築けない。成功したとわかるのは、あなたのチームや組織の人たち、あるいは社内の全員が、ニューコアの元CEOジョン・フェリオラのように、こう言えるようになったときだ。「私たちは企業というより家族です[39]」

第11章 オープンであること

組織や社会はオープンであれば栄え、そうでなければ活気を失う。ニューヨークやロンドンといった都市にレジリエンスがあるのは、オープンで多様だからだ。ニューヨーク市の5つの地区の住民は800の異なる言語を話し、これによりニューヨークは世界で最も言語的に多様な都市になっている。[1] 大西洋の向こう側にあるロンドンでは、住民の30%がイギリス以外のパスポートを持っている。[2]

活気のある都市では、さまざまに異なる考え方や服装、信仰、働き方、愛情、遊び方に出会う。この多様性が膨大な組み合わせの可能性をつくり出す。アイデアや才能や資源が新たな形で混ざり合う、ほぼ無限の機会が生じるのだ。

オープンであることは、世界のトップ大学がレジリエンスを有する秘密でもある。オックスフォード大学やケンブリッジ大学、ソルボンヌ大学やボローニャ大学には、800年以上にわたって学者が集まりつづけている。優れた大学も都市と同様に、プラスのフィードバック効果の恩恵にあずかっているのだ。あなたが、ノーベル賞の受賞を夢見る若い優秀な医師だったら、どこで研究したいだろうか。おそらく、すでにノーベル賞受賞者を数多く輩出している大学ではないか。聡明な人たちは聡明な人たちを引きつける。だから、エリート大学はそのままエリート大学でありつづけるのだ。

当然のことながら、都市や大学はイノベーションの源泉となっている。サンフランシスコ、サンノゼ、ニューヨーク、ロンドンでは、2015～2017年までの間に、ベンチャーキャピタルによる投資が1万3000件以上行われた。これは世界の合計の約4分の1に当たる。[3] アメリカの大学は2013～2017年までに、3万3000件の特許を出願し、4800社のスタートアップを生み出した。[4]

オープンイノベーションの誘惑

近年では、さまざまな企業がオープンイノベーションの取り組みを立ち上げ、その果実を得ようとしている。そのなかで、クラウドソーシングはよく用いられる方法だ。その一例が、不動産情報サイトを運営するジロウ（Zillow）である。同社は、不動産価格を推定する自社サービス「ゼスティメイト」の質を向上させるアルゴリズムを求めて、100万ドルの賞金を出した。このトーナメントには91カ国から3800件の応募があり、優勝チームにはカナダ、モロッコ、アメリカのイノベーターが参加していた。

企業は顧客にもアプローチしている。オランダの玩具メーカーであるレゴは、熱心なファンがウェブサイトで商品のアイデアを提案できるようにし、コ・クリエーション(共創)を進めている。そのなかで1万を超える支持を集めた提案は、レゴの専門家が検証する。映画「バック・トゥ・ザ・フューチャー」に登場するタイムマシンのデロリアンのように商品化まで進むと、提案者に1%のロイヤリティが支払われる。この「レゴ・アイデア」と呼ばれるウェブサイトは10年以上も続いており、これまでに2万6000件を超えるアイデアが提案された。

インキュベーターもまた、オープンイノベーションの場となる。インキュベーターの多くは、シリコンバレーやベルリン、テルアビブなど、クリエイティビティの集積地を本拠としている。企業がスポンサーとなっているインキュベーターは、スタートアップの株式を取得する代わりに、場所やツール、助言などを提供する。エアバス、コカ・コーラ、ジョンソン・エンド・ジョンソン、マスターカード、ウォルマートをはじめとした多くの大企業が、新事業の孵化器とも言えるインキュベーターを設立している。

しかし、これほどの人気にもかかわらず、オープンイノベーションによって大企業のイノベーションが加速した、あるいは変化に強くなったという証拠はほとんど得られていない。事実、社外のクラウドソーシングやコ・クリエーションは、わずかな利益しか生み出さない。たとえば、ジロウのトーナメントの例で言うと、ゼスティメイトの正確さは13％しか改善しなかった。100万ドルの賞金のコストを正当化するには十分な成果かもしれないが、大変革はもたらしそうにない。レゴ・アイデアのインパクトも同様にわずかなものだ。10年の間に、顧客の提案をもとに発売されたのは23商品だけだ。同じ期間に自社開発で発売に至った商品が7000あるのと比べると、非常に小さな割合でしかない。

インキュベーターならもっと成果をあげているのでは、と思うかもしれない。なにしろ、その多くが革新的なイノベーションをサポートするために設立されたのだから。

ニュージャージー州にあるウォルマートの「ストア・ナンバー8」は、「小売業の未来を変える」[5]ことを目指して、2017年に設立された。これは大胆な目標だが、達成できる見込みは低そうだ。問題はウォルマートにあるのではなく、専任のベンチャー組織にそもそも限界があるからだ。

ほとんどのインキュベーターが、本社から遠く離れた場所にある。これは理論的には、本社の古い考え方から自由になれる効果を持つ。しかし同時に、親会社のスキルを活用できないという問題も生じる。この問題は、インキュベーターのスタッフが新たに採用された人たちで、本社内に強いネットワークがない場合にはより深刻になる。

また、シリコンバレーやロンドンのスタートアップの集積地、ショーディッチにインキュベーターを設ければ新しい人材は集めやすいだろうが、それらの場所に設立しても幹部からのおせっかいはあまり防げない。筆者らの経験によると、親会社はインキュベーターに、予測を出し、プロセスや方針を明確にするよう求める。それらは、新しいビジネスを生み出すという、リスキーで先の読めない仕事には適さないものだ。加えて、比較的少数のスタッフしかいないインキュベーター単体では、一度に取り組めるアイデアの数は少なくなる。そうなると、次の大あたりのアイデアにぶつかる確率も限られてくる。これらの理由から、インキュベーターが親会社の運命に大きな影響を与えることもめったにないのである。

ヘンリー・チェスブロウは2003年の著書『オープンイノベーション』でその概念を世に広めた。彼によると、オープンイノベーションのプログラムは、それを支援していたCEOが退任すると勢いを失うことが多いという。これが示唆するのは、オープンイノベーションは、それが制度化されるに至るほどの実績をなかなか生み出せないということだ。[6] ハーバード大学のイノベーション・サイエンス研究所の研究者、カリム・ラカーニも同意見だ。

「オープンイノベーションのプロセスにより、クリエイティブな成果は増える。しかし、このアプローチから、新しい技術や製品、サービスが生まれて成功したという例は、ほとんど聞かない」[7]

ここでの皮肉は、大企業は実際「オープン」であることだ。従業員は毎日、何千人、あるいは何百万人もの顧客と関わり合う。幹部やマネジャーは、サプライヤーやコンサルタント、規制当局ら、ステークホルダーとよく連絡を取り合っている。ではなぜ、オープンイノベーションは大きな変化を生み出さないのか。なぜ一般的な企業は、都市や大学ほどレジリエントでないのか。その理由は、単刀直入に言うと、企業の経営陣が、型破りなアイデアに対して、まったく隙がないほどに扉を閉ざしているからだ。

クローズドマインド

半世紀以上も前に哲学者のトーマス・クーンが論じたように、人はみずからのパラダイムに捕らえられている。科学者であっても、新たなエビデンスを前にしながら、慣れ親しんだ理論をなかなか投げ出せない。クーンが観察したように「すべての偉大なブレークスルーは、古い考え方からの断絶（ブレーク・ウィズ）だ」

自分の思考から抜け出せなくなる理由はいくつかあるが、そのなかで第1の理由は否認だ。私たち人間は、不快な事実は割り引いて見る傾向がある。たとえば、アメリカでケーブルテレビを運営しているコムキャストの上級幹部は、2016年に行われた会議でこう語った。「われわれは、新たなメディアの脅威などほとんど感じていない」。さらにユーチューブは「枠外の補足《サイドバー》コンテンツのようなもの」で、ネットフリックスのプログラムは「一貫性がなく、当社に影響を与えるものではない」と述べた[8]。この2つのストリーミング・サービスがほぼ指数関数的な速度で成長していたにもかかわらず、このような発言をしたのだ。

第2に、否認していなかったとしても、私たちは自分の頭にある既存のカテゴリに当てはまらないデータを見落としがちだ。C・K・プラハラードが「ピラミッドの底辺」について先駆的な研究をする前は、ほとんどの企業は、1日5ドル50セント未満で暮らす35億人[9]のことを無視していた。

第3に、私たちの多くは、忙しさに追われている。視線を落とし、日々のルーティーンや、やるべきことの間を忙しく走り回っている。私たちの周りには驚嘆すべき世界が広がっているのに、自分のいつもの世界のその先は、なかなか見ることがない。

私たちがこれほど「オープンマインドであれ」と連呼しあうのも、このように否認や型にはまった考え方、忙しさによって、周辺の視野が狭まってしまうからだ。官僚主義はこの状態をさらに悪くする。それにはいくつか理由がある。トップダウンの権力構造が、型にはまらない考え方を許さない。短期的な事業がプレッシャーとなり、発見のための時間がほとんど取れない。縦割り組織によって、組織の境界線を越えて学びにくい。足並みをそろえようとするあまり、新たな事業機会の探索を断ち切る。秘密主義によって、価値のある情報が封じ込められる――。

オープンイノベーションは優れた考え方だ。窓を開き、ドアを開けて、屋根を吹き飛ばす。だが、イメージがあふれ出てきたり、組織が生まれ変わったりすることを期待してはいけない。あなたと同僚たちが、ほぼ無限の可能性を秘めた世界に心を開くまでは。

オープンマインド

なぜ、目もくらむような新たな可能性が見える人もいるのに、ただ平坦な、いつもどおりのくすんだ色合いしか見えない人もいるのだろうか。一部の人だけが、特別にクリエイティブな遺伝子を授かっているのだろうか。そうかもしれない。だが、たいていの場合、ひらめきは素晴らしい頭脳があるから得られるのではなく、素晴らしい経験があるから得られる。スティーブ・ジョブズは彼の歩んできた道のりについて、２００５年にこう話している。

私は（大学を）中退したので、普通の授業をとる必要はありませんでした。だから、カリグラフィーのやり方を学ぼうと、そのクラスをとったのです。私はセリフやサンセリフ*など書体や、異なる文字の間のさまざまな文字間隔を学び、優れたタイポグラフィ*をさらに優れたものにする方法について学びました。それは美しく、歴史があり、科学では捉えられない、絶妙に繊細なものでした。そのどれかが、人生において実際の役に立つとはまったく考えてもいませんでした。しかし10年後、最初のマッキントッシュ・コンピュータをデザインしていたときに、そのすべてがよみがえってきたのです。[10]

カリグラフィーのクラスでの期待していなかった経験が、人間とコンピュータの関わり方を変えることにつながるとは、誰が予想しただろうか。だが、イノベーションとはこういうものだ。突然のひらめきは前もってプログラミングできないし、稲妻は合図をしたら走るものではない。しかし、避雷針はつくることができる。もしあなたが、新たなチャンスを手にしようと意識してオープンになろうとすれば、クリエイティブなひらめきを得られる確率は劇的に上がる。

筆者らは、世界の有名なイノベーターたちを何年も研究し、次の4つの習慣が、新しいチャンスを見つけるためには特に強力なものであることを見出した。

＊ セリフ／サンセリフ

Hや I などの文字の縦線の上下につけるひげ線がセリフであり、文字にセリフがついていない書体をサンセリフと呼ぶ。

＊ タイポグラフィ

文字の書体や配列などによる表現、デザイン。

習慣① ―― 検証されていない思い込みに挑む

クーンの科学イノベーションについての研究に戻ろう。何十年にもわたる科学の進歩を検証して、クーンは次のような結論を導き出した。

新たなパラダイムを創造してブレークスルーを起こした人たちは、たいていの場合、とても若いか……あるいは、その分野に新たに参入した人たちだ。その人たちは、通常科学*の古くからのルールに縛られておらず、そうしたルールがもはや有効ではなく、別のルールで置き換えられると思い至る可能性が特に高い[11]。

あなたはもう若くないかもしれないが、それでもまだ、僧侶の鈴木俊隆《しゅんりゅう》が言った有名な言葉、「初めての人の心[12]（初心）」を育むことはできる。鈴木は1971年に死去し、イノセンティブを予見することはなかった。イノセンティブとはクラウドソーシングのプラットフォームで、39万人の「ソルバー（解決者）」に対して、企業が問題を投げかけて解決を競ってもらう場だ。これまでに行われた166回のコンテストに関する研究で、鈴木の理論が裏づけられた。大きく成功したソルバーたちは、その問題とは関係ない分野の人たちだったのだ[13]。他の領域の知識を応用する水平思考*ができる人たちは、専門家が失敗した問題で成功できるのだ。

従来型の考え方は、従来型の結果をもたらす。だから、新参者はイノベーションで有利になる。

＊ 通常科学
過去の科学的業績を基礎として進める科学。クーンが定義した概念。

＊ 水平思考
これまでの理論や枠組みにこだわらず、まったく異なる角度から考えること。

彼らの考え方は、何年もの業界経験による制約を受けていない。ただし、ここには危険もある。それは、従来型の考えは、たいていは正しいということだ。航空業界で「安全第一」や「顧客は時間通りに目的地に着くことを望んでいる」という考え方を変えるのは愚かだ。しかし、サウスウエストが「飛行機の運賃が安いと、サービスは不愉快で冷たいものになる」という定説を覆したのは天才的だった。

だとすると、こうした場合に難しいのは、「物理の法則」と「強力な定説」を区別することだ。非常に微妙なちがいである。どう手をつけたらいいだろうか。

1つ目の方法は、類似点を探すことだ。既存の企業の戦略は、時間を経るうちに重なってくる。有効な練習方法は、同じ業界にいる企業のビジネスモデルを重ねてみて、共通する部分を探してみることだ。競合企業どうしが同じことをしているのを見つけたら、「この方針（手法）の背後にある、共通した想定は何だろうか」と考えてみる。つづいて、「この考え方を覆したら、何が起こるだろうか」と考える。何世紀もの間、宿屋の主人は、「顧客に宿泊を提供するには、部屋を所有していなければならない」と思い込んでいた。エアビーアンドビー（Airbnb）はこの思い込みをひっくり返し、いまでは世界中で600万軒の宿泊先を確保している。

2つ目の方法は、変化していないところにフォーカスすることだ。あなたの会社の戦略で、どの側面がもう何年も、あるいは何十年も同じ状態だろうか。時間が経つうちに、昔のやり方は、まるで壁紙のように目に入らなくなる。そのあたりまえと考えられているやり方が、まだ理にかなったものなのか、問い直してみる。たとえばテスラは、従来型の自動車メーカーから多くの反発は受けたものの、自動車を別会社の販売代理店で売るという、長く続いてきた慣行と戦った。テスラの洗練された直営の店舗は、たいていは高級ショッピングセンターなどにあり、購入のプロセスも面倒な手間がかからない。テスラは、最も変えるべき慣行は、顧客の体験をよくないものにしている慣行だと理解している。

3つ目の方法として、極端なことをやってみよう。価格、選択、入手可能性、スピードなど、業績のパラメーターをいくつか選び、これらを10倍よくしたら何が起こるかを考える。50年前、引退した医師のゴビンダッパ・ベンカタスワミー(ドクター・V)は、インドにおける過度の視力喪失をなくそうと、壮大な探求の旅を始めた。インドでは何百万人もが白内障にかかっていたが、治療のための手術費用が払えなかった。ドクター・Vは、どうしたら手術の費用を90%、あるいはそれよりも下げられるかと考えた。インスピレーションを得ようと、彼はファストフード店を見て考えた。「もしマクドナルドが数百万個のハンバーガーを売っているなら、数百万回の視力回復手術を提供できないはずがない」[14]

今日では、ドクター・Vの専門病院のネットワーク、アラビンド・アイ・ケア・システムは、年間に50万回の白内障手術を行っている。医師1人が行う年間の手術回数は2000回にも及ぶ。これに対してアメリカでは1人平均125回だ。これ以外でもコストを節約することによって、手術1回の金額は先進諸国での一般的な金額のおよそ5%となった。しかも、アラビンドでの合併症の割合は、西側諸国よりもたいていは低い。

人生の大半の時間、人は単純に従来からのやり方にしたがって生きている。それはまったく恥ずべきことではない。しかし、時には一歩下がって、自分が信じていることを検証してみる必要がある。すべての思い込みを、いつでも反証できる仮説として捉える習慣をつけよう。

習慣②――変化の兆しに注意を向ける

オープンマインドであるということは、変化の兆しにオープンであるということだ。成功するイノベーターたちは、地平線の向こうから顔を出しているもの、つまり、大変革をもたらす可能性に満ちた、新たなトレンドに注意を向けている。

大企業は新しいトレンドに無関心な場合が多いようだ。たとえば、女性のフィットネス、特にヨガに対する関心の高まりを活用しようとしたのがルルレモンであって、ナイキやアンダーアーマーではなかったのはなぜか。理由の1つは、型通りの考え方だ。従来型のアスレチック・ウェアの会社は、ヨガをスポーツとは見なしていない。ヨガにはプロのリーグはないし、スーパースターによる宣伝もない。だが、運動能力が必要なものがスポーツだとするならば、ヨガは間違いなくスポーツだ（信じられないなら、ブラウザを立ち上げて、「横向きのカラスのポーズ」を検索して見るとよい）。

ナイキなどの大手は、加速している2つのトレンドにも気づかなかった。1つ目は、フィットネスに真剣だが時間に余裕のない女性が増えていることで、彼女たちは街からジムに行けて、そのまま街に戻れるフィット感のよい服を求めていた。2つ目は、フィットネスの定義が変化していることだ。健康であることは、もはや体重を何キロか落とすことだけではなく、心と体のよりよいバランスを実現することとなっている。だからこそルルレモンは、「あなたがどのくらい自分を好きか。

それであなたの未来が決まる」というスローガンを掲げている。本書の執筆時点で、ルルレモンは290億ドルの市場価値がある。ナイキや同業他社にとって、これは近視眼的であったことの代償だ。

では、どうすれば未来に対して目を開けるのだろうか。

1つの方法は、驚くチャンスを自分に与えることだ。具体的には、知らない場所に行ってみたり、ふだんは交流しない人たちと話してみたりする。あるいは、情報源を広げたり、自分にとって未知の分野で働く人をオンラインでフォローしたりする。作家のウィリアム・ギブソンはこう見る。「未来はすでにここにある。ただ、均等には散らばっていない」。つまり、あなたが座っている場所からは未来は見えないかもしれないが、探しに出かければ見つけられるのだ。

たとえば、デジタルの未来を垣間見たいなら、シリコンバレーよりも中国を訪れてみるとよい。現在、中国は世界のEコマース売上で55％を占め、世界最大のデジタル支払いシステムを誇り、モノのインターネット（IoT）をリードし、デジタルサービスで貿易黒字を計上している。[15] だから、少し思い返してみよう。最近、新しいもの、驚くようなもの、スピードを増しているものでは、何を見ただろうか。たとえば、次のようなものを見たかもしれない。

- 「所有する」のではなく「サブスクリプション」を好む人たちが増えている
- デジタル世界と現実世界をつなぐ、拡張現実（AR）の利用が増えている
- 小売業がモノの売買から経験の提供にシフトしている

- 地域のブランドがますます好まれるようになっている
- ブロックチェーン技術の利用が拡大している
- ヨーロッパやアメリカの政治で、中道派がかつてないほど少なくなっている
- デジタル技術がメンタルヘルスにマイナスの影響を与えている
- 大企業への信頼が薄くなっている
- これら以外の、まったく別のこと

興味深いトレンドに焦点を定めたら、「このトレンドはどんな未来につながるのか」と自問してみよう。このトレンドからどんな結果が生み出されていくだろう。相対するトレンドは生まれるのか――。トレンドを見つけるだけではなく、その余波まで予測する必要がある。

習慣③――スキルや資産の使い道を変える

オープンマインドになるとは、組織のアイデンティティを再考することでもある。あなたはおそらく、自分の会社が何をつくっているか、あるいは売っているかで、自社の事業を定義しているはずだ。しかし、新しいチャンスを見つけるためには、もっと深く見る必要がある。「私たちの成功を支えているのは、どんなスキルや〈コア・コンピタンス〉だろうか」と問い直し、「それらのスキルをどう使えば、新製品やサービスを生み出せるのか」と考える。

都市ごとのエンタテインメント・ガイドを発行しているタイムアウトは、コンピタンスを基盤と

したイノベーションの典型的な例だ。同社の雑誌は毎月740万人が読み、2億1700万人あまりがウェブサイトにアクセスして、同社のお勧めを閲覧する。多くの出版社と同じく、タイムアウトも広告収入に依存していては事業の継続が厳しいと考えた。同社の重要な資産の1つは、都市のカルチャー探索が得意な人たちのネットワークだ。40以上の都市で情報を嗅ぎまわるそのネットワークは、最高のレストランやクラブ、イベントを見つけ出す。数年前、リスボンのタイムアウトのチームは、カルチャーの目利きであるという同社の能力を活用する、画期的な方法を思いついた。

最初に彼らが考えたのは、飲食店の記事を書く以外に、リスボンにある最高の料理を旅行者や地元の人に楽しんでもらうために、何ができるかということだった。彼らが出した答えは、1つの場所に、リスボンのいまを時めくレストランやバーや食品店に支店を出してもらい、楽しく訪問できる場所をつくることだった。

その夢が、1年も経たないうちに実現した。リスボンにオープンしたタイムアウト・マーケットは、約7000平方メートルの場所に、レストラン24店舗、ミシュランの星を獲得したシェフ3人、8つの食品販売スタンド、4つの食品店、そしてナイトクラブ1つを擁する。加えて、料理教室やコワーキングスペース、900席のコンサートホールまである。タイムアウトは売上の30%を受け取り、酒やソフトドリンクの提供も担当する。2018年には、390万人がこのマーケットを訪れ、リスボンで2番目に訪問者の多い場所となった。このコンセプトはシカゴやマイアミ、ボストン、ニューヨーク、モントリオールなど、他の都市でも展開されるようになった。

あなたの会社を見渡してみよう。タイムアウトのように、別の使い方ができるスキルや資産はないだろうか。探してみないと、わからないものだ。

習慣④――満たされていないニーズを探す

オープンマインドであるためには、心もオープンにしなければならないときがある。つまり、顧客のすぐ近くまで出向き、顧客が何を感じているかを感じ取るのだ。そのとき初めて、顧客の経験を幸せなものに変えるチャンスを見つけることができる。

官僚主義では感情よりも思考を優先する。だから、たいていの企業は顧客の心を読むのがひどく下手だ。毎日、企業は数えきれないほどの方法で、顧客をイライラさせている。あなたも、顧客サービス担当者と電話で話すために、長い時間待たされた経験があるだろう。この待ち時間が余計に耐えがたくなるのは、その間に聞かされる無意味な録音メッセージだ。まるで、コルチゾール*を増加させるためだけに、このプロセスが設計されているかのようだ。

ありがたいことに、このことを理解している企業もある。顧客の体験をしぼませるのではなく拡大しようとする企業だ。アマゾンが、すべての注文を2日以内に配送料無料で届ける定額制サービス「アマゾンプライム」を立ち上げたとき、顧客は注文するたびに配送料について考える必要がなくなった。顧客の体験をスムーズにすることは、アマゾンゴー（Amazon Go）の目標でもある。アマゾンゴーはアマゾンが展開している実店舗で、ここには会計のプロセスがない。顧客は入店するときにアマゾンゴーのアプリをスキャンし、必要なものを手に取って、そのまま店を出ればよい。

顧客を喜ばせるイノベーションは、必ずしもハイテクである必要はなく、高価である必要もない。

＊ コルチゾール
過剰なストレスを感じたときに分泌が増えるホルモン。

あなたはこれまでに、スマートフォンを公衆トイレに忘れるというちょっとした悪夢を経験したことがあるだろうか。なければ、それは幸運なことだが、実は予想以上に頻繁に起こっている。

高速道路のサービスエリアなどを運営するある日本企業は、同社の従業員が多いときで1カ月に30時間も、忘れ物のスマートフォンを持ち主に返すために時間を使っていることに気づいた。この問題のクリエイティブな解決策は何だったか。それは、個室トイレのドアの掛金をテーブル状にし、ドアを閉じたときにスマートフォンやキーホルダーなどを置けるようにしたことだ。シンプルな仕掛けだが、これによって忘れ物をするのはかなり難しくなった。スティーブ・ジョブズがかつて言ったように、「世界を変えるようなものでなくても、重要な役割を果たすことはできる」ということだ。

大切なのは、顧客のいま現在の感情、あるいは、顧客が購入するまでのプロセスで生じる感情の状態に波長を合わせることだ。つり上がった眉、すぼめられた口、困惑した表情、きつく結ばれた口など、感情的な合図を探す必要がある。そして、「どういう理由で、この感情が生まれているのか。どのようにして、私たちはこの人の気分を害してしまったのか」を考える。

未来は、草原にいるライオンではない。背の高い草のなかから密かに忍び寄り、突然、飛びかかってくるようなことはない。だが、注意を払わない人には、そう見えるかもしれない。未来は通常、まだ遠くにあるうちに、見たり想像したりできる。練習さえ積めば、新たな可能性に目を開く方法を身につけられる。しかし、そのためのスキルを従業員にマスターさせている企業はほとんどない。全従業員のクリエイティビティに投資している企業もほとんどない。これは甚大な過ちだが、修復は可能だ。まず始めるべきことは、役割や肩書にかかわらず、すべての人にクリエイティブな才能を育てる力があると認識することだ。

クローズド戦略

組織に新しい考え方を満たすだけでは不十分だ。同様に重要なのは、それを筋の通った戦略にまとめるプロセスである。変化がどんどん激しくなるこの世の中では、一部の識者が戦略はもはや重要ではないと主張するかもしれない。だが、彼らは間違っている。

これまでの章で、組織は動きの鈍さを改め、もっと活発であるべきだということを論じた。これはつまり、大きな部門を分割して、より小型で自主経営型の組織をつくり、現場のメンバーに権限移譲をして、賢明で迅速な決断を下してもらうということだ。だが、機敏であることは不可欠だが、どこへ向かっているのかを知っていることも大切だ。

たくさんのスタートアップ企業と競争して勝つためには、大企業はその規模と範囲の優位性を活用しなければならない。そのためには、複数の事業部門で協力しあう必要がある。新たな市場に割って入るのは厳しいかもしれないが、複数のチームが協力すれば、知見を共有し、共同で投資をして、成功の確率を高めることができる。ニューコアが、自動車関連事業を拡大するために、複数の工場で取り組んだのがその好例だ。同様に、スキルや資産を共有すればコスト優位性を獲得できる。

ハイアールが全社的な取り組みとして、世界最先端のIoTプラットフォーム、コスモプラット（COSMOPLat）を開発した理由もここにある。これらの大がかりな戦略が目指すのは、現場のイノベーションを抑え込むことではなく、社内の起業家がより速く台頭できるようにすることだ。

また、複数の計画期間にまたがる目標に関しては、一貫性も必要である。新しい事業や新しいコンピタンスを育てるには時間がかかる。10年以上前、アップルは世界レベルのチップ設計企業になろうと決めた。独自のコンピュータチップを開発することによって、拡大する製品ポートフォリオをさらに差別化しようとしたのだ。同社は過去十数年にわたって、省電力チップにおける専門性を強めるため、いくつもの企業を買収し、一流のチップ設計者を何十人も引き抜いた。そして、勝つために必要なリソースを彼らに提供した。

こうした努力は大きな実を結んだ。最新のアップルのプロセッサーで、iPadプロに使われているA12Xバイオニックは、大半のラップトップよりも強力な処理能力を持つ。今日では、同社独自のチップはアップルのハードウェア製品すべてに使われており、顔認証によるログインやバッテリーの駆動時間を延ばすなど、顧客にメリットを提供するのに不可欠なものとなっている。もし、アップルのチップ設計事業が独立企業だったら、世界で第4位の規模となるだろう。[16] これこそが、粘り強さのパワーだ。

一貫性も重要だが、クリエイティビティも同様に重要だ。戦略において最も大切なのは、どれだけ他の戦略とのちがいを出せるかである。特に、企業が未来について独自の見方を持っていなければ、戦略もないに等しい状態となる。

私たちは変化の激しい時代を生きている。だが、現代が「戦略不要の時代」というわけではない。意味のある存在でいたいと思う企業は、未来についての見解を持つ必要があり、その見解は一貫性があり、クリエイティビティを刺激し、勇敢さを引き出すものでなければならない。もちろん、戦略は予期せぬ事態を切り抜けられる、強靭なものであるべきだ。しかし、未来についての見解がなければ、企業は舵を失ってしまう。

どんな経営陣でも自問できる大切な問いは、「今後数年間、私たちは自社をどう改革し、周囲の世界をどう改革していくか」である。練習として、上級幹部の1人ひとりが、現状をどう変えていくかについて「××から××へ」の形で自分の答えをいくつか書いてみるとよい。つづいて、チームで次の質問を考えてみる。

- 重要な優先順位についてコンセンサスがあるか。見解は共通しているか
- 私たちの計画は、競合を驚かせるようなものか。差別化されているか
- 戦略は、ストレッチ（大きく力を伸ばすこと）が必要なものになっているか。十分に野心的か

筆者らの経験によると、これらの質問に対する答えは、たいていの場合「ノー」だ。企業の「戦略らしきもの」は、曖昧で、ごくあたりまえで、臆病なものになっている。

PwCが2018年に実施した調査では、自社に明確な戦略があると答えたのは、調査対象となった6000人の企業幹部のうち、わずか37％だった。73％が自社の戦略をイノベーティブだとは

思っていなかった。また、将来に向けて組織能力を築くためのロードマップがあると答えたのは、たった13%だった。[17] どれも驚くに値しない。たいていの企業では、計画立案のプロセスは上層部中心で、定型的で、既知の事項をベースにしたものだ。予算にフォーカスした、トップダウンの儀式的なもので、組織全体が思い描く未来像など、ほとんど反映されていない。つまり、「全員参加のワクワクするような、新しいチャンスを探求する旅」の正反対になっている。これが変わるまで、企業は未来を空振りしつづけることになる。

オープン戦略

CEOに「戦略策定の責任は誰にありますか」と聞いてみよう。おそらくCEOは「私です」、あるいは「経営委員会です」と答えるだろう。これは問題だ。これまでの章で、経営陣は過去に信じていたことをなかなか捨てられず、未来を見通すのにあまり適していないと書いた。しかし、仮に全経営メンバーが優れた先見の明を持っていたとしても、彼らのクリエイティビティだけでは、現在の問題に十分には対処できない。

流れを一変させるようなアイデアはめったにないので、ブレークスルーとなるような戦略を思いつくかどうかは、その組織がたくさんの戦略オプションを編み出せるかどうかにかかっている。トップダウンのプロセスの問題点は、トップにはこれができるほどの人数がいないことだ。必要なのは、数十ではなく、数千の斬新なアイデアを生み出し、クラウドの知恵を使って、そこから新たな道を切り開く戦略を抽出することだ。

企業はオペレーション上の効率を追求する。それは正しいが、戦略の効率は追求しているだろうか。たとえば、「経営資源から最大限のリターンを得ているか」や「資産や能力を、最も優れた機会のために使っているか」については、どうすればわかるのか。それを知るためには、何に賭けるかを決める前に、幅広いオプションを検討しなければならない。

戦略を立案するには、それをまとめる前にアイデアの「拡散」が必要だ。そのためには、大胆な思考を奨励し、新たな声を集めるプロセスが必要になる。戦略立案は全社的な対話であるべきで、従業員や顧客、外部のパートナーにオープンであるべきだ。

とはいえ、単に山のようなアイデアを創出することが目標ではない。先に述べたように、一貫性も重要だ。すべてのオプションを見渡す際には、こう自問する必要がある。

「テーマは何か。規模と範囲の優位性を、どこで活用できるのか。自社のアイデンティティを形成し直すような、大きな機会は何か。私たちの最も大きな夢を言い表すような、頂点にくる願いとは何か」

オープンな戦略のプロセスは、トップダウンのプロセスに比べると手間がかかり時間もかかる。しかし、それをやるだけの価値はある。筆者らの経験では、次のような効果が得られる。

アイデアがより大胆で野心的になる……流れを変えるような戦略を思いつく確率は、幅広く多様な人たちを対話に巻き込むと高くなる。新しいオプションを見つけるには、新たな声が必要だ。

コミットメントが高まる……戦略立案に参加した人たちは、その戦略へのコミットメントがはるかに高くなる。全員参加のプロセスによって、CEOや取締役会だけのものではない、「全員の戦略」ができあがる。

戦略への信頼感が強まる……大半の従業員にとって、戦略はブラックボックスだ。たまに新たな優先事項が告げられるが、なぜ「それ」なのか、他にどんなオプションが検討されたのか、最終決定にはどんな判断基準が用いられたのか、従業員にはまったくわからない。もし従業員に戦略を信頼してほしいなら、どうやって策定されたかを知らせる必要がある。

より詳細になる……トップダウンの戦略は、そもそも抽象的だ。CEOが「ヘルスケア分野に大きなチャンスがある」と言ったとして、それはどういう意味なのか。どう行動に移せばよいのか。それに対して、オープンな戦略立案のプロセスで、ヘルスケアに関して50や100のアイデアが出てくれば、その結果まとめられる戦略はより詳細なものとなる。見出しの文章の下には、一般論ではなく具体策が書かれているはずだ。

より速く導入できる……戦略が秘密裏につくられると、従業員がそれを完全に理解するまでに何カ月、あるいは何年もかかる（ただし、理解するべきことがあればの話だが）。戦略をオープンなプロセスでつくれば、従業員はリアルタイムでそれが形成されていくのを見ることができる。戦略が固まりはじめる頃には、彼らもそれを自分事として考えられるようになり、行動する準備ができている。

惰性が少なくなる……企業が成長し、官僚主義が膨張していくと、リーダーたちは守りの姿勢に入る。彼らのモットーは、「無理に成功しようとするな」となり、その結果、惰性が生じる。ここから抜け出す唯一の方法は、現状維持を支持する層よりも大規模で、かつ強力な、未来を支持する層をつくることだ。オープンな戦略策定プロセスは、意見の異なる人たちが声をあげる場となり、臆病の罠から抜け出すのにも有効だ。

オープン戦略の実例

あなたがまだオープン戦略の利点に納得していないなら、次の短い実例を読んでみてほしい。

3M——顧客に対してオープン

世の中に、115年以上続いている企業はあまりない。そのなかで、いまも成功しつづけている企業となると、さらに少ない。３Ｍはこの点で傑出している。５万点以上の製品を持つ同社は、おそらく世界で最もイノベーティブでありつづけている企業だ。消費者にはスコッチテープや付箋のポスト・イットなどで知られているが、同社の年間売上３２０億ドルのうち、85％は工業製品によるものだ。たとえば、フレキシブル基盤や、反射シート、医療用繊維といったものがあり、フィルムや接着剤、研磨剤などは無数にある。

平均的に、３Ｍの１年間の売上の３分の１近くが、５年前には存在しなかった製品から生じている。多くのブレークスルーをたどっていくと、新しいチャンスの探索に顧客を巻き込む、体系的な手法があることがわかる。３Ｍは自社を事業の集まりというよりも、能力のポートフォリオのように捉えていて、同社には微生物検出、蒸気処理、高精細表面、ナノテクノロジー、セラミックスなど、46の中核技術がある。３Ｍのイノベーションとは、これらの技術を斬新なやり方で、顧客の問題に応用することだ。

こうした技術の応用は、３Ｍの90の研究所と技術センターで行われている。これらの施設は毎年、10万件以上の顧客訪問を受け入れる。一般的な訪問は、顧客企業側のプレゼンテーションから始まる。それに続くのは、３Ｍの業界担当者や技術の専門家からの質問だ。その目的は、顧客の深い部分にあるニーズを発見することだ。次に、ショールーム「イノベーションの世界」を案内する。そこでは、３Ｍの46種類の技術プラットフォームが主に紹介される。このあと、３Ｍの能力と顧客の問題をマッチさせるため、焦点を絞ったブレインストーミングが行われる。

たとえば、自動車部品メーカーのビステオンによる訪問から生まれたアイデアは、プラスチックのインテリア部品に、フィルムを使ってオーダーメイドのような味わいを与えるものだった。さらには、3Mの新素材、シンサレートを使って、軽量の防音装置をつくるというアイデアも出てきた。

毎年、何万回もの自由な対話を通じて、3Mは戦略を共に策定する機会を顧客に提供している。ずっと繰り返される問いは「まだ思いついてないものを、どうすべきか」である。

シスコ――起業家に対してオープン

サンノゼを本拠地とするシスコは、長年ベイエリア（サンフランシスコ湾岸地域）にいる起業家のエコシステムに頼って、新たなチャンスを見出し、獲得してきた。同社は何年もかけて200社以上を買収し、同社のベンチャーキャピタル部隊もシリコンバレーできわめて活発に活動している。最近では、起業家の才能を活用するためオープンイノベーションを採用しはじめた。元幹部で、オープンイノベーションの立ち上げを主導したギド・ジュレは、その背景をこう語る。
「広い世界に対してオープンになることで、自分たちの注意から漏れていたアイデアに気づくことができるんです。さらに、それを通して、技術や市場や自分自身について、会社中心だった〈ものの見方〉から自由になれました」[18]
他の多くの企業とちがって、シスコのオープンイノベーションは、特定の技術的な問題の解決にフォーカスしたものではない。むしろ、戦略立案のプロセスにアイデアを提供するためのものとなっている。シスコは、最初のオープンイノベーションの試みとして「I-プライズ」を2007年に立ち上げた。その目標は、同社の次の大型事業を発掘することだった。I-プライズには、104

カ国2500人のイノベーターから1200のアイデアが寄せられた。優勝チームはスマートグリッド（次世代送電網）にフォーカスした提案をし、25万ドルの賞金を獲得した。

シスコは、2016年には「イノベーション・グランド・チャレンジ」を始めた。IoTの可能性を開拓するためのコンテストだ。賞金は25万ドルで、6カ月に及んだトーナメントには、170以上の国々から5713のアイデアが集まった。各業界の専門家100人以上が審査にあたり、候補を絞り込んで、最終的には各分野の権威による委員会が3組の勝者を選んだ。これらのチームは、シスコのイノベーションセンターで試作品をつくり、同社のベンチャーキャピタル部門にプレゼンテーションをすることができた。

2017年からは毎年、「グローバル・プロブレム・ソルバー・チャレンジ（世界の問題解決チャレンジ）」を開催している。これはデジタル技術を活用して、解決困難な社会問題に取り組むことにフォーカスしたものだ。2018年の優勝チームは、携帯用の胎児心音モニターのアイデアを出した。提案したのはインドのムンバイを拠点とするスタートアップで、農村部で胎児のリスクを検知できるよう、安価な機器を設計した。このコンテストは、シスコの中核となる戦略である「IoTを活用して、2025年までに10億人にプラスの影響を及ぼす」に直接的に寄与するものだ[19]。

さまざまなイノベーションの取り組みを通じて、シスコは継続的に戦略をテストし、進化させている。ジュレは言う。

「世界の人々がシスコをどう思っているか、またシスコがどんなマーケットを追求するべきだと思っているか、私たちは知ることができます。他の企業と同じく、私たちは世界を固定観念で見てしまいがちです。あの事業ではなく、この事業をやるべきだ、なんて考えてしまう。でも、コンテストの参加者は、シスコに何ができるかについて、もっとずっと広い見方をしてくれるんです[20]」

アディダス・ノースアメリカ――従業員に対してオープン

年間売上高230億ドル超のアディダスは、世界でトップクラスのスポーツブランドだ。しかし、同社は長年、ヨーロッパのサッカーでは強豪企業だったものの、アメリカでは苦戦していた。この状況を変えようと、アディダスは2014年にマーク・キングを北米部門のプレジデントに任命した。キングは、ゴルフクラブ・メーカーのテーラーメイドの再建を成功させた人物だ。アディダスのブランドをよみがえらせ、北米事業を軌道に乗せることが新任プレジデントのキングの任務となった。

キングがオレゴン州ポートランドのアメリカ本社に到着したとき、従業員は有能なのに意気消沈していた。その頃、業界2位の地位をアンダーアーマーに奪われ、売上高は2年連続で前年比マイナスとなりそうだった。小売店で商品を置く棚も減ってきており、利益は同じオレゴン州に本社があるナイキに、大きく差をつけられていた。ヨーロッパにある本社とは9時間の時差があるアメリカ本社では、アメリカ特有のスポーツ文化にもっとうまく入り込む必要があることはわかっていた。

キングの最初の課題は、取締役会に北アメリカへの投資を増やすよう、説得することだった。資金を増やす見返りとしてキングが約束したのは、アディダスをアメリカで最も成長の速いスポーツブランドにすることだった。これは、同部門の長年の業績不振を見てきた人たちにとっては、とんでもない目標だった。キングは投資を獲得し、また、アディダスは現実的かつ象徴的な動きとして、デザインのグローバル本部をポートランドへ移した。

キングはアメリカの事業を見て回るなかで、多くのクリエイティビティが埋もれていることに気づいた。そして、北アメリカの3500人の従業員の頭のどこかに、復興のための原材料があると確信した。問題は、どうやってクリエイティブ思考の質を高め、アイデアを表出させ、成長戦略を築くかだ。しかも、それを数年のうちにではなく、数カ月でやる必要があった。

その答えとして創設されたのが、「アディダス・イノベーション・アカデミー」だ。10週間で、従業員に変革者のように考える方法を教え、企業戦略の作成に協力してもらうものだ。そのキックオフのイベントで、キングは単刀直入に、新しいアイデアがなければ再び成長しはじめることは不可能だと言った。「これはみなさんにとって、我が社の未来をいっしょにつくるチャンスなのです」。

このイベントは、北アメリカの全従業員にストリーミングされた。

トレーニングの中心は、本章でも述べたイノベーターの習慣を従業員に教える、4週間のプログラムだ。毎週、参加者は新たな気づきを共有のプラットフォームへ投稿する。合計で、1万件以上の気づきが投稿され、その一部は既存の戦略に直接的に疑問を突きつけるものだった。たとえば、「成功するには、本当にナイキやアンダーアーマーと直接対決するしかないのか」などだ。他の気づきは、まだ会社のレーダーにも映っていなかったトレンド、たとえば、eスポーツの急速な成長などにスポットを当てていた。

次の4週間、参加者たちは自分の気づきをビジネス提案に変えることを求められた。ある気づきは、小売業者がアディダスの縦割りの販売チームとやり取りしにくいことを指摘していた。提案されたイノベーションは、もっとシンプルで一貫性のあるインターフェイスを、実店舗の業者やオンラインの業者とともに築くというものだった。

1カ月のうちに、参加者は1000件近いビジネス提案をつくり出した。それぞれが、インパクトと実現可能性の面で同僚たちに評価された。こうした知見もあわせて、従業員はアイデアを検索しやすいように、また重複を防ぐためタグをつけた。

このアイデア出しのプロセスでは、提出できるアイデアの種類について、制約は何もなかった。だが、最終的にはほとんどが、10程度の戦略テーマに分類できるものとなった。たとえば、女性客の獲得、小売業者との関係の立て直しなどだ。こうしたグルーピングでは、個々のアイデアが補完しあい、また統合されることで、より大きなチャンスの存在を裏づけた。

2015年の終盤、アカデミーに参加した全員が、アイデアの選別に加わるよう誘われた。このプロセスで9つのアイデアが選ばれ、全員参加の「シャーク・タンク*」風のイベントでプレゼンテーションが行われた。現在の北米事業のプレジデントであるザイオン・アームストロングは、このイベントをこう振り返る。

「みんなが自分のアイデアを話している姿に、すごく感動しました。私は会場のうしろで見ていて、涙が浮かんできた。従業員との対話を始めるにあたって、私たちはこう言ったのです。〈みなさんの話を聞き、みなさんに投資します。みなさんは変化を起こせるんです〉」[21]

イベントの最後には、提案のいくつかが早期に進められることとなった。

* シャーク・タンク

起業家がプレゼンテーションをし、投資家がそのアイデアに投資するかどうかを決めるテレビ番組。

マーク・キングは2018年7月に退任した。彼の4年間の任期の間に、北米事業の売上は50%近く増加し、営業利益は3倍になった。キングとアームストロングは、この業績向上は、従業員のクリエイティビティが解放されたことが大きな要因だとしている。イノベーション・アカデミーへの参加は完全に任意のものだったが、2000人以上が参加し、1000人が変革者（ゲームチェンジャー）として修了証を受け取った。イノベーション・アカデミーは新たな世界を切り開いただけでなく、新たな文化も切り開いた。前例のない取り組みを振り返って、キングは言う。

「好奇心の文化が大きく育って、私たちは思考し、挑戦するようになりました。コンプライアンスはトップダウンで実現できますが、コミットメントはトップダウンでは実現できません[22]」

これらのオープン戦略の例は、称賛に値するものだ。しかし、まだまだ遠くに行けるはずである。筆者らは、すべての組織が戦略についての対話を希望者全員にオープンにするべきだと考える。世界にはオリジナルの思考が十分にあるのに、大半の企業がそれを活用していない。

たとえば、自社のスキルや資産のカタログをオンラインで公表し、世界に対して「あなただったら、この能力を使って何をしますか」と問うたりしない。あるいは、いつでも参加できるプラットフォームを築いて、顧客でも、サプライヤーでも、起業家でも、業界の専門家でも、アマチュアの発明家でも、誰でも参加して、アイデアを投稿できるようにしてはいない。貢献した人の知的資産を保護し、その人に報いる優れた方法を編み出してはいない。外部のイノベーターを招いて、社内のチームと協働してもらうこともない。さらには、世界で最も革新的な思想家や実行者を引きつける、巨大な磁石を設けようなどとは思ってもいない。

これらは非現実的に聞こえるだろうか。戦略に関して、オープンで、いつでも参加でき、リアルタイムの対話ができる場をつくるのは、夢想的だろうか。

そうだと思うなら、アップルが開発者の巨大なコミュニティを育てるために、計り知れない努力を重ねたことを考えてみよう。アプリをつくりたい人なら誰でも、開発専用のプラットフォームにアクセスでき、何十もの訓練用プログラムや、開発用の多数のツール、メンター、グローバルなイベントにもアクセスできるのだ。では、アップルにはどんな見返りがあったのか。iOS上で動く200万ものアプリである。イノベーターへの見返りはというと、アップルが支払った1000億ドル以上の報酬だ。

グローバルな開発者のネットワークが構築できるなら、グローバルなチャンス発見のためのネットワークも築けるはずだ。ハイアールが「ハイアール・オープン・エコシステム・プラットフォーム」を築くなど、一部の企業はその方向へ動いている。だが、全力で取り組んでいる企業はまだない。あなたの組織にとって、いまがチャンスだ。

ヒューマノクラシーへのステップ

では、オープンであることの利点を、どうやって取り込めるだろうか。少数のばらばらなオープンイノベーションの取り組みを進めている状態から、最も重要な点でオープンになる、つまり未来についての見方や計画についてオープンになるには、どうすればいいだろうか。

1

恐れの風土をなくそう。たいていの組織では、上司の意見に反対するとペナルティがつく。その結果、反響室のように、同じ意見ばかりが聞こえてくるようになる。安全に反対意見を言えるようにする必要がある。そのために、あらゆる機会を捉えて、「私の考えはどこで行き詰まっていますか」「他にどんな選択肢がありますか」「あなたなら、どんなやり方をしますか」などと尋ねてみよう。

2

クリエイティブなスキルの育成に投資しよう。従業員や顧客にアイデアを求めても、企業はがっかりすることが多い。返ってくる答えの多くが、とるに足らないものか、実現できないものだからだ。信号対雑音比（有益な情報とそうでないものの比率）を改善するには、アディダスがイノベーション・アカデミーでやったように、別の思考方法を教える必要がある。

3

シンプルかつ低コストなやり方で、戦略プロセスをオープンにしよう。戦略開発のためのハッカソン*を大々的に開催するのに抵抗を感じるなら、小さく始めよう。未来にフォーカスしたすべてのミーティングに、若者や新人、他の業界で働いてきた人たちを多めに参加させよう。筆者らが知っているある企業では、マネジャーが数百人の若い従業員の前で計画を発表し、若者たちがその場で批判や提案などをツイートする。重要なポイントは、戦略についての対話に新しい人たちを参加させる方法はいくらでもあるということだ。

4

ソーシャルな取り組みにしよう。オープン戦略のパワーは、単に多数のアイデアが創造されることだけでなく、アイデアどうしがぶつかり、興味を持った人どうしが関わり合うといった、人と人との出会いの魔法にもある。あるオンラインの戦略プラットフォームでは、イノベーターが同じようなアイデアに取り組んでいる同僚を簡単に見つけられ、希望するならコラボレーションもできる。

5

アイデアを行動に結びつけよう。大半の組織が、ある種の提案箱のようなものをオンライン上に備えている。だが、提案の多くが天空へと消えていく。従業員はこう考える。「私のアイデアを、誰が、いつ、どんな基準で評価するのか。もしよい提案だったら、どうやって資金が提供され、私に任せてもらえるのか」。こうした質問に対する答えが明確でないなら、従業員は提案しないことを選ぶだろう。

* ハッカソン
ソフトウェア開発者が大勢集まって、短期で集中的にプログラムを開発するイベント。

6

社外の人に、内部の人であるように感じてもらおう。あなたの仕事が何であれ、あなた自身のオープンな発見のネットワークをつくることは可能だ。顧客やサプライヤー、業界の専門家らを招き、未来についての対話を主催しよう。この試みを、新たな意見を受け入れ、新たな問いかけをしたら何が起こるかを知る、ライブのデモンストレーションと考えよう。

7

CEOに戦略を求めるのはやめよう。これは難しい課題だ。経営陣は、自分が特別に先見の明のある戦略家だという自負心を放棄する。また、それ以外の人たちは、経営陣には先見の明があると決めつけるのをやめる。そうして初めて、組織はオープン戦略に真剣になれる。すべての組織は、オープンであることをデフォルトにしなければならない。内部の人と外部の人を分ける太くて暗い線は消し去り、戦略策定はトップからスタートするという考え方は永遠になくすべきだ。それができたとき、企業は偉大な都市や有名大学のようにレジリエンスを発揮できるのである。

第12章 実験

親愛なる読者のみなさん、あなたは40億年に及ぶ実験の成果だ。途方もない年月の間、有性生殖と遺伝子変異、遺伝的浮動（人口移動）が、繰り返し生命の言葉（遺伝子）を変え、自然淘汰、つまり資源やパートナーを巡る争いによって、最良の文章（遺伝子配列）がコピーされ、次世代に受け渡されてきた。他のすべての人たちと同じく、あなたも進化の実験室だ。あなたのゲノムには、両親から引き継いだのとはちがう、約150の突然変異が含まれている。

あなたの人生もまた実験室だ。子どもの頃、あなたはさまざまな行動を試して、どうすれば親の関心を引けるかを知り、学校ではどうすれば友だちに好かれるかを実験した。髪型や洋服もいろいろ試してみた。実験的にデートをしてみたこともあっただろう。大学ではさまざまなクラスを試して、それから専攻を決めたかもしれない。その後、いろいろな仕事や、趣味や、酒、友人、政治的な見解、場合によっては宗教も試してみた。そして、いまもあなたは新しいことを試している。なぜなら、実験をやめることは、成長を止めることだからだ。

組織も同じだ。組織が進化するペースは、大部分が実験の数によって決まる。それにもかかわらず、多くの企業は「やってみて学ぶ」ことに熱心な従業員を、あまり歓迎しない。

実験に反感を抱く官僚主義

実験のデザインや実行は、たいていは研究開発や製品開発部門に所属する少数の専門家の領分だ。これらの部門においても、小規模なABテスト以上のものは、普通は管理職の承認が必要になる。

筆者らが実施したハーバード・ビジネス・レビュー誌読者1万人を対象とした調査では、大企業に勤める回答者の61%が、現場の従業員が何か新しいことを試すのは「非常に難しい」と答えた。この結果を裏づけるように、ギャラップによる2019年の調査でも、アメリカの非管理職の従業員で「製品やサービスを改善するために自由にリスクがとれる」という項目に「とても当てはまる」と答えたのは、わずか9%だった。[1] マネジャーたちにも閉塞感がある。ボストン コンサルティング グループが長期にわたり毎年行っている企業幹部への調査でも、「リスク回避の文化」と「長すぎる開発期間」が、イノベーションの最大の障壁として毎回のように指摘される。[2]

官僚主義は、最大限に信頼できる製品をつくるために築かれており、プロトタイピングには向いていない。官僚主義では、標準から外れたやり方は排除され、奨励されることはない。官僚的な人に実験をするよう頼んだら、手のひらに汗をかいてこう考えるだろう。実験なんて、言わば未知のものへの危険な賭けで、踏んだらすべって転んでしまうバナナの皮のようなものだ。成功より失敗の可能性のほうが高いことをやってみる意味はどこにあるのか。1人で屈辱を受けるよりも、みんなでじっとしているほうがいい――。

リスクへのアレルギーは投資対象の選別でさらに強くなり、ハイリスクのプロジェクトは除かれてしまう。この場合、「ハイリスク」とされるのは、利益が出る確率が90％に満たないものだ。この種の用心深さは、大きな資本を投入するプロジェクトでは理にかなっているかもしれないが、ちょっとした実験ではそうとは言えない。計算は恥ずかしくなるほど簡単だ。1億ドルのプロジェクトで失敗の確率が10％あったら、損失のリスクは1000万ドル。だが5000ドルの実験なら失敗の可能性が90％あってもリスクは4500ドルだ。このようにわずかな金額の損失でも、成功の可能性が10に1つの実験に資金を提供する企業には、あまり出合わない。多くの企業で、CEOが取締役会から数百万ドルのプロジェクトの承認を受けるよりも、現場のオペレーターが実験のために数千ドルを獲得するほうが難しい。これはどうかしている。

官僚的な期待とは裏腹に、リスク回避の欲求はたいていはリスクを増大させる。他社と同様の、わずかな儲けしか見込めない大規模プロジェクト1つに資金をつぎ込むほうが、初期段階のかなり極端な多数のアイデアに投資するよりもはるかに危険だ。大変動の時代には、動きの鈍さほど危険なものはない。この時代に必要なのは、実験についての考え方を大きく変えることだ。それによって、単に新製品の不確実性を減らすだけではなく、発売までの期間を短縮するだけでもなく、全員が可能性の限界を押し広げながら働く組織を目指す。これが企業にとって、時代遅れにならないための担保となるのである。

なぜ、数の多さが重要なのか

1956年に、イギリス出身のサイバネティクス(人工頭脳工学)のパイオニア、ロス・アシュビーが「必要な多様性の法則」を提唱し、システム理論に大きく影響を与えた。この法則は、あるシステムが有効でありつづけるためには、そのシステムが、環境によって提示される課題と同じくらい多様な反応を創出できなければならない、というものだ。アシュビーは「多様性のみが多様性を吸収できる」と表現した。本書の言葉に置き換えると、絶え間ない実験だけが、絶え間ない変化から組織を守れるということになる。

毎年、秋になると、ブナ科の樹木はたくさんのドングリを落とす。だが、成長できるのはほんの一握りだ。有性生殖では、何百万もの精子が卵子を見つけられない。同様に、イノベーションも数が重要だ。

ベンチャーキャピタルは何千件ものビジネスプランに目を通し、そのうちの数百人の起業家志望者を面接して、最終的に数社のスタートアップに投資する。それらの新米企業も多くが破綻する。2008〜2010年までの間にベンチャーキャピタルから最初の資金を獲得したスタートアップ、1098社を対象とした調査では、2017年までに70%が事業から撤退したか、ほぼ自立できなくなっていた。1億ドル以上の企業価値評価で上場、あるいは買収された企業は20社に1社、10億ドル以上の評価額となると全部で5社、割合にすると全体の0・5%未満だった。[3]

ベンチャーキャピタリストは、王子様やお姫様を見つけるには、たくさんのカエルにキスしなければならないことを知っている。何のリターンも得られない投資も多いが、たまに次世代のスクエアやエアビーアンドビーにぶつかる。したがって、ベンチャーキャピタル1社による投資を見た場合、多くの案件でリターンはほぼゼロだが、全体を平均するとリターンは巨額になりうる。

しかし、筆者らの経験からすると、プロジェクトのリスクとポートフォリオのリスクを区別できている企業はほとんどない。実験の候補はそれ単体の価値で評価され、実現可能性の点で高い基準をクリアすることが求められる。そうなると、まったく途方もないアイデアは、たとえ何千倍ものリターンを生み出す可能性があっても、決して投資されなくなる。

失敗を受け入れることを学ぶのは、官僚主義者にとって難問であるだけでなく、一般の従業員にとっても難しい。アイデアが実現しなければ気分が滅入る。だが、ここでもポートフォリオのアプローチをとらなければならない。ニューヨーカー誌によく作品が掲載されている風刺漫画家のマット・ディフィーのやり方を見てみよう。毎週、同誌で漫画を担当する編集者は、ディフィーのようなフリーランスの漫画家から1000件ほどの作品を受け取る。漫画家が提出できる作品数は、

１人10本までだ。選ばれる確率を高めるため、ディフィーは通常150くらいのコンセプトをつくり、その後、提出する作品を数本まで絞る。クリエイティブな分野のプロなら誰でも言うように、成功の秘訣は多作である。

企業が従業員に与えられる自由のうち、最も重要なのは失敗する自由だ。前述したニューコアのブライスビル工場の話を思い出してほしい。現場の従業員が巨大な取鍋《とりべ》の新しい素材を何年間も実験しつづけて、やがてコストと耐久性の面で2倍の改善を実現した。彼の実験は時には行き詰まることもあったが、実験を通じて学ぶことを尊ぶ文化によって、彼はやり遂げることができたのだ。

実験を支える精神

アマゾンほど実験を心から大切にしている企業は、まず他にはないだろう。同社はおそらく、世界で最もイノベーティブな企業だ。これまでのブレークスルーには、次のようなものがある。サードパーティ企業が販売を行えるプラットフォームの「アマゾン・マーケットプレイス」、世界で最も人気のある電子書籍リーダー「キンドル」、クラウド・コンピューティングで圧倒的な強さを見せるサービス「アマゾン・ウェブ・サービス（ＡＷＳ）」、アマゾンの音声アシスタント「アレクサ」、そして、レジに並ばなくて済む実験的な食品店「アマゾンゴー」などだ。

こうした新聞の見出しを飾るようなイノベーションの背後にも、あまり知られていない何百というブレークスルーがある。たとえば、「フラストレーション・フリー・パッケージ」は過剰な包装を減らすための取り組みで、これまでに21万5000トン分の包装を削減し、3億6000万個の配送用ボックスを節減した。

アマゾンの継続的な成長は、トップダウンによる数少ない優れた発想の成果ではなく、ボトムアップによる絶え間ない実験を奨励する文化の成果である。ジェフ・ベゾスは言う。「アマゾンの成功は、1年間に、あるいは1カ月、1週間、1日にいくつの実験をやったか、それによって決まる」[4]

ベゾスはまた、前もってうまくいくことがわかっているなら、それは実験ではないと社内でよく言っている。

アマゾンの実験のなかでも特に注目すべきは、従業員のグレッグ・リンデンがEコマースの初期にレコメンデーション・エンジン*を作ろうとした試みだ。リンデンは1997年に入社してすぐに、顧客をある種の衝動買いに誘うことは可能かと、考えるようになった。スーパーであれば、レジの近くにお菓子や小物などを置いておくような仕掛けだ。リンデンは、アマゾンが集めた大量のデータを使って、顧客ごとにその好みに合わせた商品を提示できるのではないかと考えた。

やがてリンデンは、顧客ごとにカスタマイズされた「おすすめ」商品を掲載したウェブページを試作した。同僚たちは全般的に彼のアイデアを支持したが、影響力のあるバイスプレジデントは反対だった。彼はこの機能によって買い物の精算プロセスが複雑になることを心配し、この計画は見送るよう命じた。普通であれば、話はここで終わってしまう。しかし、アマゾンでの意思決定は

＊ レコメンデーション・エンジン
「おすすめ」機能の裏側にある技術。

意見ではなくデータが重要だということをリンデンは知っていた。だから、彼はあきらめなかった。テストが始まると、すぐに良好な結果が出た。顧客は自分専用のおすすめが気に入り、売上の伸びは相当なものとなったのだ。今日では、アマゾンの小売販売額のおよそ35%が「おすすめ」から生じている。このブレークスルーによって、リンデンは同社で崇められている「ジャスト・ドゥ・イット」賞を受賞。ベゾスから、中古のナイキのスニーカーを贈られた。

この経験を通じて、リンデンは重要な学びを得た。のちに彼はこう書いている。「誰もが実験し、学び、何度も繰り返すことができなければならない。肩書や服従、伝統などは一切、力を持つべきではない。イノベーションを盛んにするためには、結果の測定で判断する必要がある」[5]

この提案を、あなたの会社のCEOが支持する姿を想像できるだろうか。もし想像できないなら、あなたの会社が未来に向かう競争で勝てる見込みはほとんどないだろう。

実験には忍耐力が必要で、忍耐力は官僚主義では特に不足している。その原因はたいてい、大志が欠けていることだ。壮大な志がなければ、プロジェクト・チームは初期の実験でブレークスルーが起こせなかった場合、あきらめてしまうかもしれない。アップルがiPhoneのタッチ式スクリーン用の技術を完成させるまでに、4年の月日と数えきれないほどの実験が必要だった。アップルのエンジニアたちが粘ったのは、人間が技術と関わる方法を変革することにチャンスを見出したからだ。同様に、アルファベットの子会社のウェイモは、より安全で効率的な移動手段をつくると決めたからこそ、自動運転車の開発に10年を費やした。つまり、自分たちの壮大な探求を信じることによって、実験に失敗しても心が折れることはなくなるのだ。

インテュイット——実験の文化をつくる

インテュイットほど、実験の文化をつくろうと懸命に取り組んだ企業はないのではないだろうか。インテュイットは財務ソフトウェアのプロバイダーで、世界中で5000万人にサービスを提供している。1983年に創業し、最初の製品は小規模事業者向けの会計プログラム「クイッケン」で、5インチのフロッピーディスクに収められていた。今日では、インテュイットはクラウドベースの製品群を展開し、納税申告書の作成（「ターボタックス」「プロコネクト」）、簿記（「クイックブックス」）、モバイル資産運用（アプリの「ミント」）などの分野をカバーしている。同社はまた、増えつづける同社製品のユーザーに、サードパーティの財務関連商品を販売することによっても収益を上げている。過去10年で、インテュイットの売上は2倍に成長して70億ドルとなり、株価はS&P500ソフトウェア指数の2倍の速さで上昇した。

インテュイットの実験への思い入れは、創業者のスコット・クックから受け継いだものだ。クックはインテュイットを創業する前に、プロクター・アンド・ギャンブル（P&G）で働いていた。そのなかで、「リスク恐怖症の文化」を肌で感じて苛立ちが募り、自分で会社を始めれば、それから解放されるのではないかと考えた。

しかし、インテュイットが成長するにつれ、クックは自分の会社も同様に、官僚的な動きの鈍さと無縁ではないと気づいた。インテュイットは非常に鋭い分析能力を持ったマネジャーを何十人も雇ってきたが、あえてリスクをとろうという人はほとんどいなかった。マネジャーの意見はすべて、50ページものスライドで裏づけられていた。きわめて退屈な計画会議がまたもや開かれていたなかで、ついにクックは堪忍袋の緒が切れて、こう宣言した。

「官僚的な意思決定は、もうなしだ。パワーポイントや、説得、地位、（あるいは）権力による決定もなし。今後は実験で決めていく」[6]

クックは幹部たちに、はっぱをかけた。現場に出て、満たされていないニーズを掘り起こし、そのニーズを満たすための仮説を立て、試作品をつくり、それを実際の顧客に試してもらうようにと。さらにクックは、たったいまから、すべての従業員はそのように仕事をしてほしいと付け加えた。

スナップタックスの誕生……ターボタックスの製品マネジャーであるキャロル・ハウをはじめとして、ほとんどの従業員は新たに生じた実験へのフォーカスに意欲を感じていた。ハウはｉＰｈｏｎｅによってさまざまなことが簡単にできるようになったことに感銘を受けており、ストレスの多い納税申告もスマートフォンを使って簡単にできないかと考えた。納税申告書がスマートフォンで作成できたら、ユーザーはどう感じるだろう。ハウはすぐに数人の同僚たちと、顧客に話を聞きに出かけた。インテュイットのＰＣ用ツールをどう思っているか。スマートフォンをどう使っているか。納税申告書をモバイル機器で作成したいと思ったりするか――。特に若い顧客たちは、このアイデアに好感を持った。

次のステップは、アプリがどのように動くかを図示した絵コンテをつくることだった。このざっくりとした試作品を携えて、ハウたちはさらにフィードバックを集めるため散っていった。6週間後、彼らは最初のラフなアプリをつくった。その次の2カ月は、1週間ごとにテストと検証、ブレインストーミング、プログラミングを行い、またテストをするというプロセスを繰り返した。最初のアイデアは、顧客がスマートフォンからコンピュータにデータを移し、そこからオンラインで納税申告書を提出するというものだった。ハウはこう振り返る。

「(チームが)何度も何度もテストを繰り返しているうちに気づかされました。お客様が〈なぜ、またコンピュータに戻らなきゃいけないの〉と聞いてきたんです」[7]

プロジェクトがスタートしてから6カ月も経っていない2010年の始めに、インテュイットはカリフォルニア州の納税者に向けて「スナップタックス」を発売した。その1年後、アプリは全米で発売された。数週間のうちに、スナップタックスは35万回以上ダウンロードされ、ゲームアプリの「アングリーバード」を抜いて、iTunesストアで第1位のアプリとなった。[8]

スナップタックスは短期間で勝利することができたが、それ以外のケースでは、実験期間はもっと長くかかった。

インテュイットは長年、専門家による納税申告書の作成事業に、少しでも食い込むことはできないかと考えていた。そのなかで、2012年4月、製品マネジャーだったブライアン・クロフトが、インテュイットの顧客と申告書作成事業者(会計士)とを結ぶオンライン・プラットフォームのアイデアを出した。ゴーサインが出されたので、クロフトのチームはアイデアを実現するための短い動画を撮影。その動画を顧客となりうる250人に見せたところ、その3分の1ほどがこのサービスに興味を示した。方向性は間違っていないとの自信を持ち、チームはベータ版を作成し、「パーソナルプロ」と命名。そして、納税者と申告書作成事業者の小規模なグループの協力を得てテストを開始した。[9]

その後、何回かの開発を重ね、2014年始めには製品のコンセプトをもっと詳しくテストするに至った。テストはテキサス州ダラス市の都市部に限定して実施され、驚くべき結果が2つ出た。1つ目は、登録した顧客のうち、3分の1が小規模事業のオーナーだったことだ。この新しいサービスに最も満足していたのもこのグループだった。2つ目は、申告書の作成すべてを会計士に外注するのではなく、自分で作成して、そのときにリアルタイムでアドバイスをしてくれるほうがよいという人が大勢いたことだ。[10]

この結果を受けて、インテュイットはパーソナルプロを2つのサービスに分割することにした。1つは小規模事業主と会計士を結ぶプラットフォームで、もう1つは自分で申告書を作成する人が、リアルタイムでアドバイスをもらえる「ターボタックス・ライブ」だ。現在どちらのサービスも、インテュイットが提供するサービスのなかで目立って特徴的なものとなっており、同社の戦略である「顧客とパートナーとを結ぶエコシステムの創造」も支えている。

実験を主活動に

ニューコアのアイバーソンやハイアールの張と同じように、クックの究極の目標も、自分の会社を起業家的な熱意で満たすことだ。クックは言う。「従業員1人ひとりに、起業家のように考えてもらいたい。全員が果たすべき役割は、創造し、発明し、顧客の生活を改善する新たなよりよい方法を探すことだ」。こうした言葉だけでは、あまり変化は起こらない。この言葉を現実化するために、「(誰もが)簡単に、かつ素早く安価に実験ができる文化と仕組み」[11]を創造するよう、幹部に求めた。クックは、スナップタックスやターボタックス・ライブのような事例は、例外ではなくあたりまえのものとなるべきだと論じた。会社全体が実験室のようになる必要がある。クックの声は、実験を全社的な能力とするための複数年にわたる取り組みとなった。今日では、インテュイットは主に次の5つの方法で、実験を育んでいる。

実験のためのチーム……インテュイットは期待の持てるアイデアに関して、小規模な「発掘《ディスカバリー》チーム」を組成する。スナップタックスやパーソナルプロの実現に関わったようなチームだ。チームには通常、エンジニアリングや製品管理、デザインなどの部門の人たちが加わる。クックが、「ハッカー、ハスラー(やり手)、ドリーマー」[12]と呼ぶ人たちだ。チームが組まれると指揮命令系統の外で動き、高度に自主的な活動をする。

官僚主義のなかで身動きが取れなくならないように、チームには幹部のスポンサー(支援者)がつく。たとえば、スナップタックスのチームを支援したのは、ターボタックスの製品管理担当バイスプレジデント、インテュイットの技術担当バイスプレジデント、そしてクックだ。スポンサーはチームと週1回会ってコーチングし、ボトルネックを取り除き、経営資源を確保できるよう助ける。

インテュイットの「イノベーション・カタリスト」も支援に当たる。イノベーション・カタリストは実験の「黒帯」を持った200人のグループで、彼らは勤務時間の10%を同僚のサポートにあて、顧客ニーズの発見や、実験のデザイン、試作品の製作に協力する。

イノベーション・トレーニング……実験を組み立てるには、そのためのスキルが必要だ。インテュイットでは、全従業員にプロになるチャンスがある。同社のイノベーションのためのカリキュラム「デザイン・フォー・デライト（D4D）」は1週間のコースで、顧客への共感、アイデアの開発、ラピッド・プロトタイピング*の3つの分野のスキルを育てる。新入社員は、入社から3カ月以内にこのコースを修了することが求められている。さらなるトレーニングは「リーン・スタートイン」という1週間のワークショップで受けることができる。ここでは、チームがD4Dの手法を使って、顧客が困っている問題に対処する。この5日間のワークショップで、チームは3〜4つの試作品をつくり、何度もテストを行う。[13] リーン・スタートインが2012年に開始されてから、2000人以上の従業員がこのプログラムに参加した。

実験のための時間……インテュイットは「自由な時間」を設けることでも実験をサポートする。アソシエイトは全員、勤務時間の10%を自分が情熱を傾けるプロジェクトに使うよう奨励される。この時間はまとめて取ることができ、手ごわい問題に取り組むために同僚と同時に取ることも推奨されている。たとえば、クイックブックスを担当するチームは、この自由時間を数カ月分貯めてお

* ラピッド・プロトタイピング
短時間で試作品をつくること。3Dプリンタのほか、さまざまな技術を用いて開発する。

き、新しい機能についてブレインストーミングするために丸々1週間を費やせるようにした。この1週間で、チームは製品のモバイル版の試作品をつくった。[14] 同社イノベーション・リーダーのジェフ・ジアスの計算によると、過去10年間で自由時間から誕生したプロジェクトのうち、社内外での製品やサービスの提供につながったものは500件に及ぶという。

専用の資金……インテュイットのイノベーターには、実験のための資金源が複数ある。各部門は、現在の製品をアップグレードするための実験用予算を持っている。また、定期的なイノベーション・チャレンジやハッカソンなどで、資金獲得を目指して競い合うこともできる。そして、CEOファンドにサポートを求めることも可能だ。このファンドは、異色のアイデアが資金に困ることがないように、クックが設立した自由裁量の資金だ。投資額は、2〜3カ月で数万ドル程度の小規模なものが多い。しかし、開発に長い期間が必要なアイデアには、もっと多くの資金が提供される。たとえば、パーソナルプロは3年間で数百万ドルの出資を受けた。[15] 既存の事業はそれぞれの顧客の利益となるアイデアのために、CEOファンドと同額を出資することが求められている。

実験の実現に協力する部門……サポート部門は実験の実現に協力する責任を持つ。2012年に同社のIT部門は、オンライン上での実験の準備に必要な時間を、2カ月から2時間に短縮した。その翌年、法務部門は、法的な承認を受けなくても実験ができる方法について、ガイドラインを発表した。スタッフに関わる部門も、自分たちのサービスに関する実験をすることが求められている。

数年前、人事部門のプロジェクト・マネジャーが、採用を最終決定する前に候補者を実際のプロジェクトに参加させるプログラムをつくった。その結果が非常に良かったため、現在ではインテュイットの採用プロセスで重要な部分となっている。[16]

実験は、Eコマースの大手企業やソフトウェア企業だけのものではない。トヨタ自動車では、従業員が毎年100万件以上の改善を提案する。提案の多くは単なるアイデア以上のもので、言うなれば、すでに結果が出ている実験の報告書だ。筆者らの推計では、これらの改善により、生産性の向上で1年間に数億ドルの経済的インパクトが生じている。

アマゾンやインテュイットやトヨタが示すのは、会社全体を実験室だと考えたら何ができるかということだ。組織の上から下まで、その精神は「言うだけでなく、形にしてみる」である。発泡スチロールでモデルをつくってみる、紙ナプキンの上にスケッチしてみる、絵コンテを描いてみる、動画を撮ってみる。これらの企業は、コンセプトを形に変えるというシンプルな行為が、隠れた欠点やチャンスを明らかにし、アイデアをよりよくすることを理解している。ヒューマノクラシーでは、全員が「つくる人」になる必要がある。袖をまくり上げ、手を汚し、何かをつくるのだ。官僚主義では、実験の数の多さが苛立ちにつながるかもしれない（「ほら、ドングリがあんなにムダになっている！」）。しかし、他社よりも早く未来に到達するには、それしか方法はない。

ヒューマノクラシーへのステップ

あなたの会社を実験室に変える心づもりができたら、最初の「やること」リストは次の通りだ。

1

毎年の実験の数を10倍、あるいは100倍にするという思いを共有しよう。すべてのチームや部門が実施すべき実験の数について、暫定的な目標を立てる。最初の目標としては、「従業員1人が1年に1つの実験」とするのもよいだろう。

2

自分で実験を組み立て実行するために必要なスキルを、全員に持たせよう。世の中には、デザイン思考やラピッド・プロトタイピングなどが学べるプログラムがたくさんある。

3

細かな計画の作成より実験を奨励し、実験を最初の資金提供の条件としよう。アイデアを形にしようとしない人には投資すべきではない。

4

一般の従業員による実験や、そのための資金獲得を難しくしている障害を取り除こう。あなたのチームから始めて、まずは実験のための小規模な予算を設けよう。あなたのもとで働いている人たちに、自由に使える時間を毎週、数時間は確保するよう勧めよう。

5 本社のスタッフグループに、どのように実験をサポートし、現場のチームが実験しやすくなるために何をしているか、毎月、報告してもらおう。

6 実験がうまくいかなかった場合、個人の責任を問うのをやめよう。従業員には、たいていの実験は失敗することを知らせ、結果にかかわらず実験を始めたことが評価されるようにしよう。

7 すべての階層のリーダー全員に、実験を支援する責任を持たせよう。従業員には、「リスクをとって実験できる環境をどのくらい築いているか」という点から、上司を評価してもらおう。

自然はつねに変化しつづける。自然はじっとしていることはなく、破滅をただ待つこともない。許可を求めず、計画もしない。ただ、いろいろなことを試すのみだ。あなたの組織もそうあるべきだ。つまり、あなたの組織のメンバーが、今後の人生でいろいろなことを試すのと同じくらい、仕事でも実験してもらおう。偉大な経営思想家のエルビス・プレスリーはこう歌った。いまこそ、「おしゃべりをちょっとやめて、体を動かそうぜ」と。だから、何か試してみよう。

第13章 パラドックスを超える

人生がシンプルだったら、どんなにいいだろう。もし、絶対にトレードオフがなかったら、まったく選ぶ必要がなかったら、矛盾する2つのことを両方とも実現できたら、すべてのことがとても簡単になるのではないか――。そうかもしれない。でも、人生は耐えられないほど退屈になるだろう。頭を使う必要から、本当に解放されたいと思う人は少ないのでは？　もちろん、選択肢がもっと少なかったらいいのにとか、データがもっとあったらいいのにと思うこともあるだろう。だが、すべての選択が簡単に説明でき、モデル化できて、アルゴリズムに任せられるような世界に住みたいと思う人は、あまりいないはずだ。難問があるからこそ人生は面白い。

逃れられないパラドックス

トレードオフのなかにはシンプルなものもある。「ジョギングして頭をすっきりさせるべきか、それとも、歯を食いしばって目の前の仕事を終わらせるべきか」。こうしたトレードオフの多くは、時間が限られていることから生じる。1日にできることには限りがあるのだ。

難しいトレードオフには、結果が相反するもの、あるいは相反するように思われるものがある。たとえば、10代の娘や息子がよくない決定を下すのを防ぐべきか（思いやり）、それとも、その結果を味わわせるべきか（責任）。

貯蓄を守るために保守的な投資をするべきか（経済的安全性）、それとも、退職後の資金を増やすためにもっとリスクをとるべきか（経済的利益）。

週末は友人の引っ越しを手伝うか（他者への愛）、それとも、自分の心にエネルギーを満たすため、山へ行くか（自分のケア）。

これらの意思決定は、他の重要な意思決定と同じく、パラドックスを含んでいる。

人間である私たちは考える。考えることは人間の得意芸だ。だが、パラドックスほど、私たちにとって考えるのが難しいものはない。なお、ここでのパラドックスとは単なる選択ではなく、「両方とも望ましいが同時には実現できない、2つの選択肢から選ぶこと」を指す。また、「ともに深い真実ではあるものの、明らかに共存しえないもののどちらを選ぶこと」もパラドックスだ。私たちの脳が鍛えられるのは、対立している2つの理想の間で重要な選択をするときだ。パラドックスのない世界では、必死で考えることはほぼなく、判断力を高めるチャンスも少ない。そういう場合は、自由意志を持っていてもいなくても、たいしたちがいは生じないだろう。デンマークの哲学者セーレン・キルケゴールは、パラドックスは「知的な人生であるがゆえの悲哀である」と言ったが、それももっともだ。幸運なことに、パラドックスはこの世界に組み込まれているようだ。いくつか例を見てみよう。

確実性と不確実性

科学とは、自然のなかに規則性を見出すことだ。物理や化学の法則のおかげで、私たちはかなり正確に物理現象を予測できる。多くの科学者は20世紀初めまで、ある時点での宇宙の状態を正確に捉えられれば、未来の状態をすべて予測できると考えていた。今日では、そんなことができると考える物理学者はほとんどいない。惑星の軌道や液体の動きなど、かなりの確度で予測できることはあるが、原子未満のレベルになると、この予測可能性も崩壊する。

科学の世界で知られている最も小さな構造である量子は、同時に複数の状態で存在しうる。この現象は「スーパーポジション」と呼ばれている。量子の状態は観測されて初めて特定される。問題は、どんな状態となるかを前もって知るのは不可能だということだ。量子がどんな状態となりうるか、その一定の範囲は予測できる。しかし、物理的な動きの予測において、私たちの能力にはおのずと限界がある。この量子の無秩序ぶりの発見は人を非常に不安にさせ、アルバート・アインシュタインですら納得せず、「神はサイコロを振らない」*という有名な言葉を残した。そうなのかもしれない。だが、私たちの宇宙は高度に予測可能であり、同時に予測不可能でもあることは間違いない。

左派と右派

政党が左か右かを名乗るのには理由がある。左と右という言葉で、人間の性質や国家の役割、変化の価値についてどう考えているか、左右で互いに正反対であるそれらの認識を短く言い表すことができるからだ。イギリスの哲学者ロジャー・スクルートンは、保守主義についてこう述べた。「(保守主義とは)ものごとを保つことである。もちろんすべてではないが、私たちが称賛し慈しむ善きもの、大切にしなければ失うかもしれないものを保つのである」[1]

保守派は突然の変化や意図しない結果を警戒する。これに対して革新派は、社会の進歩を精力的に追求しなければならないと考えている。決して「これで十分」ということはなく、社会をよくするという大プロジェクトをつねに進めるべきだと考える。図表13-1に保守派と革新派が世界をどう見ているか、ちがいをいくつか示した。

保守派にも革新派にも盲点がある。保守派は、個人の成功は勤勉の結果だと言いがちで、性別や人種、階級などの影響を無視する。これに対して革新派は、個人の苦難を不公正な制度のせいにしがちで、努力や粘り強さなどの重要性を低くみる。どちらの視点もそれだけでは危険だ。革新主義のない保守主義は、過去を理想化する。保守主義のない革新主義は、過去を破壊する。ラルフ・ウォ

＊「神はサイコロを振らない」
「すべての現象は古典力学で説明できる」という意味。

図表13-1　左派と右派

革新派の世界観	保守派の世界観
伝統や制度が既存の権力構造を永続させており、その構造が社会正義の障害となることが多い。	伝統や制度に埋め込まれている得難い知識を否定することは、社会的混乱につながる。
国家は個人の権利を最終的に保障する存在であり、その力は人々の状況を改善するために使うことができる。	国家は人間の自由に対する最大の脅威であり、その力は厳しく制限されなければならない。
個人が成功するか否かは、主に社会がその人に提供した機会によって決まる。	個人が成功するか否かは、主にその人の性格と選択によって決まる。
偏見や貧困、その他の社会的問題を考えると、革新派の政策は制度的な不平等を削減するうえで多くのことを成しうる。	人間の能力や好みには生まれつき差があることを考えると、どんな政策も結果の平等を実現することは期待できない。
より正しい社会を創造するという壮大な挑戦のためには、変革手法は大胆なものでなければならない。	人間は不完全で「意図しない結果の法則*」も存在するのだから、大胆な変革プログラムには警戒すべきだ。

＊ 意図しない結果の法則

ものごとには、当初の目的とはちがう結果も生じがちだということ。

ルドー・エマソンは左派と右派について、うまく表現した。

「どちらも半分ならよい。だが、全体ではありえない」[2]

慈悲と正義

多くの宗教は、その中核にパラドックスがある。旧約聖書を読めば、神の性格について大きく矛盾する説明があるのに気づくだろう。詩篇第7篇12節にはこう書かれている。

「正しく裁く神、日ごとに憤りを表す神」

恐いなあ！　でも幸いなことに、全知全能の神には優しい面もある。詩篇作者は断言する。

「主は憐れみ深く、恵みに富み、忍耐強く、慈しみは大きい」（詩篇103篇8節）

やれやれ。でも、ちょっと待って。神は二重人格なのだろうか。神学者は「ちがう」と言うだろう。神の性格はただ単に、慈悲と正義の間のパラドックスを反映しているだけなのだ。

私たちは罪を犯すと情けを乞う。

「ごめんなさい、おまわりさん。スピードを出し過ぎていました。でも、娘のお迎えに遅れそうだったんです」

他人が規則を破ると、私たちは正義を求める。

「あの車、ひどい運転だなあ。警察に捕まればいいのに」

私たちは自分に有利な尺度を求めてしまうが、慈悲と正義はともに不可欠なものであることも認識している。

すべての違反がただちに罰せられ、許しもやり直しもきかない世界に住みたいと思う人はほとんどいないだろう。それではまるで、タリバン支配下の社会のようだ。そして、正直に言うならば、慈悲があり過ぎる世界も幸せなものではない。誰も自分の行動に責任を持たず、法的、道徳的な境界線もなく、犯罪者が何をしても逃げられる世界を想像してみよう。こちらはまさにラスベガスだ。3日もいれば下品な社会に見えてくる。

どんな幼児も慈悲と正義を経験する。ある4歳児はこう思う。

「ママが私を愛しているのはわかってる。でも、私がオモチャを投げると、ママは本当に意地悪で機嫌が悪くなるの。それから私はオモチャもない、固い椅子に座らされる。ママは〈反省時間よ〉って言うけど、私は時間のムダって思う。でも、変なんだけど、10分経つとママは戻ってきて、私をハグして、すべてが元に戻る。もう、ややこしいったらないけど、たぶんこれが愛と躾《しつけ》のパラドックスなんじゃないかな」

その通りだ、おチビちゃん。19世紀の牧師で、ケンブリッジ大学キングス・カレッジのフェローだったチャールズ・シメオンは、慈悲と正義についてうまく表現している。

「真実は中間にあるのではなく、どちらか片側にあるのでもない。両方にあるのだ[3]」

イギリスのエッセイスト、G・K・チェスタトンも同様の考え方を示し、パラドックスを次のように定義した。

「結び目ができて絡まってほどけない2本のひものような正反対の真実[4]」

パラドックスとは厄介なものだ。2つの正反対の見方を頭のなかに保つのは容易ではない。だが、パラドックスと格闘するとき私たちはありのままの世界に直面している。複雑さと曖昧さに満ちたありのままの世界だ。「どちらか」の思考に抵抗し、建設的にパラドックスと向き合う人たちには強みがある。彼らの反応は繊細で洗練されており、彼らを取り巻く世界の現実とよりよくフィットする。

正反対の理論的フレームワーク間の対立を受け入れる科学者には、深く新しい真実を発見する可能性がある。慈悲と正義の間を巧みに舵取りする法律家（あるいは親）は、より人間的で有能だ。イデオロギー的な分裂に抵抗する政治システムは、効果的な政策をよりうまく創造できる。組織にとっても、パラドックスに習熟することは同様に重要だ。

曖昧さを忌み嫌う

あなたの組織で対立しあう優先事項は何だろうか。たぶん、規模と柔軟性、規律とクリエイティビティ、丁寧さとスピード、慎重さとリスク選好などだろう。これらのトレードオフは、もっと深いところにあるパラドックスを反映している。それは、「深化（exploit）」と「探索（explore）」の間の緊張感だ。数十年前、組織理論研究者のジェームズ・マーチは、どんな組織でも最も基本的な問題は、「現在の生存能力を維持するために、十分な深化を行うこと、それと同時に、将来の生存能力を確保するために、十分なエネルギーを探索に投入することだ[5]」と述べている。

これを正しく実行できている企業がほとんどないことは、さまざまな事実からもわかる。これまでの章で指摘したように、既存の大企業は未来をつくり出さない。概して、新しいビジネスモデルを創造しないし、顧客の期待を定義し直すこともない。新たなテクノロジーを最初に使いはじめることはなく、見えてきたトレンドを活用することもない。その代わりに、同じことを何度も繰り返して、効率を手にする。

大手製薬会社について考えてみよう。2018年に、世界の10大製薬会社は研究開発費を合計で760億ドルあまり使った。世界の研究開発費の総額の42％だ。[6] しかし、その年に承認された59の新薬のうち、10大製薬会社の研究室から生まれたものはわずか15％にすぎない。[7] 売上高が10億ドルに満たない小規模なイノベーターが、承認された新薬の63％を生み出した。製薬業界のベテランで、40以上の医薬品を市場にもたらしたペドロ・クアトレカサスは、大手製薬会社の低迷は官僚主義が原因だという。

（製薬会社は）規律や命令、手続き、効率によって、計画通りに結果を出させることができると自信を持っています。残念ながら、これらの手法の多くは、クリエイティビティやイノベーションの息の根を止めます。自由や自発性、柔軟性、敏捷さ、寛容さ、思いやり、ユーモア、そして多様性が、巨大で柔軟性に欠ける組織構造で消えてしまいました。その組織構造では、統制やコントロール、服従、過剰な官僚主義が特徴的に見られます。[8]

イノベーションはすべての組織にとっての生命線で、製薬業界ほどそれが真実である業界はない。しかし、この業界でもイノベーションを推進する人たちは、コンプライアンスに執着する中央集権的な大勢の管理者に制圧されてしまう。

たいていの組織では、五分五分の戦いであるべき「深化」と「探索」が一方的な攻撃になってしまう。あなた自身の組織を考えてみよう。図表13-2に示したトレードオフはどのような位置づけになっているだろうか。リーダーたちは、何を不可欠と見なし、何をオプションと考えているのか。トップの経営陣は何に注目し、何を無視するのか。

官僚主義者たちは、これらのトレードオフに無関心なのではなく、ただ右側の項目を好んでいるだけだ。ある部分、体質的なものと言える。大企業には経理や法務の担当者や管理職が大勢いる。彼らは元来の傾向と教育によって、変化や大胆さよりも、安定性と安全を重視する。こうした思考の枠組みは、目標設定や予算編成、プロジェクト管理、業績評価、昇進など、変化よりも安定性が好まれるプロセスによって、ますます強化される。

情報の不均衡も、このトレードオフをさらに歪ませる。企業の情報システムは事業の効率についての情報を大量に集める。だが、活用されていないクリエイティビティや、逃したチャンス、惰性的な戦略、過剰な失敗への恐れなどのコストは測定されない。会社のデータが全体像の半分しか示していないなら、トレードオフに関して賢明な判断はできないだろう。

トレードオフに関しては、もう1つ脅威がある。それは官僚主義者が曖昧さを嫌悪していることだ。秩序を重視する彼らは、すべてのトレードオフがきっぱりと解決されるわけではないことを不快に思う。彼らにとっては一貫性こそが美徳なのだ。全体に適用される方針が、かなりの割合で不適切であっても気にしない。たとえば「全社的な雇用の凍結によって、小規模だが急成長中の部門に悪影響が出た」としても、あるいは「熱心に進めている方針が、一部の優良顧客に迷惑をかけた」としても——。

　これとは反対のやり方となるのが、現場にいる人たちに、状況によって最適なトレードオフを自由に選択させる方法だ。だが、官僚主義者はそれを忌み嫌う。なぜなら「秩序」が崩壊するからだ。

「現場の人間に好き勝手させて、大規模な組織を管理できるわけがない。我々は何が行われているか掌握している必要がある。全員が同じ筋書きに従っているからこそ、それが可能になるんだ」

　これこそ、上級幹部が画一的な構造や、全体に適用される方針を好む理由だ。それが最適なやり方ではなかったとしても、幹部の認知的な負荷を減らすことにはなる。トップの人たちは、世界が理解可能

図表13-2　深化と探索

あなたの会社では、以下の項目は
どちらがどの程度重視されているだろうか

成長	←○—○—○—○—○→	収益力
柔軟性	←○—○—○—○—○→	規模
長期	←○—○—○—○—○→	短期
イノベーション	←○—○—○—○—○→	実行
クリエイティビティ	←○—○—○—○—○→	規律
スピード	←○—○—○—○—○→	丁寧さ
リスク選好	←○—○—○—○—○→	慎重さ

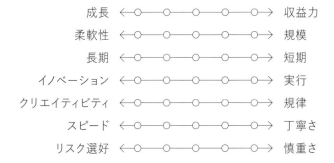

なように思え、したがって、自分がコントロールできるという幻想を維持することができる。

官僚主義的な「曖昧さへの嫌悪」は、白黒思考につながる。中央集権か分権か。自律かコンプライアンスか。規模か俊敏さか。たしかに、トレードオフのなかにはゼロサム的なものもある。たとえば、自社株買いに使った資金は研究開発には使えない。

しかし、すべてのトレードオフが解消できないわけではない。50年前、メーカーの幹部は、コストと品質は両立しえないと信じていた。たとえば、細部まで丁寧につくられたメルセデスベンツを買えば、20万マイル（約32万キロ）も走らせることができるが、ポンコツな車、たとえば「ユーゴ*」を買ったら、かなりの時間、修理工場に置く羽目になる。

しかし、1970年代に日本の自動車メーカーがこのトレードオフの見方を変えて、競合企業にショックを与えた。彼らは、品質改善への体系的なアプローチ、具体的には、統計的な工程管理や、充実したトレーニング、プロセスの見直し、チームワークの改善、高い品質目標などを通じて、低コストでありながら、それと同時に信頼性の高い車をつくることができると考えた。日本の自動車メーカーは、長年「白か黒か」だと考えられていたトレードオフから脱却することによって、長期にわたる競争優位性を確立した。

もちろん、最終的には限界線までたどり着く。品質改善からは見返りが得られるが、それもある一定のポイントまでだ。手縫いのレザーでつくった自動車シートが欲しいなら、その分の価格を支払わなければならない。だが、「深化」か「探索」かの話になると、多くのマネジャーは、限界線までまだ一大陸ほどもあるのに、限界まで達したと思ってしまう。

＊ ユーゴ

1980年代にユーゴスラビアで製造されていた低価格の乗用車。

図表13-3を見てほしい。たとえばA地点にいるとき、1目盛り分「深化」をあきらめないかぎり（横軸を左へ移動）、「探索」を1目盛り手に入れること（縦軸を上へ移動）はできないと考えてしまう。B地点まで行く方法は見えても、C地点へ行く方法は想像できない。

多くの組織では、より高次のトレードオフの追求は、宗教的な熱意とでも言えるものに妨げられる。「リーン」の教会で育った人たちは、他の宗派のメリットを反射的に低く見て、価値を創造するには、厳密さと統制が最も確実なルートだと思い込む。反対に「デザイン思考」の洗礼を受けた人は、共感と水平思考が成功へのカギだと信じている。こうした深い思い込みによって、トレードオフについての議論が「聖戦」になることがある。数字屋はクリエイティブなタイプの人を、危険なほど理性に欠けると見なす。それぞれの側が、自分たちのイデオロギーの掩蔽壕《えんぺいごう》に身を潜めているかぎり、限界線を動かすことはできない。

やがて、一方的なトレードオフは逆反応を起こす。

図表13-3　「深化」と「探索」のトレードオフをイメージし直す

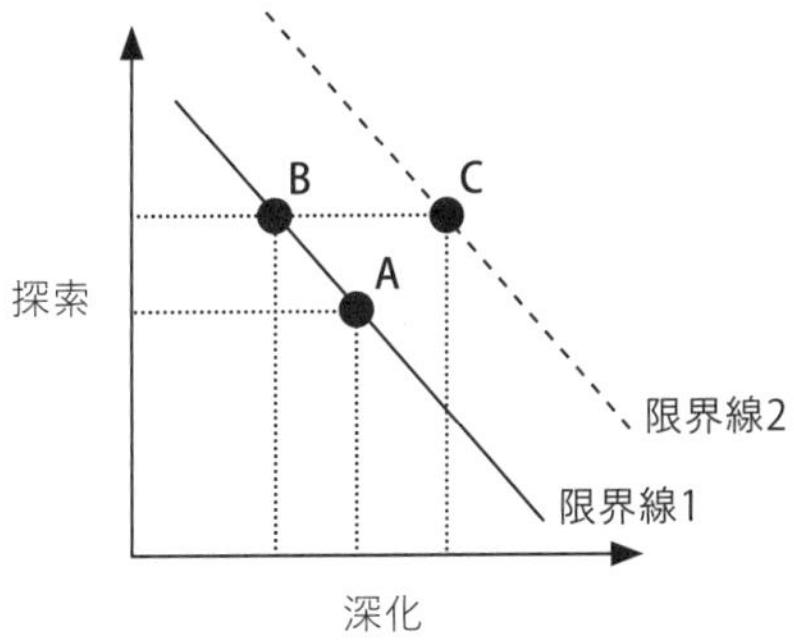

「ああ大変だ。もう何年も売上が伸びていない。イノベーションのエンジンをかけなければ」するとたいていは、方向性を逆転させるために新しいCEOが雇われて、目標以上のことをする。長い間一方に固定されていた振り子は、反対の側へと押されていく。

話を先へ進める前に、ここまでのポイントをまとめておこう。

- 官僚主義はコピー機だ。「深化」のために設計されており、「探索」のためではない
- 官僚主義は単一文化となりがちだ。性格的に、現状維持を支持する人たちによって運営されている
- 官僚主義の情報システムは、一方に偏ったトレードオフの隠れたコストを捉えない。その結果、情報不足のために適切な意思決定を行いづらくなる
- 官僚主義はトレードオフを全社で統一しようとする傾向がある。これによって、中央の力と、秩序が維持されている感覚が保たれる
- 官僚主義による曖昧さへの嫌悪は、白黒思考につながる。クリエイティブな緊張感を維持するのではなく、相対する優先事項の間を行ったり来たりする

50年前には、トレードオフをうまく管理できなくても、その代償は許容の範囲内だったかもしれない。だが、いまはちがう。今日の企業は、1円もムダにしない効率と、ルールを変えてしまうほどのイノベーションの両方を推し進めなければならない。競争と変化が劇的すぎるほどの世界では、

勝者となる企業は繊細で、完璧なタイミングのトレードオフができる企業、さらによいのは、「深化」と「探索」の限界線を大胆に再定義できる企業である。

どうすればこれを実現できるのか。どうすれば、トップダウンの粗雑なトレードオフを避けられるのか。どうすれば、白黒思考の呪いを免れることができるのか。

そのうちの多くの答えが、ヨーロッパで最も収益力の高い銀行でありつづけている、スベンスカ・ハンデルスバンケンの経験から見えてくる。

ハンデルスバンケン――白黒思考を超える

50年以上の間、スベンスカ・ハンデルスバンケンはヨーロッパの競合企業の業績を軽々と上回ってきた。２００８年の世界金融危機も無傷で切り抜け、その後もほぼすべての業績指標で、競合より優れた結果を出してきた［図表13-4、次頁］。

この数十年間、ハンデルスバンケンは、銀行業界で最も難しいトレードオフのうち2つをマスターしていることを示してきた。第1に、バランスシートを崩壊させることなく、大きな成長を実現した。第2に、顧客サービスを非人間的にすることなく、コストを引き締めた。

金融サービス事業で成長を実現するためには、慎重さを犠牲にする場合が多い。世界金融危機が起こる前、銀行はサブプライムローンを大量に引き受け、複雑なデリバティブに無謀な賭けをした。

しかし、ハンデルスバンケンはちがった。寓話「ウサギとカメ」のカメのように、危険な商品には手を出さず、それでもライバル企業を上回る成長を遂げた。慎重さを絵に描いたような企業でありながら、ハンデルスバンケンは株主にはたっぷりと報い、2009〜2018年の株主総利回りはライバル企業の2倍以上となった。

　ハンデルスバンケンの顧客サービスも同様に優れている。イギリスの個人向け銀行の調査で、ハンデルスバンケンは顧客満足において同業他社を10ポイント以上、上回った（100ポイントのスケールで）。[9] コストをかけているからそれが実現できたのではないか、と思う人もいるかもしれないが、そうではない。同社の過去10年間の費用対収益率（収入に対する費用の割合）は平均46・6％で、ヨーロッパの同業他社グループより16・7ポイントも低い。

　ハンデルスバンケンの突出した業績のカギは、

図表13-4　ハンデルスバンケンとヨーロッパの同業他社*の財務パフォーマンス（2009-2018）

	費用対収益率**	売上高販管費比率	年間売上高成長率	年間預金額成長率	全融資額に占める不良債権の割合	資本利益率	株主総利回り
スベンスカ・ハンデルスバンケン	46.6	39.5	2.9	8.7	0.2	12.8	274
ヨーロッパ同業他社平均***	63.3	67.8	−1.1	2.1	3.3	6.0	117

* スベンスカ・ハンデルスバンケンの主要マーケット（スカンジナビア諸国、イギリス、オランダ）で競合する企業を中心とした、ヨーロッパの主要銀行。ABNアムロ、BBVA（ビルバオ・ビスカヤ・アルヘンタリア銀行）、バークレイズ、コメルツ銀行、ダンスケ銀行、ドイツ銀行、HSBC、ING、KBC、ロイズ銀行、ノルデア銀行、SEB、スタンダードチャータード銀行、スウェドバンク、ロイヤルバンク・オブ・スコットランド。

** 純受取利息およびその他の収入に対する、営業費用の割合。

*** 非加重、単純平均。

非常に独特な組織モデルにある。1970年に、スウェーデン北部の地方銀行で働いていたエコノミストのヤン・ワランダーが、ハンデルスバンケンのCEOに任命された。このとき、同社は損失を計上し、規制当局との紛争に巻き込まれていた。ワランダーは同社の業績不振について分析し、過剰な中央集権がその原因だと確信するようになった。膨張した本社部門と、柔軟性のない計画プロセスによって、経済状況や顧客ニーズの変化に対応できなくなっていたのだ（この頃は、融資の承認に2カ月かかっていた）。さらには、上級の行員がたびたび融資の判断を誤り、そのためにバランスシートが危険な状態になっていた。のちにワランダーはこう記している。

「すべての企業が、中央集権化に向かう力を受けている。その力はまるで、簡単に漏れ出てくる水のようで、特別な注意を払わなければ入ってきてしまう」[10]

ワランダーは幹部らに対して、過剰な中央集権化のコストはなかなか定量化しにくいものだが、それを直視するよう求めた。

「大規模なオペレーションの利点を示し、数字を使って一見魅力的な議論を構築するのは簡単だ。しかし、その欠点を描き出すのは難しい。欠点は、柔軟性のなさ、スピードの遅さ、官僚主義、透明性のなさなどの言葉で表現される。曖昧だが、数字で表される利点と同じくらい現実的な影響がある」[11]

ワランダーは、幹部たちがよい意思決定を下せる環境にいないと危惧した。彼らは顧客や市場のトレンドから離れすぎていた。だが予想していた通り、本社のスタッフはこの見方に同意しなかった。彼らからの反対をものともせず、ワランダーが最初に取った行動の1つは、100以上もあった本社の委員会の業務を凍結し、「ブルー・メモ」を停止することだった。ブルー・メモとはトップダウンによる指示で、1日に10件の割合で出されていた。仕事がなくなった本社機能は縮小しはじめた。たとえば、本社のマーケティング部門の人員は、40人から1人になった。ライン組織も、本社、地域オフィス、支店の3段階に削減された。ワランダーはこうした動きを「電車を止める」と表現している。

中央が縮小していくなか、ワランダーは支店の裁量権を拡大し、現場で重要なトレードオフに関する決定ができるようにしていった。すべての行員が与信審査や事業開発の研修を受けたほか、現場のスタッフに重要なデータを提供するため、新しい情報システムが開発された。支店には、大半の融資について決定を下せる権限や、融資や預金の利率の決定、マーケティングの優先順位の決定などの権限が与えられた（その後、人員についての決定もできるようになった）。もう1つ、標準的なやり方からの離脱として、各支店の担当地域に拠点がある法人顧客を、各支店の責任としたことが挙げられる。支店のマネジャーは本社のチームに協力を求めることはできるが、法人顧客とのやり取りは支店が行う。

すべての支店には、費用対収益率、顧客離反率、従業員1人あたり利益、融資の返済状況、顧客1人あたり利益などが表示されるダッシュボードが設けられた。その狙いは全支店を独立事業に近いものに変えることで、ワランダーがよく口にしていた「支店自体が銀行だ」という言葉にその狙いが表れていた。他行は支店を単なる店舗と見なし、商品の販売や取引の処理などを行わせていたが、ハンデルスバンケンは支店を一人前の事業と見なし、顧客と長期の関係を築く責任を持たせた。

ワランダーは、価値が創造されるのは地域の「エッジ（最前線）」だと考えていた。地域の従業員は最もよい情報を持っており、顧客との関係も近いので、リアルタイムで繊細なトレードオフには最も対処しやすい。企業はその判断によって、互いに相容れないことも折り合いがつけられる。

「エッジ」がどんな威力を持っているのか、成長とリスクのトレードオフに対する同社のアプローチを例に検討してみよう。２００９～２０１８年で、ハンデルスバンケンの融資のポートフォリオは、ヨーロッパの競合企業のほぼすべてを上回る勢いで拡大した。しかし、この成長は融資基準を緩めたために生じたものではなかった。ハンデルスバンケンの不良債権の割合は業界で最も低い［図表13-5］。では、同社はどうやってこの手品を成功させたのか。

図表13-5　スベンスカ・ハンデルスバンケンとヨーロッパの主要銀行における融資額の成長、および不良債権比率（2009-2018）

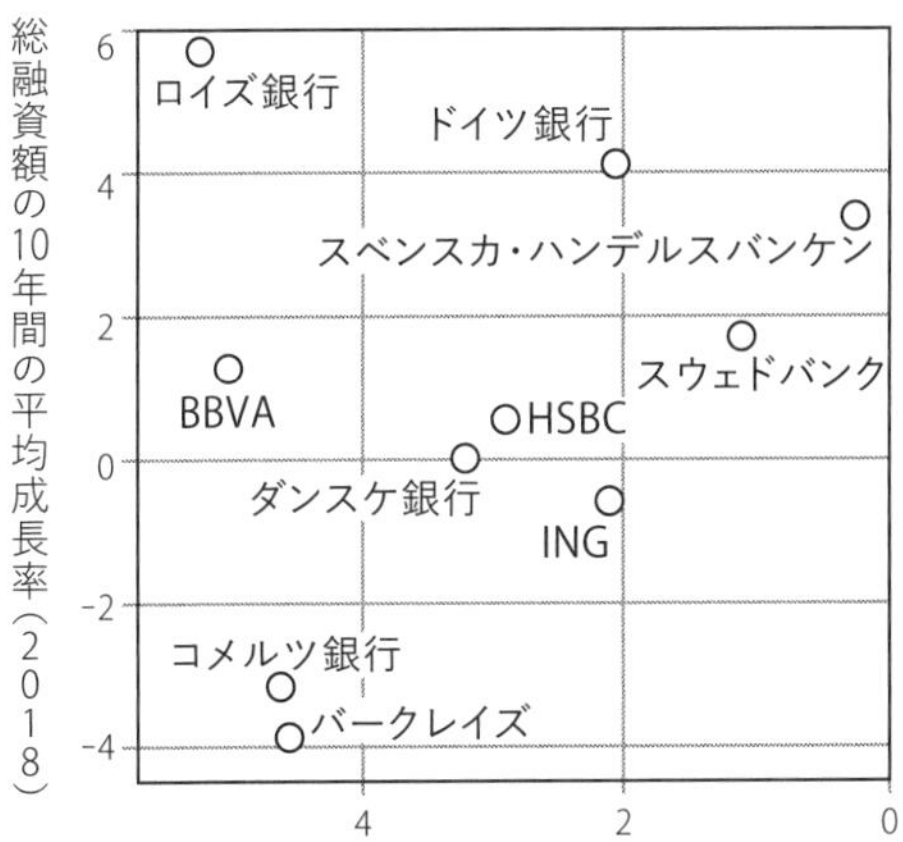

出典：CapitalIQ、筆者らの分析

その秘密は現地化にある。ハンデルスバンケンの融資は、それがボルボ車のＸＣ４０を買う顧客のための3万ドルの融資であろうと、ボルボグループ向けの3億ドルの回転信用枠の供与であろうと、すべてが支店の従業員を起点とする。支店の従業員の半数は、融資の権限を持っている。

融資の申し込みをした人は、融資が決定される前に、全員が面接を受ける。融資の規模が大きい場合や新規の顧客である場合には、対面での面接は複数回に及ぶこともある。クレジット・スコアのアルゴリズムから情報は得るものの、それが判断の代わりとなることはない。たとえば、住宅ローンの申し込み者で職務経歴が不安定な人は、顧客としてあまり魅力がないと思えるかもしれない。しかし、面接で少し話を聞いてみると、裕福な叔父が融資の保証人になってくれそうなことが判明したりする。また、別の申し込み者は、給料のよい仕事についているが、勤務先の事業継続が難しくなっていることが判明する場合もある。こうして、個別の幅広い情報を捉え、融資のプロセスに統合することによって、ハンデルスバンケンは中央集権化された競合企業よりも賢明な融資の判断が下せるのである。

現地化は、貸し倒れの予測にも役立つ。いったん融資が提供されると、支店の従業員は定期的に借り手と会い、貸し倒れのリスクが生じたときには行動を起こす。

ハンデルスバンケン会長のパール・ボーマンによると、貸し倒れの70%は「借り手の信用力が落ちはじめたあとの介入が不十分だったこと」[12]から生じるという。地域でモニタリングすることで貸し倒れの可能性を早期に発見し、それを回避するか、影響を小さくすることができる。

さらに、分権化は組織全体に及ぶリスクを減らす。一般的な銀行では、融資の判断は比較的少数のリスク・マネジャーが下す。彼らはクレジット・スコアや融資比率、その他の要素をベースにした融資規則に基づいて判断する。中央集権化された融資判断は、会社の優先順位によっても歪められる。たとえば、小規模事業者への融資で市場シェアを伸ばしたいとか、特定の業界への融資を減らすなどだ。こうした中央集権化された、規則重視のアプローチは、リスクを分散させるのではなく逆に集中させる。

『ブラック・スワン』*の著者、ナシーム・ニコラス・タレブと、大学教授のグレゴリー・トレバートンはこう分析する。

「中央集権化は標準からの逸脱を減らし、ものごとがスムーズに進んでいるように見せるが、逸脱は起こり、その影響は増幅される。混乱の数は減るが症状はより深刻となり、小さな混乱が集まるよりもずっと有害だ[13]」

ハンデルスバンケンは融資の判断を分権化し、トップダウンで優先事項を設定する欲求に抗うことで、大きくて愚かな間違いを犯すリスクを防いできた。

現地化はしっかりとした顧客との関係を築くうえでもカギとなる。あなたが大手銀行と取引したことがあるなら、そのサービスがどれだけ冷たいものとなりえるか、わかるだろう。地球の反対側にあるコールセンターに電話をして、長い時間待たされることもよくある。ハンデルスバンケンでは状況が異なる。顧客全員が支店長の名前と電話番号を知り、支店のメンバーが顧客1人ひとりに担当としてつく。全員が顧客の問題を解決する権限を与えられているため、社内でたらい回しになることはごくわずかだ。支店は自分たちでマーケティングを行い、地域のニーズに合わせて会社の

＊『ブラック・スワン』*The Black Swan*

ナシーム・ニコラス・タレブ著、望月衛訳、ダイヤモンド社、2009年。

プラットフォームを調整する。顧客にとっては、ハンデルスバンケンは地元の企業のように感じられる。オーナーが自分の名前を知っていて、あなたに会うと喜んでくれるような企業だ。

典型的な例を挙げよう。住宅ローンの申し込みを完了する必要があった顧客が出張に出なければならなかった。その直前に、イギリスのポーツマスの支店長がロンドンのヒースロー空港まで車を走らせ*、空港で手続きできるようにしたのである。[14] 顧客による評価でハンデルスバンケンが他社を寄せつけないのは、こうしたサービスができるからだ。

ハンデルスバンケンはリッツ・カールトン並みのサービスを提供しながら、どうやってコスト競争力を保っているのか。もう一度、図表13-4（364頁）を見てみよう。同社の販管費（販売費および一般管理費）の平均は、売上高の40％未満であることがわかる。これに対して、ライバル企業の平均は約68％だ。ハンデルスバンケンはこうした効率の強みによって、人間的なふれあいと低コストのパラドックスを解決している。競合企業と比較すると、同社は官僚的な業務への投資は少なく、顧客サービスへの投資は多い。そうすることによって、他の大手銀行では一般的な白黒思考を跳ねのけているのだ（ハンデルスバンケンのコスト優位性については、図表13-6を参照）。

自由とコントロールの両立

ハンデルスバンケンや他のどんな企業にとっても、最も根本的なトレードオフは自由とコントロ

＊ 車を走らせ

ポーツマスからロンドンまでの距離は約110キロ。

ールの間にある。この緊張感は、深化と探索のジレンマのまさに中核にあるものだ。

変化への適応力が高く、イノベーティブでひらめきのある組織を築くには、自由が必要だ。人々がリスクをとり、方針にとらわれず、航路の外へ出て、情熱を追求し、時には失敗する自由である。これとは反対に、シックスシグマ級の品質と、安定したリターンを求めるなら、厳しさや一貫性、規律が必要だ。この2つがともに得意になることなど、ありうるだろうか。それはまるで、一人の人間がオリンピックの重量挙げと新体操の両種目で金メダルを取ろうとするようなものだ。どんな体型になるのか、想像してほしい。

一見、不可能に思えるだろうが、これを可能にする方法はあるかもしれない。筆者らの経験によれば、自由とコントロールは両立しえないと多くのマネジャーが考えている。数学的に

図表13-6　一般的な銀行と比較した、スベンスカ・ハンデルスバンケンのコスト優位性

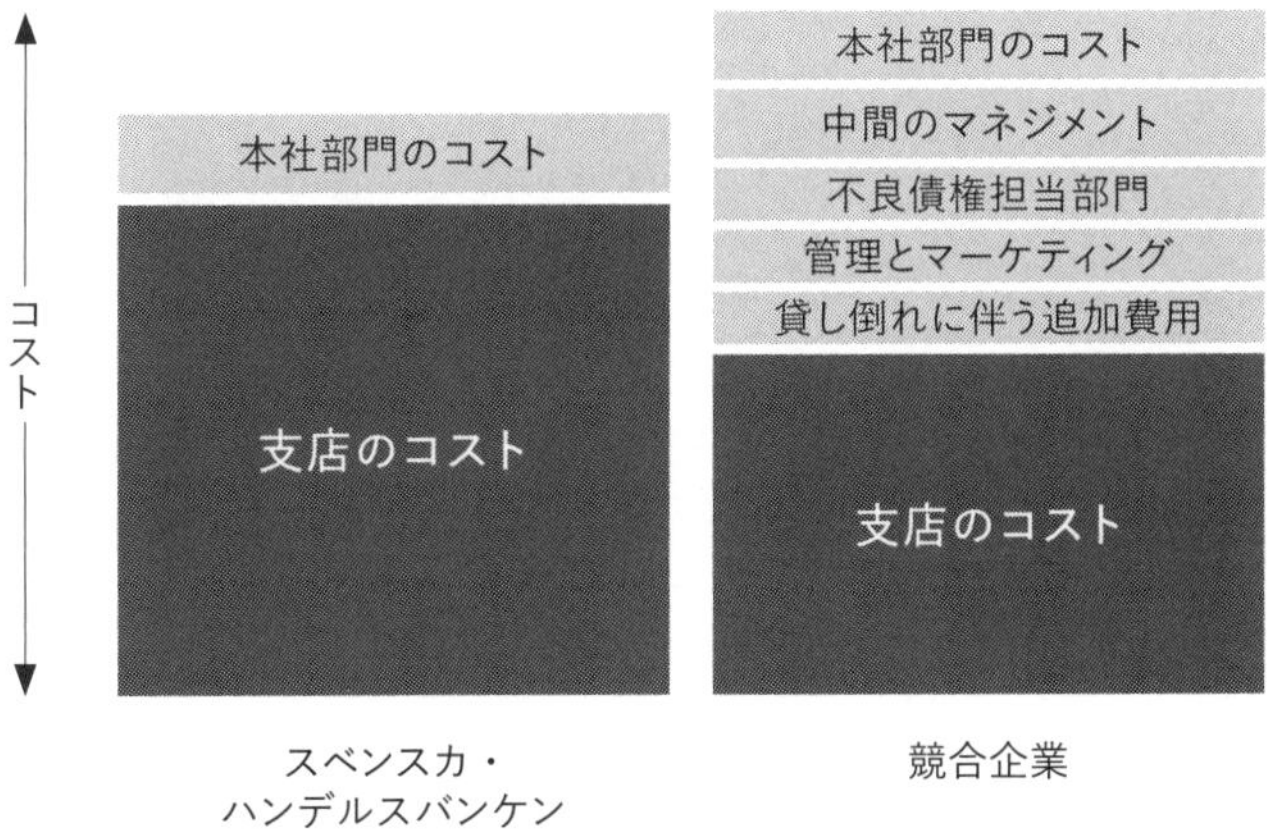

出典：スベンスカ・ハンデルスバンケンによる、
2014年10月6日の投資家向けプレゼンテーションから

説明すると、自由にコントロールを掛けて定数になると彼らは信じている。つまり、コントロールが低下しなければ、自由は拡大しないというわけだ。となると、一般の従業員の決定権を拡大したいと願ったら、反対意見の集中砲火を浴びることになるだろう。

「みんな、なまけてしまう」
「水準が下がる」
「自由が悪用される」
「方向性を見失う」
「従業員は全体像を描けない」
「ムダなことばかり増える」……

こうした不安は理解できる。どんな組織でも一定のコントロールは不可欠だ。官僚主義のモデルでは、コントロールは厳密なルールや厳しい監視、支出の上限、自分で時間配分を決められないことなどを通じて実現される。こうしたやり方は組織をあらゆる悪から守るが、レジリエンスやイノベーション、主体性は犠牲になる。このトレードオフから免れるのは不可能なのか。コントロールを確保しながら官僚主義のコストを避ける方法はあるのか。幸いなことに答えは「イエス」だ。

ハンデルスバンケンに話を戻そう。同社では現場の従業員が他に類を見ないほど自由な裁量権を持っている。こうした自由が無責任な行動につながらないのはなぜか。大胆に分権化しながらも、それと同時に規律をもって運営されているのはなぜか。その秘密は、目的と手段を分けることにある。

イノベーションとはしばしば、よく知っている利点を新しい方法で提供し、それによって、従来からのトレードオフを克服することである。キンドルが誕生する以前は、読書好きな人が移動するとき、重い荷物を持ち運ぶか、あるいは読みたい本を置いていくか、というトレードオフがあった。アマゾンはキンドルで読書の手段を発明し直した。同様にハンデルスバンケンもコントロールの手段を発明し直した。以下で見ていこう。

責任を持つ

ハンデルスバンケンの全支店は、それぞれの店ごとに財務諸表を持っている。売上には、支店が行った融資から得られた純受取利息と、投資信託や他の金融商品の販売から得られる手数料収入などが計上される。[15]融資が行われると、返済されるまでその残高が支店のバランスシートに残る。住宅ローンの返済が滞ると、支店は返済が予定通りに行われるよう責任を持つ。貸し倒れとなった場合には、その損失が支店の損益計算書に計上される。支店は直接的な運営費にも責任を持ち、たとえば、スタッフの人数を決め、リース契約を結び、報酬を決め、マーケティング予算を承認する。ＩＴや人事など本社が行うサービスは、実際の利用状況に基づいて費用が請求される。そのレートは毎年、支店長による委員会との話し合いで決められ、支店長たちは本社部門に対して厳しい交渉をする。

他の銀行では、支店は寄せ集めの主要業績指標（ＫＰＩ）に責任を持つ。トップダウンで決められた、顧客獲得や抱き合わせ販売、人件費などに関する業績指標だ。こうしたごちゃ混ぜの目標値が支店の業績を高めるという思い込みは、明らかに間違っている。収益力に影響するすべての要因を適切に捉え、それを一連の目標値に落とし込むのは、しょせん無理な話だ。中央がどんなに多くの目標を定めても、経験を積んだ現場の意思決定者の知恵にはかなわない。厳しく規定された方針やトップダウンの目標は、通常の考えとは裏腹に、説明責任を高めるどころか崩壊させる。現場の従業員が過度に厳しい方針に縛られ、見せかけのＫＰＩをなんとか達成するよう強要されると、彼らは失敗を上の責任にする。

「結局のところ、自分たちは言われたことをやっただけだ」

これとは対照的に、本物の損益計算書に責任を持ち、収益力に影響する要因をコントロールできると、業績がよくなかったときに誰も責めることができない。

裁量権と責任は両立しえないという考え方は、作り話だ。従業員はサボるための言い訳を探しているという、怪しい仮説に基づいたでっちあげである。ハンデルスバンケンでは、裁量権と責任の両立は、仮説ではなく現実だ。ある支店長は同社の責任についての文化を、こう説明する。

私たちは「安く手に入れる」ことに誇りを持っています。ですから、航空券を予約するとき、安いチケットが買えたら大きな誇りを感じます。ハンデルスバンケンの従業員が全員こんなふうに考えたら、費用対収益率が業界のなかで最も低くなるのは当然です。全員が自分のコストに責任を持っているわけですから。こういうことを好むのは、ある意味、人間の本能ではないでしょうか。家庭ではみんな、好きなはずです。「安く買えたよ！」ってね。私たちは会社でも同じようにするのが好きなんです。これは人々を動機づける方法として、とても賢明なやり方だと思います。[16]

自律的になることは、業績のプレッシャーから自由になることではない。ハンデルスバンケンの全支店は、新規顧客を獲得しつつ、40％以下の費用対収益率を達成することが求められる。低い業績が続くと、支店長は交代させられる。同社の従業員には、居眠りする自由があるわけではない。だが、彼らには成功する自由がある。

透明性

成功へのプレッシャーは内側から来ることもあるし、上から来ることもある。だが、最も効果的な動機づけは同僚から来る。ハンデルスバンケンでは、裁量権は透明性とバランスがとられている。毎月のレポートで、費用対収益率や融資の質、最終利益、従業員1人あたり利益などについて、全支店の順位が発表される。元プレジデントのアルネ・モーテンソンは、「大胆な分権化は、スピードが速くオープンな情報システムがあって初めて機能する」と言う。それは、問題が「マネジメント層の物陰や割れ目に忍び込んで、腐敗しないようにする」ためだ。[17]

透明性は友好的な競争にもつながる。「一番近くの支店と競争しているのは間違いありません」

と、あるイギリスの支店長は言う。「心のなかでこう思います——よく知っている人たちだから、負けるわけにはいかない」[18]

ハンデルスバンケンでは凡庸でいられる場所はない。ワランダーはかつて次のように説明した。

私たちは偏差値を示して、どの支店が平均以上で、どの支店が平均以下かがわかるようにします。上からプレッシャーをかける必要はありません。ただアドバイスをするだけです。マネジャーたちは許容される業績がどのくらいかを知っています。順位表の下のほうに長く留まっていることはできません。このプロセスでは、仲間たちからのプレッシャーが重要な役割を果たします。[19]

自分の貯蓄に直結

事業に大きな利害関係を持つ人は、たいていは正しいことをする。第7章で述べたように、ハンデルスバンケンでは気前のよいプロフィット・シェアリング・プログラムに全従業員が参加しており、一般社員でもキャリアを通じて、100万ドル規模の貯蓄を築くことができる。これによって人々は正しいことをするようになる。

鉄の檻を超える

経営理論家は何年もの間、大企業はトレードオフが苦手で、それをどうすることもできないと主張してきた。よく言われるアドバイスは、大鉈《おおなた》で組織をまっぷたつに分断するというものだ。

チャールズ・オライリーとマイケル・タッシュマンという注目の研究者が、『ハーバード・ビジネス・レビュー』に寄稿した論文*のなかで、大企業がその規模を維持し、なおかつ俊敏でいるための方法の1つは「新規事業の探索と既存事業の深化を切り離し、それぞれの組織のプロセス、構造、文化が異なるものになるのを認めることだ」と述べた。言い換えると、未来にフォーカスした、リスクを取る、動きの速い人たちを、インキュベーターかアクセラレーターに入れて壁で囲み、それによって、コストに執着してルールに縛られた組織の中核で働く人たちから守るということだ。

だが大変失礼ながら、これでは逃げているだけだ。たとえば、子育てで、愛と躾《しつけ》のバランスに苦労する親たちに、子どもたちのうち1人には永遠に「反省時間」をとらせ、もう1人には「無条件の容認」を与えつづけるようにアドバイスすることを想像してみよう。それは愚かしいことだ。子どもたちは2人ともセラピーが必要になるだろう。

それよりもよい方法があるはずだ。本章で見てきたように、パラドックスに対処するには3つの優れた戦略がある。

1つ目は、ワランダーのように、片側だけに寄ったトレードオフの隠れたコストを直視することだ。私たちには心エコーに相当するものが必要だ。それで、組織内に蓄積された、官僚主義の病巣を見つけ出すのである。

＊『ハーバード・ビジネス・レビュー』への寄稿論文

Charles A. O'Reilly Ⅲ, Michael L. Tushman, "The Ambidextrous Organization", *Harvard Business Review*, April 2004.

2つ目は、現場の従業員がリアルタイムで賢明なトレードオフの判断ができるよう、教育し、技術を与えることだ。これは、すべてのパイオニア企業において、重要な強みとなっている。現場ならではの現場の状況に特有の知識には、どれだけビッグデータがあっても追いつけない。そのことをパイオニア企業は知っている。そして、そうした知識が、凡庸な決断を機転の利く決断に変えるのだ。

3つ目は、コントロールの「手段」をつくり変えることだ。人間の自由が無制限のものとなることは決してないが、コントロールをどのように実現するかについては選択ができる。

官僚主義でのコントロールは、「前例や限られた役割」「つまらない規則」「常時の監視」などによるものだった。

ヒューマノクラシーでのコントロールは、「共に卓越性にコミットすること」「同僚や顧客への説明責任」「従業員を尊重する組織への忠誠心」などから生じる。

官僚主義では、人間はマックス・ヴェーバーの言う「鉄の檻」に行き着くことになる。ヒューマノクラシーが実現するのは、高度の裁量権と強い説明責任が相互に強化しあうような、活気のある職場だ。

ヒューマノクラシーへのステップ

事実を認識すること、現地化すること、一方への偏りをなくすこと。これが、2つのことを同時にできる組織を築く秘密だ。

では、あなたの組織がパラドックスへの対応に熟達するには、どこから始めればよいか。いくつか提案しよう。

1 あなたの組織において、重要なトレードオフの選択を歪めている暗黙のバイアスを自覚して対処しよう。重要な対話では、あえて相反する見方を持った人たちが加わるようにしよう。

2 通例となっているトレードオフの意思決定について、隠れたコストの存在を示す情報をもっと探してみるよう、自分にも周りにも働きかけよう。情報がないからといって、マイナス面はないはずだと思わないようにしよう。

3 あなたがマネジャーなら、「トレードオフをめぐる意思決定を全社的に標準化したい」という思いに抵抗しよう。場所ごとに適した判断を増やすため、一貫性を少し犠牲にしよう。

4 白黒思考を決して受け入れないこと。どうすれば、他の同様に重要な目標を犠牲にすることなく目標を達成できるか、クリエイティブに考えよう。

5 従業員が賢明な意思決定ができるよう、情報とスキルの提供に組織的に取り組もう。つづいて、そのトレードオフの判断を下位の人たちに委ねよう。

6 現場のチームに損益計算書を与え、大胆にKPIの数を減らし、従業員には結果に責任を持たせよう。

7 あなたがCEOでなかったとしても、「電車を止める」方法を探そう。権力と意思決定を中央に向かわせる、すべての歯車の動きに疑問を持とう。

あなたと組織の人たち全員がパラドックスを好きになれたら、仕事はずっと面白くなるだろう。そして、あなたの組織の能力はずっと高くなるだろう。

＊＊＊

第3部では、ヒューマノクラシーの基本原則を1つずつ見てきた。「オーナーシップ」「市場」「健全な実力主義」「コミュニティ」「オープンであること」「実験」「パラドックスを超える」だ。

現時点では、これらの原則を完全に網羅した企業は存在しない。しかし、ブリッジウォーター・アソシエイツ、ハイアール、ハンデルスバンケン、インテュイット、モーニング・スター、ニューコア、サウスウエスト航空、ヴァンシ、WLゴアなどを始めとするヒューマノクラシーのパイオニア企業を見渡してみると、これらの原則が方針や手法に変換されるとどんな組織となるのか、そのおぼろげな姿が見えてくる［図表13-7、次頁］。

このフレームワークはどんな意味でも完璧ではないが、そのやり方を用いれば、会社がようやくにしてその「コア・インコンピタンス」、つまり、惰性や動きの鈍さ、凡庸さを克服できる可能性が出てくる。もはや私たちは、その内部で働く人たちよりも能力の劣る組織に身を委ねていてはいけない。

しかし、進歩を遂げるのは簡単ではない。あなたの会社のトップは、ケン・アイバーソンやヤン・ワランダー、張瑞敏のような人たちではないかもしれない。官僚主義をやめることに、あまり熱心ではないかもしれない。

では、レジリエントで、大胆に権限移譲する組織を築こうとするとき、他に希望となるものはあるだろうか。あなたが官僚主義のコストを計算し、パイオニア企業から学び、最初の基本原則から見直したら、あなたには何ができるのか。その次には何をすべきか。あなたがCEOではないのだとしたら、何から始めるべきなのか。本書を締めくくるPART 4の3つの章では、これらの疑問に答えていく。

図表13-7　官僚主義とヒューマノクラシー

官僚主義	ヒューマノクラシー
権限はポジションによって決まる	同僚の見方でその人の影響力が決まる
戦略はトップが決める	戦略はオープンで全社的なプロセスだ
経営資源は上からの命令で配分される	経営資源は市場のメカニズムを通じて配分される
イノベーションは専門的な仕事だ	イノベーションは誰もがすることだ
指示命令と方針によって調整が行われる	コラボレーションの結果、連携ができる
従業員は役割に当てはめられる	役割は個々人のスキルに従ってつくられる
マネジャーが業務を割り当てる	チーム内で業務が分担される
監督と規則によってコントロールが実現する	透明性と同僚どうしの働きかけによってコントロールが実現する
本社スタッフは独占的にサービスを供給する	本社スタッフは外部の業者と競争する
個々人が昇進のために競争する	個々人が価値向上のために競争する
部門はトップダウンの目標に照らして評価される	部門は自分たちの財務諸表に責任を持つ
報酬は職位に応じて設定される	報酬は事業へのインパクトに応じて設定される
従業員には報酬上乗せの可能性はほぼない	従業員にも大幅な報酬上乗せのチャンスがある
マネジャーのなかにもランクがある	チームと個人は自主経営《セルフマネジメント》を行う
重要なトレードオフはトップが判断する	重要なトレードオフは現場で最適な判断をする

PART 4

ヒューマノクラシーへの道

どうすれば実現できるか？

The Path to Humanocracy
How Do We Get There?

第14章

〈ミシュラン〉最初のステップ

ヒューマノクラシーへの道筋はどのように始まるのか。規制やルールを重視する組織モデルから、価値の創造に従業員がみずから取り組む組織モデルへは、どう移行するのか。第3章で論じたように、官僚主義は簡単には征服できない。官僚主義はどこにでもあり、体系的で、固く守られ、自己増殖する。

時折、ニューコアやハンデルスバンケンやハイアールのように、勇敢で型破りなCEOが、何らかの危機をきっかけとしてこれらの壁を乗り越える。しかし、あなたの会社のCEOが哲人ではなく、会社が断崖絶壁に立っているわけでもない場合、どうやってヒューマノクラシーへの移行を始めればよいのだろう。

どんな方法であれ、「大胆な発想を促す」「力を握る人たちの利益を定義し直す」「以前のやり方に戻りにくくする」「高い事業成果をもたらす」「全体の業務のまとまりを維持する」ことが可能なアプローチが必要だ。難しい注文ではある。しかし、近年のミシュランの事例から「どうやって始めるか」について有用な学びを得ることができる。

車が大好きな人、あるいはグルメなら、ミシュランを知っているだろう。タイヤを積み重ねたような同社のキャラクターは、世界でも有名だ。フランス中央部の大学都市であるクレルモン・フェランに本社があり、全世界の70の工場では、27インチの自転車用製品から、掘削機に使われる約4メートルの巨大製品まで、年間2億本近くのタイヤが製造されている。11万7000人のミシュラン全従業員のうち、約半数がこれらの工場で働いている。

これまでミシュランは、多くの「史上初」を記録してきた。1895年には、パリ〜ボルドー間レースを走る車に、初めて空気入りタイヤを装着させた。1934年にはランフラットタイヤ*を、1946年にはラジアルタイヤを、他社に先駆けて発売した。近年、ミシュランはまったくちがう世界を切り開いている。「権限と責任の移譲《レスポンサビリザシオン》*」を掲げて、同社は現場の権限と説明責任を劇的に拡大したのだ。この取り組みによって、2020年前半には製造業務の改善で5億ドル分の価値を生み出すことが見込まれた。[1] 2012〜2019年までCEOを務めたジャン＝ドミニク・スナールは、この転換をミシュランの「最も誇るべき実績」の1つだと言う。

「権限と責任の移譲」は、幹部のプライドも傷つけず、スナールからも支援されていたものの、トップダウンではなくボトムアップの取り組みだった。本社による監督も受けず、週ごと、月ごとの

＊ 権限と責任の移譲：responsibilization

フランス語ではresponsabilisation。権限移譲と説明責任を合わせたような意味（出典：Financial Times）。

＊ ランフラットタイヤ

完全なパンク状態でも走行できるタイヤ。

目標値もなかった。2013年に、元工場長で労使関係に関わっていたベルトラン・バラランが、口うるさい現場のスーパーバイザーたちに思い切った分権化の実験をしないかと持ちかけたとき、静かに始まった。

リーン生産の限界に直面

「権限と責任の移譲」の考え方は、苛立ちから生まれた。2005年頃、ミシュランは「ミシュラン・マニュファクチャリング・ウェイ（MMW）」を開始。これは標準化されたプロセスやツール、ダッシュボード、業績調査を通じて、生産性を改善する取り組みだった。

しかし、MMWが展開されていくにつれ、工場のリーダーたちは、現場で主体性やクリエイティビティが失われていくのを心配しはじめた。また、この手法は同社の共同創業者であるエドワール・ミシュランの有名な言葉に反するとも思われた。それは、「仕事を担当する人に責任を与えることが原則だ。なぜなら、その人がその仕事にとても詳しいからだ」。当時、人事部門のトップだったジャン＝ミッシェル・ギヨンは、中央集権の方向に偏りすぎていると心配し、「ミシュランの魂を失うリスクを犯していないか」[2]と悩んだ。スナールはじめ、他の幹部も同様の懸念を抱いていた。

2010年になると、製造手法標準化の取り組みから得られるリターンは減少するようになった。同時に、製品サイクルの短期化、新しい競合企業、サービスの重要性の拡大によって、ミシュランは、よりクリエイティブかつ柔軟になる必要が生じていた。

自律的なチームをつくる

状況を打開する方法を探して、ギヨンと本社製造部門の幹部が2012年にワークショップを主宰した。20人の参加者は新しい計画をつくるまでには至らなかったが、現場のチームが自分たちの目標を追求し、現場のオペレーションを改善するために、もっと裁量権を持つ必要があるという点で合意した。

このワークショップで活発に発言していたのがバラランだった。彼はミシュラン上海工場長の任期を終えるところだった。ミシュランは社員の勤続年数が長いことで有名だが、バラランは例外で、2003年に入社する前の30年間はフランス陸軍に勤務していた。

彼は入社後、すぐに頭角を現した。上海工場は中国の国営企業との合弁事業で、ミシュランのなかでは業績がかなり悪かったが、その立て直しに成功したからだ。その前にも、閉鎖寸前だったフランス中央部の工場で、航空機用タイヤに集中することで復活させた実績もあった。どちらのケースでもバラランは「社会的側面」に注目し、目的を共有して、従業員のスキルを高め、製造チームにより多くの自由を与えた。このアプローチは当初、同僚たちからはあまり理解されなかったという。のちにバラランは、「僕のやり方は〈ポエムくらいの効果しかなさそうだ〉と思われていたんじゃないかな」と冗談交じりに語った。

ワークショップの数週間後、ギヨンはバラランを、労使関係のトップとして人事部に加わらないかと誘った。バラランは「ミシュランの生産システムに集合知と心を入れたい」と、すぐに承諾した。

新しい役割に就くと、バラランは社会科学の研究に没頭し、人間のモチベーションと意欲（エンゲージメント）の源泉について詳しく調べた。特に触発されたのは、20世紀の哲学者シモーヌ・ヴェイユの研究で、彼女は能動的な力（エージェンシー）と共感の重要性について雄弁に語っていた。また、ミシェル・クロジエの『官僚主義という現象』*も読んだ。この本は、大規模組織の機能不全を鮮やかに描き、クロジエが「法令による変更」と呼ぶものの限界などについて述べていた。

こうした文献によってバラランの思考は鮮明になっていった。

「私たちは、人間に対する過度に偏った見方をもとに業務を組み立てていました。つまり、人間はきちんと監督されるか、賃金による動機づけがなければ努力しないと思い込んでいたんです。その結果、工場で働く人たちは、持っている力のほんの一部しか発揮しなくなっていました」

さらに深い確信もあった。それは、もし人間がもともとクリエイティブで、仕事に情熱を注ぐ力があるなら、自分の労働環境はみずから率先して設計すべき、ということだ。バラランは、本社のスタッフではなく現場の従業員が、「自分たちにとって、裁量権と説明責任とは何なのか」を定義すべきだと考えた。

2012年の夏までに、バラランはボトムアップの取り組みの概要をまとめた。名前はMAPP《マップ》、フランス語で「パフォーマンスと進捗の自律的マネジメント」を意味する言葉の頭文字だ。ここに

＊『官僚主義という現象』*The Bureaucratic Phenomenon*

Michel Crozier, Routledge, 2009. 官僚的な組織は、組織における文化的な観点から理解される必要があることを説く。未邦訳。

は、7つの主な原則があった。

1 参加は自主的なものとする……スーパーバイザーとそのチームは、MAPPの「デモンストレーター（検証者）」として、自主的に参加するよう呼びかけられる。強制的に参加を強いるものではない。

2 現場のチームが主体となって、新しい自律的なオペレーションの方法を見つける……デモンストレーターのチームは、次の2つの問いの答えを見つけるために、それぞれの地域で実験をする。「スーパーバイザーの介入なしに、自分たちはどんな意思決定ができるのか」「メンテナンスや品質管理、生産工学などのサポートスタッフの介入なしに、自分たちはどんな問題を解決できるのか」

3 デモンストレーターとなるのは平均的な実績を持つチームで、さまざまな地域や製品グループのなかから選ばれる……これにより、実験の結果を可能なかぎり一般化できるようにする。

4 実験の焦点を絞る……各チームはあらゆる種類の意思決定を任されるのではなく、あらかじめ設定された11の領域から、裁量権を拡大できそうな1つか2つの領域に焦点を絞り込む

［図表14-1］。こうすることで、より早くスタートできる。

5　実験に使える期間は1年間とする……このプロジェクトの斬新さを考えると、現場の裁量権の広げ方を見出すには時間が必要だと思われる。プロジェクトが目指すのは、権限移譲の境界線をどこまで広げられるかを見ることであり、少数のベストプラクティスをすばやく生み出すことではないからだ。1年という時間軸は会社としての業績評価期間とも合っており、「権限と責任の移譲」のインパクトを測定しやすい。

6　デモンストレーターは新しいアプローチを試しているときでも、自分の業務の責任は果たす……バラランによると、この狙いは「ふだんと同じパフォーマンスへのプレッシャーを感じることで、より信頼できる実験結果を得る」ためだ。

7　マネジメント側は一切干渉しない……工場長やサポートスタッフは、チームから求められたときだけ力を貸す。バラランは同僚にこう注意した。「これは非管理職のメンバーのプロセスであり、マネジャーたちによって汚染されるべきではない」

バラランの実験的なアプローチは、ミシュランのエンジニアリングにおけるトップダウンの文化とはぶつかるものだった。だが、ギヨンは関心を持った。のちに彼は筆者らにこう話した。

図表14-1 製造チームごとの実験担当領域

	工場1			工場2		…	工場17
領域	チーム1（混錬）	チーム2（パーツ作成）	チーム3（組立）	チーム4（加硫）	チーム5（検査）	…	チーム38（組立）
業績マネジメント	✓						
他のラインチームとの関係		✓					
チームの団結				✓			
チームリーダーの役割		✓					
新しいメンバーの教育							
採用							
自律的な問題解決			✓				
人員の配置と出勤							✓
基準と決まりの管理		✓					
スキルと能力の管理							✓
職務の充実					✓		

「私はWLゴアなど、自律的な従業員がいる他社の事例は知っていました。ですが、それらの事例は規模が小さすぎたり、もともとそういう性質の会社だったりして、そのまま応用できるものではなかった。我が社ならではの道を切り拓く必要があることは、私にとっては明白でした」

ギヨンほど熱心でない幹部たちには、デモンストレーターのチームにも「計画作成」を求めることを力説して説得した。

「権限と責任の移譲」の力を見出す

疑問を持ちそうな人たちを説得したあと、バラランは参加者探しの協力を得るために、工場長たちに声をかけた。早くに手を挙げたチームのなかに、フランスのル・ピュイにあるトラクター用タイヤ工場の組み立てチームがあった。チームリーダーのオリヴィエ・デュプランは、MAPPへの思いをこう語った。

「2011年にこの会社で働きはじめたとき、工員たちの能力がかなりムダになっているなって、すぐに気づいたんです。もっともっと彼らの力を生かせるはずだってね。このデモンストレーターのプロジェクトはとても面白いチャンスだと感じたので、チームのメンバーに提案してみたんです。そうしたら、みんな関心を持ってくれました」

9月末までに、バラランは17工場の38チームを起用した。参加者の合計は、ミシュラン全従業員の1%超にあたる1500人となった。その後の数週間は非常に慌ただしく過ぎた。バラランはそれぞれの工場を訪問してキックオフ・ミーティングを開き、工場長にはこう強調した。「このプログラムのポイントは、チームが解決方法を見出すことにある。チームが工場長に求める協力は、〈大胆かつクリエイティブになれ〉と励ましてもらうことだけです」

バラランはデモンストレーターのチームに、「権限と責任の移譲」のミッションについて説明した文書を、順を追って説明した。フォーカスは、「どのように」ではなく「何を」にある。スーパーバイザーには「手放す」ことを促し、その役割を「意思決定を下す」から「権限を移譲する」に移行するよう求めた。

各チームは進捗状況をノートや動画に記録するよう依頼された。1年間の実験が終わった時点で、その記録が共有されることになる。なかには、突然の権限移譲の盛り上がりを訝しく思ったメンバーもいたが、多くはバラランの「実験室」に参加できることを歓迎していた。

2013年1月にデモンストレーターたちは活動を開始し、3月頃には、アイデアや実験が増えてきた。バラランの言葉を借りると、ティッピング・ポイントは、「誰も自分たちを止められない」とチームが思うようになったときだ。ル・ピュイ工場とドイツのホンブルク工場のデモンストレーターの経験から、このプロセスがどのように展開していったかを見てみよう。

ル・ピュイ工場

チームリーダーのデュプランは40人のチームの前に立って、「権限と責任の移譲」のコンセプトを説明するために、まず1つの問いを投げかけた。「私が今日やる仕事で、あなたが明日、代わりにやれると思うことは何ですか」。このときのことを、彼は次のように振り返る。

とても興味深く、またびっくりするような答えが返ってきました。「オリヴィエ（デュプラン）、あなたが何をしているのかあまり知らないので、その質問には答えられません。朝の数時間、あなたはここで装置のチェックをしたり、1人ひとりの業務を確認したりしていますが、午前中も半ばになると、どこかへ行ってしまう。もしかしたら、ずっとカフェにでもいるんですか？」

デュプランは、チームが自分とつながっていないだけでなく、自分もチームとつながっていないことに気づいた。デュプランが何をしているのかチームが知らないだけでなく、デュプランもチームの仕事を詳しく知らなかった。そこで彼らは取り決めをした。デュプランがチームといっしょにいくつかの勤務シフトで働く。その後、シフトごとに1人ずつ、合計3人がデュプランのそばで1週間、仕事を観察する。これを通じて彼らは、チームの責任を拡大できる領域を見つけることにした。

最初に提案された領域は、シフト計画だった。デュプランは、「必要なスキルを備えた操作員がすべてのシフトで揃っている」といった基本的な条件をいくつか提示したあと、そのプロセスを手放した。チームが最初の頃に決めたことの1つは、長年働いているメンバーを、夜のシフトから昼間のシフトに移動させることだった。また、より柔軟にシフトを交代できるようにもした。

こうしてまずは自由裁量を経験すると、チームは生産計画にも乗り出した。工場の週ごとの生産目標を聞いたあと、チームは1日ごとの目標を決め、シフトごとの操作員に具体的な業務と機械を割り当てた。何週間も経たないうちに、チームはこの業務に完全に自律的かつ効果的に取り組めるようになった。ル・ピュイ工場の計画担当スタッフも驚くばかりだった。

ホンブルク工場

ホンブルクにあるタイヤ生産工場は、ル・ピュイの北700キロ、ドイツのザール地方にある。この工場のデモンストレーター・チームは、スチールコードやビードワイヤー*などのタイヤ部品を製造している。このチームはワークフローの問題で苦労しており、社内調整の改善にフォーカスすることにした。

このチームの日々の生産目標は、工場のエンジニアリング・グループが決めていた。しかし、最近、取り扱いの難しい機械が組立チームに導入されたことによって、社内ユーザーのニーズに合わせるのが難しくなっていた。部品を多く生産しすぎることもあれば、少なすぎることもあった。計画担当のエンジニアたちは、何カ月間も事態を打開しようとしてきたが、うまくいかなかった。

デモンストレーター・チームは数週間かけてこの問題を研究し、最終的には、川下の組立チームと直接コミュニケーションをとる仕組みをつくることで問題を解決した。各シフトの始まりと終わりに、2つのチームの代表が会って、15分間、装置の問題や生産のタイミングについて話し合う。このシンプルな仕組みによって、生産フローの問題はただちに解決された。1日2時間だったダウン

* スチールコード／ビードワイヤー

スチールコードは、スチールでできたひも状のもので、タイヤの補強などに使う。ビードワイヤーは、タイヤとリムを固定させるもの。

タイム（生産が止まっている時間）はゼロとなった。

ホンブルクの経験から、中央による計画立案の限界について貴重な教訓が得られたとバラランは言う。「エンジニアリング・チームは、すべての問題を予期することができません。現場の人たちがみずから調整することを認め、それをうまく実行できる力を持たせたら、もっと効率的に問題を解決できるのです」

ル・ピュイのチームと同様に、ホンブルクのチームも、他に自主運営できる領域はないか探しはじめた。彼らは徐々に勤怠管理もするようになり、リアルタイムで人員調整をするために、ワッツアップ*のグループを立ち上げた。

知見を統合する

２０１３年の前半には、デモンストレーター・チームはそれぞれ別個に活動していた。夏が来ると、バラランは製造部門の事業マネジャーであるオリヴィエ・マルサルの協力を得て、横のつながりをつくりはじめた。２人はデモンストレーター・チームの電話会議を毎月主宰し、オンライン・スペースのMAPPEDIA《マッペディア》を開設した。ここでは、デモンストレーターが気づいたことを共有し、共通の問題が話し合われる。

さらにその年、バラランは実証された手法の統合にも取りかかり、３日間のワークショップを開

＊ ワッツアップ：WhatsApp
アメリカの無料のメッセージング・サービス。テキストメッセージを送受信できるほか、音声通話やビデオ通話もできる。

催した。そこには、各デモンストレーター・チームのスーパーバイザーと3〜5人の操作員が参加した。参加者のほとんどはこの会議が初めての出張で、マネジメントに関して意見を求められるのも初めてのことだった。

ワークショップの初日、デモンストレーター・チームはそれぞれの取り組みについて動画でサマリーを発表した。動画の上映中には参加者がその場でコメントをはさんだり、時には上映を止めて、掘り下げのためのディスカッションをしたりした。その後2日間、参加者は自律的なチームのトレードマークとなる手法を見定めようと取り組んだ。それを進めるために、各チームはそれぞれの「権限と責任の移譲」の経験について、次の4つの質問に答える形でカードを埋めていった。

1　具体的に何が変わりましたか。
2　新しいやり方は、既存のやり方と比べてどうでしたか。
3　この変更が重要だったのはなぜですか。
4　変化を実現するために不可欠なもの（たとえば、スキルや情報など）は何ですか。

参加者は合計120枚のカードを作成した。これらは次の6つのカテゴリに分類された。「共通のミッションや目標の確立」「業務の組み立て」「能力の開発」「イノベーションの推進」「他者との調整」「パフォーマンス管理」の6つだ（次頁以降の図表14-2と図表14-3は、パフォーマンス管理カテゴリの22の手法をまとめたもの）。

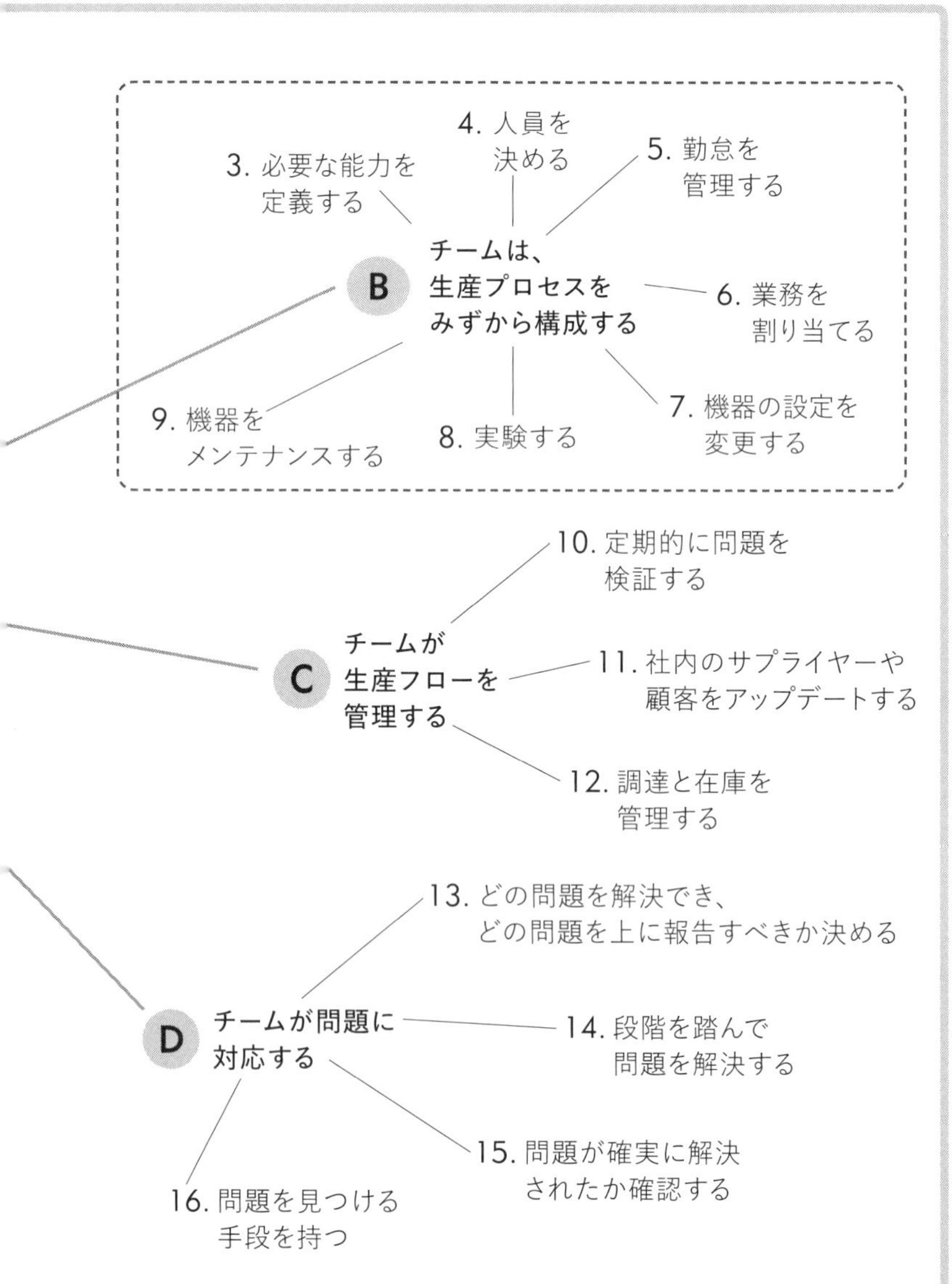
4. 人員を
決める
3. 必要な能力を
定義する
5. 勤怠を
管理する
B
チームは、
生産プロセスを
みずから構成する
6. 業務を
割り当てる
9. 機器を
メンテナンスする
8. 実験する
7. 機器の設定を
変更する
10. 定期的に問題を
検証する
C
チームが
生産フローを
管理する
11. 社内のサプライヤーや
顧客をアップデートする
12. 調達と在庫を
管理する
13. どの問題を解決でき、
どの問題を上に報告すべきか決める
D
チームが問題に
対応する
14. 段階を踏んで
問題を解決する
15. 問題が確実に解決
されたか確認する
16. 問題を見つける
手段を持つ

出典：ミシュラン（筆者らが加工したもの）

図表14-2　MAPPEDIAから抽出したパフォーマンス管理のカテゴリ

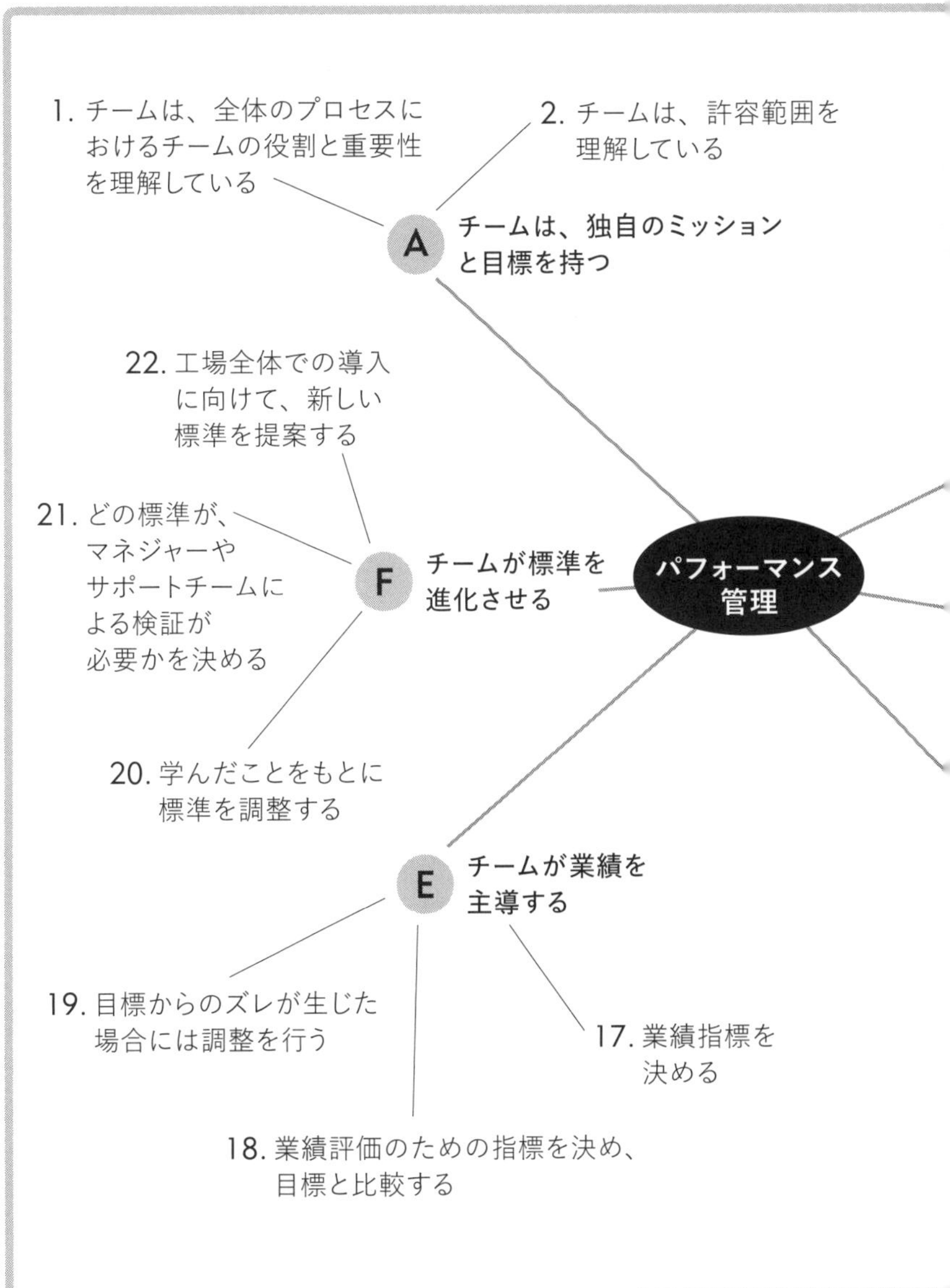
1. チームは、全体のプロセスにおけるチームの役割と重要性を理解している
2. チームは、許容範囲を理解している
A チームは、独自のミッションと目標を持つ
22. 工場全体での導入に向けて、新しい標準を提案する
21. どの標準が、マネジャーやサポートチームによる検証が必要かを決める
F チームが標準を進化させる
パフォーマンス管理
20. 学んだことをもとに標準を調整する
E チームが業績を主導する
19. 目標からのズレが生じた場合には調整を行う
17. 業績指標を決める
18. 業績評価のための指標を決め、目標と比較する

これから

生産計画（たとえば、新しい設備やプロセスなど）をベースに、
チームが能力を定義する。
メンバーがさまざまなスキルを持つことを目標とする

これから

工業組織部門から情報を得て、チームが必要人員を決定。
シフトや休暇はチームが管理する

これから

シフトの変更や休暇、突然の欠勤は、
チームが自律的に管理する

これから

個々人のスキルや好みをベースにして、
チーム全体で業務の割り当てを決める。
これにより、顧客サービスの最適化を目指す

これから

チームが計画担当スタッフと調整を行って
変更をスケジューリングし、
ムダが最小限になるようにする

これから

チームがテストを実施する理想的な条件を定め
（たとえば、在庫や顧客ニーズに基づくなど）、
そのやり方を決めるためにサポートチームと調整を行う

これから

指名されたメンバーがメンテナンス部門とともに、チームが
自律的に実行できることを定める。異常が発生してもチーム
全員が対処でき、ちょっとした修理はできるようにする

出典：ミシュラン（筆者らが加工したもの）

図表14-3 「B. チームは生産プロセスをみずから構成する」の詳細

B チームは生産プロセスをみずから構成する

	これまで
3. 必要な能力を定義する	必要な能力をマネジャーが研修部門とともに定義する
4. 人員を決める	工業組織部門が人員を決定。変更や休暇にはマネジャーの許可が必要
5. 勤怠を管理する	シフトや休暇予定の変更は、マネジャーの承認が必要。突然の欠勤があった場合、マネジャーはその穴を埋める責任を持つ
6. 業務を割り当てる	マネジャーから指定されたメンバーが、業務の割り当てを行う
7. 機器の設定を変更する	機械の設定（たとえば、タイヤの寸法など）の変更は、マネジャーと計画担当スタッフの間で決定する
8. 実験する	計画部門とエンジニアリング部門が行われるべきテストを決め、マネジャーに伝える
9. 機器をメンテナンスする	計画部門が予防的なメンテナンスのスケジュールを決定。メンテナンスはすべて、メンテナンス部門が実施

このフレームワークは、「権限と責任の移譲」を進めようとするチームにとって欠かせない情報となった。重要なのは、これが人事のスタッフやコンサルタントが理論的にまとめたものではなく、現場で実際にうまくいったことを詳細に示したものだということだ。

このワークショップは、「権限と責任の移譲」が生産性と意欲にどう影響するかを評価するのにも活用された。その結果は非常に目覚ましいものだった。その年の終わりまでに、ホンブルクのデモンストレーター・チームでは、販売数で上位を占めるタイヤ数種類の欠陥率が、生産数の7%から1・5%にまで減少した。同時に、チームの生産性は10%向上し、加えて、長期欠勤率は5%からほぼゼロになった。たった1つのチームの変化によって、ホンブルク工場全体としての生産量も、生産能力の88%から92%に上昇した。

他の工場でも同様の変化が見られた。ポーランドのオルシュティンにある工場では、欠陥率が半分になり、ルーマニアのザラウの工場では、新人の操作員が生産目標に達するまでの日数が5日から3日に短縮された。意欲も高まった。メンバーに共通する気持ちとしては、彼らのキャリアにおいて初めて、まるで自分の事業を運営しているかのように感じたという。

こうした変化をうまく捉えたのが、あるデモンストレーター・チームが作成したポスターだ。そのポスターには2本の列車が描かれていた。1本はMAPP以前を表したもので、音を立てて走る蒸気機関車だ。スーパーバイザーが機関車に座り、従業員に命令を叫んでいる。従業員たちは機関車に続くばらばらの車両に座っている。2本目はフランスの高速鉄道TGVによく似た列車で、MAPP後が表現されている。こちらでは、全員が同じ車両に座っていた。

チームから工場全体の取り組みへ

デモンストレーター・チームが幸先のよいスタートを切ったので、バラランとマルサルはさらに高いところを目指しはじめた。ギヨンの協力も得て、彼らは2013年12月の幹部ミーティングで話をすることになった。

バラランはデモンストレーターの動画をいくつか流したあと、業績の向上とエンゲージメント・スコアの上昇についてまとめた。そして、このあとに大きな提案に及んだ。彼は「権限と責任の移譲」を工場レベルで試してみたかった。しかし、これは工場長と工場のサポート部門に役割の再定義を迫るものでもあった。さらには、工場が意思決定する割合を、本社のスタッフグループとの対応で拡大させる必要があり、その点でも論争を引き起こしかねなかった。

バラランは、自分が1世紀も続く官僚主義の慣行に挑んでいることを承知のうえで、聴衆に向かって大志を持ってほしいと言った。

「私たちが21世紀のトヨタになれない理由はあるでしょうか。全従業員の自由と説明責任の拡大によって、新しいマネジメント・モデルを世の中にもたらすのです」

このセッションが開催されたのは、会議が続いた1週間の最終日、遅い時間だったにもかかわらず、時間は大幅に延長された。参加者たちはデモンストレーターについてもっと詳しく知りたがり、誰もが自分たちの考えを話した。2019年にスナールの後継者としてCEOに就任することになるフロラン・メネゴーは「私たちがずっとなりたいと願っていた会社になれるチャンスがある」と熱く声を上げた。バラランは2つの工場で「権限と責任の移譲」のテストができればよいと望んでいたが、会議が終わったときには6工場でテストできる許可を得ていた。ギヨンと研究開発部門のトップであるテリー・ゲティスが、実験の次の段階のアドバイザー兼支援者になると名乗りを上げた。

バラランは自分のオフィスに戻る道すがら、どのように進めていこうかと考えた。自主的な参加と実験の原則は変えたくなかったが、工場レベルのテストでは複雑性が増し、時間も長くかかりそうだった。なかには従業員が1000人を超える工場もあり、テストに必要な期間は5年間、中間地点での進捗評価も必要だと判断した。

バラランは再度、候補者探しから始めた。今回は18の工場長が手を挙げ、参加工場の地域と事業が最も多様になるよう、そこから6つの工場を選んだ。アイルランド、カナダ、アメリカ、ドイツ、ポーランド、フランスの工場だ。

2014年の春に、6工場の工場長と部門長ら、代表者がクレルモン・フェランに3日間のキックオフのために集まった。彼らはデモンストレーターの役割について話を聞き、MAPPEDIAに記録された手法を確認した。前回と同じく、バラランが提供したロードマップは方位磁石の針程度のもので、細かな道のりを1つ1つ指示してはいなかった。各工場は、自分たちの状況に合わせてどんなソリューションでも採用できる。他の企業の取り組みとはちがって、トップダウンのガイドラインもなければ、月ごとの評価もない。しかし、新たに結成されたMAPPチームからのサポートは受けることができる。このチームは、デモンストレーターからの学びの体系化に取り組んだ専門家や元工場長たちで構成されていた。

テスト工場での進展

2014年の夏から秋にかけて、テスト工場は計画を具体化していった。最初のステップとして、ル・ピュイ工場は従業員を1日のブレインストーミング・セッションに招き、工場を自律的なモデルに変えるにはどうすればよいかを話し合った。このイベントから900以上のアイデアが生まれ、その後、アイデアは13の優先分野にグループ分けされた。たとえば、「異なるチーム間の調整」「マルチスキリング（複数のスキルを持つこと）」「同じ権限を持つ人たちの間での意思決定」「品質と安全を向上する活動」などだ。各優先分野ごとに、現場の操作員とマネジャー、サポートスタッフから成る小規模なチームが編成され、有望なアイデアを現実的な実験に変えていくこととした。選ばれたアイデアの多くは、最初にデモンストレーターのチームでテストされたものだった。

ポーランドのオルシュティンにある工場は、非管理職の従業員200人をオープニング・イベントに招いた。彼らは2日間で、「権限と責任の移譲」の優先分野をいくつか選び出した。たとえば、「日々の生産計画」「従業員の採用への参加」「評価基準の変更」「全員を事業のオーナーに変えること」などだ。ル・ピュイ工場と同様に、分野ごとに機能横断型チームが組まれ、選ばれたアイデアを発展させ、テストすることになった。

オルシュティンでは大きな展開もあった。立ち上げチームが、実験のキーワードは「信頼」であることに気づいたのだ。工場長のヤロスワフ・ミハラクは次のように説明する。

私たちはこれまで、現場の操作員たちは信頼できず、信頼は個々人が獲得するものだという暗黙の前提に立っていました。いまでは、全員が完全に信頼できる人物だという前提から始めます。その信頼を失うかどうかは、その人の行動次第です。見方をわずかに変えただけのように聞こえるかもしれませんが、大きなインパクトがありました。いま、やり方を変えようとしているなかで、この人が信頼できないと立証する責任は、コントロールを保ちたい側のほうにあります。

チームの裁量権を拡大する

テスト工場では、非管理職のメンバーが安全や品質、スケジューリングといった分野で、より重要な役割を持ちはじめていた。オルシュティンでは、現場の指名されたメンバーが日々の生産計画を担当するようになった。具体的には、各シフトでどの製品を生産し、どの機械をメンテナンスに出すかを決める。

いくつかの工場では、操作員がトップレベルの計画会議に参加しはじめた。彼らは初めて、工場の設計や資本の計画、人員数、年間目標などについて意見を言えるようになった。

現場のメンバーの責任が拡大してくると、彼らはもっと多くの情報を求めるようになった。ミハラクは言う。「適切な情報なしに、彼らが正しい決定をし、ビジネス的によい判断を下すことは期待できません。これまで現場の人たちは、自分がつくっているタイヤがどこへ行くのか、出荷するのにいくらかかるのか、まったく知りませんでした。いまでは、彼らも私たちと同じくらい情報を持っています」

裁量権を持つためにもう1つ重要なのはスキルの開発だった。ホンブルクでは、メンテナンスと品質、エンジニアリングなどのサポート部門が、現場のメンバーのためのトレーニングプログラムをつくった。たとえばメンテナンス部門は、操作員が自分が担当する機械の修理を練習できるように機器と部品を備えたトレーニングルームをつくった。他の工場、たとえばオルシュティンやノースカロライナ州グリーンビルの工場では、ビジネス的な洞察力を育てるためのコースを立ち上げた。

マネジャーの役割を定義し直す

製造チームの裁量権が拡大すると、テスト工場のマネジャーたちは自分たちの役割を再定義しはじめた。各工場は、「感情的知性（EQ）」や「後ろからリードする」などのテーマに関して、研修プログラムを開発した。グリーンビルとル・ピュイでは、マネジャーたちは問題の解決や学びの共有のために数週間ごとに集まった。「チームは何をやろうとしたのか」「何がうまくいって、何がうまくいかなかったか」。こうした同僚どうしのサポートは、マネジャーがメンターに移行するうえで、非常に効果的であることがわかった。

現場への権限移譲の結果に触発され、工場のリーダーのなかにも、これにならう人たちが出てきた。オルシュティンの製造マネジャーは、製品の出荷の許可をチームリーダーに任せるようになった。ル・ピュイでは工場長のローラン・カーペンティエが、予算や生産計画、機器の選択、顧客関係の権限を、直属の部下たちに渡していった。カーペンティエは言う。「私は安全と主要な人事の問題について直接の責任を持っています。ですが、それ以外に関しては、ソリューションを提案して動かすのはチームに任せています」。チームリーダーのデュプランは「全員がレベルアップしました」と付け加えた。

権限移譲されたチームのおかげで、マネジャーはより付加価値の高い業務、たとえば、チームスキルの開発や経営資源のプランニングなどにフォーカスできるようになり、ウィン-ウィンの状況となった。あるチームリーダーは、「権限と責任の移譲」が彼の役割をどう変えたか、次のようにまとめた。

「以前は、私が彼らの問題を解決していました。しかも、たぶん最善ではない方法で解決していたんでしょう。いまでは問題発生時に、その場所にいるベテランが解決してくれます」

本社との関係を再交渉する

ニューコアの工場とはちがって、ミシュランの工場は昔から、標準の設定やプロセスの設計、生産割当量の配分を本社部門に頼ってきた。バラランにしてみると、これらの領域で工場がもっと多くの権限を持てなければ、「権限と責任の移譲」が立ち往生するのは明らかだった。本社部門から権限を奪い取るのは難しいことだったが、それでもいくつかの工場では進展が見られた。特に、オルシュティンでは首尾よく進んだ。工場のマネジャーたちには勘所が見えてきた。それは、実験の的を絞って許可を得て、実験の結果を利用してさらに裁量権を得ることだった。

こうした実験の端緒となったのは、毎月の生産目標だった。オルシュティン工場は、本社の計画部門の人々を、生産目標について掘り下げる1日のワークショップに招いた。セッションのなかで、工場側のメンバーは、この種の決定をするうえで、自分たちは最適な場所にいると力説した。なぜなら、顧客とリアルタイムの関係があり、需要の変化があった場合には、真っ先に気がつくからだ。本社のスタッフはこの点を認め、1カ月間のテストに合意した。

実験はみごとに成功した。いずれは、全工場にスケジューリングの権限が移譲されることになりそうだ。オルシュティン工場は同様の実験を通じて、金型などへの主な投資に関する決定権や、品質検査などに関する裁量権を少しずつ手に入れた。数十年ぶりに、中央によるコントロールの歯車が、逆回転しはじめたのだ。

「権限と責任の移譲」を根づかせる

2016年の終わり頃、バランと製造担当のトップ、そしてMAPPチームのメンバーは、テスト工場を1つずつ訪問し、2年間の実験の成果を測定した。変化のペースは均一ではなかったものの、誰もが前進させようと力を注いでいた。6工場のエンゲージメントは過去にない水準で、収益力も高まっていた。MAPPコーディネーターの1人であるクリスティアン・ティエロルフの推計によると、ホンブルク工場では「権限と責任の移譲」によって生産性が10％向上した。現場の従業員に多くの任務を移譲したため、ホンブルク工場ではマネジャーや専門スタッフを追加することなく、従業員を約1・3倍に拡大することができた。ル・ピュイ工場やオルシュティン工場でも、同様の改善が見られた。

こうした結果によって、「権限と責任の移譲」はさらに勢いを増し、やがて別の12の工場が実験に加わりたいと働きかけてきた。MAPPの波及効果は製造部門以外にも広がった。2018年に70の部門横断チームで企画された大型の組織再編では、幹部はほとんど関与せず、事業ユニットの数が何倍にもなり、意思決定がさらに分権化された。「権限と責任の移譲」が継続されることを示す証として、CEOのメネゴーは「エンパワーメント（権限移譲）」が同社の新しい旗印になると宣言した。「当社は巨大すぎ、グローバルすぎて、社内全員のスキルを思うように活かせません。全員に、責任ある形でスキルを活用できるチャンスを与えるべきです[3]」

こうした目覚ましい進展があったにもかかわらず、バラランたちはこれまでの成果を謙虚に受け止めた。振り返って考えると、本社の幹部からもっと応援があれば、テスト工場ではさらに早い進展があったはずだ。また、期待したほど大胆な結果とはなっていない。マネジャーの仕事は急速に変化してはいたものの、公式なヒエラルキーは変わっていなかった。それでも、関係者の多くは、権限移譲への動きは元には戻せないと考えていた。

トップダウンの取り組みの多くとは異なり、「権限と責任の移譲」の当初の目的は幅広く、やり方も意図的に曖昧にされていた。詳細な手順の導入が狙いではなく、コミットメントを築くことが狙いだった。バラランは、真の変革は命令や指標によってもたらされるのではなく、説得や粘りによって起こるものだと考えていた。彼はミシュランの自律性の使者として、工場から工場へと旅をし、信者や転向者を探した。ミッションが成功するかどうかを最終的に決めるのは、何よりも、そうした人たちからのサポートだと彼はわかっていた。

重要な点として、バラランとそのチームが認識していたのは、自分たちには「現場のメンバーの業務を変更するに当たって、必要なことをすべて見つけられるだけの経験がない」ということだった。むしろ、彼らはデモンストレーター・チームに、「権限と責任の移譲」の多様な側面を発見し、解決し、位置づけてもらおうとした。バラランとＭＡＰＰチームはすべての場面で、横柄にはならず謙虚に振る舞った。

また、バラランは協力者たちと連携することによって、まだ権限を移譲する気持ちになれないリーダーたちとの戦いを回避した。譲らない敵と正面から戦うのではなく、側面から包囲した。実際の経験を語れる支持者たちを集め、権限移譲の利点を証明してもらったのだ。ボトムアップのアプローチを分散し、「権限と責任の移譲」が会社の主要な取り組みとして最前面に出ないようにしたことで、大きな反発を招くこともなかった。元陸軍士官であるバラランは、強い意志を持ち、かつ分散しているゲリラ勢力と戦うことがいかに難しいかをよく知っていた。

さまざまなチームと協働し、それらのチームが事業上の目標には責任を持ちつづけていたことから、バラランは事業の崩壊などのリスクも避けることができた。実験は失敗することもあったが、どれも小規模な実験だったので、それが財務的な危機につながるようなこともなかった。

あらゆる点から見て、バラランの「権限と責任の移譲」へのアプローチは、官僚主義的な現状を覆そうとするときに直面する試練に耐えるものだった。具体的には以下のようなアプローチだ。

1　時を超えた人間の価値に根差したものである。
2　その場で工夫する余地がたくさんある。
3　抵抗を招くポイントを回避している。
4　マネジャーが自分の役割をイメージし直すことを「要求」ではなく「提案」している。
5　リスクや混乱を最小化している。

これらすべての理由によって、「権限と責任の移譲」は離陸スピードに達するだけの十分な滑走をすることができた。

ミシュランのように、すべての企業はヒューマノクラシーへの独自の道筋を描かなければならない。とはいえ、そのために大勢のコンサルタントを雇ったり、大規模な変革プログラムを組んだりする必要はないとわかれば心強い。実際、それらは最も不必要なものともいえる。詳しくは、次章で説明しよう。

第15章 ヒューマノクラシーの始め方

私たちの多くは、官僚主義という重荷に静かに耐えている。その動きの鈍い構造や複雑なプロセスを甘受し、それらが私たちからスピードや主体的な行動やクリエイティビティを奪うのを受け入れている。私たちの誰も彼もが何もせずにいるのは、誤った認識があるからだ。新入社員であれ、ベテランのマネジャーであれ、私たちは組織の仕組みを変える能力も、権限も持っていないと思い込んでいる。

こうした官僚主義のマネジメント構造やシステムを修正できるのは、ピラミッドのトップにいる人か、トップが指定した人事部か、企画、財務、法務部などの人たちだ——。私たちはそんな作り話を信じ込んでいる。しかしそれは、官僚主義者が官僚主義を廃止するのを待つということだ。

まるで、政治家が政党より国民を優先してくれるのを待ち、ソーシャルメディア企業が私たちのプライバシーを守ってくれるのを待ち、10代の子どもが自分の部屋を掃除するのを待つようなものだ。つまり、それは、もしかすると実現するかもしれないが、そんな賭けに乗るべきではない。優秀な人材の能力がそのまま反映される組織をつくりたいなら、あなたが先頭に立つしかない。

では、あなたがオーナーでも役員でもなく、マネジャーでさえないような会社を、どうやって変えるのか。ご想像の通り、最初のステップはあなたの考え方を変えることだ。あなたの組織を変えるには、まずあなた自身を変える必要がある。私たちはみな、官僚主義の永続にそれぞれ加担しているはずであり、修正措置を取らなければならない。つまり、人間の主体性、尊厳、成長といった理想に、進んで力を尽くすのである。これは単に哲学的な態度を求めているのではなく、心の底から強い思いを持って自己変革を導く必要がある。

程度は異なるものの、官僚主義は私たち全員を愚か者にした。ここから目覚めるには、官僚主義の「システム」を非難するだけでは足りない。官僚主義が私たちの人間らしさを蝕んだ部分を、魂から修復する必要があるのだ。

官僚主義者のためのデトックス

これまで述べてきたように、大企業で働く人の4分の3は、他人に先んじるための秘訣は、官僚主義的な抜け目のなさであると考えている。この考えは現実を反映したものだろうか。あるいは、能力の劣る人たちが、昇進を逃したときに使う言い訳だろうか。どちらにせよ、問題は人々がこれを信じ、おそらくはこの考え方に従って動いていることだ。内部抗争に長けた人だけが出世できると信じている人は、その戦術を真似ようとする。ちょうど、メダルを取る唯一の方法はドーピングすることだと、嫌々ながらも思い至るアスリートのように。

前にも述べたが、官僚主義は競争だ。職位による権力と報酬のために、参加者を互いに競わせる。競争自体には、まったく問題はない。ただし、勝利のために人間らしさが犠牲になるとすれば話はちがう。官僚主義が崩壊しはじめるのは、才能があり信念を持った人たちが、戦いの場から去るときだ。目先の利益に目もくれない異端者たちが、自分の正義のために、そして、官僚主義によって傷つけられた人たちのために、官僚主義的な意味での勝利を見送るときだ。社会運動研究の第一人者でハーバード大学教授のマーシャル・ガンツが指摘したように、世界を変える人たちが目指すのは、「競争に勝つことではなく、ルールを変えることだ[1]」。

新しい競争を覚えるには、古い競争を忘れなければならない。もし、あなたが黒帯級の官僚主義者だったとすると、反射的にやっている習慣をどうやって変えればいいのか。官僚主義者のデトックスとは、どのようなものだろう。それは他の回復プログラムとよく似ている。手始めに、アルコホーリクス・アノニマス（AA）の回復ステップを参考にした方法を紹介したい。

AAの12ステップの4番目は、「恐れずに、徹底して、自分自身の棚卸しをすること」を求めている。この精神にのっとれば、組織で働く人は誰でもこう自問する必要がある。

「官僚的な仕組みのなかで勝つために、私は自分の信条をどこで手放したのか。官僚主義によって、私はどのように人間らしさを失ったのか」

以下に、簡単な練習問題を用意した。あなた自身の先週、あるいは先月の行動について、よく考えてみよう。

1　私は見えないところでライバルの足をすくったか……官僚主義では権力はゼロサムだ。あるポジションが空いても昇進できるのは1人だけ。上へ昇ろうとする競争では、他者の貢献を小さく見せたり、その人たちの誠実さや能力を疑わせる種をまきたい誘惑に駆られる。

2　権限をシェアすべきだったとき、私はそれにしがみついたか……ヒエラルキーの組織のなかでは、大きな報酬を得るのは、大きな意思決定をする人だ。人よりも高いステータスを正当化するために、マネジャーたちは難しい判断をしているように見せなければならない。そのため、権限をシェアすることには後ろ向きになる。

3　私は予算要求を水増ししたり、事業の利点を誇張したりしたか……官僚主義における資金の分配は柔軟性に欠け、保守的だ。予算はたいてい1年前に決められ、リスクのありそうなものはどれも評価が下がる。こうした状況から、必要以上の資金を求めたり、事業のメリットを誇張したいという誘惑が生じる。

4　上司のアイデアに熱心な振りを装ったか……官僚主義では、上司の意見に反対するとキャリアに影響が出る可能性がある。したがって、上司に忠実ではないと見られるリスクを冒すよりも、自分の懸念を呑み込みがちだ。

5　意思決定で人間的なコストを無視したか……もし、あなたの組織が従業員を単なる経営資源として扱っているなら、短期的な事業利益のために、信頼や関係資本を犠牲にするような決断を迫られるかもしれない。

6　大胆になるべきときに安全策をとったか……官僚主義では、手をこまねいていたときより、失敗したときのほうが科せられる罰は大きい。そのため、「臆病」であることを「慎重」なのだと弁護したくなる。

7　逆効果となりそうな政策に反対し損なったか……政策決定者に意見するよりも、くだらない規則について愚痴を言うほうが簡単だ。不服従は市民にとって決して安全な選択ではない。だが、人々が立ち上がらなければ制度は変わらない。

8　部下を成長させるために十分に力を注がなかったのではないか……前述したように、「ありふれた仕事」は「ありふれた人たち」がやっているという思い込みがある。その結果、ありふれた仕事をしている従業員の成長機会を見過ごしがちだ。

9　イノベーションを追求する場や時間を設けなかった、あるいは有望なアイデアを支援する機会を逃していないか……イノベーションを支援してもあまり見返りはない。時間はとられるし、たいていは失敗に終わる。新しいアイデアを応援するより、身を潜めているほうが簡単だ。しかし、そんなことをしていたら惰性に陥り、動きが鈍くなるだけだ。

10　事業全体を犠牲にして、自分のチームをひいきしたか……官僚主義では、経営資源を他の部門と共有してもほとんど報いはない。組織全体にとって最善ではなくても、一部の利益のために行動するほうが、その人にとって最もよい結果をもたらすことが多い。

11　不当に責めを免れたり、評価を得ようとしたりしたか……官僚主義では、業績評価はチームではなく個人にフォーカスしている。だから、失態を演じても悪い評判が立たないよう、称賛されたときにはそれが長続きするよう仕向ける。この行動によって評価が歪められ、報酬の分配が不公平になる。しかし、個人主義的な組織では、これが勝利を手にする方法となる。

12　急場をしのぐために、自分の価値観を犠牲にしたか……官僚主義では何よりも結果が重視される。だから目標さえ達成すれば、どんな抜け道を使ったかなど誰も聞いてはこないだろう。それに慣れてしまうと、倫理よりも結果を重視するようになり、組織もその行動から生じた道徳的な問題に鈍感になる。

これらの問いについて考える時間を確保しよう。ノートや表に書き出してみよう。人としてではなく、官僚主義者として振る舞ったときがあっただろうか。そのきっかけは何だったのか。今後、同じきっかけがあった場合に、どうすれば官僚主義者のように振る舞わずに済むだろうか。

筆者らの経験では、毎週、この12の問いかけをすることには意味がある。これに真剣に取り組めば、同僚はすぐにあなたの変化に気づくだろう。あなたはより寛大に、思いやり深く、接しやすくなり、その結果、より成果をあげられるようになるはずだ。

変革は1人で進めるものではない。あなたには結果を報告するパートナーが必要だ。信頼できる3人か4人の同僚に声をかけて、ポスト官僚主義的リーダーになりたいという、あなたの望みを話そう。あなたの「棚卸し」の結果について伝え、同僚にもやってみるよう勧めよう。官僚主義なしでの生き方についてアイデアを出し合い、進捗について定期的に話し合おう。

あなたの準備が整ったら、12の質問をあなたの部下に配って、部下たちに、こう尋ねよう。

「私がメンターや支援者ではなく、官僚主義者のように振る舞っていたときはありましたか。私はどのように行動すべきだったのでしょうか」

彼らにフィードバックを書いてもらい、それを会議に持ってきてもらおう。書いてもらったコメントをみんなに回し、1人ずつ、他の人が書いたコメントを発表する。これによって、コメントは匿名のものとなり、誰もが自分の意見を言える。これを毎月、あるいは四半期に1度、実施しよう。やがてあなたの部下たちは、あなたが官僚主義に戻ってしまったときに、勇気を持ってそれを指摘できるようになるはずだ。

官僚主義を克服した振る舞いにさらに慣れてきたら、その経験をもっと広めよう。もっと多くの同僚をディスカッションに誘い、ブログを書き、何を学んだかを話す。

「私はカールです。官僚主義から回復中です」

あなたの誠実さと正直さに、同僚は拍手を送るだろう。あなたが自身の問題に説明責任を負うことで、他の人たちも同じことをする勇気を与えられる。道徳的な勇気は伝染するのだ。

次の格言は、ウィンストン・チャーチルのものとも、マーシャル・マクルーハン、あるいはジョン・カルキン神父のものとも言われているが、こんな言葉がある。

「私たちは道具を作り、そのあとは、道具が私たちを作る」

これは人間によるすべての発明に当てはまる。楔形《くさびがた》文字からスマートフォンまで、車輪から自動運転車まで、代数から機械学習まで。1世紀半前に、人間は産業界に官僚主義の基本構造をつくり出した。それ以来、官僚主義は私たちから人間らしさを追い出している。しかし、望みはまだある。私たちの魂が官僚主義に打ちのめされて、人間らしさを失いそうになっても、そのときには押し返せばよい。それが、ヒューマノクラシーを目指す旅の第一歩である。

権力を手放す

ヒューマノクラシーの追求は、本質的に献身的だ。20世紀初頭のマネジメントの権威であるメアリー・パーカー・フォレットは、「リーダーシップは権力の行使として定義されるのではなく、率いられる人たちがより自分の力を感じられるようにする能力として定義される」と論じた。官僚主義的な権力闘争に明け暮れる人たちに対する批判として、これはとても急進的なものだ。

私たちがヒューマノクラシーの鼓動を感じるのはここだ。つまり、他者が自分でできると思っていた以上のことを成し遂げるのに力を貸そうという、無私の欲求である。

これこそが、張が描いたハイアールのビジョン、「竜の一群」の裏側にある精神だ。サウスウエスト航空が「奉仕する人の心」を称賛しているのもこのためである。ニューコアのある工場長が、「私たちはすべての仕事、すべてのポジション、すべての個人を大切にするが、マネジャーであることは、まったく偉い仕事などではない」と述べたが、その背景にあるのもこの考え方だろう。

あなたが、どんな種類であれマネジャーであるなら、自分の権限をいくらかでも手放さなければ、他者に移譲することはできない。古い形の権力、つまり特権や決定権、承認権などを、新たに身につけた知恵や寛大さや指導力などと交換するのだ。

その最初のステップとして、あなたの部下にこう聞いてみるとよい。

「私がやっていることで、余計なことだと感じたり、何も価値を生んでいないと感じることは何ですか」

報復を恐れて最初は直接的なフィードバックが返ってこないかもしれない。その場合は辛抱強くやろう。何回か尋ねてみないと、部下たちはあなたを警戒して本心を言わないかもしれない。次にはこう尋ねてみよう。

「私がやっていることで、あなたのほうが上手にできそうなことは何ですか」

もしあなたの仕事の中身があまり知られていないなら、ミシュランのル・ピュイ工場でオリヴィエ・デュプランがやったように、数日間、あなたのそばで仕事を観察してもらおう（第14章、394頁参照）。仕事の分配を始める方法はいくつもある。以下にその一部を示そう。

方向性の決定

1　チームメンバーに、チーム全体のミッションを定義してもらう。次のような問いについて、ブレインストーミングする時間をとろう。

「自分たちが顧客に提供する価値は何か」

「チームの成功をどのようにして測るべきか」

「自分たちのインパクトを拡大するために重要なことは何か」

2　月に1度、事業部門や会社全体の戦略を議論するため、半日のワークショップを開催する。同僚たちに、全体のミッションをサポートするために何ができるか尋ねよう。

3 もし、あなたの会社に公式の計画立案プロセスがあるなら、優先順位の決定や、マイルストーン(節目となる目標など)の設定、予算の作成などをチームメンバーに主導してもらう。

スキルの育成

1 チームメンバーに、新たにスキルを伸ばしたい分野を見つけてもらう。たとえば、クリエイティブな問題解決、財務分析、デザイン思考、人間関係などの分野だ。

2 チームメンバーに、自身の育成計画を作成してみることを提案しよう。計画が提出されたら、少額の予算をつける。

3 年間を通じて、メンバーが新しいスキルを身につけるのをサポートしよう。具体的には、「オンライン研修を受講する時間を与える」「ジョブ・ローテーションを設ける」「あなた自身がよりよいメンターになれるように努力する」などの行動をとる。

他のチームや部門との調整

1 チームメンバーを、あなたの代わりに管理職レベルのミーティングに派遣しよう。彼らが確実にチームの代表として話ができるよう、状況を把握させ、権限を持たせる。

2 チームメンバーに、品質管理や人事、ITなどの部門や、他のチームと連携する時間と機会を与えよう。チーム間の調整をする責任を移譲しよう。

3 ジョブ・ローテーションを実施して、従業員が重要な職務の間のつながりを理解できるようにしよう。

仕事の再編成

1　意欲を高め、能力をより発揮できることを目標に、仕事の役割を分担し直す権限をチームに与えよう。

2　チームメンバーに、理想の職務記述書を書くよう勧める。それをチームで見て改善する時間を取ろう。

3　毎日の、あるいは週ごとの目標をチームに設定してもらい、進捗も評価してもらおう。

チームの成果の向上

1　チームの業績について話し合う週次か月次のミーティングを、メンバーたちに主導してもらおう。チームメンバーがアジェンダを作成し、関係する情報を集め、改善する部分を見つけ、アクションプランを作成する。

2　チームメンバーに、改善のアイデア出しとその実験に挑戦してもらう。そのための時間と予算をきちんと確保する。

3　月に1度、イノベーション・セッションを開き、チームが大きな戦略課題に取り組む機会をつくろう。

業績の管理

1 チームメンバーに、業績目標は適切か尋ねよう。適切でないなら別の目標を提案してもらう。

2 メンバーどうしのフィードバックを推進しよう。そのための集まりを開催し、メンバー全員が同僚から建設的なフィードバックが得られるようにする。

3 チームの健康状態を測定するアンケートをメンバーに作成してもらって、月に1回程度は実施しよう。アンケートでは、意欲や能力の発揮、コラボレーション、付加価値などについて尋ねる。

情報の共有

1 四半期に1度、チームメンバーが通常は会うことのない社内外の顧客と直接に交流できる対話の場を設けよう。そこでは、まだ満たされていないニーズの発見と解決にフォーカスする。

2 会社の財務や運営について、こんな情報があれば役立つと思うものはないか尋ねよう。そして、それを提供できるよう、最大限の努力を払う。

3 上層部が、組織の力を測るのに使う指標や基準について、現場のメンバーがよりよく理解できるようにしよう。

これらの方法はどれも時間がかかる。だから焦ってはいけない。ミシュランのベルトラン・バランがデモンストレーターの38チームに、実験期間を1年に設定して新たな役割に慣れてもらったことを思い出そう。これを始めるときは、同じように権限移譲に取り組むマネジャー仲間を探すといいだろう。定期的にチームどうしで集まって、学びをシェアしよう。「たった1人でも官僚主義と戦わなければ」などと考えてはいけない。

マネジメントをハックする

官僚主義を巨大な鉄球やダイナマイトで破壊することはできない。官僚主義は、レンガを1つずつ取り除くようにして解体しなければならない。デトックスと権限移譲が最初のステップだが、その次には何をすればよいか。はっきりしているのは、あなた自身とチームを変えるだけでは十分ではないということだ。最終的には、会社を動かしている中核のプロセス、つまり、計画立案や、資源配分、プロジェクト管理、製品開発、業績評価、昇進、報酬、採用、研修などをすべて変える必要がある。あらゆるプロセスがヒューマノクラシーの原則の上に築かれなければならない。

人間という生命体や活気ある都市のような複雑なシステムは、トップダウンでつくられることはない。ボトムアップで、試行錯誤を通じて組み立てる必要がある。経営陣やコンサルタントらが少数集まっただけでは知恵も想像力も不十分で、ポスト官僚主義の理想の世界全体を完全に機能する形で設計することは不可能だ。もし、すでに何十社もがヒューマノクラシーへのシフトを終えているのなら話は別だが、現実はそうではない。ヒューマノクラシーを構築する手順を1つずつ示したマニュアルなど存在しない。これはITシステムをクラウドへ移したり、セルフサービス型の人事ポータルをつくったり、プロジェクト・マネジャーを「スクラム・マスター」と言い換えたりすることとは次元のちがう話だ。

ヒューマノクラシーは、明らかに現状からの大胆な飛躍となる。しかし、ヒューマノクラシーを築くためには、官僚主義という音を立てて動いている最中の機械を、派手に妨害しないよう注意する必要がある。求められるのは、革命的でありながら段階的に進化していくようなアプローチだ。革命的な目標を掲げながらも、そのやり方は現実的なものとする。これは実際には、たくさんの実験をするということを意味する。現状を破壊することなく奇抜なアイデアを試す方法は、実験なのである。

二酸化炭素の回収や自動運転車などの、複雑で斬新な挑戦を進めていくには、たくさんの実験が必要だ。人を中心に据える組織の構築も同じである。ミシュランでバラランが1つか2つではなく多数の実験をしたのも偶然ではない。

あなたがチームリーダーであれ、中間管理職やバイスプレジデントであれ、自分以外の誰かが率先して官僚主義を打ち壊すだろうと考えるのは簡単だ。でも、誰もそうしなかったら？　幸いなことに、誰でもマネジメントの反逆者になれるし、すべてのチームが実験室になれる。

その秘訣は、ハッカーのように考えることだ。ハッカーと言っても、クレジットカードのデータを盗むような人ではなく、ソフトウェア開発のプラットフォーム「ギットハブ（GitHub）」に優れたコードを投稿するような人だ。ハッカーは頼まれるまで待っていたりしない。「これは他人の問題だ」などとも考えない。ハッカーは主体的に動き、許可を得ているかどうかに関係なく、許可があるかのように振る舞う。

ハッカーという言葉が最初に注目されたのは1990年代。マイクロソフトや他のソフトウェア大手の覇権を崩そうとした反逆的なプログラマーのことをそう呼んだ。ハッカーたちは、無料のソフトウェアをコミュニティで開発しようとした。世界で最も有名なハッカーのリーナス・トーバルズが、リナックス（Linux）の最初のバージョンを1991年に公開し、他のハッカーたちにこのソフトウェアの改善に参加するよう呼びかけた。今日では、リナックスは2600万行以上のコードが書かれており、その開発には1万6000人以上が貢献している。

反逆者のハッカーは、ソフトウェアに与えたのと同じような劇的なインパクトを、マネジメントにも与えられるか。その問いへの答えはイエスだ。ただし、ハッカーの「精神」を持っている必要がある。オープンソース・ソフトウェアについての古典的な論説、『伽藍とバザール』の著者であるエリック・レイモンドは、ハッカーを定義する5つの精神を見出した。[2]

1　世界は解決するべき素晴らしい問題に満ちている

ハッカーは、問題の解決や、スキルを磨いて自分の知性を活かすことに喜びを見出す。また、みずからの学習能力を信頼してもいる。これは、たとえ問題を解くのに必要なことを全部知らなくても、問題の一部分を解決してそこから学べば、次の部分を解決でき、それを繰り返せば全部が解決できると信じることである。

2

同じ問題を二度、解くべきではない

ハッカーのように振る舞うとは、他のハッカーの思考時間は貴重だと考えることだ。したがって、情報を共有し、問題を解決し、その答えを提供することは、ほとんど道徳的義務となる。他のハッカーたちが古い問題を永遠に解きつづけることなく、新しい問題に取り組めるようにするのである。

3

退屈と単調な作業（および官僚主義）は悪である

ハッカー（そして、クリエイティブな人たち全般）は、退屈したり、反復的な仕事を淡々とこなしたりするべきではない。もし、そのような状態にあるなら、それはハッカーにしかできないことをやっていない、つまり新しい問題を解いていないということだ。ムダなことをしているという感覚には誰もが傷つく。したがって、退屈と単調な仕事は単に不快なだけでなく、悪なのである。

4

自由は善である

ハッカーはもともと、反権威主義だ。誰かが命令をしたら、夢中になっていた問題の解決をやめてしまう。また、命令をする人は、権威主義的な思考によって、恐ろしいほどくだらない理由を見つけて命令を下そうとする。だから、ハッカーは自分や他のハッカーが窒息しないよう、権威主義的な姿勢を見つけ次第、それと戦うべきだ。

5 精神は能力の代わりにはならない

ハッカーであるためには、以上のようなハッカーらしい精神を育てる必要がある。だが、精神を身につけただけではハッカーにはなれない。それは、精神だけでは優れたスポーツ選手にも、ロックスターにもなれないのと同じだ。ハッカーになるには、知性と実践、献身、それに努力が必要だ。したがって、精神だけでよしとせず、あらゆる種類の能力を尊重して磨こう。

もし、これらがあなたの信条と共通するなら、おめでとう。あなたはハッカーだ。しかし、具体的に何を、どのようにハックするのだろうか。また、マネジメントのハックとは、どのようなものなのか。少し例を見てみよう。

ホーソン実験

最も有名なマネジメント・ハックは、1920年代に、当時AT&Tの製造部門だったウェスタン・エレクトリックのホーソン工場で行われた。この研究はアメリカ学術研究会議が照明工学協会のサポートを受けて行った。同協会は、企業に人工照明への投資を奨励するためにつくられた団体だ。最初の実験は、よりよい照明は生産量を増やすという仮説を証明するためのもので、2つの試験室で実施された。1つ目の部屋では照明は徐々に明るくされ、2つ目の部屋では徐々に暗くされた。

驚くべきことに、2つの部屋とも、工場の他の部分に比べて生産量が高くなっていた。人々の生産性に注目すること自体が、業績を向上させたようだった。

この予期せざる結果によって、エルトン・メイヨーを中心としたハーバード大学の研究者たちが工場にやって来た。それから数年間、彼らは職場でのモチベーションを理解するため、実験を続けた。この研究は人間関係論*の基礎となり、ここから仕事を人間らしくするための努力がようやく始まった。つづいて、もっと最近のハックを見てみよう。

安上がりなクラウドファンディング

筆者らのクライアントである若いEコマース・チームが、市場論理を使った意思決定に可能性を感じ、社内クラウドファンディングの有効性を検証する実験を始めた。彼らは、有望なアイデアであっても、既存の優先事項に合わない場合や、若手が提案した場合は上に話を聞いてもらえないと感じていた。

チームはキックスターターやインディゴーゴーなどのクラウドファンディングのサイトを調べ、仮に社員全員が、同僚が企画するプロジェクトへの投資資金として、1年間に1000ドルを与えられたらどんな効果があるかと考えた。仮説はシンプルで、資金を得にくいアイデアでも、クラウドファンディングなら前進できるのでは、というものだった。だが問題は、実験の方法だった。全従業員に1000ドルずつ配るには何百万ドルもの費用がかかる。それに、オンライン市場を築くには、ITやファイナンス、人事の協力も必要になりそうだった。

＊ 人間関係論：human rerations movement

上司と部下、あるいは従業員どうしの人間関係が、組織の生産性や業績に大きく影響することを表す理論。ホーソン実験をきっかけに提唱された。人を単なる経営資源として扱っていた従来の見方からの大きな転換となった。

もっと簡単な方法は部分的に小規模なテストをすることだと、チームは結論を出した。少しロビー活動をしたところ、Eコマース部門のトップが短期間のテストに合意した。約60人から成るEコマース部門の全員に150ドルずつの投資資金が与えられ、1ページの企画書を作成するよう勧められた。企画書は、しゃれたウェブサイトではなく、特大サイズのホワイトボードに掲示される。

アイデアが掲示されると、従業員はコメントや投資の意思表示を付箋に書いて貼ることができる。それぞれのアイデアは資金調達の進捗が棒グラフで示され、毎日更新された。2週間のテスト期間に10のアイデアが出され、そのうち6つが資金調達目標を達成した。資金を獲得できたアイデアは、大半が生産性向上のためのものだった。たとえば、会議室のプロジェクターの導入や、よく使われるパワーポイントのテンプレートを保存する場所などだ。

この手早く粗削りな実験がチームの仮説を裏づけ、同社はしっかりとした資金調達プラットフォームを築くことになった。この動きも、Eコマースのチームが経営資源の分配プロセスをハックしようとしなければ、実現しなかったかもしれない。

出張者の裁量権の拡大

「組織をコントロールする手段としては、トップダウンの規則よりも透明性のほうが効果的だ」という仮説をどうやって証明すればよいのか。この問題は、筆者らの同僚が開いたワークショップで、ある世界的な医薬品企業で働く中間レベルのマネジャーたちが取り組んだものだった。

最初のステップは、うんざりするほど複雑だと感じる社内ルールを探すことだった。想像できるかと思うが、いくつも挙げられた。なかでも、同社の厄介な出張制度が、特に解決しがいがありそうだった。出張予算を年間約5億ドルに抑えるために、財務部門が複雑で面倒なルールをつくっていたからだ。誰が、何の目的で、どの航空会社のどのクラスで出張できるかには厳格なガイドラインがあった。ホテルとレンタカーの選択肢も、同様に制約されていた。食費と飲み物の費用にも厳しい上限があった。あるマネジャーはこうぼやいた。

「私は7000万ドルの売上を稼ぐ責任があります。でも、出張に行くと、3ドルのコーヒー代を出してもらえるかどうか、確認しなければなりません」

実験は、同社の医薬品を治験するときのやり方をモデルにした。「投与群」（新たな出張方針を導入するグループ）と「対照群」（方針を変えないグループ）を設けて比較するのだ。本社部門と事業部門に、それぞれ2つのグループをつくった。実験は次の3つの仮説を証明できるよう設計された。

裁量権と透明性の拡大によって、（1）出張の計画が簡単になる、（2）フラストレーションが減る、（3）コストが上昇しない。

各グループに50人ずつが集められ、合計で200人を調査することとなった。投与群は今後90日間、自分で出張の手配ができ、出張前に承認を得る必要はなく、出張後に監査を受ける必要もない。ただし、重要なポイントを設けた。「すべての出張費用をオンライン上で公開し、全員が見られるようにする」というものだ。

実験が終わると、チームは結果を分析した。2つの投与群に属した人たちの大半（74%と87%）が、新しいやり方のほうが元のやり方とくらべて時間がかからなかったと答えた。もっと意外だったのが、参加者の45%が、ルールをシンプルにしたことによって、仕事全体への満足感が高まったと答えたことだ。実験を企画したチームは、出張費用は少し増えるのではないかと予想していたが、最終的には対照群ではほぼ変化がなく、投与群では減少した。[3] このシンプルな実験から、とんでもない社内ルールにどう挑むべきか、学びが得られる。愚痴を言う代わりに、ハックして、データを集めたほうがいいということだ。

ハックのつくり方

あなた自身のハックを創造するために、チームメンバーに呼びかけて1日の「マネジメント・セッション」を開こう。可能であれば、「官僚主義体格指数調査」の10の質問*にあらかじめ答えておいてもらおう。その結果が背景情報として役立つはずだ。

セッションにチームが集まったら、官僚主義的な症状のなかで、最もコストがかかっているもの、つまり、レジリエンスやイノベーション、意欲を弱めている制度や方針を探してもらおう。次の3つの質問に答えることで考える。

質問①——問題

私たちの組織で、「官僚主義の症状」、つまり、ムダや摩擦、内向き、専制、体制順応、臆病、

* www.humanocracy.com/BMI、あるいは本書の巻末にある〈補遺A〉を参照。

社内政治、その他の関連症状が出ているのは、どの部分だと思いますか。１つ選んで、それが私たちの力をどう蝕んでいるかを説明できるよう準備してください（できるだけ具体的に）。

この質問について各自で15分間考え、その後、チーム内で各自の意見を発表する。全員の答えをホワイトボードに書くか、デジタルで記録してスクリーンに写す。その後の40分間で、各自がなぜそう考えたかを掘り下げていく。つづいて、最後の5分間で、どの症状を治療するべきかを決める。

次に、この症状に寄与しているプロセスや方針について、チームに考えてもらう。

質問②――プロセスと手段

その症状の最も大きな原因となっているのは、マネジメントのどの手段、あるいはプロセスだと思いますか。具体的には、計画立案、目標設定、予算編成、人員配置、職務の設定、製品開発、業績管理、採用、昇進、研修、育成、方針などのうち、どれですか。

プロセスを１つ選んで、それがその症状にどう影響しているか、説明できるよう準備する。ここでも15分間で各自が答えを考え、その後、40分間で意見を交換する。最後の数分で、どのプロセス、あるいは方針をハックするかを決める。

次に３つ目の質問へ進む。

質問③――原則

この症状を克服するのに、最も効果的なヒューマノクラシーの原則は何ですか。オーナーシップ、市場、健全な実力主義、コミュニティ、オープンであること、実験、パラドックスを超えるのうち、どれでしょうか。1つを選んで、それが官僚主義のマイナスの影響に対抗するのにどう活用できるかを説明してください。

この質問でも各自に1人で考える時間を与え、その後、1人ずつ発表する。全員が意見を述べたら、官僚主義の欠点を是正するのに役立ちそうな原則を1つか2つに絞り込む。

これらの質問は、逆の順番で考えてもよい。最初に、こう尋ねる。

「私たちの組織が、よりレジリエントで、クリエイティブで、自律的な組織となるためには、ヒューマノクラシーのどの原則が活用できそうですか」

つづいて、「この原則に真剣に取り組んだら、どのプロセスや方針が変わるでしょうか」と質問する。そして最後に、「その見返りとして何が得られますか。具体的に、どのように官僚主義的な問題が減りそうですか」と聞いて考えてもらう。

どちらの順番で取り組んでも、目標は問題とプロセスと原則に焦点を絞ることだ。8～12人くらいのチームであれば、ここまでを半日で進める。

昼食のあとは、解決策のブレインストーミングだ。この時点までに、チームのほとんどの人は頭のなかにハックのアイデアを持っているだろう。各自で40分間、そのアイデアに肉づけをする。チームで選択した原則を、具体的にどのようにハックして実現できるかを考える。

再びチームでの話し合いに戻り、1人数分間で各自のハックを説明し、メンバーから質問を受ける。そして、重複しているハックや、他よりも大きな解決ができそうなハックを探す。すべてのハックが出揃ったら、短い休憩を取ろう。休憩後、今後さらに進めていきたいハックを全員で2つか3つ選ぶ。つづいて、そのなかで自分が好きなハックごとに集まってグループをつくる。グループに分かれたら、その後の数時間で実験を組み立てる。

この段階で、考えるべき重要な問いは次の通りだ。

1　私たちが提案したハックの概要を一文で言うと、どのように言えるだろうか。
2　このハックの重要な構成要素は何か。
3　どんな仮説をテストする必要があるか。
4　実験の参加者は誰か。
5　どんなデータを集めるべきか。
6　確実に意味のある結果を出すためには、どうしたらよいか。
7　実験にはどのくらいの時間がかかり、どんな経営資源が必要か。

問いへの答えは、次頁の**図表15-1**のようなシンプルで共有可能なテンプレートにまとめる。なお、**図表15-1**は、前述の出張についての実験をまとめたものだ。

仮説

仮説1　出張の自己承認は現状に比べてシンプルで、当社の価値観に沿うものだと、大半の従業員が考えるだろう

仮説2　個人の裁量権と個人への信頼感が拡大することによって、モチベーションが高まる人もいる

仮説3　出張費用が大幅に増加することはない

テストの種類

部門ごとに、テストの対象とする従業員を半分に分け、一方を「投与群」とし、もう一方を「対照群」とする。

- 投与群には、新しい支出管理プロセスのテストに参加してもらう
- 対照群には既存の出張方針を適用する

期間

8月～ 10月の3カ月間

対象とするグループ

2部門の従業員のグループ
（1部門あたり約100人ずつ）

評価方法

- 投与群に対して、実験の前とあとにアンケート調査を実施する。質問は仮説1と2にフォーカスしたものとする
- 仮説3に関しては、テスト期間全体を通じて、対照群と投与群の個々人の支出額、および全体の支出額を追跡する

必要な経営資源

- 部門長のサポート
  実験の受け入れ
- 財務部門のサポート
  支出データへのアクセス
- IT部門のサポート
  細かな支出を公開するイントラネットのページの設定

図表15-1　**実験の設計テンプレート　出張関連の承認を自主運営する**

概要

当社では毎年5億ドルを超える費用を出張に使っているが、出張の承認や費用の精算にかかる時間は、この金額には含まれていない。承認や精算のプロセスは手間がかかり、また、従業員1人ひとりを事業のオーナーのように扱いたいとする当社の願いを打ち消すものでもある。私たちは費用の管理に関する新しいプロセスを構想している。このプロセスは個人の責任感と同僚によるコントロールに依拠するものである。

解決策の提案

解決策の主な構成要素

- 裁量権
  出張を「自己承認」し、適切な支出レベルを決定する権限を従業員に与える
- 透明性
  すべての出張支出データを社内のウェブサイトで公開する（「日の光にさらすことが、一番の消毒剤である」という格言*もある）

＊「透明性を高めると、汚職を防げる」という意味で使われる。

この実験の目標が、「提案した解決策をできるだけ効率的にテストする」ことであるのを忘れないでほしい。爆弾にも耐えられるような、絶対的に強力な証明を求めているわけではない。それでも、実験のリスクはなるべく小さくしたいと思うはずだ。以下に、そのためのポイントをいくつか示す。

1　シンプルにすること。一度に試す仮説は1つか2つにし、最も重要なものから始める。
2　主体的に参加してくれる人を活用すること。誰であっても、無理に実験に参加させない。
3　楽しくやること。この経験をゲームのようにする方法を考えよう。
4　自分がよく知っている場所で始めること。こうすることで必要な許可の数を少なくでき、実験を止められるリスクも小さくできる。
5　新しいやり方を古いやり方と並行して進めること。新しいやり方が裏づけられるまで、既存のプロセスを破壊するべきではない。
6　何度も微調整し、再テストすること。これが、何度も行われる実験の最初のものだという雰囲気を醸し出す。
7　問題に忠実でいること。自分が考えた解決策に惚れ込まない。もし、その解決策がうまくいかないなら、実験できる別のハックを考えよう。

1日の取り組みで、あなたのチームは期待のできるハックを1つか2つ生み出せるはずだ。トップからの承認は必要ないし、あらゆる落とし穴を心配したり、前もって解決方法のすべてを練り上げたり、これまでのやり方を変えるよう、数千人に向かって呼びかけたりする必要もない。ハッカー精神を思い出そう。あなたがいる場所で始め、変えられるものを変え、洗練させ、繰り返す（ハックのつくり方に関してさらに詳しい情報は、以下のウェブサイトを参照のこと*）。

重要なポイントは、私たち1人ひとりが力を持っているということだ。かつて、ラルフ・ウォルドー・エマソンがこう言った。

「つねに2つのグループがある。過去のグループと未来のグループ、確立されたグループと変化のグループだ」

誰もが選択しなくてはならない。官僚主義のダメさ加減について文句を言うか、それともシャベルを持つか。

それでも、あなたとあなたのチームがいまの制度全体をハックできるという考えには、疑問を感じるかもしれない。

「たしかに、部分的な実験はできるだろう。でも、それで何が変わるというのか。気づく人なんているのか。まるで山火事を庭のホースで消そうとしているみたいだ」

その疑問は理解できる。だが、ここであきらめないでほしい。次の最終章では、この小規模な実験を拡大していく方法をお見せしよう。

＊ www.humanocracy.com/hack

第16章 ヒューマノクラシーの広げ方

あなた自身が官僚主義から脱し、権限を譲り、部分的な実験をする。スタートとしては、これでよいだろう。だが、これだけでは十分でない。最終的には、ヒューマノクラシーの構築に向けて、組織全体を動かさなければならない。そのためには、アクティビスト（活動家）のように考える必要がある。

世界を変えるのは官僚主義者ではなく、マララ・ユスフザイやグレタ・トゥーンベリのような活動家だ。マララ・ユスフザイは10代でノーベル平和賞を受賞したパキスタン人で、タリバンによる銃撃から生還し、女子の教育機会を拡大する運動を世界的に展開している。グレタ・トゥーンベリも10代で活動を始めた。スウェーデンの国会議事堂の前で行った抗議活動が125カ国の100万人以上の子どもたちに影響を与え、学校を1日休んで、気候変動についての迅速な対策をリーダーに訴えかけるよう促した。

マララやグレタが大勢の人を動かせるなら、あなたにできない理由はないだろう。人を動かすために、純粋な大義以上に強力なものはない。それが男女の平等であろうと、地球を守ることであろうと、職場での人間の精神の解放であろうと。

とはいえ、末端の小さな行動を、システム全体の変革に変えていくにはどうすればよいのだろう、とあなたは悩むかもしれない。ティッピング・ポイントまで、会社をどう押してゆけばよいのか。これは的を射た質問だ。では、あなたがとてつもない一撃を繰り出せるよう、まずは5つの「インパクト増殖装置」を紹介する。

信頼感……たいていの組織では、企業の価値観に関する建前と現実との間に、大きなギャップがある。そのため、高尚な演説を打っても、人々は疑いを持ちがちだ。だから、人に勧める前にみずから行動しよう。あなた自身が官僚主義の克服に取り組み、小さな実験をいくつか立ち上げ、それから他者を巻き込んでゆく。

勇気……『ゲーム・オブ・スローンズ』の書籍版のなかで、ブランドン・スタークが父親に、「人は恐れていても勇敢になれるのですか」と聞く。父の答えは、「人間が勇敢になれるのは、恐れているときだけだ」。官僚主義に対して立ち上がるのは、勇気がいることだ。だが、人生においては、成果は勇気に比例する。

逆張りの思考……問題が長きにわたって存在しているなら、おそらくその問題は一般的な考え方では解決できない。ニューコアやハイアールのように、よい意味で常識から逸脱した例がないか探そう。生物学やスタートアップ、クラウドソーシングなど、他の領域からもアイデアを借りてこよう。あなたの心の奥深くにある思い込みに、厳しく向き合おう。これらすべてを行ったら、斬新な解決策が見出せる確率が高くなる。

思いやり……人々は疑い深いだけでなく皮肉屋でもあるが、それには十分な理由がある。誰もが自分の居場所を守るために戦っていて、自分の利益に目を配っているからだ。助けを求められると、「私にはどんな利益があるのか」と問う。このハードルを越えるには、他者を優先させなければならない。あなたが同僚のニーズを理解しようとしているのを見た人は、あるいは同僚の実験に協力しているのを見た人は、そして、同僚がその評価をきちんと得られるようにしているのを見た人は、あなたを信頼しはじめるだろう。あなたの思いやりがはっきりと見えたとき、人はあなたとともにリスクを取り、転んだときにも手を貸してくれる。

つながり……活動家ができる最も重要なことは、コミュニティをつくることだ。これこそが、個人の努力を増殖させる究極のものだ。何か新しいことをやりたいと願う人たちは上司から許可を得ようとするが、これは間違いだ。ほとんどが跳ねつけられるか、渋々ながらの協力を得られるくらいだ。これはすべてマネジャーのせいというわけでもない。開発途上のアイデアが優れたものなのか、単に奇妙なものなのかは見分けがつきにくい。優れたアイデアは稀であることから、たいていのマネジャーのお決まりの答えは「ノー」だ。だから、上には持っていかないことだ。同僚に話そう。実験の企画と実施に協力してくれる仲間を探そう。マネジャーも、1人の嘆願者に「ノー」と言うのは簡単だが、ものごとの改善に情熱を燃やし、すでにスタートを切っている同志のグループを追い払うのは、ずっと難しいはずだ。

情熱のコミュニティを築く

筆者らは「ハクティビスト（hacktivist）」という言葉を好む。ハッカーとアクティビストを組み合わせた不格好な造語だが、効果的な言葉だ。ハッカーはものをつくる。アクティビストは人を集める。「ハクティビスト」は両方できる。多くの人々を動かして、新しいことを試すのだ。ミシュランのベルトラン・バラランは熟達したハクティビストだ。では、他のハクティビストにも会ってみよう。

イギリスのヨークシャー地方出身のヘレン・ベバンは、医療業界で長年働いてきた。彼女は、よりよい患者ケアのための運動をイギリスの国民保健サービス（NHS）全体で展開して、目覚ましい成功を収めた。従業員が170万人のNHSは、世界で3番目に大きな雇用主で、考えられるかぎり至るところが官僚的だ。だからこそ、ベバンのストーリーがさらに際立つものとなった。

2012年、ベバンはNHS内部のコンサルティング機関である「イノベーションおよび改善研究所」で働いていた。ある秋の夕方、彼女は研修医のグループと話をしていた。彼らは、官僚主義的な確認手続きが、患者のケアよりも優先されることが多いように感じてフラストレーションを抱えていた。NHSの全員がトップダウンの命令や目標によって過剰な負荷を感じていたが、現場で患者のケアに当たる人たちは特に負荷が高かった。患者のニーズと、専制的で回避できない官僚主義との間で板挟みになっていたのだ。研修医たちはベバンに尋ねた。患者への対応を真ん中に据えるには、どうしたらいいいかと。

グループはどんな選択肢があるかブレインストーミングし、最終的には、NHSの全員に呼びかけて、患者のケアを改善するためにできる具体的なアクションを見つけてもらうことにした。どんなアクションであっても、それを提案した人たちがやり遂げることを誓う。小児科医のダミアン・ローランドは振り返る。

「私たちは、6万5000件の〈誓い〉を目指そうと考えました。NHSが設立されてからの年数に1000件を掛けた数字です。ちょっとどうかしている目標ですが、かなり野心的なことをしなければ、本当の変化は生み出せないと考えたんです[1]」

このキャンペーンの企画者たちは、2013年はじめの立ち上げを決め、休暇を犠牲にしても、ボランティアとして時間を提供することで合意した。重要な点は、誰も上層部から許可を得ようとしなかったことだ。

「チェンジ・デイ」と名づけられたウェブサイトが、2013年1月に立ち上がった。そこにはサイトの訪問者を歓迎する動画と、個人やチームが自分たちの誓いを記録できるフォームが掲載され、他の人にリンクをシェアすることも勧められていた。誓いの内容は、誰の承認も受ける必要なく実行できるものとされ、個人やチームが自分で誓いを立てることもできるし、誰かの誓いに加わることもできた。誓いを立てた人たちは、それをプリントアウトして、職場に貼ることが勧められた。

関心を集めるために、チームはメールを送り、内部のコミュニケーション・ルートを活用し、ツイッターやフェイスブックも利用して、NHS内のインフルエンサーにはネットワークで呼びかけてもらった。最初の数週間、誓いは少ししか集まらなかったが、チームは活動を続けた。2月14日までに、ウェブサイトには5000件の誓いが集まった。1週間後、その数は4万3000件に拡大。チェンジ・デイが最終日を迎えた3月中旬までには、18万9000件の誓いが立てられ、うち5万件は最終日に集まったものだった。

100人以上の内科医が参加したのは、経口薬を子どもに処方する前に自分で味見をしてみるという誓いだった。特にひどい味がする薬は、病院の薬局と共同で改善を進めることも誓われた。看護実習生のチームは、ケアを受ける側になるのはどんな感じかを体験できる、模擬の病室をつくることを誓った。また、調達チームは、余分な物資を病院やクリニックから移動して、そこで働く人たちにより広い作業空間を提供できるようにした。

チェンジ・デイが成功したので、チームは2014年に2回目を実施することにした。すると、80万件という膨大な数の誓いがウェブサイトに流れ込んだ。その翌年は、誓いを集めるのではなく、特定の課題に関するアイデアや手法などをシェアしてほしいと呼びかけた。たとえば、認知症患者のよりよいサポートの仕方や、妊娠中のさまざまな問題を改善する方法などの課題だ。60人の医師で構成された有志のネットワークが、最も評価の高かった取り組みを手順書や研修プログラム、その他のツールにまとめた。

チェンジ・デイは正式な承認を受けた活動ではなかったが、それにもかかわらず、NHSの歴史のなかで最大、かつ最も成功した変革の取り組みとなった。数十万人に影響を与え、NHS全従業員にとって、患者のケアが再び最優先の目標となった。

ベバンの見解では、ボトムアップによる変革に信憑性が得られたことも同様に重要だった。もはやNHSの職員は誰も、自分では変化が起こせないとは思わないだろう。参加したある看護師は次のように言った。「チェンジ・デイは、私に力があることを気づかせてくれました。自分では何も変えられないと思って昔なくした情熱を、取り戻させてくれたのです」[2]

その後、チェンジ・デイはイギリス以外にも広がった。オーストラリア、カナダ、ヨルダン、南アフリカ、スウェーデンなど19カ国で、類似のプログラムが生まれている。

あなたの目標が、よりよいケアを提供することであっても、仕事を人間らしくすることであっても、チェンジ・デイから学ぶことは多い。具体的には、次のような点が挙げられる。

- 変わる価値があるもののためには、人は進んで変わろうとする
- 変革を起こすことは複雑でもなければ、高いコストがかかるわけでもない

● 指示命令よりも呼びかけのほうが強い力を持つ
● 活動家は許可を得るまで待たない
● テクノロジーは強力な推進力となる
● 人は無限のインパクトを与えることができる
● 愚痴を言うか、人々を動かすか、あなたが選択する

あなたの組織で人間らしさを高める動きを起こすには、まず、その活動の企画に協力してくれる仲間を何人か集めることから始めよう。幹部でなくて構わないし、マネジャーである必要すらない。だが、事業のさまざまな部門、あるいは組織全体が反映されるような構成にしよう。

最初の目標は、気づきや前向きなエネルギーをつくり出すことだ。たとえば、ベバンのように、簡単な質問や課題をオンラインに投稿し、それをソーシャルメディアで広げるなどの方法がとれる。対話を始めるためのテーマとしては、次のようなものがある。

基盤……BMI調査のリンク*をシェアし、官僚主義によって組織の能力がどのように落ちているかを調べるのに協力してほしいと依頼する。十分な数の回答が得られたら、結果を公表する。

診断……オンライン上にディスカッション用の掲示板を設け、官僚的なボトルネックを見つけてほしいと呼びかける。具体的には、組織のプロセスや手段のなかで、適応力やイノベーション、

＊ www.humanocracy.com/BMI、あるいは本書の巻末にある〈補遺A〉を参照。

意欲の向上を妨げているものを指摘してもらう。それらの障害がどのように変革やイノベーション、主体性を阻んでいるか、短い説明を書いてもらおう。

習慣……第15章の「官僚主義者のためのデトックス」（414頁）で挙げた官僚主義的な12の行動リストを掲示し、そのうちの1つの行動を選んで、その行動を誘発させた官僚主義的な制度やプロセスは何か、書いてもらう。また、「官僚主義なしで」生きるための具体的な誓いも立ててもらう。

すぐに達成できること……日々の仕事を必要以上に困難にしている、官僚主義的な障害を挙げてもらい、加えて、修正案も出してもらう。

ミニハック……ヒューマノクラシーの原則を1つと、その短い説明を掲示し、その原則を実践するアイデア（ミニハック）を、ツイートできるくらいの長さで書いてほしいと呼びかける。1週間後には、また次の原則に移る。そして、自分の好きなミニハックに「いいね！」をつけてもらい、それを実験に変えるよう呼びかける。

同僚に参加してもらうのは難しくないはずだ。たいていの人は、お腹がはちきれるほど官僚主義を味わっている。だが、それを吐き出すプラットフォームはなく、解決策を提案できる場所はさらに少ない。筆者らの友人の医師で、大規模なヘルスケア・グループに勤めている女性が次のような経験をした。使われていないプリンタを接続するのを手伝ってほしいとIT部門に電話したところ、プリンタを追加すれば「プリンタは医師8人につき1台まで」と定めた規則を破ることになると告げられた。そして彼女に残された唯一の道は、プリンタ委員会に嘆願書を出して、例外の適用を求めることだと助言された――。チャンスがあれば、彼女は喜んでこうした愚かさにオンライン上で挑もうとするだろう。

こんな話はいくらでもあるが、行動に結びつくことはほとんどない。従業員たちは自分には何かを変えるような力はないと思い込んでいる。だから、苛立ちながらも沈黙し、官僚主義に服従している。彼らが声を上げられる場所はなく、全員のフラストレーションを集める方法もない。その結果、リーダーたちは、官僚主義がそれほど蔓延しておらず、破壊的でもないと思い込む。

あなたはこの状態を変えることができる。官僚主義の愚かさや非人間的な行為について、またそれをどう変えられるかについて、対話を進めることができる。あなたが解放するエネルギーは、あなたの組織が心を取り戻す力となる。

ハッカソンを主宰する

人々を目覚めさせたら、次は何をすればよいのか。彼らのフラストレーションをどう活用するか。

数百ではないにしろ、数十のハックをどう勢いづけていくか。さまざまな側面を同時に前へ進めるには、どうすればいいのか。ミシュランのバランがとった、ゆっくりとした安定的なアプローチも推奨できる点は多いが、もっと速く展開することも可能だと、筆者らは考える。

オンライン上に人を集め、彼らに適切なツールを提供したら、マネジメント改革のスピードと範囲を劇的に拡大できる。具体的にどうやるかの例として、売上高数十億ドルの消費財メーカー、A社を舞台とした短いケーススタディを紹介しよう。4000人以上の従業員に、組織モデルの再考を呼びかけた事例だ。

A社は売上高と利益の減少傾向を覆そうと何年も取り組んできたが、ほぼ成果が得られていなかった。筆者らは幹部との対話のなかで、問題の根っこは、A社の保守的でトップダウンのマネジメント手法にあるのではないかと尋ねた。出席していた幹部らが認めたのは、A社ではルールを覆すようなイノベーションを継続的にサポートすることはほぼなく、それを阻むようなことが多いということだった。

彼らは、イノベーションを促進する環境を築くには、何をすればよいかと筆者らに尋ねた。マネジメントのプロセスを、イノベーションに有害なものではなく、イノベーション向きのものにするにはどうしたらよいか。筆者らは、組織をイノベーション向きにつくり変えた企業はわずかしかないと答えた。その課題の規模と複雑さはとてつもなく、そのまま展開できる既成のソリューションもない。

一方で筆者らが指摘したのは、同社には数千人の従業員がいるので、頼まれれば喜んで暗号を解こうと問題に飛びつく人がいるはずだ、ということだった。オープンソースのソフトウェア開発で言われるように、「十分な数の目でみれば、バグはすべて洗い出せる」はずだ。

その後、専用のプラットフォームで6カ月間、ハッカソンが開催された。そこでは、一見シンプルな次の問いへの答えが求められた。

「すべてのマネジメントの制度やプロセスに、イノベーション推進の方向性を組み込むにはどうすればよいでしょうか」

最初のタスクは、クリエイティビティを阻んでいる障害をあぶり出すことだった。短いアンケート調査から、大きな気づきのある結果が得られた。従業員は、時間や資金、本社スタッフのサポートがないことが原因だとした。また、短期目標への執着や、官僚的なルールや制限の多さを感じており、それらがクリエイティビティを阻んでいると考える人も多かった。

これらの発見をきっかけに、プラットフォームのディスカッション用掲示板で、率直な議論が交わされるようになった。たとえば、多くの人が指摘したのが、幹部のイノベーションに関する説明責任の欠如だ。他にも、特定のプロセスによって、主体的な取り組みや独創的な考えがつぶされたという悲痛な事例などが挙げられた。

大きな障害を順位づけし、ハッカソンは解決策のブレインストーミングに移った。従業員は問題解決の7つの「スプリント*」に参加した。各スプリントは、それぞれがヒューマノクラシーの原則の1つを基軸としていた。原則に関して短い動画で講義を受けたあと、参加者はその原則を会社のマネジメント・システム(計画立案、経営資源の配分、人材管理、報酬、職務設計など)にどう組み込め

＊ スプリント

ソフトウェアなどのアジャイル開発プロジェクトにおける、短い開発期間。

るかを議論してほしいと言われた。

「市場」のスプリントに貢献したハックには、こんなものがあった。各事業にベンチャーキャピタルのような投資資金を設ける。従業員が新しいアイデアに投資できる社内株式市場を創設する。短期のデザインやマーケティングの業務のために、社内「ギグエコノミー」を創設する。すべての業績評価に、製品収益率やネット・プロモーター・スコア*など、市場ベースの指標を取り入れる。

当初、ハックの大半はツイートよりかろうじて長い程度のものだった。この段階では、見込みのあるアイデアをできるだけ多く出すことが目標で、評価や具体化はあとですればよい。7つのスプリントが終わるまでに、このコミュニティでは5000を超えるミニハックが生み出され、何千ものコメントや「いいね!」がつけられた。

この取り組みをサポートした3人のチームは、事業開発のマネジャーと、イノベーションの専門家、ソーシャルメディアのエキスパートで構成されており、コミュニティの熱意を高めようとプラットフォームの内外で活動した。たとえば、すべての事業所でボランティアの「大使」に協力を求め、その事業所での活動を手助けしてもらう。よく使われた作戦は、金曜日の午後に開催されるハッカソンのオフ会だ。部門長がピザとビールを提供した。

プラットフォームに参加していた全員が「ハッカースコア」を持っていた。スコアは、投稿したハックの数やコメントの数、フォロワー数や獲得した「いいね!」の数を基に計算される。ハッカーリーダーの掲示板は注目を集め、スーパー・コントリビューター(貢献度の高い人たち)の間で、友好的な競争が繰り広げられた。

＊ ネット・プロモーター・スコア：Net Promoter Score

「この商品やサービスを、家族や友人に勧めますか」と問うことによって、顧客ロイヤルティを測定する指標。プロモーターは「推奨者」の意味。

原則について取り組んだあと、コミュニティの次の任務は、最も期待できるミニハックを選び出すことだった。1週間の間に、自分が提案したミニハックを各自で見直し、前へ進めたいものを選ぶ。この選別のあと、残ったハックは800件だった。次は同僚による評価だ。その後の2週間、ハッカーたちは全員、少数のミニハックをランダムに割り当てられ、評価を行う。それぞれのハックについて、ハッカーたちは次の2点を問われた。

1　深掘りされているか。障害を1つ以上、解決しようとしているか。当社のイノベーション能力を大きく前進させるか。

2　実現可能か。現実的なアイデアか。テストの方法をイメージできるか。

同僚による評価で、1万件のレビューが寄せられた。ミニハック1つにつき平均12件だ。上位100位までに入ったミニハックの作者たちはさらに2週間を与えられ、前章の図表15-1（439頁）のようなテンプレートを使って、ミニハックを本格的なハックに発展させた。こうしたミニハックの肉づけには多くの作業が必要であることから、似たようなアイデアを提出した人と連絡を取り、希望する場合にはいっしょにチームを組むことが推奨された。

2週間が終わると、ハッカソンのコミュニティ全体が再びアイデアの絞り込みに協力した。参加者は1人5票を与えられ、その5票を好みのハックに投票する。ここでの目標は、実験を管理できる程度の数にハックを絞ることだ。最終的に、16のハックが上位に浮かび上がった。たとえば次のようなものだ。

①リーダーシップ・プロモーション・システム（LPS）

ヒューマノクラシーの原則▼健全な実力主義

ハック▼マネジャーの付加価値を測る新しい指標としてLPSを導入する。LPSの算出は、マネジャー直属の部下と同僚への四半期ごとのアンケート調査を通じて行う。導入の狙いは、リーダーとしての望ましい行動、たとえば「チーム内でイノベーションを促す」などの行動を評価できる、シンプルな指標を設けることである。

②フィールド・アントレプレナーシップ

ヒューマノクラシーの原則▼オーナーシップ

ハック▼現場の営業チームに、価格やマーケティング支出、顧客エンゲージメント戦略に関して、より大きな裁量権を与える。この取り組みを補完するために、チームレベルでの損益計算書も導入する。

③ユー・ファンド・イット

ヒューマノクラシーの原則▼市場

ハック▼従業員が同僚のアイデアに、クラウドファンディングで出資できるプラットフォームを創設する。

投票のあと、勝ち残った16のチームは2日間の「ハック・ラボ」に集まった。ここでは実験を設計するための基本について確認したあと、チームが実験の詳細を決めていく。ラボが終わると、チームごとに幹部のサポーターが1人つき、実験の費用として3万ドルが与えられた。チームのメンバーは全員、その後の3カ月間、このプロジェクトを進めるために週に1日を使うことになった。

実験が続く間も、ハッカソンのコミュニティは関わりつづけた。プラットフォーム上にはそれぞれの実験のウェブページがあり、チームはそこに最新の状況を記したり、協力を求めたりできる。たとえば、①のLPSのチームは、開発している評価ツールに組み込むべきリーダーシップ行動について、フォロワーにアドバイスを求めた。速い進捗を見せたチームが多かった。③のユー・ファンド・イットのクラウドファンディングのテストは、実は第15章で紹介したものだが、彼らは1カ月で実験を組み立てて実施した。他のチームも、同様に素早く実験を準備した。

本書の執筆時点で、プロジェクトのうちいくつかは規模を拡大し、一部はまだ実験を繰り返し、中止となったものも少数ある。全体としては、その結果と文化へのインパクトは目を見張るものがあった。イノベーションはもはや、全体から切り離された孤独な活動ではなくなった。売上と利益の成長は業界のトレンドを上回り、エンゲージメントのスコアは上昇している。この会社のCEOが指摘するように、ハッカソンは「会社をどのように経営するかについて、(誰もが)考え、チャレンジし、実験することができる」というシグナルを全従業員に送ることになった。

この事例が示唆するように、ヒューマノクラシーを構築するには、マネジメントの2つの構成要素、「リーダーシップ」と「変革」について、大胆なシフトが必要になる。筆者らは、この2点をヒューマノクラシーの原則と一貫するように、構築し直す必要があると考える。

リーダーシップを問い直す

もしリーダーの定義が「前向きな変革を媒介する人」なら、すべての組織は集められるかぎりのリーダーを集めてこなければならない。残念ながら、大半の組織におけるリーダーシップの概念は、官僚主義的な思考によって救いようもないほど瓦解してしまった。なぜそうなったのかを理解するには、少しばかり歴史を振り返ってみる必要がある。

産業革命の初期の数十年、管理能力は不足していた。1890〜1920年の30年間で、アメリカの製造業にたずさわる雇用者数は500万人から1100万人へと2倍以上に増えた。第二次世界大戦の開戦までには、さらに50%増加した。この急増する従業員たちの面倒をみるために、大勢のマネジャーを促成栽培する必要があった。このニーズに気づいて、アメリカの大学が助けを名乗り出た。1881年にペンシルベニア大学にウォートンスクール（ビジネススクール）が創設され、1908年にはハーバード・ビジネススクールが、1925年にはスタンフォード大学に経営大学院が設立された。

当時、マネジメントは特別に複雑で難しい領域だと見なされていた。今日で言う、遺伝子工学やデータ・サイエンスのような位置づけだった。マネジメントの知識はほとんど成文化されておらず、研究や理論となるとさらに少なかった。しかし、少しずつではあるが、マネジメントに関する文献が現れはじめる。また、20世紀半ばには、企業はマネジメントの研修に投資しはじめた。1956年には、ゼネラル・エレクトリック（GE）がニューヨーク州クロトンビルに、有名なマネジメントの研修所を開設。当時、会長だったフィリップ・D・リードはその目標を、GEを世界で「最も優れたマネジメント」を行う企業にすることだと述べた。これは意欲的で価値のある目標だった。結局のところ、労働力と鉄鋼を蒸気機関車やタービン発電機、洗濯機などに変えるのは、マネジメントの魔法だったからだ。

1977年に、ハーバード大学の歴史学者アルフレッド・チャンドラーが「管理主義」への賛歌ともいえる『経営者の時代』*を出版した頃には、マネジメントは、もはや神秘的でも例外的な活動でもなくなっていた。ピーター・ドラッカーや他の人々の著書のおかげで、管理能力は隅々まで成文化され広まっていた。

1980年代までには、マネジメントは時代遅れに感じられるようになった。コンサルタントやビジネススクールには、何か新しい販売商品が必要だった。言うなれば、製品のアップグレードだ。彼らがたどりついたのが、リーダーシップだ。彼らはクライアントに言った。「正しいトレーニングを受ければ誰だって立派なリーダーになれるのに、なぜ、あなたは単なる

＊『経営者の時代』*The Visible Hand*

アルフレッド・チャンドラー著、鳥羽欽一郎、小林袈裟治訳、東洋経済新報社、1979年。

マネジャーにとどまっているんですか。１週間か２週間、あなたの時間と数千ドルをわれわれに預けてください。そうすれば、あなたを、アブラハム・リンカーンとアルフレッド・スローンとウィンストン・チャーチルが一体となったような人に変えてみせます」

今日では、ビジネス書のテーマで最も多いのがリーダーシップだ。だから、私たちはリーダーシップへのこだわりが比較的新しいものだということを忘れがちだ。ドラッカーは１９６６年に発表した古典『経営者の条件』＊で、「マネジャー」という言葉とその変異形を２０９回使ったが、「リーダー」あるいは「リーダーシップ」は、わずか15回しか使っていない。今日では、この比率は逆転している。

リーダーシップに関するトピックは至るところで見られ、グーグルで「leadership model（リーダーシップ・モデル）」を検索すると10億件以上がヒットする。しかし、リーダーをどうやって育てるかを私たちが理解しているか、あるいはリーダーを名乗る人たちがその肩書に値するかについては、確たる証拠はほとんどない。

スタンフォード大学のジェフリー・フェファーや、ハーバード大学のバーバラ・ケラーマンらは、従来型のリーダーシップ研修は、それに投資する企業にも、それに耐える人たちにも、ほとんど価値をもたらさないと考えている。[3] この結論は多くの人にとって不快なものだろうが、驚くべきことではない。多くのリーダーシップ研修が完全に官僚主義の枠組みのなかで行われているのだから、そうならないわけがない。概してリーダーシップ研修は、リーダーが「変化の媒介者」になることを目指すのではなく、より大きなマネジメントの役割を担えるようになるためのものだ。

＊『経営者の条件』*The Effective Executive*

ピーター・ドラッカー著、『ドラッカー名著集1　経営者の条件』上田惇生訳、ダイヤモンド社、2006年、他。

公平を期すために言うと、リーダーシップ研修が管理のスキルばかりにフォーカスしていることはほとんどない。主要ビジネススクールでの数週間にわたるプログラムでは、人工知能やブロックチェーン、脳科学、モノのインターネット、Z世代の労働力などに関するモジュールが設けられている。現代のリーダーシップ研修では、「ソフトスキル」を重視し、「誠実さ」「共感」「マインドフルネス」などの価値を肯定している。

悲しいことに、こうした事柄は官僚主義という鳥かごのなかではほとんど役に立たない。研修を終えていつもの仕事に戻ったリーダーは、職場には誠実さや謙虚さ、内省などを高めていこうという姿勢がほとんどないことに気づく。また、その現実を変えるためにできることがほとんどないことも認識する。

エリート主義も、リーダーシップ開発のインパクトを限定する一因となる。リーダーシップ研修は階層ごとに実施される傾向がある。幹部レベルでは、「組織をマネージする」ことに焦点が置かれる。ミドル層では「事業をリードする」こと、もっと下のレベルでは「チームをリードする」ことが主なテーマとなる。このヒエラルキー的なアプローチは、「低い層の従業員は、自分の役割や組織以上のことは考えることができない」という愚かな思い込みがベースになっている。

リーダーシップをヒエラルキーから分離するには、まだ長い道のりがある。1つ例を考えてみよう。あなたの会社で「リーダーシップ・チーム」と言うとき、それは、「会社のなかで、素晴らしいことを起こせる人たち全員」を意味するだろうか、あるいは「ピラミッドのトップに座っている十数人ほどの幹部」を指すだろうか。

もちろん、現実は「リーダーシップ・チーム」のメンバーの多くが、リーダーなどではない。ベルトラン・バラランやヘレン・ベバンのような意味でのリーダーではないのである。チームという言葉が、「共通の大義のために集まった無私の人たちのグループ」という意味ならば、彼らはチームでもない。

リーダーに求められる本当に重要な能力、つまり「機会の発見」「同僚に活気をもたらす」「既得権に挑む」「ビジネスモデルの再考」「他者の育成」などはヒエラルキーとは相関せず、大半のリーダーシップ・プログラムではほとんど、あるいはまったく注目されていない。

官僚主義的なリーダーシップ・モデルの愚かさは、ソーシャルメディアを駆使しながら育ったデジタル・ネイティブには明らかだ。ソーシャルメディアでは、リーダーシップはハシゴを上ることではなく、昆虫などを引き寄せる花に近い。デジタル・ネイティブは、地位から生じる権力はそもそも権威主義的だと見なし、誰かに対する権力を追い求める人たちのことを、ひどく疑わしく思う。デジタル・ネイティブたちにとって、リーダーシップは指揮を執ることや、命令を下すことではない。コミュニティを活気づけ、支援することだ。また、活動家であることは戦略などではなく、毎日の姿勢だ。どんな任務であっても、変化を起こすことだ。クリエイティビティ、勇気、逆張りの思考、思いやり。これらでデジタル・ネイティブたちは前へ進む。だから、地位による権力で誰かをねじ伏せれば、すぐに真のリーダーとしての力を失うことをデジタル・ネイティブたちは知っている。

こうしたことをすべて考え合わせると、いまこそリーダーシップとリーダーシップ開発について根本的に考え直すときだ。あなたの会社は有望な人材に、よい管理者になる方法を教えようとエネルギーを注いでいるだろうが、それよりももっと多くのエネルギーを使って、自然に「ハクティビスト」になりそうな人材を探し、支援すべきだ。

当たり前に考えればわかるはずだ。CEOなら誰でも、自社がもっと速く変わらなければならないことを知っている。また、社会史研究者なら誰もが言うように、大きな変化はいつも周縁部から起こる。権力に誘惑されたことがなく、非難にさらされても気にしない人たちから起こるのだ。私たちが、人は肩書でリーダーになるという誤解をついに捨てるとき、人事部がトップの前での演技をやめるとき、私たちのリーダーシップへのアプローチはようやく21世紀の現実に追いつく。

変革を問い直す

筆者らが本書全体を通じて論じてきたように、ヒューマノクラシーへのシフトには大胆な変革が必要だ。個人の変革、チームの変革、会社を動かしている中核的なプロセスの変革が必要となる。この課題に立ち向かうには、従来型の変革モデルではまったく不十分である。一般的な変革プログラムはスピードが遅く、少しずつしか進まず、扱いにくく、不必要に敵対的だ。官僚主義のモデルによって、大きな変革の責任が少数の幹部とそのアドバイザーに集まるため、そうなってしまう。第2章で指摘したように、トップダウンによる変革の取り組みが動き出すほど問題や機会が大きくなる頃には、もうすでに出遅れている。筆者らがハーバード・ビジネス・レビュー誌と行ったアンケート調査では、1万人以上の回答者のうち、最近の自社の変革プログラムが「つねに」あるいは「たいていは」新たな領域を切り開いていると答えたのは、わずか10％だった。幹部が変革の障害となっているなら、その会社は長い期間、後れをとりつづけることになるだろう。

トップダウンによる変革の複雑さが、さらなる後れを引き起こす。組織の構造やプロセスは複雑に入り組み、絡まり合っている。1つを変えるには、すべてを変えなければならない。この複雑さにより、一般的な企業は大きな組織再編を3年か4年に1度しかできなくなる。たいていの変革プログラムは、いまだに70年前の、クルト・レヴィンが提唱した3段階の変革モデルに従っている。解凍し［従来の価値観などを崩し］、変革し、再び冷凍する［定着させる］というモデルだ。レヴィンの考えでは、変革は計画的に時折行われるもので、継続的で創発的なものではない。この考え方は1940年代には理にかなっていたかもしれないが、現在の断続的で安定的でない世界には適さない。

官僚主義では、変革に対して取り組むのが遅いだけでなく臆病でもある。とうとう変革の必要性を無視できない切羽詰まった状況になると、経営委員会は重い腰をあげてこう言う。

「もう、誰かやってるんだよな」

体制的な変革をトップダウンで強いると、オペレーション上の混乱が起こりがちだが、そうしたリスクを恐れて、経営委員会はよく馴染んだ道を探す。こうした臆病さのせいで、企業の変革プログラムは、変えるべきものにはほとんど手をつけない。権限の配分も変えず、本社機能も削減せず、組織の階層も減らさず、意味のないルールをなくすこともしない。

また別の問題もある。中央が主導する変革は、繊細さに欠けるのだ。トップダウンによる変革は切れ味が鈍い。それは、均一的なやり方が全体に適用されるからであり、現場からの声をほぼ取り入れないからだ。ヨーロッパで実施された大規模な調査では、非管理職の従業員の約半数が、最近、大きな組織再編があったと答えた。しかし、それが実施される前に意見を聞かれたと答えた回答者は4分の1ほどだった。[4] たいていの変革プログラムでは、仕事を任された不運な部下たちが、「こんなプログラムは意味がないだろう」と頭を抱えることになる。

トップダウンによる変革の最後の問題点は、反動が避けられないことだ。マッキンゼーの調査によると、大規模な変革プログラムが行き詰まる最大の理由は、変化への抵抗だという。これは、よく言われるように人々が変化を恐れるからではない。従業員をうんざりさせるのは「王室からの布告」だ。押しつけられる変革、自分たちの仕事がよくなることのない変革、歩兵よりも将軍たちに都合のよい変革だ。

筆者らは数年前、有名な大手テクノロジー企業の営業担当のトップと話をしていた。彼はコンサルタントらの協力を得て、営業の報酬モデルをつくり直したところだった。

「うまくいきましたか」と筆者らが尋ねると、こんな答えが返ってきた。

「正直なところ、ちょっと問題がありました。あんなに抵抗が起こるとは予想していなかったんです。営業成績が上位だった人たちが、何人か辞めてしまいました」

「実施する前に、変更の内容をブログで知らせたり、フィードバックを求めたりしましたか」

「いいえ、それでは時間がかかりすぎます」

筆者らは、失礼を顧みずにこう言った。

「大切なのは実施するまでの時間ではなく、成功するまでの時間ではないでしょうか」

簡単に言うと、官僚主義の変革モデルは、官僚主義のリーダーシップ・モデルと同様に、もはや目的に合っていない。マッキンゼーとボストン コンサルティング グループ（BCG）、ベイン・アンド・カンパニーがそれぞれに実施した調査によると、すべての変革プログラムのうち、75％が目標を実現できなかった。これはまったく驚くことではない。

今日、企業が直面している問題は、これまでにないほど急速で深い。それなのに、「変革」を「マネジメント」するとは、「ロバからの落馬」や「肉のないステーキ店」などのように、そもそも矛盾したものだ。大胆で全体的な変革は、それが前向きできめ細かく、熱意をもって受け止められるものでないかぎり、トップダウンで設計し、展開することなどありえない。ヤン・ワランダーや張瑞敏のような先駆的なCEOが率いる組織であっても、新しいマネジメント・モデルは、「つくり出して押しつける」ものというより、「発見してテストする」ものだ。

変革の必要性を感じ取ってから反応するまでの官僚主義的なタイムラグをなくすには、変革の責任を幅広く分配することだ。ヘレン・ベバンとその仲間たちのように、全員が自分自身を変革のリーダーになりうる存在だと考えなければならない。新たな課題の前では、全員が一歩を踏み出して行動するべきで、幹部が現実に追いつくまで待っていてはいけない。

経営幹部は全体的な変革の複雑さを受け入れ、同時に、細かく指示した徹底的なプログラムをつくりたいという気持ちには抵抗しなければならない。組織のゲノムを書き直すという問題は、構成要素に分解して、小規模なチームが個々の要素に取り組む権限を持つ必要がある。実際、この方法で、アマゾンはソフトウェア開発のチームを編成している。

20年近く前、ライバル企業に競り勝てるのかという懸念が高まったことから、アマゾンはＩＴ組織を何百ものマイクロサービス・チームに分解した。それまでは、同社の大きく広がったＥコマース事業を動かすソフトウェアは、１つの巨大なコードベースに依拠していた。拡大する開発チームが生み出すコードを統合するために、数百人の上級エンジニアが必要だった。想像されるように、衝突が絶えず、遅れも頻繁で、どんなアップデートも大仕事だった。

アマゾンは、このアプローチでは規模の拡大はできないと認識し、開発作業を多数の小規模チームに分割した。各チームはウェブサイトの１つの要素、たとえば「いますぐ買う」のボタンだけに責任を持つ。その後、ソフトウェアの各要素は、ＡＰＩ（アプリケーション・プログラミング・インターフェイス）として知られる、標準化されたインターフェイスを通じて統合される。この展開によって、チームは自分たちのペースで仕事ができるようになり、マネジメントによる調整の必要性は劇的に減少した。今日では、アマゾンのホームページは数百のチームによって組み立てられている。このモデルの成功によって、ネットフリックスやウーバーといったウェブの巨人を含む多数の企業が、アマゾンに追随した（ウーバーには１３００のマイクロサービス・チームがあると言われている）[5]。

筆者らの経験によると、ヒューマノクラシーの構築でも、分配型、小組織型のアプローチは理にかなっている。前章で紹介したような形で、並行して行われている何十ものマネジメントの実験を、大企業がサポートする。官僚主義はそのようにして倒すのである。巨大な組織再編ではなく、たくさんのハックによって倒すのだ。

変革の責任を分配するのは、真のコミットメントを獲得する秘訣でもある。上級幹部は従業員の「了解」を得る必要があるとよく口にする。これは通常、コミュニケーション上の話だと捉えられている。ＢＣＧは変革についてのレポートで、次のように説明した。

「参加者はどの階層であっても、プログラムの背景と仕組み、戦略を進めるうえでのプログラムの役割、プログラムにおける自分の役割と責任をはっきりと理解する必要がある」[6]

これはこれでよいだろう。だが、知識とコミットメントは別のものだ。服従とはちがう意味での真の了解は、従業員を変革の活動に巻き込んだ結果、得られるものであり、勧告によって得られるものではない。変革を受け入れるには、従業員はその創造に参加する必要がある。

リーダーとしては、主要な変革の取り組みを「クラウド」に委ねるのは恐ろしいことかもしれない。しかし、官僚主義の擁護者たちを屈服させるには、たいていはそれが唯一の方法だ。たった１人のＣＥＯは、力を持った何十人、何百人の官僚主義者に、特権を放棄するよう言い含めるだけの時間を持っていない。教皇フランシスコに聞いてみればわかる。

ローマ教皇になってから半年後の２０１３年９月のインタビューで、フランシスコは彼が見たところの、教会の横柄で狭量な態度を非難した。

「教会のトップはナルシストで、ご機嫌取りの媚びへつらいに囲まれてきました。こうしたご機嫌取りこそ教皇制度の腐敗の元です。バチカン中心の考え方では、広い世界が見えなくなるでしょう。

だから、私はそれを変えるために何でもします」

彼は教会が「心の狭いルール」に「とりつかれて」きたと責め、それを変えなければ「トランプでつくった家のように崩れ去る」と警告した。上級の聖職者には、「単にトップダウンをやめるだけでなく、水平な組織」を築くために協力してほしいと求めた。[7]

しかし、その後、たとえば性的虐待への対処や、財政的な責任の強化、中央の構造の簡素化などは遅々として、あるいはまったく進んでいない。教皇フランシスコは2018年に、教会を変革することは「スフィンクスを歯ブラシで掃除するようなものだ」[8]と言った。教皇不謬《ふびゅう》性＊も、官僚主義の前では降参するように思える。

2000年の歴史がある組織を変えるのには特に難しい問題がありそうだが、筆者らは教皇のような不満を抱えているCEOに何十人も会ってきた。全面的な変革に熱意を持っていたのに、計画していた改革が官僚主義という流砂に飲み込まれてしまう。能力のある官僚主義者は、サポートする振りをしながら、不快な取り組みを延期したり、骨抜きにしたり、妨害したりする方法をいくつも知っている。改革主義者のCEOに必要なのは、もっと大勢の、歯ブラシを持った人たちだ。

それが、オープン・プラットフォームの力だ。オープン・プラットフォームは、変革に前向きな人たちの連合を始動させる。その連合は、権限の再配分を恐れる人たちの牛歩戦術に対抗できるほど、大きく、幅広い連合となる。改革が公式に計画され、何百人、何千人の支持を得たら、少数の上級社員がばらばらにしようとしても、簡単ではないはずだ。

すべての問題で、このような変革プロセスが必要になるわけではない。たとえば、オンラインと

＊ 教皇不謬性

教皇の信仰・道徳上の教えに誤りがないこと。

オフラインの流通体制の統合が遅れているような場合、試験済みの手法が世の中にたくさんあるので、全社的なハッカソンなどは必要ない。しかし、新しい領域を開拓したい場合や、複雑で体系的なものを変えたい場合、また、会社のＤＮＡレベルでの変革をしたい場合や、深く浸透した既得権を変えようとする場合には、次のようなプロセスが必要となる。

全員にオープンである
新たな原則を応用する
明らかに革新的
高度に生産的
同僚どうしで律し合う
実験的
逃れられない

今後、最も効果的な変革の取り組みは、ソーシャルに構築されるものとなるだろう。それは中心から外側へと展開されるものではなく、下から上へと昇っていくようなものとなり、企業社会の辞書から「上意下達」という言葉は消えていくだろう。官僚主義の呪いから抜け出すためには、私たちは変革の仕方を変革しなければならない。

終わりに

冒頭の前提を振り返ろう。世界中で、企業は「惰性的で」「動きが鈍く」「非人間的な」官僚主義によって力を失っている。これは単にCEOだけでなく、私たち全員の問題だ。

肥大化し、柔軟性に欠ける組織が、社会の資源の使い方を誤り、生産性を低下させている。発想力を失わせ、主体性を抑圧し、未来を台無しにしてもいる。

幹部たちは官僚主義によるマイナスの影響を相殺しようと、捨て身の手段を取る。短期的な利益を創出するために投資をカットし、株価を上げるために自社株買いをし、市場の支配力と政治力を獲得するために競合企業を買収する。こうした手段のどれもが、投資家にも、顧客にも、市民にとってもよくないものだ。

しかし、最も大きな損失を被るのは大勢の従業員たちである。官僚主義のカースト制度によって、新しいスキルを身につけるチャンスや、創造力を発揮するチャンス、自分の影響力を拡大するチャンスを奪われる。力を失い、上に伸びる可能性も失って、従業員たちは仕事で精神的、金銭的リターンを高めるチャンスをほとんど持っていない。

もっとよくできるはずだし、そうする必要がある。ヒューマノクラシーの原則を受け入れ、実践することによって、私たちはそのなかで働く人と同じくらい、レジリエントで、クリエイティブで、情熱に満ちた企業をつくることができる。そうすれば、私たちは官僚主義による非効率を経済から押し出すことができる。すると、堰き止められていたイノベーションがあふれだす。すべての企業が時代の変化を追い越して成功する能力を得る。官僚主義を誕生させたのとはまったくちがって見える世界で、そうなるのである。最も重要なのは、すべての仕事を「よい仕事」に変えること、そして、すべての働く人たちに成功するチャンスを与えることだ。

人間の精神を解放すること。これがヒューマノクラシーの約束である。やる気と決意によって、あなたはその約束をあなた自身のために、チームのために、そして会社のために果たすのだ。すべての冒険の旅と同じように、この旅も困難なものだが、最終的には満足感が得られるものとなるだろう。あなたは試されるが、心を満たすこともできる。だからあなたが、すべての人が持っている最良の部分を育て、引き出し、尊重するような会社で働きたいなら、そろそろこの本を閉じて、靴を履いて出かけよう。

スト、購買担当、研修・人材開発専門家などのグループがあった。

推計から除外した職業も多数あった。保険の損害査定、保険引受業務、ファイナンシャル・アドバイザーなど、業務が管理主体でないと考えられた職業だ。

ITサポートに関する職業も含めなかった。なぜなら、現場業務にたずさわるITの専門家と、サポート業務を行っている人たちを区別するのが不可能だったからだ。

IT関連の職務を除外したことによって、管理業務者の総数は少なく見積もられている可能性がある。

マネジャーと管理業務者の報酬の推計

総報酬額を推計するため、筆者らはまず、各職業グループ（マネジャー、スーパーバイザー、管理業務者、その他の従業員）の平均賃金（職業雇用統計の調査からデータを取得）に、各グループの人数を掛け合わせた。

その結果、推計1億4600万人の被雇用者の賃金は、7兆9000億ドルと計算された。この数字は、労働統計局による最新の被雇用者賃金の推計額、8兆4000億ドル（2018年の雇用と賃金の四半期調査から）とも近いものである。

つづいて、賃金以外も含めた報酬総額を推計するため、筆者らは労働統計局の統計（全米報酬調査[5]）を反映して、賃金による報酬を33％増加させた。その結果、報酬総額の推計は10兆6000億ドルと算出され、この額は、アメリカ商務省経済分析局による被雇用者の報酬総額推計、10兆9000億ドルに近いものとなった。

筆者らの報酬総額の推計では、プロフィット・シェアリングや補助金付きストックオプションなど、特に魅力のある幹部報酬が含まれておらず、推計額は実際よりも低いのではないかと推測している。

注5 NCS：National Compensation Survey

だけを優先して使うことは避けたかった。

人口動態調査のデータは自己申告によるものなので、マネジメントの「水増し」が起こる可能性は高い。しかし、その要因が数字にどのくらいの影響を与えるかは推測するのが困難だ。

反対に、職業雇用統計では、マネジャーと管理業務者の推計が低くなりがちな理由がある。職業データを提供する責任を負う上級マネジャーは、できるだけ頭でっかちでない構造を報告しようとする傾向がある(たとえば、「チームリーダー」を管理職には含めないなど)。

筆者らは、こうした傾向がある証拠をBMI調査でも目撃した。企業の幹部は、より下のほうの階層の人たちと比べると、自社のマネジメントの階層を少なめに報告しがちだったのだ(回答者の会社の規模を調整しても、この傾向は変わらなかった)。

職業雇用統計の結果は、労働統計局が民間企業について調査する「雇用統計[4]」の結果とも異なった。

雇用統計では毎月、企業の代表標本を抽出して調査が実施され、そのなかで、従業員のうち何人が、マネジメントあるいは監督を主な業務としているかを尋ねている。

最新の雇用統計の推計では、マネジャーとスーパーバイザーの全従業員に対する割合は、人口動態調査のほうの数値と近かった。

管理業務についての推計

ここでの筆者らの目標は、非管理職の従業員のうち、管理業務のサポートを担っている人がどのくらいいるかを定量化することだった。

その推計にあたっては、労働統計局が「ビジネスおよびファイナンス業務」と表現する職業カテゴリをベースにして考えた。このカテゴリのなかの大きな職業グループには、会計士や監査人、コンプライアンス・オフィサー、人事業務担当者、マネジメント・アナリ

注4 CES：Current Employment Statistics

補遺B　官僚層の大きさを測る

労働力と職務構成の推計

アメリカ労働統計局[1]は、2つの調査を通じて詳細な職業・雇用データを収集している。人口動態調査[2]と職業雇用統計[3]である。

人口動態調査は、経済分析で最も幅広く用いられる調査で、失業率などの公的な数値の基盤となり、また労働力の動向に関する大半の調査の根拠ともなる。人口動態調査のデータは自己申告によるもので、毎月の調査を通じて集められる。

職業雇用統計のデータは、企業などへの年1回の調査を通じて収集され、自営業者や農業従事者、家事労働者に関するデータは含まれない。

筆者らは、2018年の人口動態調査のデータを用い、アメリカ全体の被雇用者数は、自営業者（合計1600万人）を除くと推計1億4600万人であるとした。

マネジャーの数と管理業務を行う人の数は、人口動態調査と職業雇用統計の両方のデータから導き出した。

具体的には、まず、人口動態調査と職業雇用統計のそれぞれにおいて、該当する職務カテゴリの人たちの割合を計算した。

つづいて、職務ごとに、2つの調査の平均を出し、その割合を被雇用者の総数である1億4600万人に掛けて、人数を推計した。

2つの調査を併せて使うという筆者らのロジックには、2つの面がある。

第1に、マネジャーと管理業務者に関しては、2つの調査の間で構成に大きなちがいがある。人口動態調査では、マネジャーと管理業務者は被雇用者数全体の22％を占めるが、職業雇用統計では15％だ。

第2に、労働経済学者の間では、労働力の構成を分析するにあたって、どちらがより適切かに関してコンセンサスはない（あるとしたら、人口動態調査がより多く使われていることだけだ）。したがって、筆者らはどちらか一方のデータソース

注1　BLS：Bureau of Labor Statistics
注2　CPS：Current Population Survey
注3　OES：Occupational Employment Survey

7 あなた組織の人たちは、型破りなアイデアにどう反応しますか?

- □ 熱く反応する――0点
- □ 興味を持つ――2.5点
- □ 中立的――5点
- □ 疑いを持つ――7.5点
- □ 抵抗する――10点

8 あなたの組織では、小規模なチームと少額の立ち上げ資金が必要な新しいプロジェクトを、現場の一般社員が立ち上げるのは、全般的にどのくらい簡単ですか?

- □ 簡単。自社にはよく練られたアプローチがあり、それを全員が活用できる――0点
- □ 簡単ではない。やることはできるが、適切なコネと多くの勇気が必要となる――5点
- □ 非常に難しい。多くの努力と多くの承認が必要となる――10点

9 あなたの会社では、社内政治はどのくらい蔓延していますか?

- □ まったく見られない――0点
- □ ときどき見られる――5点
- □ 頻繁に見られる――10点

10 あなたの組織では、社内政治のスキルは、明らかな能力と比較して、昇進にどのくらい影響しますか?

- □ まったく影響しない――0点
- □ ほとんど影響しない――2.5点
- □ ときどき影響する――5点
- □ しばしば影響する――7.5点
- □ ほぼ常に影響する――10点

〔訳注〕回答者ごとに点数を合計して、10問合計で0から100までとなるBMIスコアを算出する。本文で紹介した筆者らの調査では、平均値は65点だった。

0点: 官僚主義の特質がまったくない状況
100点: 官僚主義の影響が色濃く出ている状況

補遺A BMI：官僚主義体格指数調査 (Bureaucracy Mass Index)

1 あなたの組織には、階層がいくつありますか（現場の一般社員から、CEO、あるいは社長、マネジング・ディレクターまで）？

- □ 3つ以下――0点
- □ 4つ――2.5点
- □ 5つ――5点
- □ 6つ――7.5点
- □ 7つ以上――10点

2 あなたは「官僚主義的な雑務（報告書の作成、会議への出席、要求に従う、ハンコを押す、人事などの本社部門とのやり取りなど）」にどのくらいの時間を使っていますか？

- □ ほぼゼロ――0点
- □ 10%未満――2.5点
- □ 10%～20%――5点
- □ 20%～30%――7.5点
- □ 30%超――10点

3 あなたの組織では、官僚主義によって意思決定と行動がどのくらい遅くなっていますか？

- □ ほぼ影響なし――0点
- □ いくぶん――2.5点
- □ かなり――7.5点
- □ 大幅に――10点

4 あなたが上司や他のリーダーとやり取りする際、社内の問題に関わることが、どのくらいの時間を占めていますか（たとえば、もめごとの解決、経営資源の確保、承認を得るなど）？

- □ 10%未満――0点
- □ 10%～30%――2.5点
- □ 30%～50%――5点
- □ 50%～70%――7.5点
- □ 70%超――10点

5 あなたの労働環境のなかで、目標設定と優先順位の決定について、あなた、あるいはあなたのチームに裁量権はどのくらいありますか？

- □ 完全な裁量権がある――0点
- □ かなりの裁量権がある――2.5点
- □ まあまあ裁量権がある――5点
- □ ほとんど裁量権がない――7.5点
- □ まったく裁量権がない――10点

6 変革の取り組みの企画・開発に、現場の一般社員はどのくらいの頻度で関わりますか？

- □ つねに関わる――0点
- □ 頻繁に関わる――2.5点
- □ たまにしか関わらない――7.5点
- □ 決して関わらない――10点

第15章

1 Marshall Ganz, "Leading Change: Leadership, Organization, and Social Movements," https://www.researchgate.net/publication/266883943_Leading_Change_Leadership_Organization_and_Social_Movements.

2 次の文献から引用。Eric Steven Raymond, *The Cathedral and the Bazaar* (Sebastopol, CA: O'Reilly Media, 2001), 197–199. 邦訳：エリック・スティーブン・レイモンド著『伽藍とバザール』山形浩生訳、光芒社、1999年。

3 Paul Lambert, "Roche: From Oversight to Insight," Management Innovation eXchange, December 23, 2011, https://www.managementexchange.com/story/roche-oversight-insight.

第16章

1 2015年に筆者らがDamian Rolandに行ったインタビューから。

2 Liora Moskovitz and Lucia Garcia-Lorenzo, "Changing the NHS a Day at a Time," *Journal of Social and Political Psychology* 4, no. 1 (2016): 196–219, doi:10.5964/jspp.v4i1.532.

3 たとえば、以下の文献を参照のこと。Barbara Kellerman, *The End of Leadership* (New York: HarperCollins, 2012). 邦訳：バーバラ・ケラーマン著『リーダーシップが滅ぶ時代』板谷いさ子訳、SBクリエイティブ、2013年。Jeffrey Pfeffer, *Leadership BS: Fixing Workplaces and Careers One Truth at a Time*, (New York: HarperBusiness, 2015). 邦訳：ジェフリー・フェファー著『悪いヤツほど出世する』村井章子訳、日本経済新聞出版、2016年。

4 2015年のEuropean Working Conditions Surveyに基づく筆者らの分析。調査の対象者は、EU15カ国の従業員250人超の企業で3年以上働いている人たち（質問では、過去3年間に大きな組織再編を経験したかを尋ねている）。データは、調査で推奨されている数値を使って重みづけされている。

5 Amit Yadav, "Why Companies Like Netflix, Uber, and Amazon Are Moving Towards Microservices," TechSur, January 10, 2018, https://techsur.solutions/why-companies-like-netflix-uber-and-amazon-are-moving-towards-microservices/.

6 Peter Tollman et al., "Getting Smart About Change Management," Boston Consulting Group, January 5, 2017, https://www.bcg.com/en-us/publications/2017/change-management-getting-smart-about-change-management.aspx.

7 Scott Neuman, "Pope Francis Says the Court Is the 'Leprosy of the Papacy,' " National Public Radio, October 1, 2013, https://www.npr.org/sections/thetwo-way/2013/10/01/228200595/francis-says-the-court-is-the-leprosy-of-the-papacy.

8 Ed Condon, "Pope Francis's Bold Reforms Have Been Frustrated. How Did This Happen?," *Catholic Herald*, February 2, 2018, https://catholicherald.co.uk/commentandblogs/2018/02/02/pope-franciss-bold-reforms-have-been-frustrated-how-did-this-happen/.

10 Jan Wallander, *Decentralization—Why and How to Make It Work* (Stockholm: SNS Forlag, 2003), 42.

11 Ibid., 87.

12 Amar Bhide, Dennis Campbell, and Kristin Stack, "Handelsbanken: May 2002," Case 116–119 (Boston: Harvard Business School, July 1, 2016), 5.

13 Nassim Nicholas Taleb and Gregory F. Treverton, "The Calm Before the Storm," *Foreign Affairs*, January/February 2015, https://www.foreignaffairs.com/articles/africa/calm-storm.

14 Richard Milne, "Handelsbanken Is Intent on Getting Banking Back to the Future," *Financial Times*, March 20, 2015, https://www.ft.com/content/85640c38-ad2a-11e4-a5c1-00144feab7de.

15 ハンデルスバンケンの財務部は、支店が借り手に融資した資金に対して費用を請求する。その費用を決める要素の1つは、支店の融資ポートフォリオだ。たとえば、大きな金額を固定金利で30年融資している支店は、変動金利で10年の住宅ローンを多く提供している支店よりも、金利リスクが高くなることから、請求される資金コストも高くなる。また、支店の帳簿に載っている特定の融資は、資本コストの請求につながる。比較的リスクの高い融資が多いほど、損失の可能性に備えて用意しておくべき自己資本が増えるので、そのためのコストが多く課される。すべての資金調達コストが支店によってコントロールされるのではないが（たとえば、全社の資産と負債の全体的なバランスや、資本市場における両者の調達コストのギャップなど、さまざまな要因が反映される）、ハンデルスバンケンが支店の融資ポートフォリオと銀行の実際の資金調達コストを反映する形で資金コストと資本コストを配賦するやり方は、銀行業界では珍しい。さらに詳しくは、以下の文献を参照のこと。Kroner Niels, *A Blueprint for Better Banking: Svenska Handelsbanken and a Proven Model for Post-Crash Banking* (Petersfield, UK: Harriman House, 2009), 106–107, Kindle.

16 Caroline Teh, *Researching Stewardship, Göteborg University School of Business, Economics and Law* (Göteborg, Sweden: BAS Publishing), 2016, 101.

17 Lindsay R. Murray and Theresa Libby, "Svenska Handelsbanken: Controlling a Radically Decentralized Organization without Budgets," *Issues in Accounting Education* 22, no. 4 (November 2007): 631.

18 Teh, *Researching Stewardship*, 102.

19 Jeremy Hope and Robin Fraser, *Beyond Budgeting: How Managers Can Break Free from the Annual Performance Trap* (Boston: Harvard Business School Press, 2003), 134. 邦訳：ジェレミー・ホープ、ロビン・フレーザー著『脱予算経営』清水孝訳、生産性出版、2005年。

第14章

1 2011〜2016年までミシュランの製造担当のトップを務めたDominique Foucardからの情報。

2 特に記されていないかぎり、ミシュランの従業員のコメント、および同社の手法についての記述は、筆者らが行ったインタビューをもとにしている。

3 "Michelin demain en France et à Clermont-Ferrand: le nouveau président Florent Menegaux se confie," *La Montagne*, May 17, 2019, https://www.lamontagne.fr/clermont-ferrand-63000/actualites/michelin-demain-en-france-et-a-clermont-ferrand-le-nouveau-president-florent-menegaux-se-confie_13561532/.

7 Jeff Zias, "Snap and File: An Innovation Story Behind Intuit's TurboTax Mobile App," LinkedIn post, April 14, 2016, https://www.linkedin.com/pulse/snap-file-innovation-story-behind-intuits-TurboTax-mobile-jeff-zias/.

8 Brad Smith, "Intuit's CEO on Building a Design Driven Company," *Harvard Business Review*, January–February 2015. 邦訳：ブラッド・スミス著「インテュイット：デザインから考える組織」『ダイヤモンド・ハーバード・ビジネス・レビュー』2018年9月号。

9 Shikhar Ghosh, Joseph Fuller, and Michael Roberts, "Intuit: Turbo Tax PersonalPro—A Tale of Two Entrepreneurs," Harvard Business School Case Study 9-816-048, March 2016.

10 Intuit Investor Day Presentations, 2015 and 2016.

11 Scott Cook interview with Michael Chui, McKinsey & Co., https://www.mckinsey.com/business-functions/strategy-and-corporate-finance/our-insights/how-big-companies-can-innovate.

12 Scott Cook, "Accounting for Intuit's Success," Stanford University Lecture, November 4, 2015, https://stvp-static-prod.s3.amazonaws.com/uploads/sites/2/2015/11/3594.pdf.

13 Suzanne Pellican, "How Intuit Applied Design Thinking," O'Reilly Design Conference, 2016.

14 Hugh Molotsi and Jeff Zias, *The Intrapreneur's Journey: Empowering Employees to Drive Growth* (Lean Startup Co., 2018), 823–824, Kindle.

15 Ghosh et al., "Intuit: Turbo Tax PersonalPro."

16 Bennett Blank, "Lessons on Innovation from Intuit," June 12, 2017, https://innov8rs.co/news/make-innovation-part-everyones-job-cisco-ge-adobe-intuit-intrapreneurship/.

第13章

1 Roger Scruton, "Conservatism," https://www.roger-scruton.com/images/pdfs/Conservatism-POV-1.pdf.

2 *The Complete Works of Ralph Waldo Emerson*, vol. II (London: Bell and Daldy, 1866), 266.

3 Charles Simeon, quoted in H. C. G. Moule, *Charles Simeon* (London, 1956), 77–78.

4 G. K. Chesterton, *Complete Works of G. K. Chesterton* (Hastings, UK: Delphi Classics, 2014), Kindle.

5 James March, "Exploration and Exploitation in Organizational Learning," *Organization Science* 2 (1991): 71–87.

6 製薬企業大手10社の研究開発費は、S&PのCapitalIQ data setから。世界の研究開発費は、以下の文献から。"Total Global Spending on Pharmaceutical Research and Development from 2010 to 2024," *Statista*, https://www-statista-com.lbs.idm.oclc.org/statistics/309466/global-r-and-d-expenditure-for-pharmaceuticals/.

7 *HBM New Drug Approval Report: Analysis of FDA Drug Approvals in 2018*, 17.

8 Pedro Cuatrecasas, "Drug Discovery in Jeopardy," *Journal of Clinical Investigation* 116, no. 11 (2006): 2837–2842.

9 Smaller and niche banks have the most satisfied customers in the UK banking market; EPSI, 2019, http://www.epsi-rating.com/wp-content/uploads/2016/07/EPSI-Rating-UK-Banking-2018.pdf

11 Thomas S. Kuhn, *The Structure of Scientific Revolutions* (Chicago: University of Chicago Press, 1970), 90. 邦訳：トーマス・クーン著『科学革命の構造 』中山茂訳、みすず書房、1971年。

12 Shunryū Suzuki, *Zen Mind, Beginner's Mind* (Boston: Shambhala Publications, 2006), 1. 邦訳：鈴木俊隆著『禅マインド ビギナーズ・マインド』松永太郎訳、サンガ、2012年。

13 Lars Bo Jeppesen and Karim R. Lakhani, "Marginality and Problem-Solving Effectiveness in Broadcast Search," *Organization Science* 21, no. 5 (September–October 2010): 1016–1033.

14 Aravind Eyecare System, *Activity Report 2017–2018*, 5, http://online.pubhtml5.com/idml/copn/#p=1.

15 "2019: China to Surpass US in Total Retail Sales," *eMarketer report*, January 23, 2019, https://www.emarketer.com/newsroom/index.php/2019-china-to-surpass-us-in-total-retail-sales/. 以下の文献も参照のこと。Kai-Fu Lee and Jonathan Woetzel, "China as a Digital World Power," *Acuity Magazine*, December 2, 2018, https://www.acuitymag.com/business/china-as-a-digital-world-power.

16 Cheng Ting-fang, "Apple: A Semiconductor Superpower in the Making," *Nikkei Asian Review*, September 29, 2017, https://asia.nikkei.com/Asia300/Apple-A-semiconductor superpower-in-the-making.

17 "The Strategy Crisis: Insights from the Strategy Profiler," *Strategy&*, 2019, https://www.strategyand.pwc.com/media/file/The-Strategy-Crisis.pdf.

18 Guido Jouret, "Inside Cisco's Search for the Next Big Idea," *Harvard Business Review*, September 2009.

19 Cisco Global Problem Solver Challenge 2019, https://cisco.innovationchallenge.com/cisco-global-problem-solver-challenge-2019/overview.

20 Jouret, "Inside Cisco's Search for the Next Big Idea."

21 筆者らによる2019年のZion Armstrongへのインタビューから。

22 筆者らによる2019年のMark Kingへのインタビューから。

第12章

1 Gallup Great Jobs Demonstration Survey, November2019をもとにした筆者らの分析。自営業者と契約労働者、非管理職の従業員を除く（管理職の従業員のほうが、数値がわずかに高い）。データはギャラップが推奨する比重によって重みづけされている。

2 "The Most Innovative Companies 2018," Boston Consulting Group.

3 "Venture Capital Funnel Shows Odds of Becoming a Unicorn Are About 1%," *CB Insight Research Brief*, September 6, 2018.

4 Peter Diamandis, "Culture and Experimentation—with Uber's Chief Product Officer," Medium, April 10, 2016, https://medium.com/abundance-insights/culture-experimentation-with-uber-s-chief-product-officer-520dc22cfcb4.

5 Greg Linden, "Early Amazon: Shopping Cart Recommendations," *Geeking with Greg Blog*, April 25, 2006, http://glinden.blogspot.com/2006/04/early-amazon-shopping-cart.html.

6 "How Big Companies Can Innovate," McKinsey & Company White Paper, February 2015, https://www.mckinsey.com/business-functions/strategy-and-corporate-finance/our-insights/how-big-companies-can-innovate.

32 2019年9月に交わされた、筆者らとLuke Stoneとの電子メールのやり取りから。

33 Colleen Barrett on Southwest Culture, Southwest Airlines Community Site, May 5, 2015, https://www.southwestaircommunity.com/t5/Southwest-Stories/Colleen-Barrett-on-Southwest-Culture/ba-p/46053.

34 Hans Morgenthau, "Love and Power," *Commentary* 33 (1962): 247–251; Roy Baumeister and Mark Leary, "The Need to Belong: Desire for Personal Attachments as a Fundamental Human Motivation," *Psychological Bulletin* 117, no. 3 (1995): 497–529.

35 Gittell, *The Southwest Airlines Way*, 2089, Kindle.

36 Kevin Freiberg and Jackie Freiberg, "20 Reasons Why Herb Kelleher Was One of the Most Beloved Leaders of Our Time," *Forbes*, January 4, 2019, https://www.forbes.com/sites/kevinandjackiefreiberg/2019/01/04/20-reasons-why-herb-kelleher-was-one-of-the-most-beloved-leaders-of-our-time/#60079e5bb311.

37 Gallup, *State of the American Workplace*, 118.

38 Southwest Airlines, 1996 Annual Report.

39 2018年1月20日、ニューコア本社での筆者らによるインタビューから。

第11章

1 Gus Lubin, "Queens Has More Languages Than Anywhere in the World—Here's Where They're Found," *Business Insider*, February 15, 2017, https://www.businessinsider.com/queens-languages-map-2017-2.

2 Christian Hernandez Gallardo, "London's Diversity Is One of the Strongest At- tributes of Its Tech Ecosystem," *Guardian*, June 22, 2015, https://www.theguardian.com/media-network/2015/jun/22/london-diversity-tech-ecosystem-entrepreneurs.

3 Center for American Entrepreneurship, "The Rise of the Startup City," http://www.startupsusa.org/global-startup-cities/.

4 Douglas Hockstad et al., eds., "AUTM US Licensing Activity Survey: 2017, A Survey Report of Technology Licensing (and Related) Activity for US Academic and Nonprofit Institutions and Technology Investment Firms," AUTM, https://autm.net/AUTM/media/SurveyReportsPDF/AUTM_2017_US_Licensing_Survey_no_appendix.pdf.

5 Wal-Mart Store No. 8 home page, https://www.storeno8.com/about.

6 Henry Chesbrough, "The Future of Open Innovation," *Research Technology Management*, November–December 2017, 34.

7 Kevin J. Boudreau and Karim Lakhani, "Using the Crowd as an Innovation Partner," *Harvard Business Review*, April 2013, https://hbr.org/2013/04/using-the-crowd-as-an-innovation-partner.

8 Jason Aycock, "NBC Reveals Netflix Data, Says Service Isn't 'Consistent' Threat," Seeking Alpha, January 14, 2016, https://seekingalpha.com/news/3032896-nbc-reveals-netflix-data-says-service-consistent-threat.

9 "Nearly Half the World Lives on Less than $5.50 a Day," World Bank press release, October 17, 2018, https://www.worldbank.org/en/news/press-release/2018/10/17/nearly-half-the-world-lives-on-less-than-550-a-day.

10 Steve Jobs, Stanford University commencement speech, June 12, 2005, https:// news.stanford.edu/news/2005/june15/jobs-061505.html.

12 以下の文献から得られた、純利益と事業収入のデータに基づく。US Bureau of Transportation Statistics, schedule P-1.2 (constant 2018 dollars). この部分は、Jody Gittellによる「relational coordination」に関する先駆的な研究を参考にして執筆した。以下の文献を参照のこと。Jody Hoffer Gittell, *The Southwest Airlines Way: Using the Power of Relationships to Achieve High Performance* (New York: McGraw-Hill, 2003).

13 P. E. Moskovitz, "Original Disruptor Southwest Airlines Survives on Ruthless Business Savvy," *Skift*, September 5, 2018, https://skift.com/2018/09/05/original-disruptor-southwest-airlines-survives-on-ruthless-business-savvy/.

14 Robin Grugal, "Decide upon Your True Dreams and Goals: Corporate Culture Is the Key," Investor's Business Daily, April 15, 2003.

15 Gittell, *The Southwest Airlines Way*, 340, Kindle.

16 以下の本に寄せられたハーブ・ケラーによる「まえがき」から。Ken Blanchard and Colleen Barrett, *Lead with Luv: A Different Way to Create Real Success* (Upper Saddle River, NJ: Pearson Education, 2011), 105, Kindle. 邦訳：ケン・ブランチャード、コリーン・バレット著『世界でいちばん従業員を愛している会社』佐藤利恵訳、辰巳出版、2012年。

17 Bill Taylor, "GSD&M, Southwest Airlines, and the Power of Ideas," *Harvard Business Review* online, September 5, 2007, https://hbr.org/2007/09/gsdm-southwest-airlines-and-th.

18 Joseph Guinto, "A Look at Southwest Airlines 50 Years Later," *Dallas Magazine*, May 2017, https://www.dmagazine.com/publications/d-ceo/2017/may/southwest-airlines-50-year-anniversary-love-field-dallas/.

19 Gittell, *The Southwest Airlines Way*, 729, Kindle.

20 Jeremy Hope, Peter Bunce, and Franz Roosli, *The Leader's Dilemma* (London: John Wiley & Sons, 2011), 97–98.

21 Gittell, *The Southwest Airlines Way*, 2415, Kindle.

22 Dan Reed, "Herb Kelleher: Comedian, Clown, Well-Connected Lawyer and a Uniquely Successful Business Leader," *Forbes*, January 4, 2019, https://www.forbes.com/sites/danielreed/2019/01/04/comedian-clown-brilliant-well-connected-lawyer-but-mostly-a-uniquely-successful-business-leader/#468d4147ee1b.

23 B. O'Brian, "Flying on the Cheap," *Wall Street Journal*, October 26, 1992, A1.

24 Hervé Mathe, *Innovation at Southwest Airlines: Reinventing the Business Model* (Cergy, France: ESSEC Publishing, 2015), Kindle.

25 Ibid.

26 Ibid.

27 Ken Iverson, *Plain Talk: Lessons from a Business Maverick* (New York: John Wiley and Sons, 1998), 176–177, Kindle. 邦訳：ケン・アイバーソン、ウォレン・ベニス著『逆境を生き抜くリーダーシップ』近藤隆文訳、海と月社、2011年、他。

28 Gittell, *The Southwest Airlines Way*, 726 and 738, Kindle.

29 Ibid, 772 and 763.

30 Katrina Brooker, "Herb Kelleher: The Chairman of the Board Looks Back, *Fortune*, May 28, 2001.

31 Gallup, *State of the American Workplace*, 2017, 118.

23 Eric Schmidt and Jonathan Rosenberg, *How Google Works* (New York: Grand Central Publishing, 2014), 126–127. 邦訳：エリック・シュミット、ジョナサン・ローゼンバーグ、アラン・イーグル著『How Google Works（ハウ・グーグル・ワークス）』土方奈美訳、日本経済新聞出版、2014年。

第10章

1 たとえば、以下の文献を参照のこと。N. K. Humphrey, "The Social Function of Intellect," in *Growing Points in Ethology*, P. P. G. Bateson and R. A. Hinde, eds. (Cambridge, UK: Cambridge University Press, 1976), 303–317に収録、および、Roy F. Baumeister and E. J. Masicampo, "Conscious Thought Is for Facilitating Social and Cultural Interactions: How Mental Simulations Serve the Animal-Culture Interface," *Psychological Review* 117, no. 3 (July 2010): 945–971.

2 以下の文献を参照のこと。Julianne Holt-Lunstad, Timothy B. Smith, and J. B. Layton, "Social Relationships and Mortality Risk: A Meta-Analytic Review," *PLoS Medicine* 7, no. 7 (2010): 1–20、および、Julianne Holt-Lunstad et al., "Loneliness and Social Isolation as Risk Factors for Mortality: A Meta-Analytic Review," *Perspectives on Psychological Science* 10, no. 2 (2015): 227–237.

3 Alexis de Tocqueville, *Democracy in America*, Harvey C. Mansfield and Delba Winthrop, eds. (Chicago: University of Chicago Press, 2000). 邦訳：トクヴィル著『アメリカのデモクラシー』松本礼二訳、岩波書店、2005年、他。

4 AAメンバーの行動の変化に影響したさまざまな要因についての包括的な研究としては、以下の文献がある。John F. Kelly et al., "Determining the Relative Importance of the Mechanisms of Behavior Change within Alcoholics Anonymous: A Multiple Mediator Analysis," *Addiction* 107, no. 2 (February 2012): 289–299.

5 たとえば、以下の文献を参照のこと。Kimberly S. Walitzer, Kurt H. Dermen, and Christopher Barrick, "Facilitating Involvement in Alcoholics Anonymous During Outpatient Treatment: A Randomized Clinical Trial," *Addiction* 104, no. 3 (March 2009): 391–401, https://www.ncbi.nlm.nih.gov/pmc/articles/PMC2802221/. あるいは、Michael Gross, "Alcoholics Anonymous: Still Sober After 75 Years," *American Journal of Public Health* 100, no. 12 (December 2010): 2361–2363.

6 Gross, "Alcoholics Anonymous."

7 この部分は、以下の論文を参考にして執筆した。John Kania and Mark Kramer, "Collective Impact," *Stanford Social Innovation Review*, Winter 2011, 36–41, https:// ssir.org/articles/entry/collective_impact#.

8 David Brooks, "A Really Good Thing Happening in America," *New York Times*, October 3, 2018, https://www.nytimes.com/2018/10/08/opinion/collective-impact-community-civic-architecture.html.

9 David Bornstein, "Coming Together to Give Schools a Boost," *New York Times Blogs*, March 7, 2011, https://opinionator.blogs.nytimes.com/2011/03/07/coming-together-to-give-schools-a-boost/

10 Ibid.

11 John Kania and Mark Kramer, "Embracing Emergence: How Collective Impact Addresses Complexity," *Stanford Social Innovation Review*, January 21, 2013, https://ssir.org/articles/entry/social_progress_through_collective_impact.

4 Geoff Colvin, "What the Hell Happened to GE?," *Fortune*, June 1, 2018.

5 Marcus Buckingham, "Most HR Data Is Bad Data," *Harvard Business Review*, February 9, 2015, https://hbr.org/2015/02/most-hr-data-is-bad-data.

6 Neha Mahajan and Karen Wynn, "Origins of 'Us' versus 'Them': Prelinguistic Infants Prefer Similar Others," *Cognition* 124 (2012): 227–233.

7 Emily Chang, *Brotopia: Breaking Up the Boys Club of Silicon Valley* (New York: Portfolio/Penguin, 2018).

8 Joe Nocera, "Silicon Valley's Mirror Effect," *New York Times*, December 26, 2014, https://www.nytimes.com/2014/12/27/opinion/joe-nocera-silicon-valleys-mirror-effect.html.

9 F. David Schoorman, "Escalation Bias in Performance Appraisals: An Unintended Consequence of Supervisor Participation in Hiring Decisions," *Journal of Applied Psychology* 73, no. 1 (1988): 58–62.

10 Kathryn Tyler, "Undeserved Promotions," *HR Magazine* 57, no. 6 (June 2012): 79.

11 Dana Wilkie, "Is the Annual Performance Review Dead?," Society for Human Resources Management, August 19, 2015, https://www.shrm.org/resourcesandtools/hr-topics/employee-relations/pages/performance-reviews-are-dead.aspx.

12 Dacher Keltner, *The Paradox of Power: How We Gain and Lose Influence* (New York: Penguin Books, 2016). 次の文献も参照のこと。Nathanael Fast et al., "Power and Overconfidence in Decision-Making," *Organizational Behavior and Human Decision Processes* 117, no. 2 (March 2012): 249–260.

13 Laszlo Bock, *Work Rules!: Insights from Inside Google That Will Transform How You Live and Lead* (New York: Grand Central Publishing, 2015), 108–109, Kindle. 邦訳：ラズロ・ボック著『ワーク・ルールズ!』鬼澤忍、矢羽野薫訳、東洋経済新報社、2015年。

14 ブリッジウォーター最大のファンドである「ピュア・アルファ（Pure Alpha）」は、金融危機の間、特に好調なパフォーマンスを見せた。ここ数年のパフォーマンスはよい時もそうでない時もある。

15 Raymond Dalio, *Principles: Life and Work* (New York: Simon & Schuster, 2017), 36, Kindle. 邦訳：レイ・ダリオ著『PRINCIPLES（プリンシプルズ）』斎藤聖美訳、日本経済新聞出版、2019年。

16 Rob Copeland and Bradley Hope, "Schism Atop Bridgewater, the World's Largest Hedge Fund," *Wall Street Journal*, February 5, 2016, https://www.wsj.com/articles/schism-at-the-top-of-worlds-largest-hedge-fund-1454695374.

17 Dalio, *Principles: Life and Work*, 422.

18 Ibid., 371.

19 Raymond Dalio, "How to Build a Company Where the Best Ideas Win," 2017 TED Conference Presentation, https://www.ted.com/talks/ray_dalio_how_to_build_a_company_where_the_best_ideas_win/transcript?language=en#t-837607.

20 Dalio, *Principles: Life and Work*, 308.

21 Bock, *Work Rules!*, 241.

22 Nicholas Carson, "A Google Programmer 'Blew Off' a $500,000 Salary at a Startup—Because He's Already Making $3 Million Every Year," *Business Insider*, January 10, 2014, https://www.businessinsider.com/a-google-programmer-blew-off-a-500000-salary-at-startup-because-hes-already-making-3-million-every-year-2014-1.

11 David Bardolet, Alex Brown, and Dan Lovallo, "The Effects of Relative Size, Profitability and Growth on Corporate Capital Allocations," *Journal of Management* 43, no. 8 (November 2017): 2469–2496.

12 Matthias Arrfelt, Robert Wiseman, and G. Tomas Hult, "Looking Backward Instead of Forward: Aspiration-Driven Influences on the Efficiency of the Capital Allocation Process," *Academy of Management Journal* 56, no. 4 (2013): 1081–1103.

13 Hyun-Han Shin and Rene M. Stulz, "Are Internal Capital Markets Efficient?" -*Quarterly Journal of Economics* 133 (1998): 531–552.

14 Markus Glaser, Florencio Lopez-De-Silanes, and Zacharias Sautner, "Opening the Black Box: Internal Capital Markets and Managerial Power," *Journal of Finance* 68, no. 4 (August 2013): 1577–1631.

15 James Ang, Abe DeJong, and Marieke van der Poel, "Does CEOs' Familiarity with Business Segments Affect Their Divestment Decisions?," *Journal of Corporate Finance* 29 (December 2014): 58–74.

16 Julie Wulf, "Influence and Inefficiency in the Internal Capital Market," *Journal of Economic Behavior and Organization* 72, no. 1 (2009): 305–321.

17 David Bardolet, Craig Fox, and Dan Lovallo, "Corporate Capital Allocation: A Behavioral Perspective," *Strategic Management Journal* 32, no. 13 (December 2011): 1454–1483.

18 Stephen Hall, Dan Lovallo, and Reinier Musters, "How to Put Your Money Where Your Strategy Is," *McKinsey Quarterly*, March 2012.

19 Pitchbook/NVCA Venture Monitor, Q4, 2019.

20 Anne Fisher, "How IBM Bypasses Bureaucratic Purgatory," *Fortune*, December 5, 2013, http://fortune.com/2013/12/04/how-ibm-bypasses-bureaucratic-purgatory/.

21 Ibid.

22 *IfundIT CookBook*, IBM Report, https://ifunditcookbook.mybluemix.net/what.html.

23 Phil Wahba, "Gillette Is Introducing Cheaper Blades to Fend Off Dollar Shave Club and Harry's," *Fortune*, November 29, 2017, http://fortune.com/2017/11/29/gillette-blades-dollar-shave-club-harrys/.

24 Peter Cappelli, "Why We Love to Hate HR and What HR Can Do About It," *Harvard Business Review*, July-August 2015, 54–61. 邦訳：ピーター・カッペリ著「なぜ人事部は嫌われるのか」(『ダイヤモンド・ハーバード・ビジネス・レビュー』2015年12月号)；and Ram Charan, Dominic Barton, and Dennis Carey, "People Before Strategy: A New Role for the CHRO," *Harvard Business Review*, July-August 2015, 62–71. 邦訳：ラム・チャラン著「CHROは経営者たれ」(『ダイヤモンド・ハーバード・ビジネス・レビュー』2015年12月号)。

第9章

1 Peter Coy, "The Future of Work," *Business Week*, August 20, 2000, 41–46.

2 P. A. Mabe III and S. G. West, "Validity of Self-Evaluation of Ability: A Review and Meta Analysis," *Journal of Applied Psychology* 67 (1982): 280–286.

3 Cameron Anderson et al., "A Status-Enhancement Account of Overconfidence," *Journal of Personality and Social Psychology* 103, no. 4 (2012): 718–735.

14 推計値は2015年のEuropean and American Working Conditions Surveysを筆者らが分析して求めたものである。ヨーロッパの調査対象はEU15カ国（2003年にEUが東側に拡大する前のEU加盟国）。

15 Dominic Barton, Dennis Carey, and Ram Charan, “An Agenda for the Talent-First CEO,” *McKinsey Quarterly*, March 2018, https://www.mckinsey.com/business-functions/organization/our-insights/an-agenda-for-the-talent-first-ceo.

16 Richard Milne, “Handelsbanken Is Intent on Getting Banking Back to the Future,” *Financial Times*, March 19, 2015, https://www.ft.com/content/85640c38-ad2a-11e4-a5c1-00144feab7de.

17 David W. Smith, “Handelsbanken: A Different Kind of Bank,” Salt, May 28, 2014, https://www.wearesalt.org/the-swedish-bank-that-is-not-all-money-money-money/.

18 Xavier Huillard, “Expanding without Getting Fat: Managing the Vinci Group,” L’École de Paris, Business Life Seminar, January 6, 2017. 本章で引用したザビエル・ヒラードのコメントは、すべてこの講演から。

19 Roy Jacques, *Manufacturing the Employee* (London: Sage, 1966), 40.

第8章

1 Margit Molnar and Jiangyuan Lu, *State-Owned Firms Behind China’s Debt* (Paris: OECD, 2019).

2 Nicholas Lardy, *The State Strikes Back: The End of Economic Reform in China?* (Washington, DC: Peterson Institute for International Economics, 2019).

3 Alexis C. Madrigal, “Paul Otellini’s Intel: Can the Company That Built the Future Survive It?,” *Atlantic*, May 16, 2013, https://www.theatlantic.com/technology/archive/2013/05/paul-otellinis-intel-can-the-company-that-built-the-future-survive-it/275825/.

4 Benjamin J. Gillen, Charles R. Plott, and Matthew Shum, “A Pari-mutuel-like Mechanism for Information Aggregation: A Field Test Inside Intel,” California Institute of Technology, working paper, November 8, 2015, http://www.its.caltech.edu/~mshum/papers/IAMField.pdf.

5 Adam Mann, “The Power of Prediction Markets,” *Nature*, October 18, 2016, https://www.nature.com/news/the-power-of-prediction-markets-1.20820.

6 Joyce Berg, Forrest Nelson, and Thomas Rietz, “Prediction Accuracy in the Long Run,” *International Journal of Forecasting* 24, no. 2 (April-June 2008): 285–300.

7 Justin Wolfers and Eric Zitzewitz, “Prediction Markets,” *Journal of Economic Perspectives* 18, no. 2 (Spring 2004): 107–126.

8 Shelley Dubois, “Cisco’s New Umi: The Answer to a Question Nobody Asked,” *Fortune*, October 8, 2010, http://fortune.com/2010/10/08/ciscos-new-umi-the-answer-to-a-question-nobody-asked/.

9 資金配分に関する優れた研究の1つに、以下のものがある。John Busenbark et al., “A Review of the Internal Capital Allocation Literature: Piecing Together the Capital Allocation Puzzle,” *Journal of Management* 43, no. 8 (November 2017): 2430–2455.

10 Gary Hamel, “Bringing Silicon Valley Inside,” *Harvard Business Review*, September–October 1991, 71–84.

7 労働統計局の産業別雇用データから（第一次金属）。

8 Iverson, *Plain Talk*.

9 "The Working Man's Evangelist," Metals Service Center Institute, January 1, 2006.

第5章

1 第5章の内容のほとんどは、筆者らによるインタビューと、ハイアールから提供された社内資料に基づく。

2 ハイアールが公開している財務データ、および中国内外の主要家電メーカーの財務データを筆者らが分析。

第6章（なし）

第7章

1 Arthur Cole, *Business Enterprise in Its Social Setting* (Cambridge, MA: Harvard University Press, 1959), 28.

2 Edmund S. Phelps, *Mass Flourishing: How Grassroots Innovation Created Jobs, Challenge, and Change* (Princeton, NJ: Princeton University Press, 2014). 邦訳：エドマンド・S・フェルプス著『なぜ近代は繁栄したのか』小坂恵理訳、みすず書房、2016年。

3 Ibid., 270.

4 Ibid., 241–242.

5 Arthur Cole, "An Approach to the Study of Entrepreneurship," *Journal of Economic History*6, Supplement (1946), reprinted in Frederick C. Lane and Jelle C. Riemersma, eds., *Enterprises and Secular Change: Readings in Economic History* (Homewood, IL: Richard D. Irwin, 1953), 183–184.

6 Chris Hughes, "It's Time to Break Up Facebook," *New York Times*, May 9, 2019, https://www.nytimes.com/2019/05/09/opinion/sunday/chris-hughes-facebook-zuckerberg.html.

7 Henry Hansman, "Ownership of the Firm," *Journal of Law, Economics, and Organization* 4, no. 2 (Fall 1988): 269.

8 "Expectations vs. Reality: What's It Really Like to Go It Alone?," Vista Print Research Report, January 15, 2018, http://news.vistaprint.com/expectations-vs-reality.

9 Joseph Blasi, Richard Freeman, and Douglas Kruse, "Do Broad-Based Employee Ownership, Profit Sharing and Stock Options Help the Best Firms Do Even Better?," *British Journal of Industrial Relations* 54, no. 1 (March 2016): 55–82.

10 Dirk von Dierendonck and Inge Nuijten, "The Servant Leadership Survey: Development and Validation of a Multidimensional Measure," *Journal of Business and Psychology* 26, no. 3 (September 2011): 249–267.

11 Blasi et al., "Do Broad-Based Employee Ownership, Profit Sharing and Stock Options Help the Best Firms Do Even Better?"

12 Ibid.

13 "Employer Costs for Employee Compensation: Historical Listing," Bureau of Labor Statistics, March 2004–September 2019, https://www.bls.gov/web/ecec/ececqrtn.pdf.

は、より効率的で生産性が高いことを示した研究が、さまざまな国や分野で見られる。そのなかでも評価の高い文献としては、たとえば以下のものがある。
Casey Ichniowski and Kathryn Shaw, "Beyond Incentive Pay: Insiders' Estimates of the Value of Complementary Human Resource Management Practices," *Journal of Economic Perspectives* 17, no. 1 (Winter 2003): 155–180. Jeffrey Pfeffer, "Human Resources from an Organizational Behavior Perspective: Some Paradoxes Explained," *Journal of Economic Perspectives* 21, no. 4 (Fall 2007): 115–134.

11 Bureau of Labor Statistics, "Productivity Change in the Nonfarm Business Sector, 1947–2018," March 8, 2019, https://www.bls.gov/lpc/prodybar.htm.

12 Robert J. Gordon, *The Rise and Fall of American Growth: The U.S. Standard of Living Since the Civil War* (Princeton, NJ: Princeton University Press, 2017), 462–463. 邦訳：ロバート・J・ゴードン著『アメリカ経済 成長の終焉』高遠裕子、山岡由美訳、日経BP、2018年。

13 *OECD Compendium of Productivity Indicators 2017* (Paris: OECD Publishing, 2017), 42.

14 "Fixing the Foundations: Creating a More Prosperous Nation," UK Treasury, July 2015, https://www.gov.uk/government/uploads/system/uploads/attachment_data/file/443897/Productivity_Plan_print.pdf.

15 これに最も近い成長予測としては、オートメーションやモバイル、データ分析といったデジタル技術活用の広がりが挙げられるかもしれない。マッキンゼーの予測では、2015～2025年までの間、これによって1.2%の成長が生み出される可能性があるとしている。詳しくは以下を参照のこと。McKinsey Global Institute, "Solving the Productivity Puzzle: The Role of Demand and Promise of Digitization," February 2018.

16 Matthew Herper, "Merck R&D Head Bets Slashing Bureaucracy Will Unlock Innovation," *Forbes*, September 19, 2013, http://www.forbes.com/sites/matthewherper/2013/09/19/merck-rd-head-bets-slashing-bureaucracy-will-unlock-innovation/#2715e4857a0b7cb632911c8a.

17 "Working, Labor, Economy," Studs Terkel Radio Archive, https://studsterkel.wfmt.com/categories/labor.

第4章

1 In a blast furnace, oxygen is forced through pig iron in a super-heated oven, usually powered by natural gas. Mini-mills instead rely an electric arc furnace, which uses electricity as its main source of energy. Giant electrodes produce an arc in the steelmaking oven where temperatures can reach 3,000 degrees centigrade.

2 World Steel Association, Nucor Company Filings.

3 労働統計局の産業別雇用データ（第一次金属）、および同社の公開資料から。

4 Kenneth Iverson, *Plain Talk: Lessons from a Business Maverick* (Hoboken, NJ: Wiley, 1997), 91.　邦訳：ケン・アイバーソン、ウォレン・ベニス著『逆境を生き抜くリーダーシップ』近藤隆文訳、海と月社、2011年、他。

5 特に記されていないかぎり、ニューコア従業員のコメントや同社の手法についての説明は、筆者らによるインタビューがもとになっている。

6 Ernst & Young, "Global Generations 3.0: A Global Study on Trust in the Workplace," 2017.

15 Ibid., 59.

16 2018年6月に行った筆者らとのディスカッションから。

17 Ken Blanchard and Colleen Barrett, *Lead with LUV: A Different Way to Create Real Success* (London: Pearson Education, 2011), 102–103, Kindle. 邦訳：ケン・ブランチャード、コリーン・バレット著『世界でいちばん従業員を愛している会社』佐藤利恵訳、辰巳出版、2012年。

18 United Airlines, "United Express Flight 3411 Review and Action Report," April 27, 2018, https://hub.united.com/united-review-action-report-2380196105.html.

19 Bob Bryan, "UNITED CEO: 'This can never, will never happen again on a United Airlines flight,' " *Business Insider*, April 12, 2017, http://www.businessinsider.com/united-airlines-ceo-oscar-munoz-apology-david-dao-good-morning-america-2017-4.

第3章

1 Art Kleiner, *The Age of Heretics: A History of the Radical Thinkers Who Reinvented Corporate Management* (San Francisco: Jossey-Bass, 2008), 199, Kindle.

2 "Topeka Pride," The Modern Times Workplace, http://www.moderntimesworkplace.com/DVD_Collection/Whole/TopekaPride.pdf.

3 David Olsen and Richard Parker, "Lessons of Dogfood Democracy," *Mother Jones*, June 1977, 19–20.

4 Brett Frischmann and Evan Selinger, "Robots Have Already Taken over Our Work, but They're Made of Flesh and Bone," *The Guardian*, September 25, 2017, https://www.theguardian.com/commentisfree/2017/sep/25/robots-taken-over-work-jobs-economy.

5 Mike Swift, "Five Silicon Valley Companies Fought Release of Employment Data, and Won," San Jose *Mercury News*, February 11, 2010, https://www.mercurynews.com/2010/02/11/five-silicon-valley-companies-fought-release-of-employment-data-and-won/.

6 "Google's Diversity Record Shows Women and Minorities Left Behind," *PBS News Hour*, May 28, 2014, https://www.pbs.org/newshour/show/google-report-shows-women-and-minorities-left-behind.

7 "Getting to Work on Diversity at Google," *Google Blog*, May 28, 2014, https://googleblog.blogspot.com/2014/05/getting-to-work-on-diversity-at-google.html.

8 営業費用に占める人事予算の割合については、Bloomberg, *HR Department Benchmark and Analysis,* 2017を、人事の戦略的役割についての調査は、John Boudreau and Ed Lawler, *Strategic Role of HR*, Center for Effective Organization Publication G14-12, December 2014を参照のこと。

9 たとえば、以下の文献を参照。Michael Mankins and Richard Steele, "Stop Making Plans; Start Making Decisions," *Harvard Business Review*, January 2006; and Peter Young,"Finance: 2 Reasons Why Managers Hate Budgeting (and What to Do about It)," *Corporate Executive Board Blog*, August 28, 2014, https://web.archive.org/web/20170725175327/ https://www.cebglobal.com/blogs/finance-2-reasons-managers-hate-budgeting-and-what-to-do-about-it/.

10 ポスト官僚主義のマネジメント手法、具体的には、自主経営チームや、事業単位の収益に基づく報酬、事業や技術のスキル向上、情報の透明性などの手法を採用している企業

14 Max Weber, *Weber, Theory of Social and Economic Organization, The Theory of Social and Economic Organization*, trans. A. M. Henderson and Talcott Parsons (New York: Free Press of Glencoe, 1947), 337.

第2章

1 ATLASの組織モデルについて詳しくは、以下の文献を参照のこと。Max Boisot et al., eds., *Collisions and Collaboration: The Organization of Learning in the ATLAS Experiment at the LHC* (Oxford, UK: Oxford University Press, 2011).

2 Fred Vogelstein, "Search and Destry," *Fortune*, May 2, 2005, http://archive.fortune.com/magazines/fortune/fortune_archive/2005/05/02/8258478/index.htm.

3 Austin Carr and Dina Bass, "The Most Valuable Company (for Now) Is Having a Nadellaissance," *Bloomberg Businessweek*, May 2, 2019, https://www.bloomberg.com/news/features/2019-05-02/satya-nadella-remade-microsoft-as-world-s-most-valuable-company.

4 Connie Loizos, "Bill Gates on Making One of the Greatest Mistakes of All Time," Techcrunch, June 22, 2019, https://techcrunch.com/2019/06/22/bill-gates-on-making-one-of-the-greatest-mistakes-of-all-time/.

5 Jason D. Schloetzer, Matteo Tonello, and Gary Larkin, *CEO Succession Practices: 2018 Edition*, Conference Board, October 2018.

6 Lawrence Mishel and Julia Wolfe, *CEO Compensation Has Grown 940% Since 1978*, Economic Policy Institute Report, August 14, 2019, https://www.epi.org/publication/ceo-compensation-2018/.

7 たとえば、以下の文献を参照のこと。Ria Marshall and Linda-Eling Lee, "Are CEOs Paid for Performance?," MSCI Research, July 2016; and Weijia Li and Steven Young, "An Analysis of CEO Pay Arrangements and Value Creation for FTSE-350 Companies," UK CFA Society, December 2016.

8 Andrew Toma et al., "Flipping the Odds for Successful Reorganization," Boston Consulting Group, April 2012, https://www.bcg.com/en-us/publications/2012/people-organization-design-flipping-odds-successful-reorganization.aspx.

9 David Barboza, "An iPhone's Journey, from the Factory Floor to the Retail Store," *New York Times*, December 29, 2016, https://www.nytimes.com/2016/12/29/technology/iphone-china-apple-stores.html.

10 Jack Morse, "This College Student Spent His Summer Undercover in a Chinesei Phone Factory," *Mashable*, April 25, 2017, https://mashable.com/2017/04/25/iphone-factory-dejian-zeng-apple-china/.

11 データは、それぞれの調査の人口比重によって重みづけされている。ヨーロッパの調査の対象者は、EU15カ国の回答者（2003年に東側に拡大する前のEU諸国）。

12 モーニング・スターの従業員のコメント、および同社の手法に関する記述は、筆者らが行ったインタビューから。

13 "Scientific Management," *The Economist*, February 9, 2009, https://www.economist.com/node/13092819.

14 Frederick Winslow Taylor, *The Principles of Scientific Management* (New York and London: Harper and Brothers, 1911), 83. 邦訳：フレデリック・W・テイラー著『新訳 科学的管理法』有賀裕子訳、ダイヤモンド社、2009年、他。

の雇用に関しては、以下の文献を参照のこと。*OECD Employment Outlook 2019: The Future of Work*, https://doi.org/10.1787/9ee00155-en.

12 Carl Frey and Michael Osborne, "The Future of Employment: How Susceptible Are Jobs to Computerisation," *Technological Forecasting and Social Change* 114 (2017): 254–280.

13 Gallup Great Jobs Demonstration Survey, November2019をもとにした筆者らの分析。自営業者と契約労働者、非管理職の従業員を除く（管理職の従業員のほうが、数値がわずかに高い）。データはギャラップが推奨する比重によって重みづけされている。

第1章

1 Eric J. Chaisson, *Cosmic Evolution* (Cambridge, MA: Harvard University Press, 2001).

2 "Cisco Visual Networking Index: Forecast and Trends, 2017–2022," white paper, February 27, 2019, https://www.cisco.com/c/en/us/solutions/collateral/service-provider/visual-networking-index-vni/white-paper-c11-741490.html.

3 James Vincent, "Tesla's New AI Chip Isn't a Silver Bullet for Self-Driving Cars,"*The Verge*, April 24, 2019, https://www.theverge.com/2019/4/24/18514308/tesla-full-self-driving-computer-chip-autonomy-day-specs.

4 2000億の予想はインテルから。https://www.intel.com/content/dam/www/public/us/en/images/iot/guide-to-iot-infographic.png; the higher number from Princeton University's Professor Vincent Poor, https://www.nsf.gov/awardsearch/showAward?AWD_ID=1702808&HistoricalAwards=false.

5 "Cord-Never and Cord-Cutter Households, 2019–2023," eMarketer report, July 2019.

6 Aaron Pressman, "For the First Time, More Americans Pay for Internet Video Than Cable or Satellite TV," *Fortune*, March 19, 2019, http://fortune.com/2019/03/19/cord-cutting-record-netflix-deloitte/.

7 "GM Share Finally on the Upswing," *Automotive News*, November 27, 2017, http://www.autonews.com/article/20171127/OEM/171129852/gm-share-up-final-assembly. Market share performance for 2018 and 2019 is based on data from General Motors' US market share from 2000 to 2019, Statista, February 2020, https://www.statista.com/statistics/239607/vehicle-sales-market-share-of-general-motors-in-the-united-states/.

8 Andrew J. Hawkins, "GM Will Release at Least 20 All-Electric Cars by 2023," *The Verge*, October 2, 2017, https://www.theverge.com/2017/10/2/16400900/gm-electric-car-hydrogen-fuel-cell-2023.

9 "The Arts and Crafts Consumer-U.S.," Mintel Research, January 2016, https://store.mintel.com/the-arts-and-crafts-consumer-us-january-2016.

10 Gallup, "State of the Global Workforce," 2017.

11 Jim Harter and Amy Adkins, "Employees Want a Lot More from Their Managers," Gallup.com, April 8, 2015, https://www.gallup.com/workplace/236570/employees-lot-managers.aspx.

12 Amy Adkins, "Only 35% of U.S. Managers Are Engaged in Their Jobs," Gallup.com, April 2, 2015, http://news.gallup.com/businessjournal/182228/managers-engaged-jobs.aspx.

13 Max Weber, *in Economy and Society*, ed. G. Roth and C. Wittich (Berkeley: University of California Press, 1978), 975.

原注

はじめに

1 Gustavo Grullon, Yelena Larkin, and Roni Michaely, "Are US Industries Becoming More Concentrated?," April 2017, *Review of Finance* 23, no. 4 (2019): 697–743, doi: 10.1093/rof/rfz007.

2 Bruce A. Blonigen and Justin R. Pierce, "Evidence for the Effects of Mergers on Market Power and Efficiency," National Bureau of Economic Research Working Paper No. 22750, October 2016, http://www.nber.org/papers/w22750.pdf.

3 アメリカの最新データの分析は、以下の文献から。Jan De Loecker, Jan Eeckhout, and Gabriel Unger, "The Rise of Market Power and the Macroeconomic Implications," working paper, November 2019, http://www.janeeckhout.com/wp-content/uploads/RMP.pdf.
世界のデータについては、以下の文献を参照のこと。De Loecker and Eeckhout, "Global Market Power," National Bureau of Economic Research Working Paper 24768, 2018, https://www.nber.org/papers/w24768.

4 James E. Bessen, "Accounting for Rising Corporate Profits: Intangibles or Regulatory Rents?," Boston University School of Law, Law and Economics Research Paper No. 16-18, November 9, 2016, https://papers.ssrn.com/sol3/papers.cfm?abstract_id=2778641.

5 Council of Economic Advisers, *Benefits of Competition and Indicators of Market Power*, Issue Brief, April 2016.

6 Eric Posner and Glen Weyl, "The Real Villain Behind Our Gilded Age," *New York Times*, May 1, 2018, https://www.nytimes.com/2018/05/01/opinion/monopoly-power-new-gilded-age.html.

7 Joe Weisenthal, "Goldman Sachs Forced to Fundamentally Question How Capitalism Is Working," *Sydney Morning Herald*, February 4, 2016, https://www.smh.com.au/business/goldman-sachs-forced-to-fundamentally-question-how-capitalism-is-working-20160204-gmljq0.html.

8 Jay Shambaugh et al., "Thirteen Facts about Wage Growth," Brookings, September 25, 2017, https://www.brookings.edu/research/thirteen-facts-about-wage-growth/.

9 Max Muro, Robert Maxin, and Jacob Whiton, *Automation and Artificial Intelligence*, Brookings Policy Program, January 2019, https://www.brookings.edu/wp-content/uploads/2019/01/2019.01_BrookingsMetro_Automation-AI_Report_Muro-Maxim-Whiton-FINAL-version.pdf.

10 Ljubica Nedelkoska and Glenda Quintini, "Automation, Skills Use and Training," *OECD Social, Employment and Migration* Working Paper No. 202, 2018, https://doi.org/10.1787/2e2f4eea-en; Claire Cain Miller, "A Darker Theme in Obama's Farewell: Automation Can Divide Us," *New York Times*, January 12, 2017, https://www.nytimes.com/2017/01/12/upshot/in-obamas-farewell-a-warning-on-automations-perils.html; イーロン・マスクのコメントは、2017年7月17日のNational Governors Association 2017 summer meetingでのもの。

11 Martha Ross and Nicole Bateman, "Meet the Low-Wage Workforce," Brookings, November 7, 2019, https://www.brookings.edu/research/meet-the-low-wage-workforce/. この研究で定義された労働力は、学生の一部と自営業者、データの質に関する懸念が認められる部分が除かれているため、一般的な推計より低い。先進国の低賃金

◉著者

ゲイリー・ハメル　Gary Hamel

ロンドンビジネススクール客員教授（戦略・アントレプレナーシップ）、および経営の革新をサポートするManagement Labの共同創設者。世界の経営思想家を選出する「Thinkers 50」に殿堂入りし、『ウォールストリートジャーナル』では「世界で最も影響力のあるビジネス思想家」、『フィナンシャル・タイムズ』では「他に類を見ない経営のイノベーター」と評された。『ハーバード・ビジネス・レビュー』への寄稿多数。『経営の未来』（日本経済新聞出版）、『経営は何をすべきか』（ダイヤモンド社）、C・K・プラハラードとの共著書『コア・コンピタンス経営』（日本経済新聞出版）を含め、著書は25以上の言語に翻訳されている。

ミケーレ・ザニーニ　Michele Zanini

Management Lab共同創設者。先進的な組織が適応力と革新力を高め、魅力的な職場になるよう支援している。前職のマッキンゼー・アンド・カンパニーでは組織変革、戦略策定、金融などのサービス提供に携わり、ランド研究所ではテロリストや反体制グループがいかにして情報化時代のテクノロジーを活用し、機動的なネットワークとして活動しているかに関する先駆的な研究を行った。ハーバード・ケネディ・スクールとランド研究所政策大学院で学位を取得。

◉翻訳

東方雅美　Masami Toho

慶応義塾大学法学部政治学科卒業。米バブソン大学経営大学院修士課程修了（MBA）。出版社や経営大学院出版部門での勤務を経て、翻訳者として独立。『RANGE（レンジ）』（日経BP）、『セキュアベース・リーダーシップ』（プレジデント社）など、翻訳書多数。

◉日本語版序文

嘉村賢州　Kenshu Kamura

東京工業大学リーダーシップ教育院特任准教授。場づくりの専門集団NPO法人場とつながりラボhome's vi代表理事。「未来の当たり前を今ここに」を合言葉に個人・集団・組織の可能性をひらく方法の研究開発・実践をおこなっている。解説書に『ティール組織』、共訳書に『すべては1人から始まる』『自主経営組織のはじめ方』（以上、英治出版）、共著書に『はじめてのファシリテーション』（昭和堂）などがある。

メールマガジン　：　会員登録はホームページにて
Webメディア「英治出版オンライン」　：　eijionline.com
X / Facebook / Instagram　：　eijipress

ヒューマノクラシー
――「人」が中心の組織をつくる

発行日	2023年12月6日　第1版　第1刷
著者	ゲイリー・ハメル（Gary Hamel） ミケーレ・ザニーニ（Michele Zanini）
訳者	東方雅美（とうほう・まさみ）
日本語版序文	嘉村賢州（かむら・けんしゅう）
発行人	原田英治
発行	英治出版株式会社 〒150-0022 東京都渋谷区恵比寿南1-9-12 ピトレスクビル4F 電話 03-5773-0193　FAX 03-5773-0194 www.eijipress.co.jp
プロデューサー	下田理
スタッフ	高野達成　藤竹賢一郎　山下智也　鈴木美穂 田中三枝　平野貴裕　上村悠也　桑江リリー 石﨑優木　渡邉吏佐子　中西さおり　関紀子 齋藤さくら　荒金真美　廣畑達也　木本桜子
編集協力	和田文夫（ガイア・オペレーションズ）
装丁	HOLON
校正	株式会社ヴェリタ
印刷・製本	中央精版印刷株式会社

ISBN978-4-86276-315-0 C0034 Printed in Japan